日本国制史研究 III

日本人の法生活

石井紫郎 著

東京大学出版会

Forschungen der japanischen Verfassunggeschichte III:
Das Rechtsleben der Japaner
Shiro ISHII
Verlag der Universität Tokyo, 2012
ISBN 978-4-13-031181-6

はしがき

『日本国制史研究Ⅰ　権力と土地所有』（以下、Ⅰという）、『日本国制史研究Ⅱ　日本人の国家生活』（以下、Ⅱという）に次いで、ようやく第三の論文集を上梓する運びとなった。「法生活」の謂いは、上記Ⅱの「はしがき」の中で、すでに「国家生活」と並べて説明してあるので、以下に掲げる。

「国家生活」という言葉は、あまり耳馴れないと思われるが、Staatsleben というドイツ語からとったものである。Staatsleben は、Rechtsleben（法生活）とならんで、ドイツでは社会科学一般において、よく用いられるだけでなく、学問以外でも普通に使われる言葉である。

「社会生活」、「経済生活」という日本語は、われわれもまったく違和感なしに使うのに、「国家生活」、「法生活」となると、そんな日本語は聞いたことがない、という人の方が多かろう。何故かといえば、おそらく、「経済」や「社会」は、われわれ個人個人が日常的に身近なものとして実感し、体験しているので、「生活」という言葉と結びつきやすいのに対し、「国家」や「法」は、日本人の日常「生活」に縁遠いものと感じられているからではなかろうか。

しかし、それはあくまで、そう感じられている、というだけのことであって、実際には「生活」と「国家」や「法」のかかわりは深い。われわれの上に立ち、われわれを「保護」したり、「弾圧」したりする機構ないし制度としての「国家」を考えても、休日に郊外へドライヴに出かけて「鼠とり」に引っかかる、というような目にあうと、嫌でも「生活」と「国家」の関係を思い知らされることになる。

だが問題は、こうした「国家」とわれわれ、「国家」対われわれ、という単純な局面にだけあるのではない。「どぶ板政治」の仕組みで私的利益のために「国家」を利用するものは、それだけ「国家」の力を大きくしているのだ、ということは見易い道理である。……「国家」といい、「国家」権力といい、究極のところ、われわれがつくり出しているものである。……われわれの思想と行動が、「国家」のあり方を決めていると言って過言ではない。その意味で、われわれの「国家」という問題の局面こそが重要であろう。

……〔以上のように〕「国家生活」について述べてきたことのなかで、「国家」を「法」に置きかえれば、「法生活」にも同じことがあてはまることはいうまでもない。「国家生活」や「法生活」という言葉が、われわれの間でも違和感なく用いられるようになった時、「日本人の国家（法）生活」は、少しはちがったものになっているであろう。「国家生活」という、耳馴れない言葉を、あえて本書の表題に用いた所以である。

私のこのような問題関心・問題設定は、本書収載の諸論考においても全く変わりはない。前著Ⅱが、「われわれ」の「国家」という問題の局面を論じた論考を集めたものであったのに対して、本書は、「法」という切り口から、日本人の公私にわたる「生活」の軌跡をたどった論考の集積体である。ただ、全体の構成、収載論考の配列については、同じではない。

前著Ⅱは、その「あとがき」に述べているように、日本の「国制」の「通史的把握のための飛び石を並べる試み」を意図して、古代後期から近代初頭に至る時代の順序に従って、それまでの作品のいくつかを配列したものであった。もちろん、この「飛び石」は、日本人の歴史的歩みのごく一部分を、しかも間隔もまばらに《仮置き》したものに過ぎない。「未完成」と言うのもおこがましい代物であり、これを少しでもマシなものにする責任があることは、誰よりも著者自身が痛感しているところである。

しかし、本書は、あえてそれを目的とはせず、「法生活」という概念のもとに、日本固有法の《見取り図》を作ってみよう、という試みとして編んだものである。もちろん日本の法は、古くは中国や朝鮮半島の国々の法、近くは欧米の法の影響を受け続けてきたという意味では、古くからいわば《雑種》の法であるが、こうした諸異文化から「影響を受けてきた」何か、"native"とでもいうべきものがなかったはずはない。そうした"native"なものが、次々に生起する、その時々の条件・環境に適応し、新たな姿を形成するという意味での「進化」(「進歩」ではない!)を遂げてきたのではないか。旧著Ⅱはこの過程を追う作業を、「国制」について「縦軸」に沿って行ったものだが、本書は、敢えて「横軸」に従って作業する試みをしてみようというものである。

しかし「横軸」方式は、そのモデルとして拠るべきものが簡単には見当たらないという困難を避けられない。たとえば、西洋近代法に単純に倣うことは許されないはずである。「総則」・「物権」・「債権」・「親族」・「相続」という、Pandektensystem はもちろん採れない。それは一九世紀的ドイツ法制史学の体系への逆戻り、そのものであるから。そこで、より大まかで柔軟性の高い、「人」・「物」・「物(物に対する権利)の移転」という、Institutionensystem 方式(以下、「I方式」という)の三分割法にヒントを得つつ、その中身を変更して、私なりの方式を立てることとした。

何故か。まず、I方式は、私の問題関心の重要部分を占める、訴訟・裁判に関するルールを除外した、民事実体法の中身を分類するものにすぎないからである。そして私見によれば、我が国の歴史上の裁判制度には、民事と刑事を原理的に区別する考えが乏しいばかりか、旧著Ⅰで既に示したように、政治的・行政的関心を含む、多様な判断基準が、裁判権者の「裁き」=「捌き」においてとり込まれるという特徴がある。こうした側面を出来るだけ漏らさず捉えようとする気持ちを込めて、「裁判」という柱をまず立てた。

他方、「物(物に対する権利)の移転」という、I方式の概念は、契約による「移転」と相続・遺贈よる「移転」とをひと括りにしたものである。しかし、本書の第一部で論じているように、我が国の親族団体における「相続」は、単なる「財産法」の問題ではない。伝統的な日本人の「ウジ」とか「イエ」は、前著Ⅱ第四章で論じたように、そして、本書第一章で古代から通観しているように、「国制」全体に関わる団体であり、従って「ウジ」の財産や家産の相続は、そのような観点から論じられるべき問題なのである。そこで私は、相続による「物に対する権利」の移転を、I方式とは全く異なって、「ウジ」・「イエ」の問題の中に取り込みつつ、日本人が、「われ」と「わがもの」を如何なる観念のもとに理解してきたか、という問題設定の枠組みを立ててみた。第一部の「日本人のアイデンティティーと法生活」というタイトルとその叙述は、このような私の思考遍歴の、現時点における切り口に他ならない。

そして、I方式の中で残る「物」だけは、一つの「部」として存置した。しかし名称は「所有」と改めた。それは、「物」という日本語は漠然とし過ぎており、I方式に基本的に則った、我が国のいわゆる「旧民法」も、これを「財産」と表現しているほどだからである。ただ「財産」は、国家や高権力から解放された民事法の体系には相応しいが、第二部収載論文の多くが、そもそも「財産」と言い切れるかどうか自体を検討の課題にしているほどであるので、あえて「所有」という、社会科学的に controversial な概念を用いることとした。

ここで「初出一覧」をご参照いただきたい。本書の、第一部、第二部、第三部という順序と執筆の前後とが、ほとんど一致していないことに気付かれるであろう。所収作品中で初期のものは、第二部の「所有」をめぐるものであり、またそれに次ぐ時期の作品も第三部の「裁判」をめぐるものであって、第一部を構成する作品は最近のものである。何故このような順序にしたのか、その理由は単純ではない。

「所有」が、私の研究生活の出発点であったことは、IIの「あとがき」の冒頭を読んで頂けば明らかであろう。伝統的な法制史学も「マルクス主義的歴史学」も、「所有か占有か」という、特殊近代的な図式で歴史社会を分析しようとする点では一致している、という認識が、何とかして「自分の言葉で描く歴史像を……提示」(II・三八二ページ)したい、という思いに私を駆り立てたのだが、この認識そのものは、研究史・学説史とそれを踏まえた概念史的分析を通して得られたものであった。旧著Iは、この認識を前提にしてはいるが、未だ詳細な跡付けを充分に示したものではなかったので、私は、その仕事をIの刊行後も続行し、本書第五章、第六章、第八章として公刊して、Iの不足を補った。そして、これらを踏まえて、ヨーロッパにおける所有の近代化過程（第四章）と日本法史上の難題「知行」（第七章）について、私なりのイメージを世に問うたのである。

実は、「知行」研究の学説史を繙いて行く（第六章）うちに、そこには、分析対象である言葉それぞれの意味内容を史料の文脈の中から読み取ろうとする態度が――先人に対して極めて礼を失するという誇りを覚悟で敢えて言えば――如何にも稀薄ではないか、という印象が次第に強くなった。「知行論争」は、これらの言葉が登場する史料の断片を並べておき、「所有」、「占有」、「権利」等々、近代法上の概念でそれを置き換えて、話の筋のつじつまが合うか否かを競うゲームであるかのように私には思えたのである。

もちろんそれは、論争当事者たる先人たちの能力の問題ではなく、一九世紀ドイツの古典的法史学の圧倒的な影響下にあった当時の学界状況が然らしめたものである。裁判で何が争われたのか、近代法的概念をあえて使えば、「訴訟物」は何であったのか、そしてその「訴訟物」を争う当事者や裁判人たちは、「知行」とその周辺の諸概念を、如何なる文脈で関連付けながら議論を展開したのか、そして、その諸概念の意味内容は何か、……といった疑問の間で思考を行ったり来たりさせている間に、「知行」は、日本中世の国制史的文脈にぴったり納まる概念であり、さらに近世の「知行」への変化が、日本の中世から近世への国制史的展開に見事に符号するだけでなく、「領知」という近世的概念の成立の大筋をも説明できるのではないか、と今のところは思えるところに行き着いた（第七章）。

これに対して、ヨーロッパの所有の近代化を論じた論考（第四章）は、その後に生じた、Gewere 研究史の「コペルニクス的転回」（同章「追記」参照）によって、中世の部分を大幅に書き換える必要に迫られた。本書収載に当たって、ほとんど重要臓器の《全摘》にも匹敵するような大手術を行ったが、そこまでしても収載する必要があったかは、読者諸賢のご批判を待つほかかない。しかし Gewere の研究史上の「コペルニクス的転回」を、ドイツ人ではなく、日本人が成し遂げたことの意義の大きさを、西洋法史専門以外の学界にも広く伝える努力を、同じ法史学の徒としてなすべきであろうという思いから、そのインパクトが、それ以前の研究に如何なる影響を与えたかを、私自身の論文の傷の深さを例にとって示したところである。それにしても、中世ドイツ語で書かれた史料をほとんど解しない者が、若気の至りとはいいながら、近現代ドイツ語文献が多少読めるからといって、中世ヨーロッパ所有史に手を出したことの無謀さ・軽率さを、あらためて反省している。

なお、第九章は、占有が、上述のように（近代法では）「所有」の対概念を為すものである、という理由から、一応「所有」の部に入れたが、「占有訴権」という、本来裁判システム上の権利と「自力救済」との微妙な問題を扱った論考であるので、「裁判」の部の直前に置いた。実際、本論考は、「所有」をめぐる私の仕事の中では、遅い時期の産物に属する。日本人の伝統的な法思考が、現行法体系の中に如何なる影を落としているか、という問題は、法制史研究者にとってまことに魅惑的なテーマであるが、同時にそれは恐ろしい陥穽でもある。一九世紀ドイツのゲルマニストたちの思い入れたっぷりの諸業績が、如何に《危うい》ものであったか、その一端は本書第五章に示されているので、ここでは繰り返さない。ただ、彼らのように「伝統」と「遺産」を誇り、外来法（＝ローマ法）に代わるべき「ゲルマン法」の顕彰碑建立をめざすのではなく、「批判的吟味」の対象として分析する限り、その轍を踏むことは避けられるかもしれない。こう考えて、助教授・教授として三〇年間近く講義し続けた東京大学法学部を去るに当たっての「最終講義」として、この「占有訴権」の日本民法典編纂過程の議論を選んだのである。

ところで、以上のような「所有」の歴史的研究においては、ほとんどの場合、裁判資料を用いることが不可欠である。それは、近代法においては、「所有」概念の定義やそれが誰に属すべきかを決めるクライテリアは、基本的には実体法的なルールによって規定されているが、前近代においては、そうではなく、判例法的に形成される側面が大きいからである。実際、江戸期の農地「所持」の法は、領主権力の年貢確保という問題関心を指導原理とする「裁許」の分析を通じてはじめて把握できるものであった（旧著Ⅰ参照）。そして前著Ⅱの諸論考においても、ほとんど常に裁判が、「法と国制」を繋ぐ結節点として分析の対象となっているが、こうした作業は、煎じ詰めれば、ヨーロッパ大陸ではようやく近世になって姿を現す高権的裁判の色彩が、我が国ではそれよりはるかに古い時期から見られるということを示していた。

そこで、私はこれをさらに古代に遡って見てみようと考えるようになったのである。ちょうどその頃、こうした私の関心と接点を持つシンポジウムが法制史学会で企画され、私にも参加依頼があったので、律令制下の刑事裁判システムについて報告を行った。本書第一三章は、それを後に論文の体裁に仕立て上げたものであるが、その際、学会報告では触れられなかったヨーロッパとの比較の視点が付け加えられている。

この学会報告と第一三章との間に書かれたのが第一〇章である。これが私にとっては、第一一章、第一二章と続く、記紀神話の中から"native"なものの古層を探ろうとする試みの第一弾であった。その最も古い層には、復讐とその代替としての賠償（＝「はらへ」）という、おそらく人類史的に見て普遍的なものがあり、その後、追放刑という、より新しい層に属するものを取り込んだヴァージョンが登場したのではないか、という仮説を提示したものである。第二弾（第一一章）では、熱湯に手を入れさせて黒白を判定する神判について、ヨーロッパ中世には存在した古層が、記紀神話にはすでに見られず、糺問の手段と化した苛酷なものばかりであることを明らかにした。

第一二章は、二〇〇一年一月から二年間、私の研究者生活に空白をもたらした内閣府総合科学技術会議常勤議員職からの復帰第一作であり、出来はともかく、私自身にとっては、久しぶりにナマの史料群と取り組む楽しみに浸った懐かしいものである。《どちらが正しいかを判定する「判定基準」を事後的にひっくり返す》という、まるで「ちゃぶ台をひっくり返す」ような神判の物語が、あっけらかんとして『神代紀』の本文に記載されている、という事実をどう受けとめるか。分析を進める中で、第一〇、一一両章で析出されたところと符節を合わせるような姿が浮かび上がってきたのは、予想していたとはいえ、私を複雑な気持ちにさせた。日本人の法生活にとって、「権力が法を作る」

という思考は、やはり相当根深いもののようである
このような感懐を次第に深める中で、すでに述べたような、日本人が、「われ」と「わがもの」を如何なる観念のもとに理解してきたか、という問題設定が次第に頭の中で膨らんできた。第二章は、自分自身の頭の整理を兼ねて、かつて一世を風靡した村上泰亮・公文俊平・佐藤誠三郎『文明としてのイエ社会』に正面から挑んだものである。何故これを選んだか。それは、この作品が古代から近世までの「イエ」の通史を、良くも悪くも一つの仮説で切りまくろうとするものであるだけに、私の問題設定を研ぎ澄ますための砥石としては最適ではないか、と考えたからである。結果は、《普遍史的なグランドセオリーで「イエ社会」の発展過程を説明することには無理がある》という私の予想を裏切らなかった。

こうした問題意識から、それぞれの「ウジ」や「イエ」のアイデンティティーとその拠りどころは何であったか、ということを個別の諸例に即して泥臭く探ってうちに、上位権力（権威）への「仕奉」・「奉公」関係の歴史が、この問題にとって鍵になる観念らしいということが、朧げながら見えてきた。本書第一章は、こうした見通しに立って、日本の「正史」ないしそれに準ずるものと見られる歴史書の記述、あるいはそれへの記載・記入が、「われ」・「わが一族」のアイデンティティーの証しであり、「わがもの」・「わが一族のもの」の《登記》の役割を果たしている様を、暴挙の誇りを覚悟の上で、とにかく『記紀』から『靖国神社忠魂史』までを通して描いてみたものである。英文論文や口頭発表・講演による部分的な試論は別として、実質的には書き下ろしと言っても許されるものではないかと考えている。なお、第三章は、ある国際研究集会での報告であるが、私としては、このための試掘的作業の一つとして行った分析である。

いずれにせよ、最も新しい作品を巻頭に掲げるのはいささか面映ゆいが、ここまで来てみると、われわれの「所有」も「裁判」も、いや、法と国制のすべてが、この「アイデンティティー」のプラットフォームの上にあるもので

はないか、という実感を素直に表した配置である。

二〇一〇年一一月

石井紫郎

目次

第二部　所有の法生活

第三部　裁判に見る法生活

第一部　日本人のアイデンティティーと法生活

第一章　日本人のアイデンティティーと歴史認識覚書

一　はじめに

日本人の歴史認識は、周知のとおり近隣諸国との国際問題にもなっている。それは、もちろん近代における我が国の近隣諸国に対する振舞いの歴史についての態度決定という大きな問題であるが、近ごろは、「新しい歴史教科書をつくる会」編の中学校用歴史教科書をめぐる問題として具体的なイッシューとなり、さらには全体的な傾向としては確実にエスカレートする閣僚、とりわけ首相の靖国神社参拝問題という形で先鋭化してきたことは周知のとおりである。

この「新しい歴史教科書」の問題は、むろんその中身そのもの、あるいはそれを書いた（及び書くことを推進した）人々の考え方の問題でもあるが、それが国際問題となったのは、それが国の検定を、さまざまな点で修正・削除を指示されたとはいえ、とにもかくにも通過した、いわば公認の歴史教科書の一つになった、ということが、近隣諸国にとって容認しがたいものと映ったからであろう。最近、この「つくる会」は分裂し、今までの同会の教科書とは別のものを作る動きが出ているといわれるが、ことの本質に変わりはない。

靖国神社参拝は、いうまでもなく、「A級戦争犯罪人」が合祀されている靖国神社に日本の政治指導者、特に最高責任者が、（はじめのころは、「公人としてではなく、私人として参るのだ」という遁辞と共に、しかし最近はそれもなしに）参拝することの意味が、国々から鋭く問われたからにほかならない。

これら二つの問題は、一方が国・国民全体のアジア諸国民に対する責任問題に関わる歴史の認識と叙述（の公認）、他方が過去の政治指導者の責任に関する現在の政治指導者の認識と行動、というように、具体的なイッシューとしては異なったものに見えるが、いずれも「被害者」であるアジアの諸国・諸国民からの批判・批難であり、「被害者」対「加害者」の問題として我が国では意識されてきた。

だが、最近では合祀問題や、その背景にある東京裁判の正当性評価問題は、アジア諸国との間だけのものではなくなりつつあるように見受けられる。アメリカ合衆国では、Ａ級戦犯が合祀された靖国神社への首相の参拝はナチの重要人物の墓に花輪を捧げるに等しい、と発言した国会議員があることや、同社の「遊就館」には東京裁判の正当性を否定する主張が掲げられていることを問題視し始めた向きがあること（『朝日新聞』二〇〇六年九月一五日夕刊）、同様な意見を述べる有力政治家について、かつての「同盟国」で、同じようなニュルンベルク裁判を経験したドイツの代表的週刊誌『シュピーゲル』が、日本の有力政治家の中には「東京裁判の判決について、いまだに歴史家の判断の余地があると述べている」ことを伝え、ホロコーストを否定したイランの大統領に「似ている」と批評する（同誌二〇〇六年九月四日号）までになっている。こうなると、もはや問題は世界と日本の関係として、きちんと整理されなければならない段階に来つつあると思われる。しかもそれは単に当事者の信条の問題としてではなく、日本人全体の問題として、公論の対象とすべきことのはずである。

本稿は、筆者の専攻する法史学の角度から、これに関わる一つの論点を提示しようと意図するものであり、以下において、この「歴史認識」と「靖国問題」は、日本人のアイデンティティー意識という、一つのメダルの両面である、少なくとも、両者に通底するものがある、ということを、日本の伝統的な歴史認識・歴史叙述のあり方の分析を通して明らかにして行きたい。

二　自己認識と歴史認識
――日本人の自己解剖に向けて――

人は、知識人ならずとも、他者との関係において自己の位置を測定しつつ、いかに身を処すべきかを常に問い続ける。それは個人の次元のみならず、集団の次元においても行われる。家族、地域、国、国際社会、といった大小さまざまな集団の中で、我、我が家、我が村、我が県、我が国、等々の位置を考え、他者との関係を理解しようとする。こうしたさまざまな次元での社会関係の中における「我」、「我々」についての自己理解が、他者や社会全体との間のあり方を決める大きな要因になっているわけである。

さらに、このような位置測定と自己理解にとっては、義務ないし責任についての観念が深く関わっていることに留意しなければならない。例えば、伝統中国の正統的な自己理解によれば、自己の生は全き意味において親に負うものであった。そこから、親に対する絶対的服従を含む「孝」を、他のいかなる価値にも勝る徳目とする規範が生まれる。仮に親が社会的・公的に認めがたい指示をした場合でも、子たるもの「三たび諫めて」後、「号泣して従う」とされる。これは、主君に対する関係については「三たび諫めて」後、「これを去る」とされるのと、著しいコントラストをなしている。

これに対して我が国の場合は、『葉隠』を例にとって示せば、主君が諫言を「お受けなされざる時は力及ばざる」結果だとしっかり覚悟をして、「いよいよ……工夫をもって、また申し上げ、申し上げ仕り候へば、一度は（＝最後には）お受けなさるる事に候。お受けなされざれば、……いよいよお味方仕」り、「一生骨を折る事」だと思い定めて努力を続けていかなければならない、というのである。「三たび諫めて」もだめなら、《はい、さようなら》でないことはもちろん、「号泣して従う」のでもない。奉公は一生無限に努力することである。「主の仰せにては、親の首をも取り申す」（堀部安兵衛書簡）という言葉が端的に示すように、日本では「（主君への）忠」の重さは「（親への）孝」にはるかに勝るのである。

この問題こそが、本稿の主題であり、これ以上深入りするのは、前置きにふさわしくない。さしあたりここでは、家族と主従関係という、異なった社会関係の間で義務・責任がどのように配分されるか、という点で、伝統中国と伝統日本とで正反対とも言うべきほど異なっていることを指摘しておくだけで十分である。

言うまでもなく、こうした規範のあり方には、歴史認識が大きく関わっている。歴史は、自己のよって来たる由縁を指し示す。自己認識は、一面で、歴史認識の自己への投影であるとさえ言っても過言ではない。むろん自己認識にはいろいろな要素が作用しており、それぞれの要素がどれほどの比重をもつかは、時代や社会によってさまざまである。その意味で歴史認識が自己認識にどれほど決定的であるかも、単純ではないが、ほとんど常に無視できない要素であることは何人も否定しないであろう。

もちろんここで歴史認識というのは、たとえば「南京事件」があったか否かというような、具体的な事実の次元の問題にとどまるものではない。何を「歴史」として書くか、「歴史」にとって何が重要であり、本質的なものであるか、についての日本人の考え方の問題である。本来無限に存在する過去の諸事象から、「我」・「我々」が何を重大なものとして選び出し、それら相互をどう関連付けるか、それが「歴史」を決定する。

本稿は、このような意味における日本の「歴史」がどのような特徴をもち、それがどのような条件のもとで育まれてきたか、そしてそれが我々のアイデンティティーに如何なる刻印を与えてきたか、を主題とする、いわば日本人の自己解剖の試みである。

三　「正史」の伝統
――中国と日本――

「正史」という概念の濫觴は中国に求められる。清の乾隆帝の時代に「正史」と定められた『二十四史』の第一が『史記』であるが、そうした位置づけが与えられたのは、『史記』によって採られた歴史叙述のスタイル（「紀伝体」）が後の諸「正史」に受け継がれたことを考えれば、当然のことといわなければなるまい。ただ、『史記』と『漢書』以後の諸「正史」との間に見られる次のような違いをどう理解するか、については学者の見解は分かれている。

『史記』は、司馬遷が「尭舜」の世から、時代を追って《今の世》までを叙述した、いわば開闢以来の《通史》である。そのため、『史記』は当然、著者の父を憤死させ、自分に対しても宮刑を科した暴君武帝の時代をも叙述の対象とせざるをえず、著者はこの時代を、賛美の裏に批判と怨恨を潜ませた微妙な筆致で描いている。

これに対して、『漢書』以後の史書は、個別の王朝史（いわゆる「断代史」）であり、しかも当該王朝が滅亡し、それに代わって「天命」を受けた新王朝の治世下で書かれたものである。[1]『史記』が父と自分の仇・武帝に対する（うちに秘めた）批判と呪いを秘めた記述で締めくくられるのに対し、他の「正史」は前王朝が「易姓革命」によって滅んで行った経緯、裏からいえば、新たに「天命」を受けた現王朝の良き時代が到来した所以を叙述するものである。

こうした違いを重視する学者は、その違いにもかかわらず、『史記』が「正史の祖とされているのはどうしてであろうか」という問いを立てた上で、『漢書』以降の「王朝史が正史として定着すると、『史記』がその頭にのっかることになったのであろう。『漢書』が正史だからこそ、『史記』がつき合ったというものであった」と説明している。[2]

これに対して、『史記』は武帝時代の「史官」たる司馬遷がその職務として書き上げた、文字通りの「正史」であると主張する学者もある。[3] この説に従えば、『史記』と、『漢書』を含めてその後の諸「正史」との関係は、《元祖》と《続編》との違い、ということになる。

このような見解の相違の背後には、『史記』を個人的作品と見るか、公的な「史書」と見るか、という書誌学的問題に関する見解の相違があり、素人が軽々に判断できるものではない。とはいえ、日中の「正史」の比較という本稿の関心からして重要なのは、いずれの見解を前提するにせよ、『漢書』以降に関する限り、「断代史」は《その時その時の時点》で、前の「正史」を受けつつ、《それ以後》を《書き継ぐ》べきものとなったという点では、認識が共通しているということである。

しかし、そこにいう《その時その時の時点》とはいつか、は自動的に決まるものではない、という問題がここにある。形式論理的に言えば、「正史」を書かせる、という統治者の意思決定があったとき、ということになるであろう。ただ、実際には、後漢の時代に『漢書』が書かれたという先例が成立したことによって、王朝交替があった後、その下で、前の王朝の「正史」が書かれるのが例となった。これが前述したような「断代史」の伝統の形成である。もっとも、いつ、だれが《王朝の交代があった》と判断するか、は一義的ではないし、仮に誰かがそういう意思決定をしたとしても、その結果が実らなければ、「正史」のラインアップには何も残らない。結果として我々に残されたのが『二十四史』だったのである。

いずれにせよ「正史」としての『日本書紀』も、中国のそれに倣って、《書き継ぐ》べきものとされ、実際、平安初期まで実行されたが、そこで中断したまま、ついに本格的な形で再開されることはなかった。この経緯は、中国の「正史」自身がもっていた、本来は《その時その時の時点》に《書き継ぐ》べきもの、という本性が、日本の場合にはより露骨に表れることになったことを示している。曲がりなりに《書き継ぎ》が実行された結果である『続日本紀』以下、『日本後記』、『続日本後記』等の五書を見ても、それぞれがカヴァーする天皇の治世期の幅は区々であり、

「正史」編纂の意思決定がなされる契機に一定の原則があったとは考えにくい。しかも最後の一書は、『日本文徳天皇実録』、『日本三代実録』というように、『紀』・『記』というタイトルをも放棄してしまった。論理的には「文徳天皇紀」、「三代紀」と称することもできたはずなのに、である。想像するに、後に作られるべき『紀』・『記』のために天皇一代ごとに書きとめておくものという意識があっての結果ではなかろうか。しかも、それさえ、ついには『三代』込みになった。このこと自身がすでに、いくつかの《書き継ぎ》計画（例えば、鳥羽法皇の指示で始まった『本朝世紀』はわずか宇多朝一代の分のみ完成したにすぎない）はあったものの、それ以後、事実上中断されてしまうことを図らずも予告するものとなっている、と言ってよかろう。「そのうち、そのうち」と言っている間に何百年か経ち、さらにその意識さえ消え失せて、とうとう千年近くが経ってしまったのである。

明治維新という「王政復古」後、「国史編纂」事業の再開が試みられたのは、その意味で当然である。まさに『六国史』が終わった時点（仁和三＝八八七年）以後の「王政」史を一挙に《書き継ぐ》ことがこのとき企てられたのである。しかしまもなくそれは、近代史学と接触した結果、事実上放棄され、「史料編纂」の事業に変身し、『大日本史料』の編纂・刊行という形で続けられている。

日本「正史」のこのような運命は、それが中国の「正史」と決定的に異なる性質をもつことと密接な関係がある。すなわち、日本においては、少なくとも六世紀以降は「易姓革命」といえる現象は幸か不幸か起こらなかったとされているから、中国のように新しく天命を受けて成立した新王朝の下で、前王朝の歴史が書かれる、という形をとる可能性はなかった。『日本書紀』の眼目は、①「天壌無窮」とされた天皇制の揺るぎなく連綿たる君臨の系譜、及び②天皇に「仕奉《つかえまつ》」る諸「氏」との関係の起源と現在に至るまでの経緯の記述であった。換言すれば、『日本書紀』の編纂者にとっては、ひたすら現に存在する天皇とそれに「仕奉」るもろもろの「氏」の由緒書を作る事が重要であり、そこには、それ以前に何があり、如何なる原因・必然性のゆえに現体制がそれにとってかわったか、という問題設定は全く存在する余地がなかったのである。

要するに、中国の「正史」が、各王朝の破滅への道、すなわち現王朝（それがその「正史」＝「断代史」のプロデューサーである）によって倒されるべき過程の歴史、基本的に「易姓革命」が起こるべき原因＝罪悪の歴史であるのに対し、『日本書紀』は天皇制とそれに「仕奉」る者たちの栄光の歴史なのである。前述したように、この「正史」は「紀伝体」ではなく、『紀』という編年史だけから成り立つ形をとったが、『六国史』、とくに『続日本紀』以下を通観すると、それは随所に諸功臣の詳細な「薨卒伝《こうそつでん》」（高級官人の死亡記事に併せてその生前の功績を列挙する文章）を含んでいる。これは中国風に言えば「伝」として書かれるべき事柄のうちから、天皇への「仕奉」の部分だけを切り出して、『紀』の中に入れ込むための独特のスタイルなのである。

これに対して、『日本書紀』は基本的に伝承の時代を対象とするだけに、「薨卒伝」的なものはそれほど目立たない。しかし、その反面目立つのが「氏名《うじな》」の由緒の記述である。「氏名」の由緒にはさまざまな類型があるが、比較的古い時期の豪族、とくに天皇にほぼ匹敵するほどの勢力を誇った豪族（たとえば「葛城」、「蘇我」）を除くと、圧倒的に目立つのが天皇やその一族に対する「仕奉《しほう》」（以下、この言葉を名詞として用いる場合にはこの音よみによる）の具体的内容、すなわち職掌である。たとえば「大伴」は「伴《とも》」（従者）の統括者、「物部」は「もののふ（武器をとる者）の伴」（「部」は、「伴」と並ぶ「とも」の当て字）、すなわち「武器をとって天皇に付き従う者」である。中小の「氏名」については、この類型の割合は一層大きい。典型的なものとしては「土師」（陶器つくり）、「服部」（はたおりのとも）が有名であるが、このほかにも「長谷部」（はつせべ＝「はつせの宮」に「仕奉」った伴）、穴穂部（あなほべ＝「あなほ」すなわち安康天皇に「仕奉」った伴）など、「仕奉」った主人、その宮殿などの名をとった「氏名」もある。

このように、「仕奉」を自分のファミリーネームの由緒とする、ということは、その職掌・職務を自己の名として代々天皇やその一族に奉仕することを、自己のアイデンティティーの拠りどころとする、ということを意味する。ちなみに、以上述べてきたことは、天皇一族には姓《ファミリーネーム》がなく、その分枝が「臣籍降下」するとき「姓を賜る」という事実を裏から説明する。「仕奉」がファミリーネームの由緒になる社会では、「仕奉」を受ける一方の者には、姓の付けようがないではないか。

ここで重要なのは、天皇とその一族に「仕奉」ることがファミリーネームの由緒になる、という原則が確立し、存続しうるためには、「仕奉」る相手が「一系」であり続けることが必要条件であるということである。王朝に交替があったら、臣下の者たちは、旧王朝と運命を共にして滅びるか、さもなくばファミリーネームを変えるか、少なくとも「仕奉」ってきた由緒を放棄するかしなければならないはずだからである。

この意味で、上述した『日本書紀』の二大眼目、すなわち、①天皇支配の「万世一系」性と②「仕奉」る者たちの「仕奉」の歴史とは、表裏一体の関係にあるということができる。そしてそれはとりもなおさず、この国の「正史」が、本来的・構造的に王朝・君主の歴史叙述であるだけでなく、それに「仕奉」る者たちの公式の歴史叙述でもなければならない、ということを意味しているのである。古代日本には、王朝交代ごとに作られる中国風の「断代史」が成立する余地が、君主についても、それに「仕奉」る者についても、存在しなかったのである。

四　武家政権成立の歴史叙述
——『愚管抄』と『平家物語』——

「断代史」が成立する余地のない古代日本では、『日本三代実録』以来、ずるずると「正史」はおろか、そのための備忘録の編纂さえ行われなくなって三〇〇年を経過した。ところがそこに、「正史」観を揺るがしかねない事態が起きた。武家政権の成立がそれである。むろん鎌倉幕府が成立したといっても中国風の「易姓革命」が起こったわけではなく、王朝そのものは存続しているのではあるが、それに「仕奉」る者たち、天皇を擁して覇権を行使して来た者たちの勢力に大きな変化が起きた以上、その新しい体制を解釈し、弁証する必要が生まれたのである。

もちろん、王朝の交替があったわけではないから、「正史」を書きかえることや、新しい中国風「断代史」を書くことはできないし、その必要もない。言い換えれば、この新しい体制の意味づけの作業は、私的な著作の域を越えてはならないし、またそれで事足りる。この要請を満たしたのが『愚管抄』と『平家物語』のセットであったと筆者は考える。

武家政権（鎌倉幕府）の成立後、それと親近関係にあった九条家の出身である慈円が『愚管抄』において、この新しい体制を、「武士家」（一般に「武家」といわれるものに相当）[4]が伝統的な宮廷貴族（「公家《くげ》」）と並んで天皇を補佐する（「仕奉」る）体制として解釈し、定式化したことは周知のとおりである。[5]「源氏頼朝将軍、昔今有難キ器量ニテ、ヒシト天下ヲシヅメタリツル跡ノ成行ヤウ、人ノシワザトモヲボヘズ。顕ニハ武士ガ世ニテアルベシト、宗廟ノ神モ定メ思食タル事ハ、今ハ道理ニカナイテ必然ナリ」と慈円がいうとき、それは今の時代は「武士ノ、君ノ御マモリトナリタル世」なのだという現実の認識と受容が前提となっているのである。

ところで、この慈円が他方で『平家物語』の形成に深く関わっていたことは、すでに『徒然草』二二六段が示唆しているし、具体的な経緯が近来の文学史の研究で明らかにされてきている。[6]実際、『平家物語』が武士を「朝家の御まもり」と呼び、「そもそも征夷大将軍前右大将、すべて目出たかりける人なり。西海の白波〔盗賊の意〕を平らげ、奥州の緑林〔盗賊の意〕をなびかせてのち、……仏法を興し、王法を継ぎ、〔平家〕一族の奢れるをしずめ、万民の憂ひをなだめ、不忠の者を退け、奉公の者を賞し、……ゆゆしかりし事どもなり」と言うのを見れば、片や硬い弁証の書、片や「語り物」という性格の違いを超えて、『愚管抄』と『平家物語』の間に、体制理解の構図における相似性は明らかであろう。

もちろん、どこまで具体的に慈円が『平家物語』のテキストの作成に関わっていたかは問題であるが、少なくとも、頼朝という「目出たかりける人」が「朝家の御まもり」役を果たす体制の成立という、いわば表のヒストリーを叙述する『愚管抄』に対して、同じこのプロセスを、『平家物語』が平家（桓武平氏）の滅亡という裏の側から叙述する役目を負うものとして構想され、作り出されていったと想定することは許されるであろう。まさにこのような役目を負うからこそ、『平家物語』が、日本としてはめずらしく、滅び去った前政権の名を表題にもつこととなったといえるのではなかろうか。

試みに当時の軍記物語類を見渡せば、前に『保元物語』、『平治物語』があり、後ろに『承久記』があるが、見られるように、これらは皆、合戦が行われた時の年号を表題に掲げている。治承・寿永にまたがった源平合戦譚に『治承寿永物語』という長ったらしい表題をつけるわけにもいかないから、『平家』としたのだろう、という解釈は恐らく適切ではあるまい。高倉・安徳・後鳥羽・土御門・順徳・後堀河の六代の天皇の時代を描いたものは『六代勝事記』と題されており、特定の「家」の名を表題に付けた「物語」は、この時代には他にない。

このことは、『平家物語』が、かつての体制を「源平左右にあらそひて、朝家のおまもり」を勤めた体制と見ていたことと深く関わっている。いうまでもなくこの体制は平治の合戦で崩壊し、平家一族の独占支配が成立した。この支配が何故、如何にして、かくも容易にかつてのライバル・源氏によって、取って代わられたか、を説こうとするのが、この作品のテーマであった。作者は、その原因を平家の、とくに清盛の「奢れる」振舞いと「たけき」所業に求め、まず冒頭の「祇園精舎」の段で総論的にそれを示し、続く諸段で、その所業が王法と仏法を破却する具体的なありさまを次々と描いて見せる。

このように『平家物語』は、ある種の「易姓革命」のヒストリーに他ならない。それは、上述のように、現体制（王法と仏法の復活とそれを守護する鎌倉幕府という公武蜜月体制）成立という栄光の歴史を叙述する役割を『愚管抄』が担ったが故に、はじめて可能となった。

このことは、『平家物語』に対して極めて大きな幸運をもたらした。それは、現体制に「仕奉」る者たちの栄光に満ちた由緒書の類を一切そぎ落とすことを可能にしたのである。もちろん、『平家物語』にも現体制に「仕奉」る者たちが登場しないわけではない。しかし、彼らは栄光の物語の主人公としてではなく、平家が滅びるプロセスの一こま一こまの登場人物として立ち現れるにすぎない。

『平家物語』においては、滅んでいった平家一門の武将たちはもちろん、たしかに平家討伐に関わったものの、結局は現体制の敵となり、滅んでいった者たち（たとえば木曾義仲や源義経とその従者たち）、あるいは滅亡した平家の生き残りの人たち（たとえば建礼門院）の叙述の方が、現体制の担い手たちのそれよりはるかに精彩に富んでいるし、本質的な構成要素となっている。『平家物語』は現体制の担い手たちの由緒書としての要素を、ほとんどまったくといってよいほど含んでいないのである。

しばしば指摘される『平家物語』の文学性の高さ、詩情の豊かさ、そして内容や表現形式に備わる緊迫感・緊張感は、由緒書であったら盛り込まれるはずの要素、つまり「仕奉」る者たちの功績物語・いくさの手柄話といった、要するに数々の人々（家柄）のさまざまな「由緒書」的要素がここにはほとんど含まれていないし、また含む必要がないことと深く関わっていると思われるが、このことは後に『太平記』との比較によって一層明らかになる。

ところで、『平家物語』はこのように滅んでいった者たちに焦点を合わせたものではあるが、上述したように『愚管抄』という「表のヒストリー」と補完関係に立って、源氏が「武家」の代表として「公家」と並んで天皇に「仕奉」る新体制を弁証すべき「裏のヒストリー」である以上、源氏武家政権（成立）の正当性をそれなりにしっかりと指示するものでなければならない。

ここに『平家物語』のテキストの管理が必要とされる所以が存在した。ことにそれは、本来文字テキストによって流布するものでなく、全国を漂泊する琵琶法師（平家座頭）たちによって「語」られる「語り物」であるためにテキストの混乱が生じやすいという事情から、そのテキスト管理は単に文字通りの「テキスト」の管理のみに止まらず、語り手たちに対するコントロールをも含むものでなければならなかった。(7)

しかし、その管理主体であるべき源氏将軍は三代で終わっていたので、その役目を負う者は他の系統の源氏ということになるが、ここで指摘しておかなければならないのは、この管理者の地位に就けるのは貴族でなければならない、ということである。

実は当時、この種の管理体制も庄園の管理体制と基本的に同じ仕組みであった。当時の観念では、生産の管理と「道々」の芸能の管理との間に区別はなかった。この認識は網野善彦氏の画期的な諸業績によって、いまや学界の共通財産となっている。庄園の管理体制の頂点が「本所」あるいは「領家」と呼ばれたように、『平家物語』の管理体制の頂点も「本所」と呼ばれたが、この「本所」・「領家」になりうる者は、「貴」族、すなわち三位以上の位階を持つ者たち、または超有力寺社でなければならなかった。

鎌倉三代の将軍を除けば、この「貴」族に列する源氏は、当時清和源氏にはなく、村上源氏にあるだけであった。ことに、鎌倉時代にその条件を満たしうるのは、摂関家に次ぐ家格たる清華家（大臣家）・村上源氏中院流の三条坊門家または久我家のみであった。以下、兵藤裕己氏の著述(8)に拠って、当時の状況を瞥見しておこう。

一三世紀中葉、鳥羽天皇の時代に、右大臣源雅定が奨学・淳和両院別当職に任ずる宣旨を受けて以来、源氏の氏長者はその門流（中院流）によって伝えられた。北畠親房の『職原抄』が、「両院の別当の事、中院の右大臣の時、永くかれの家に付すべき由、鳥羽院の勅定あり」とし、「奨学院の別当たるの人、即ち〔源氏の〕長者となる」としていることから、事は明白である。

さらに重要なのは、奨学院が王氏（皇族出身諸氏＝源氏、平氏、在原氏、大江氏、清原氏等）全体の学院として設けられたものであることから、その別当たる源氏の長者は王族全体の長者でもあるとされたことである。一三世紀中葉に隆盛に向かった平家座頭の座組織にとって、その本所となる者は、この長者を措いて他にはなかったのである。

ちなみに、後日この源氏の長者の地位は足利義満によって奪われ、『平家物語』のテキストの正本（一座の惣検校の口述筆記本）までが彼に「献上」されるという、文字通り『平家物語』テキスト管理者＝源氏の長者という原則を裏書する事件が起きるのだが、それは『太平記』との関連で後に述べるべき問題である。

五　武家に「仕奉」る者たちの公的「由緒書」
──「武家御下文」──

『愚管抄』と『平家物語』という二つの私的な歴史叙述によって、武家政権成立という、『日本書紀』の提示する枠組みに収まらない要素を持つ歴史的大変動、およびそれにもかかわらず（摂関家を中心とする藤原家の立場からは）存続すべきものとされた公家の由緒書の役割は果たされた。(9)

しかしながら、それでは、その武家政権に「仕奉」る者たち、すなわち武士たちの「由緒書」は必要なかったのか、また作られなかったのか、という疑問は当然湧いてくるであろう。彼らは、頼朝を担いで新たな「天下草創」（『吾妻鏡』）をやってのけた、時代の主役であると同時に、上述のように『愚管抄』によって、公家と並んで天皇を補佐する存在として公的な役割を付与された組織の担い手であるのだから、どこから見ても「由緒書」を要求する資格をもつはずだからである。

当初はその「由緒書」は、頼朝から個別に与えられた「本領」（「私領」ともいう）の「安堵」または「新恩［領］」授与の証文の形をとった。治承四（一一八〇）年八月に旗揚げし、一旦は房総地方へ落ち延びたものの、反撃に転じて一〇月に鎌倉へ入った頼朝は、早くも一一月二三日には北条時政以下の武士たちに対し、それまでの功績を賞でて「或いは本領を安堵し、或いは新恩に浴せしめ」[10]ている。後述（第七節）するように、当時の武士たちの間には、頼朝の「御判」（花押）入りの証文を「子孫末代の亀鏡」とする考えが見られたのは、そうした証文が武士の社会における個別規範としての意味を持っていたことを示している。

ちなみに、その数年後その頼朝は朝廷から右大将、さらに征夷大将軍に任ぜられて、文字通り天皇に「仕奉」る「武家」になったのを契機に、こうした文書は「将軍家政所」という機構が発給する、いわば行政文書の形式をとることになった。[11]以下に登場する「武家御下文」とは、こうした文書をいう。

鎌倉時代の末期に成立した『沙汰未練書』（訴訟手引書）には、「御家人トハ、往昔以来、開発領主として、武家御下文を賜はる人の事なり」という定義文がある。この時代において、「御家人」の定義としてこれだけで十分であったか否かは別として、この定義が鎌倉幕府に「仕奉」る者たちの地位の由緒そのものに関わるものであることには注目しなければなるまい。「開発領主」とは、またの名を「根本領主」ともいい、「開発」によって荒地を耕地に変えた人、まさに「領主」の名に値する存在を指す言葉である。その土地は、彼らの物理的な存立基盤であるとともに、アイデンティティーの象徴であった。そしてこれこそが、上に引用した『吾妻鏡』にいう「安堵」の対象となった「本領」である。

すなわちこの定義は、「御家人」とは、昔から「武家御下文」という文書によって、彼ら（の祖先）が「開発」した本領の支配を認められてきた人である、ということを示している。しかしここで重要なのは、この「安堵」が武家の恩賞として与えられる性質のものであった、ということである。このことは、『沙汰未練書』の御家人定義に書き込まれてはいないが、それは当然の前提であるからにすぎない。従って、それを補って定義しなおせば、「御家人」とは、武家に「仕奉」り、文字通り「命を［本領という］一所に懸けて」忠節を尽くしたことの証として、その支配を認められてきた人、ということになる。その意味で「御家人」という身分そのものが「由緒」であり、「武家御下文」が「由緒書」であったと言ってもよい。

しかし何故、この本来は紛れようもない御家人身分について、訴訟の手引書にわざわざその定義が掲げられる必要があったのか。それは、この定義のすぐ次の行に書かれた「非御家人トハ、その身侍たると雖も、當役勤仕之地を知行せざる人の事なり」という定義を見れば一目瞭然である。「當役」とは、「御家人」・「非御家人」の定義に関わる、この文脈では、御家人として幕府に対して「勤仕」しなければならない負担、すなわち「御家人役」と一般にいわれるものを意味するが、それはある時期から御家人の所領に即して賦課されるようになっていた。つまり御家人役は土地に付着した負担として観念されるようになっていた。それが「當役勤仕之地」の意味である。従って、〈非御家人とは、御家人役負担付の土地を支配していない人のことである〉というこの定義は、本来なら当たり前のことを言っているにすぎないのであり、それが訴訟手引書に載るべくもないはずのものであった。しかし、鎌倉末期に実情においては、それはもはや当然ではなく、「當役勤仕之地」の帰属問題とともに「御家人」かどうかが訴訟で争われるのが珍しくなかったのである。

ある御家人が「武家御下文」を以て保証された本領――それには当然「當役勤仕」義務が付着している――が、本人やその家系の手中にある限り問題は起きない。しかし、それが他人（縁続きの者も含む）の手に渡ると、今まで御家人であった者でも「當役勤仕之地を知行せざる人」すなわち「非御家人」になってしまう。従って、「當役勤仕之地」の帰属が争われれば、それは〈誰が御家人か〉という身分をめぐる紛争でもある。

所領を持たない者でも、過去の功績に免じて「御家人」身分は失わないものとする政策も論理的にはありえたはずである。しかし、それは「當役勤仕」義務を果たす経済的能力のない者を「御家人」として認知し続けることを意味するから、幕府としてこれを採るわけにはいかない。そこで幕府は、「當役勤仕之地」の譲渡・質入禁止と（すでに他人の手に渡っているそれの）御家人への取り戻し、という苦肉の策に出た。「徳政令」と世にいわれるものがそれであって、「當役勤仕之地」を本来「御家人」身分たるべき者に強権的に帰属させようとしたものである。「地頭職」に代表されるような「職」は、「国利」を図るという本来の目的に沿って、「器量」の人に帰属すべきものであるから、「御家人」というそれに相応しい者の手中に留まり、取り戻されるべきである。これが「徳政令」の理念であった[12]。

しかし、これは人間社会の通則に反する。対価を払って取得した物を無償で返還しなければならない。困窮した者が自己の財産を処分して糊口をすすぐこともできない。無償返還を恐れて買い手もつかない。取引社会が大混乱に陥ったことは周知のとおりであり、〈徳政令が出されても必ず借金は返却する〉という、いわゆる「徳政担保文言」付きの証文が乱発されたこともよく知られた事実である。

幕府はやむなく、いったん徳政令を廃止したり、方針は紆余曲折をたどるが、結局、「當役勤仕之地」を持たない、あるいは他人と係争中の「御家人」（の子孫）が多数存在するという、徳政令以前からの状況には変わりなかった。後述する北条時頼の廻国伝説に、所領を失った御家人の所領を取り戻してやる、あるいはその窮状を救ってやる、という譚が多いことも、この際想起されてよかろう。

「非御家人」の定義が『沙汰未練書』に載った背景は、おおよそこのようなものであった。これは、いうまでもなく、「武家御下文」が鎌倉幕府に「仕奉」った者たちの「由緒書」としての役割を十分果しえなくなったことを意味する。そしてこれこそが、あらためてこの「由緒書」の代わりとなる歴史書が必要とされる、一つの背景であったのではなかろうか。しかし、その歴史書そのものについて論じる前に、いま一つの背景について触れておかねばならない。

六　武家に「仕奉」る者たちの私的「由緒書」

――『蒙古襲来絵詞』――

『吾妻鏡』編纂のもう一つの背景とは、文永・弘安両度の「役」が幕府に与えたダメージである。この戦役は、日本中の武士たちに大きな負担と手痛い損害を与えたにもかかわらず、幕府は周知のようにこれにほとんど報いることができなかった。幕府は武士たちに大きな「借り」を作ったのである。

このことを裏から示すため、武士たちがこの幕府に対する「貸し」の取り立てに如何に苦心したか、を如実に示す素材を一つだけ挙げておこう。それは、『竹崎季長絵詞《えことば》』とも『蒙古襲来絵詞』とも呼ばれる（以下、単に『絵詞』という）、肥後の御家人竹崎季長にまつわる絵巻物である。これは、季長が文永・弘安の役に参戦したときのもろもろの出来事を文章と絵によって詳しく記録したものであるが、石井進氏が「随分いたんで……詞書《ことばがき》や画面が途中で切れていたり、詞書と絵が対応しないところもたくさんあり……後世改めて現在の形に再整理して、前後二巻の大きな巻物に仕立てなおしてありますので、実は現在の形が果たして絵巻本来の姿を再現しているか、大きな問題が残されている」[13]と言われるようなものである。とはいえ、ここでの目的、すなわち鎌倉幕府の御家人たちが幕府に対する「貸し」の取立てに如何に苦心したかを知るという目的からすれば、「本来の姿」はどうあれ、いくつかの主要なプロットに着目することで十分である。以下、石井氏の著作[14]に拠りながら、それを試みてみよう。

文永一一年の合戦の朝、箱崎八幡宮に勢ぞろいした武士たちのパレードのなかに季長一族・主従五騎も混じっているが、画面ではしっかり彼らだけフルネームが添書されている。曰く「肥後国竹崎五郎兵衛尉季長」、「季長旗指三郎二郎資安」等々。添書されていない人物も詞書のなかにその名を見出すことができ、総勢五騎の名前はすべてわかる仕組みになっている。

いざ出陣というとき、かねての約束どおり、季長は互いに「見つぐ」ために、一門の武士江田又太郎秀家と兜の交換をする。「見つぐ」とは、合戦終了後、それぞれが大将に軍功を申し立て、恩賞請求をする際の証人になる、あるいは合戦中お互いに助力し合う関係に立つことを意味する。乱戦状態の中でも、自己の立てた軍功が申告通りのものであると証明すること、他人に軍功を横取りされないことは、武をもって「仕奉」る者たちにとってどれほど大切であるか、はいうまでもない。軍功が認められれば、そのグレードに応じて恩賞が得られ、そして新たな「由緒書」を得ることができるからである。彼らはそのための手だての一つとしてあらかじめ親しい朋輩と「見つぎ」契約を結んだのである。そして、季長が秀家と兜の交換をしたのは、乱戦状態のなかでも（自分の兜をかぶっている）互いの姿を確認しやすくするために他ならない。

ところで、その日の総大将は戦場の地形からして迎撃戦法を選び、その旨全軍に指示を出していたが、季長は大将にわざわざ《自分は一族との所領をめぐる裁判に敗訴したため、総勢わずかに五騎の小勢に過ぎず、防御的集団戦においてめざましい軍功をあげることは難しいので、敵陣に突進し一番乗りを果たすしかない》と申し出て、了解をもらって敵陣に向かって前進していく。

敵陣にたどりついた季長は、一族五騎以外味方がいない（「見つぐ」べき秀家もいない）のも構わず、「弓箭の道、先を以って賞とす。ただ、駆けよ」とばかり、打ちかかったが、見たことも聞いたこともない兵器を使い、集団戦を得意とする大軍に取り巻かれ、季長はじめ三騎が重傷を負い、あわや討ち死にというとき、運良く肥前の白石通泰の百余騎が攻め込んできたので、敵が退き、一同命をとりとめる結果となった。

そして本陣に帰還した季長は、この白石の証言で先陣（「一番がけ」）の大功を認められ、「引付」にその旨記入されたが、『絵詞』はこの合戦の一部始終を絵と詞書で詳細に描いている。特に、腹部に矢を受けた乗馬に必死にしがみつき、自分自身も股と兜に（元軍固有の）朱色の矢柄の矢を受けて苦戦する武者の姿の上に「肥後国竹崎兵衛季長生年二十九」と注記されている画面は有名であるが、その脇には季長の紋章を染め抜いた旗指物を高く掲げる「旗指」（旗手）もしっかりと描かれている。

興味深いことに、逆に『絵詞』は「文永の役」についてはこれ以上何も伝えていない。他の戦場についても、「神風」とともに敵が撤退したことについても。しかしそれは、この『絵詞』が幕府に対する「竹崎季長の貸し」の大きさを誇示するために作られたものである以上、不思議でも何でもない。

実際『絵詞』は、続いて翌年の鎌倉出訴の物語となる。先陣の大功を認められたはずが、誰かに握りつぶされ、幕府中枢にその報告が伝えられていないらしいと知った季長が、鎌倉へと赴いたのである。鎌倉到着後五〇日ほど経ってようやく彼は、烏帽子親である三井季成（長門国守護代）等の人脈のお蔭か、時の執権北条時宗の舅であり、御恩奉行という、文字通り恩賞問題の責任者である安達泰盛に面会し、直訴するチャンスをもつことができた。はじめはまともに取り合おうともしなかった泰盛も、《恩賞とまでは望まぬまでも、せめて「一番がけ」の功のことは鎌倉殿のお耳に入れてほしい。それが叶わぬようでは、いかにして弓矢の武勲を立てよと言われるのか》と必死に食い下がる季長の「強者《こわもの》」ぶりに感じ入り、後日肥後国海東郷の地頭に補任する「将軍家下文」をみずから手交し、さらに馬一頭を贈った。『絵詞』の前巻は、この直訴から馬の贈与に至る諸情景を丹念に描き、「詞書」で事の顛末を生き生きと伝えるところで終わっている。

そのあと、弘安の役における季長の活躍を描く後巻については、前巻に見られない特徴的なことがらについてのみ簡単に述べるにとどめよう。

まず季長は、自ら戦闘に臨むに先立ち、すでに敵将を生け捕る大功を挙げた伊予国の有力武士河野通有の陣屋を訪れ、体験談を聞いたときに、通有が着用している直垂は、ほぼ一世紀前の源平合戦の折に平家と戦った河野家の祖

（通信）が着用したものだと聞かされたことが記されている。他家の由緒譚にも敬意を払ってきちんと「絵詞」に盛り込んでいるところが面白い。

むろん、季長自身も初期段階から戦闘に参加し、いくつか武功をあげたが、その後「神風」で大打撃を受け、戦意を喪失したまま残っていた敵艦隊に向かって小船で繰り出し、敵艦に乗り移って首級をあげるという手柄を立てた。その模様はもちろん絵と「詞書」で克明に描かれているのだが、さらに注目すべきは、その後、おそらく肥後の軍勢の指揮官であった肥後国守護代安達盛宗（前述の直訴の相手である同国守護安達泰盛の次男）に向かって「季長が分捕りの首」二つを提示しながら軍功を申し立てている場面が登場することである。しかもその画面には、筆を持って記帳する「執筆」（「しゅひつ」と訓む）と注記された人物まで描かれている。軍功の内容ばかりか、軍功申告の実況を伝える画面まできっちり添える周到さには舌をまくほかない。

しかし、この『絵詞』の弘安の役の部分には、鎌倉に直訴に及んでまで恩賞を請求し、それに成功した文永の役の場合と違って、恩賞に与った記事が見当たらない。むろん、前に引用した石井進氏の指摘にもあるような伝存状態であるから、この記事がはじめからなかったと断定することはできないが、石井氏も「弘安の合戦を扱った部分はここで終わり……『蒙古襲来絵詞』は一応の結末に達した」のであろうと推測されている。もしその推測が当たっているとしたら、この『絵詞』は、弘安の軍功に対して見るべき恩賞が与えられず、《「貸し」が残っているぞ》というメッセージを伝えようとする由緒書であったともみなしうるのではなかろうか。

最後に、季長自身には関係ないことだが、ショッキングな事実を一つ。実は、『絵詞』の前後の関係からすると明らかに、敵船に乗り移って奮戦中の季長であるはずの人物の画像の注記には、一見すると彼の名前ではなく、「大矢野兄弟三人種保」と書かれている。しかしよく見ると、それはすでに書かれていた文字をすり消して、その上に書き込まれたものであることがわかる。また、その他にも季長や彼と行動を共にしていた武士の名前がすり消されている跡が何箇所かある。これは後世、この『絵詞』が大矢野家の所有に帰したときに加えられた改ざんに他なるまい。これはまさしく「由緒書」の横どりであり、「由緒書」が渴望されていた、一般的な状況を明瞭に物語る行為ではないか。

七　武家に「仕奉」る者たちのための歴史叙述
——『吾妻鏡』編纂の背景——

前二節では、「武家御下文」に代わる（少なくとも、それを補完する）新しい「由緒書」の作成が求められるに至った事情を、やや詳しく述べたが、その「由緒書」としての役割を少なくともある程度果たそうとしたのが『吾妻鏡』という歴史書ではなかったか、というのが筆者の解釈である。ただ、『吾妻鏡』そのものが、何時、何処で、誰によって、何のために編纂されたのか、という諸問題について、いまだに確定的な共通認識が成り立っていないだけに、この筆者の解釈に説得力を持たせるには、いくつか手続が必要である。

もっとも、永原慶二氏はすでに一九七六年刊の『全訳・吾妻鏡』第一巻において、「『吾妻鏡』の長い研究史の中で、今日は大方の承認を得ていると思われる事実を列挙す」るとして、①同書は「幕府の公式記録と見るべきである」、②その「記述のすべては後代の編纂になる追記であり、後半部分もその日ごとに記した日記ではない」、③「編纂の年代は、前半は文永年間〔一二六四〜七五年〕、後半は正応・嘉元〔一二八八〜一三〇五年〕の間と見る八代国治の説が通説化していたが、前半部分も正安二年〔一三〇〇年〕以降編纂された可能性が大きい（笠松宏至説）」、④編者は町野・二階堂・三善氏などの、奉行人を務めた幕府の吏僚グループと考えられ」る、⑤利用された資料文献は「幕府の政所・問注所などに保存された記録や大江廣元の日録……公家の日記類、さらに高野山・箱根・鶴岡等の社寺の古文書や『天台座主記』などの記録、御家人の家伝文書、『平家物語』……等の文学作品にいたる広い範囲にわたっていた」ことなどを挙げておられる（〔　〕内は石井注）。

上記③に引かれた笠松説について補足すれば、『吾妻鏡』の鎌倉初期を叙述する部分にも、永仁の徳政令発布（永仁五＝一二九七年）以後に作られた偽文書が史料として用いられているという事実からして、前半部分の編纂もそれ以後のものでしかありえない⑮、と論ずるものである。さらに最近に至っては、五味文彦氏が、編纂者は誰かという観点からの考証を通じて、「おそらく十三世紀末頃」と推定しておられる⑯。

このような笠松―五味説によって編纂時期の問題に決着がついたのかといえば、必ずしもそうとは言い切れないようにも見える。石井進氏は二〇〇〇年刊の著書においても依然として八代国治の二段階説を採っておられるからである⑰。しかし『吾妻鏡』の編纂時期の問題には、これ以上立ち入る必要もないであろう。それが「元寇」防衛戦以後であることが確定したとしても、それでただちにその編纂の目的が鎌倉武士たちの「由緒書」の作成であったということが裏書されるわけではないし、逆に二段階説に拠ったとしても、前半部分の編纂が文永年間であることは「武家御下文」が鎌倉武士たちの「由緒書」の地位を失い始めた時期と矛盾せず、また後半部分の編纂が「元寇」以後であることも、一旦中断していた編纂が「元寇」防衛戦が引き金となって再開された、という考え方で説明可能だからである。要するに、筆者の解釈にとって、どちらの説も障碍にはならないことが確認されればよいのである。

次に『吾妻鏡』編纂の目的について触れると、永原氏の指摘のように、直接の目的は幕府の「公式記録」の作成であって、御家人たちの「由緒書」集そのものの編纂ではなかったことも、筆者の解釈の障碍にはならないと考える。問題は、その「公式記録」が何を以て伝えるべき重要な事柄と考え、事実の取捨選択を行い、それをどう記述したか、直截に言えば、この「公式記録」が幕府に「仕奉」る者たちを全体としてどのように扱っているか、ということだからである⑱。

もちろん当然のこととして、『吾妻鏡』が「公式記録」たらんとする以上、何から何まで御家人たちの「由緒書」で埋め尽くすわけにはいかないという限界があることは断っておかねばならない。京都との折衝をはじめとして、幕府が処理・対応しなければならなかったさまざまな問題の経緯や幕府の儀式・儀礼等に関する事項を、在来の史書のスタイルを念頭に置きながら日記体風に記した『吾妻鏡』の中には、御家人たちの「由緒」とはおよそ縁のない記事が延々と続くところが少なくない[19]。

しかし、まさにその儀式の記事が「由緒書」そのものといってよい場合が少なくないことに注目する必要がある。典型的な例を挙げよう。建久三年七月、念願の征夷大将軍に任ぜられ、その「除書」（任官の目録）を伝達した勅使が帰京すべく鎌倉を発って早々、待ちかねたように頼朝は八月五日に「将軍家政所始」の儀式を行い、御家人たちに対して「政所下文」の授与をはじめたところ、意外な出来事が起こった。

『吾妻鏡』同日条によれば、真っ先にそれを授与されたのは千葉介常胤であった。ところが、前述のように、以前は下文に御判が載せられていたのに、政所が置かれるようになってからは、その御判付きの文書を召し返し、代わりに「政所下文」を下されるようになっていた[20]ことに対し、常胤がすこぶるこだわって、「政所下文といへば家司等の署名なり、後鑒に備へがたし。常胤の分に於ては別して御判〔当時の「判」は花押である─筆者注〕を副へ置かれ、子孫末代の亀鏡となすべし」と主張して一歩も譲らなかった、という。要するに、「将軍家政所始」という頼朝にとって一世一代の晴れの儀式の開始早々、御家人の筆頭格の者が、「政所下文」などという家政機関の役人の名において発行される文書などは将来の役には立たないから、直々の花押を頂戴したい、と言い放ったのである。

このエピソードは、頼朝と御家人の間の主従関係は本来「生まの人間関係」であって、それが「家務機関なる人間性を捨象した存在によって把えなおされる」[21]ことへの反発を示すものとして有名であるが、ここでの問題関心からいえば、「御判」が副えられた恩賞授与の文書（本稿の表現でいえば「由緒書」）こそが「子孫末代の亀鏡」・「後鑒」だという意識が注目されるところである。

「亀鏡」は「亀鑑」と同義語であり、まさに手本、模範といった、規範的意味における「かがみ」の意味である。また「後鑒」の「鑒」も「鑑」の旧字体であり、「後鑒に備へがたし」は、「後々の鑑の役に立たぬ」というほどの意味であろう。「御判」付きの由緒書が後々の規範となる、ということは、頼朝のサインによって保証された文書こそが最高の由緒書であり、それに書かれている内容は、子孫のみならず、周囲の人びと・関係者の思考と行動を規定する、動かしがたい拘束力をもつ、という意識に他なるまい。

もっとも、「亀鏡」・「鑒」という言葉を常胤本人が使ったかどうか、確たる証拠はない。この出来事を書きとめた人、あるいは『吾妻鏡』の編纂者が使った言葉かもしれない。しかしそれは重要ではあるまい。「御判」付き「由緒書」こそが「鏡」だとする表現が『吾妻鏡』にあること、しかもそれが御家人の言葉として引かれていることが確認されるだけで十分である。

しかも『吾妻鏡』は続けて、この常胤の傲慢ともいうべき主張が頼朝に受け容れられたことを伝えている。すなわち「下総国住人常胤に下す　早く相伝の所領新給の所々地頭職を領掌すべきこと……右去ぬる治承の比、平家の世を擅《ほしいまま》にする者、王化を忽緒《こつしょ》し、剰《あまつさ》へ逆節を図る。ここに件の逆徒を追討せんと欲し、籌策《ちゅうさく》を運《めぐら》すのところ、常胤朝威を仰ぎ奉り、最前に参向するの後、合戦の功績と云ひ、奉公の忠節と云ひ、傍輩に勝り勤厚を致す。仍って相伝の所領、また軍賞に依って宛て給はる所々等の地頭職は政所下文を成し給はる所なり。その状に任せて、子孫に至るまで相違あるべからざるの状、件の如し」という文面の、「御判」付き文書がすぐあとに掲げられているのである。

このような主張をした者は常胤以外にもあったようで、実際小山朝政にも「御判」付の下文が併給されている。[22] つまり、「御判」付き由緒書こそが後々の「鏡」であるという意識は、頼朝、当時の御家人、『吾妻鏡』の編纂の資料に用いられた記録の作成者に共有されていたものなのだということが確認されるのである。

もっとも、それでは誰もが政所下文に加えて袖判下文を交付されたかといえば、そうではなく、おそらく限られた有力御家人だけであったであろう。いずれにせよ、頼朝がおよそ六年半後に没し、合戦で生死を共にしたわけでもない二・三代将軍、さらに藤原・皇族将軍の世ともなれば、「御判」の重みは失せ、「政所下文」だけで「由緒書」として十分なものとする意識が定着することとなった。第五節で述べた「武家御下文」公的「由緒書」論は、この後世の状況に即したものに他ならない。

このように「御判」を欠く下文が「由緒書」として役目を十分果たす時代になれば、「公式記録」としての歴史書も、鎌倉武士たちの「由緒書」集、いわば彼らの所領の登記簿の役割を果たしうるものとなるはずであり、まさにその意味において、それは文字通り彼らの社会の「鏡」たりえたのではなかったか。

ちなみに、ちょうどこの時代になると、公武の支配者たちの間に、中国の影響のもとに「仁政」思想が普及し始めていたことは、つとに指摘されてきたところである。北条時頼の廻国伝説[23]が生れたのも、このことと無関係ではあるまい。そしてこの伝説に特徴的なのは、ほとんどの譚が所領を不当に失った御家人を時頼が救ってやる、という類のものだということである。

時頼が一夜の宿を借りた佐野源左衛門が押領されていた所領をすべて取り戻してやり、さらに三庄を恩給するという謡曲「鉢の木」の譚は最も有名だが、謡曲にはこの他にも「藤栄」、「浦上」など同工異曲のものがある。さらに『太平記』の「北野通夜物語」にも同じような例が鎌倉幕府の善政として語られている。

こうした時頼の廻国伝説は、「由緒書」を失った、あるいは「由緒書」にもかかわらず所領を失った者たちの怨念が生み出した仮想の「鏡」だったと言えないだろうか。『蒙古襲来絵詞』の主人公竹崎季長も、一族との訴訟に破れ、落魄していた御家人の一人であった。しかし彼は「蒙古襲来」という千載一遇のチャンスに恵まれ、わずか主従五騎で雲霞のごとき大軍に向かって猪突猛進し、「一番がけ」の大功を得た。そして彼は鎌倉の安達泰盛に直訴して恩賞を獲得し、さらに『絵詞』という私的「由緒書」を作らせ、今にその名を伝えることに成功したが、それは稀有の例外であった。『絵詞』の中にも、敵兵の首級をあげるなどの大きな武功をあげながら恩賞に与れなかった者が少なくないことが記されている。一般には、廻国伝説を生み出す《声なき声》をあげるしかなかったのである。『吾妻鏡』はその《声》にどれほど応えるものであったか、それが次の課題である。

八　『吾妻鏡』が伝えようとするもの
――その一・大もの武将たちの場合――

繰り返しになるが、『吾妻鏡』の内容は多彩であり、その全てが「由緒書」論を支持するものとは限らない。しかし、全体を通じて、「由緒書」論に結びつく一定の傾向ともいうべきものを見出すことは不可能ではない。以下、それをピックアップしてみたい。

『吾妻鏡』の冒頭は、よく知られているように、以仁王の令旨を頼朝が披見するところの場面である。むろんそれに先立って、その令旨が発せられた経緯についての簡単な記述があるが、それは無視してよかろう。

我々の関心をひくのは、この披見の場面について、令旨が「北条館に到着」したこと、「上総介平直方朝臣五代の孫北条四郎時政主は当国の豪傑」であり、「武衛（頼朝）を婿君となし、専ら無二の忠節を顕はす。これに因って、〔頼朝は〕最前かの主を招きて、令旨を披かしめ」たことを書いていることである。これにひきかえ頼朝については、平治の乱に「縁座」し流され、「嘆きて二十年の春秋を送り、愁へて四八餘の星霜を積む」としかなく、その氏素性についての記述は全くない。もちろん、『吾妻鏡』はこのあと、頼義、義朝、義家等、父祖の名をあげることはあるが、それはその場の説明に必要（たとえば、鶴岡八幡宮についての記事）な限りにおいてであり、『吾妻鏡』全巻を通じて幕府の創始者の「由緒」についてのまとまった記述は見あたらない。

《周知のことだから書く必要がなかったのだ》という説明が可能か、といえば、藤氏・宮将軍についての記事を見ると、それは無理のようである。藤氏将軍については『吾妻鏡』承久元年七月一九日条が「左大臣道家公賢息二歳。母公経卿女。建保六年正月十六日寅刻誕生関東に下向す」とするだけであり、宮将軍についても、建長四年巻頭に「征夷大将軍一品于時三品中務卿宗尊親王、後嵯峨院第一皇子、御母准后平朝臣棟子蔵人勘解由次官棟基女」、同年正月一七日条に彼の関東下向を命ずる仙洞の沙汰があったことを記すのみであって、周知のこととは言えない新将軍のバックグラウンドに細かく立ち入ろうとする姿勢が全く見られないのである。

これに対して、宗尊将軍を迎える鎌倉側の模様を伝える『吾妻鏡』の記事（同年四月一日条）は壮観である。『国史大系』の刊本ではほぼ三頁にわたって、幕府総力を挙げて迎えた様子が、担当者の固有名詞入りでこまごまと書かれている。行列に供奉する者某々、宿の庭に待ち受ける者、宿の主執権時頼以下某々、垸飯を献ずる者同じく宿の主時頼、次いで「南面に出御」の際に両脇に侍する者某々、「御簾」を上げる者某々、「御劔」・「御弓」を持参する者某々、そして馬五頭にそれぞれ二人ずつ某々……という具合である。さらに翌二日は安達義景の垸飯、ここでも五頭の馬引く者一〇人某々、三日は足利正義の垸飯、と歓迎の記事は続く。

一四日は新将軍の鶴岡初参詣、供奉する者として公卿、武士合計九〇名ほどの名前が列挙されている。日の出前に参詣を終え、「還御」の後、辰の刻から安達義景の沙汰で「政所始」。しかし、かつての頼朝の「政所始」と違って、実質的な意味のある「政所下文」の授与などはなく、もちろん千葉介常胤の抗議のごときハプニングもない。「吉書」に目を通しただけで、そのあと二週間前と同じく武具と馬の献上があってから、「御弓始」。これらの記事にももちろん奉仕者たちの固有名詞が並んでいる。

源氏将軍の血筋が絶えた後、また藤原頼嗣を廃した後、幕府の中枢では誰をどのようにして将軍として迎えるかは深刻な問題であり、公家政権との間でさまざまな経緯があった。『吾妻鏡』が「公式記録」としてそれに敢えて触れないのは理解できるとしても、将軍たるべき人物についてほとんど何も書かず、それを迎えた後の儀礼・行事については供奉・奉仕者の固有名詞入りできわめて具体的であることは、まことに奇妙な対照ぶりではないか。『吾妻鏡』の記事をかくあらしめたのは、もはやいうまでもなかろう、それが「仕奉」る者たちの「由緒書」、つまり幕府のために誰がどのように仕事をしたかを書くことを主目的とするものであったからだ、というのが筆者の解釈である。[24]

ちなみに、二代将軍頼家の誕生の記事を見てみると、安産を祈る「鳴弦の役」[25]某々、「代々の佳例を追ひて、御家人等に仰せて御護刀を召さ」れたのに応じて献上した者某々、「三夜」・「五夜」・「七夜」・「九夜」の「沙汰人」某々、と、奉仕した者の名前が詳しく載せられている。ことに「七夜」の「沙汰」を勤めた千葉介常胤については「子息六人を相具して侍の上に着す。父子白き水干袴を装ひ、胤正が母をもって御前の陪膳となす。また進物あり。嫡男胤正、次男師常御甲を舁く。……兄弟皆容儀神妙の壮士なり。武衛殊にこれを感ぜしめ給ふ」とある。なお、「九夜」の「沙汰」は「外祖」(＝北条時政)[26]！

さらにさかのぼって建久元年一一月七日、頼朝がはじめて上洛した時の行列の記事は『国史大系』の刊本で一五頁に及ぶが、それは、武装して頼朝を護衛する「先陣」畠山重忠とその「随兵」一八〇騎、「後陣」千葉介常胤はじめ三騎とその「随兵」一三八騎及び「水干」姿で近侍する一〇騎の名前を全て列の前後の順に、しかも三列縦隊の隊形をそのまま忠実に写すべく、行を分けて書き記したからにほかならない。しかも「先陣」重忠と「後陣」常胤ら三者については、それぞれが「子息親類」や「家子郎等」を率いていることまで注記されている。

上述の常胤が所望して下された「御判」付き文書には「合戦の功績と云ひ、奉公の忠節と云ひ」という対句が書かれていた。この「合戦の功績」と区別された「奉公の忠節」にはさまざまな形のものがあったと考えられるが、このような主君の護衛もその重要なものの一つであったに違いない。「関東」の威勢を公家政権に誇示する[27]パレードは規模雄大かつ壮麗でなければならない。その「しんがり」にふさわしい衣装と騎馬を揃え、〔上記一三八騎の御家人たちからなる頼朝直参の「随兵」団とは別に〕「子息親類等」を私的な「随兵」として引き連れて国許と京都を往復するため、どれほどの経費を支弁しなければならなかったか、計り知れない。その「傍輩に勝」〔上掲「御判」付き文書〕る「奉公」ぶりを、このように『吾妻鏡』はきちんと記述しているのである。

それでは千葉介常胤の「合戦の功績」についてはどうか。常胤本人の言動についての『吾妻鏡』の記事の初出は、頼朝が石橋山の合戦に敗北し、安房へ逃れた直後である〔治承四年九月九日条〕。頼朝が常胤に参軍を促すべく差し遣わした安達盛長が帰ってきての報告によると、《客室に招ぜられると、そこには既に常胤が座っていた。しかし盛長が遣いの趣を述べ終わっても、「暫らくは言を発せず、ただ眠れるがごと」き有様に、子息たちが苛立って、お召しを受けるに何の猶予があるべきや、と異口同音に言い立てると、常胤ようやく口を開き、「常胤が心中、領状〔承諾の意―筆者注〕さらに異議なし。源家中絶の跡を興さしめ給ふの條、感涙眼を遮り、言語のおよぶところにあらず」と言った。さらに現在の「御居所はさせる要害の地にあらず、……速やかに相模国鎌倉に出でしめ給ふべし。常胤、門客等を相率して、御迎へのために参向」いたしましょう、と述べた》ということであった。

実際、それから八日後、頼朝一行が下総へ向い、国府に入ると、そこには常胤が六人の子息と嫡孫をはじめ三〇〇余騎を率いて待ち受けていた。頼朝の喜びは一通りのものではなく、常胤を「座右に招じ」、彼をもって「父となす」とまで言ったという。

一〇月三日には早くも「常胤、〔頼朝の〕厳命を含みて、子息郎従等を上総国に遣はし、伊北庄司……を追討し、伴類ことごとくこれを獲たり」という「合戦の功績」をあげた。そして翌日には、旗揚げ時に頼朝方の三浦氏に敵対して戦った畠山重忠等も帰服し、六日には「相模国に着御」したが、その際の「先陣」は重忠がつとめ、「常胤は御後に候」じたという。先述の初上洛のときの行列の順序と一致するではないか。これは偶然ではなく、この相模入国時の序列が、上洛のそれの範例となったと考えるべきであろう。

以上、千葉介常胤を例にとって、『吾妻鏡』に「奉公の忠節」と「合戦の功績」の由緒書が満ち溢れているさまを見てきた。ただ、「合戦の功績」そのものについては、以上の記事にはわずかに子息を「遣はした」ことしか書かれていない。しかしそれは、後述する小山氏の場合と同じように、千葉氏クラスの豪族は族長自らが真っ先駆けて突進することなどせずとも、彼の軍勢の「功績」がそのまま彼の「功績」になる身分なのだし、まして頼朝に「父」とまで言われた常胤は、合戦のときも近侍すべき立場にあったはずだから、まったく異とするには当たらない。

九　『吾妻鏡』が伝えようとするもの
——その二・中小武士の場合——

北条氏、千葉氏、小山氏のような大ものたちと違って、自らの肉弾戦による「合戦の功績」をあげなければならない中小武士たちの場合はどうであったのか。彼らの「合戦の功績」の「由緒書」を『吾妻鏡』がどのように伝えているかについては、五味文彦氏の著書『吾妻鏡の方法』を参照するのが適切である。[28]

五味氏は、『吾妻鏡』が「合戦を業とする武士たちの活動を詳しく語っており、〔合戦の記録としての〕合戦記がいかにしてつくられたかをも記している。またそれ自体が合戦記そのものによって構成されている」[29]として、まず治承四年一一月の佐竹合戦の記事を例に引かれる。

すなわち、『吾妻鏡』同月七日条が「〔上総介〕廣常以下の士卒、御旅館に帰参し、合戦の次第及び〔佐竹〕秀義の逐電、城郭の放火等の事を申す。軍兵の中、熊谷次郎直實、平山武者所季重、殊に勲功あり。所々に於て先登に進み、更に身命を顧みず、多く兇徒の首を獲たり。仍ってその賞傍輩に抽んづべきの旨、直に仰せ下さる」とし、翌八日条が「秀義が領所、常陸国奥七郡ならびに大田、糟田、酒出等の所々を収公せられ、軍士の勲功の賞に宛て行はる」とするのがそれである。

五味氏はこうした記事を踏まえて「合戦が終わると、軍士からの合戦の次第についての報告があり、……その際に誰がどのような軍忠を尽くしたかについても……口々に語られ、記録にとどめられた。そして翌日にその軍忠にそって勲功賞が軍士らに与えられた(30)」とし、この大将軍（この場合は頼朝自身）の面前で報告と記録がなされたことに注目される。そしてそのことを示す、より詳細な記事として建暦三年五月四日条の和田合戦に関する記事をあげ、この時は将軍実朝が自ら「幕府西御門で疵ついた軍士らを集めての実検を行ない、さらに軍士らへの勲功の浅深の尋問をした(31)」ことに触れておられる。特にこの場面で興味をひくのは、「先登の功」を争って二人の武士が将軍の面前で「嗷々《ごうごう》」の論戦を行ったという事実である。

ここで、『蒙古襲来絵詞』において季長が一族の武士と「見つぐ」約束をしたことを想起されたい。こういうときに役に立つのが、約束相手の証言であったに違いない。また、特にそうした約束がなかったとしても、当時の合戦では音声（名乗り）・武装（甲冑・弓矢等の武器・馬具・乗馬等）の特徴を通じて自己を誇示するのが当たり前であったから、報告に集まった武士たちがいろいろな証言をすることは大いにありえたであろう。実際、上記の「嗷々」の論戦は、現場に居合わせた三人の武士の、「赤皮威の鎧、葦毛の馬に駕したるの軍士」が「先登」したという証言によって決着した。いずれにせよ、「将軍はそうした［時に論戦を交えた］報告を聞きながら、軍功を認定することになるのだが、戦った軍士らも傍輩が口々に言うのを聞きながら、合戦の経過をふりかえり、互いの功を確認し、合戦の経過についての共通の認識を得ることになった(32)」と五味氏は結論付けておられる。

以上は将軍みずからが、戦った軍士たちの報告を直接聞き、質問することができた場合であるが、それができない場合はどうであったか。頼朝が関東に居て、範頼・義経がそれぞれ大軍を率いて義仲や平家と戦ったときが、その典型的な例を示している。

鎌倉軍が義仲に勝ったときの様子について『吾妻鏡』寿永三年正月廿七日条は「蒲冠者範頼、源九郎義経……等の飛脚鎌倉に参着す。去ぬる廿日合戦を遂げ、義仲ならびに伴党を誅するの由、これを申す。三人の使者、皆召によって北面の石壺に参ず。巨細を聞し食すの處、景時の飛脚又参着す。これ討亡・囚人等の注文を持参する所なり。方々の使者参上すと雖も、記録すること能はず。景時の思慮なほ神妙の由、御感再三に及ぶ」と伝える。

現地の範頼、義経ら大将軍たちの面前ではすでに軍士たちからの軍功報告と確認はなされていたのかもしれない。しかし、彼らの使者たちはそれをきちんとした記録にまとめ上げたものは持参しなかった。頼朝は「巨細」を聞き出そうとしたが、埒が明かない。そこへ梶原景時が走らせた使者が注文ぴったりの記録をもたらしたので、頼朝が《さすが景時》、と感じ入ったというわけである。

範頼・義経が、そもそも記録をまとめるつもりがなかったのか、とりあえず戦勝の報告だけをしようとして使者を送り、あとからきちんとした記録を作成して送るつもりだったのかは、この『吾妻鏡』の記事からではわからない。しかし、義仲は大夫房覚明という「手書」を合戦に同行させ、その記録を作らせていたことはよく知られている（『平家物語』巻七）。すでに前九年の役の合戦の模様等を記した『陸奥話記』も源頼義の作らせた「国解」（陸奥国庁からの朝廷に対する報告書）を一つの資料としているし、[33]『奥州後三年記』も八幡太郎義家が「国解」を奉って「勤賞」を申請したことを伝えている。[34]「合戦を業とする武士」が発生し、彼らが（大将の目が届かないような）一定の規模以上の合戦をするようになって以後は、おそらく合戦の記録の作成は欠かせないものになったであろうから、範頼・義経が記録文書を作るつもりがなかったとは考えにくい。

しかし、いずれにせよ梶原景時が頼朝の「御感」に与ってからは、彼らも戦勝の第一報とともに「合戦記録」、「一巻記」を鎌倉への飛脚に持たせるようになったことが『吾妻鏡』からわかる。特に義経の記録は、その祐筆と伝える

「中原信康（泰）[35]」の執筆に係るものであることまで明らかにされている。[36]「執筆」、「手書」、「祐（右）筆」、と表現はいろいろだが、実体は同じようなものであったと考えて差支えなかろう。

いずれにせよ、このような現地の大将軍の手元でまとめられた合戦記録が鎌倉に集められ、そして全軍の記録がまとめられたに違いない。大江廣元は「平氏合戦之時、東士勲功次第注文」を所持していたと伝えられている（『吾妻鏡』貞永元年一二月五日条）。そして、まさにこうした記録が『吾妻鏡』の編纂に用いられた、というのが、五味氏が「吾妻鏡の方法」として明らかにされたことなのであるが、まことに興味深いのは、この「方法」を支えた合戦記録の作り方が、『蒙古襲来絵詞』が伝える「方法」と全く同じだということである。あそこでも現地の大将の「執筆[37]」が竹崎季長の「合戦の功績」を書き留める仕事をしていた。

問題は、『吾妻鏡』がこうした合戦記録を資料としながら、中小武士たちの由緒書をどのようにして作り上げたかであるが、数ある彼らの全てを追いかけることは不可能であるので、ここでは熊谷次郎直實に焦点を当ててみよう。直實を例にとるのは、よく知られた以下のエピソードが示すように、千葉氏のような大もの武将の対極にある、いわば小者の典型と当時目される存在だったからである。

すなわち『吾妻鏡』文治五年廿五日条によると、頼朝が奥州「征伐」の途上宇都宮に立ち寄ったとき、当地の豪族小山政光が「御前に候ず」る若武者を見て「何者ぞ」と尋ねたので、頼朝が、「平氏追討の間、一谷已下の戦場に於て父子相並びて命を弃てんとすること度々に及」んだ「本朝無雙の勇士、熊谷小次郎直家なり」と答えた。すると政光が「頗る笑」って「君のために命を弃つるの条、勇士の志すところなり。いかでか直家に限らんや。但しかくの如きの輩は、顧眄の郎従無きに拠って、直に勲功を励まし、その號を揚げんか。政光が如きは、只郎従等を遣はして忠を抽んづるばかりなり」と言ったので、頼朝も「興に入」ったという。

『吾妻鏡』が伝える直實の「合戦の功績」は言うまでもなく、上に掲げた治承四年一一月の佐竹合戦と、寿永三年二月七日の一谷合戦において、いずれも平山武者所と競った「先陣」の功名であるが、ここで指摘しておきたいことがある。それは、これらの「合戦の功績」の記事の前に、直實が『吾妻鏡』にすでに一度登場しているということである。しかもそれは、《反功績》とでもいうべき事実、すなわち石橋山合戦で頼朝を敗走させた平家方の軍勢に名を連ねているという事実である。しかしここではそれに深入りせず、後述に譲るとして、上記両「功績」について見てみよう。

佐竹合戦については、『吾妻鏡』治承四年一一月七日条は「熊谷次郎直實、平山武者所季重、殊に勲功あり」と、両者全く同等に扱っているのだが、一年半後の寿永元年六月五日に至ると、直實についてのみ「熊谷次郎直實は、朝夕恪勤の忠を励むのみにあらず、去ぬる治承四年、佐竹冠者を追討するの時、殊に勲功を施す。その武勇を感ぜしめ給ふに依って、武蔵国の旧領等、〔久下〕直光が押領を停止し、領掌すべきの由仰せ下さる。而るに直實この間在国す。今日参上せしめて件の下文を賜る」と記し、治承六年（寿永元年のこと）五月三〇日付けの下文の全文を掲げているのである。即ち――

下す、武蔵国大里郡熊谷次郎平直實の所
定補する所領の事
右件の所は、且つは先祖の相傳なり。而れば久下権守直光が押領の事を停止し、直實を以って地頭の職と為すと成しをはんぬ。その故何となれば、佐汰毛四郎、常陸国奥郡に楯籠り、鎌倉より責めしむるの御時、その日の御合戦に直實萬人に勝れて前懸けし、一陣を懸け壊り、一人當千の高名を顕はす。その勧賞に件の熊谷郷の地頭職に成しをはんぬ。子々孫々永代他の妨げあるべからず。百姓等宜く承知し、敢て違失すべからず。故に下す。

念のため言うが、平山については、これに類する記事は全くない。もちろん彼にも恩賞の沙汰がなかったはずはないのだが、『吾妻鏡』はそれについては黙して語らない。

二年後の一谷合戦の場合については、「熊谷次郎直實、平山武者所季重等、……海道より〔平家の〕館の際を競ひ襲ひて、源氏の先陣たるの由、高声に名のる……」（寿永三年二月七日条）と、合戦そのものの記述の中では差別されていない。違いといえば、直實の子息小次郎が「疵を被」ったということだけである。ちなみに、『吾妻鏡』は平敦盛を「範頼・義経の軍中に討ち」取られた七人の平家一族の一人として記すのみで、直實が彼を討ち取ったということは一切書いていない。

以上、熊谷・平山に関する『吾妻鏡』の記事を比較してみると、合戦において目覚しい働きをしたという点では、両者の取り扱いに差別はない。それなのに、頼朝が小山政光に向かって小次郎を「本朝無雙の勇士」として紹介した件といい、佐竹合戦の一年半後に卒然として《朝夕恪勤の忠と佐竹合戦の際の殊勳を賞でて熊谷郷の地頭職に補任する》旨の下文が与えられたことを、その全文を掲げて記すことといい、あまりにバランスを欠くと言えないであろうか。

いずれにせよここでは、『吾妻鏡』の中に次のような二つの異質な要素が並存している、ということを確認しておく必要があるのではなかろうか。すなわち、（1）全ての武士にとって大切な由緒書としての合戦の功績の記録はほぼ平等に記されているが、（2）他面、特定の人物については、他とのバランスを著しく欠く取り扱いがなされている、という二面性がそれである。

本節は本来、『吾妻鏡』編纂の背景として（1）の面を考察しようとしたものであり、ここではまずこれをしっかり再確認しておくことが大切である。ただ、「合戦の記録」の周辺部分には（2）という別の側面が見出されたのである。むろん頼朝が熊谷父子を偏愛したということがあって、それが『吾妻鏡』の記述に反映したのかもしれない。

しかし、仮にそうであっても、鎌倉幕府の「公式の記録」がこれほどまでにストレートにそれを反映させているのは、一つの重要な問題として追究すべきことではなかろうか。つまり単なる「合戦の功績」の記録として『吾妻鏡』を見るのではなく、それが何を語ろうとしているかを、もっと幅広いスコープで見てゆくべきではないか、というのが私見である。

一〇　『吾妻鏡』が語ろうとしたもの
――熊谷直實の例に即して――

『吾妻鏡』のような日記体の記録は、時間の推移に従って、淡々と事実を記述したものだという錯覚を抱かせやすい。しかしこれを読む者は、あくまでもこれが後世に「編纂」されたものであるから、時間的には後に起こった諸々の事柄を知った上で、採り上げるべき事実が選択され、その書き方が決まってくる場合がありうる、ということを想定しておかなければならない。『吾妻鏡』における熊谷・平山の差別扱いに際しては何かそうしたことがあったのだろうか。

思い当たるものとしては、頼朝の推挙なしに任官することを禁ずるとともに、すでに任官した者は、「墨俣以東」に戻って来たら本領没収・斬罪に処すとする、元暦二年四月一五日の処分の対象に平山が含まれている、という事実である。よく知られているように、この処分宣告には対象者のリストが付せられていたが、そこには一人ひとり、彼らに対する頼朝の悪口雑言が注記されており、平山については「顔はふわふわとして、希有の任官かな」とコメントされている（『吾妻鏡』同日条）。

もっとも、平山が後日赦免を受けていることは、文治五年七月の「奥州追討」の際に「鎌倉出御より御供の輩」の一員に加えられたという記事や、實朝誕生の時の二名の「鳴弦」役（前出）の一人に選ばれたという記事（建久三年八月九日）から見て取れる。しかし、同じ奥州出陣に「御供」した熊谷小次郎が「御前に候じ」、「本朝無雙の勇士」と評されたのと比べれば、『吾妻鏡』の扱いの差には歴然たるものがある。この無断任官という《後日譚》が、ほとんど同等の「合戦の功績」をあげた両者を分け隔てる原因として大きく作用したと考えてよいのであろうか。

実は熊谷直實の側にも、よく知られているように、頼朝から処罰されたという《後日譚》がある。文治三年八月四日、鶴岡八幡宮の放生会で奉納されるべき流鏑馬の「射手」役と「的立」役の指名が行われたが、直實には後者の役が申し渡された。すると「直實、鬱憤を含みて」、「御家人は皆傍輩なり。而るに射手は皆騎馬なり。的立の役人は歩行なり。すでに勝劣を分つに似たり」といって拒否した。頼朝がこれに対し「重ねて」、「かくのごときの所役は、その身の器を守り仰せ付けらるる事なり。全く勝劣を分かたず、就中、的立の役は下職に非ず。……その濫觴の説を思ふに、猶射手の所役に越ゆるなり。早く勤仕すべし」と言い聞かせたが、直實は遂に肯んじなかったので、「その科に依って、所領を召し分たるべきの旨、仰せ下さ」れたという（『吾妻鏡』同日条）。

次に『吾妻鏡』が伝える直實のエピソードも、芳しい話ではない。すなわちこれもよく知られた、久下直光との「境相論」をめぐる「御前」対決の場で発生した事件である（建久三年一一月廿五日条）。「直實、武勇に於いては一人當千の名を馳すと雖も、対決に至りては、再往知十の才に足らず。頗る御不審を貽すに依って、将軍家度々尋ね問はしめ給ふ」たところ、直實は《梶原景時が直光を贔屓して、彼に道理があるというように、前もってお耳に入れているのではないでしょうか。そのために私ばかりが尋問されるものと思われます。このままいけば、直光が喜ぶご裁決が下されるに決まっております。そうだとすれば、道理を示す文書は不要です。とやかく言ってみても仕方ありません》という趣旨のことを言って、いまだ訴訟の決着が着いたわけでもないのに、証拠の文書類を投げ捨てて座を立ってしまった。だが、彼はそれでも怒りに耐えきれず、髻を切り、そのまま私宅にも帰らず、出奔してしまった。「将軍家、殊に驚」き、直實が西を指して馬を飛ばしていったので、京都へでも行くつもりではないか、という噂もあることとて、「直實が前途を遮って、遁世の儀を止むべきの由、相模、伊豆等の御家人及び〔諸寺社の〕衆徒等の中に仰せ遣」はしたという。

『吾妻鏡』は、これにすぐ続けて、以下のような、頼朝の旗揚げ前の平家全盛期以来の因縁話を紹介する。すなわち、直實が、彼の「姥母」の夫である久下直光の「代官」として「京都大番」を勤めていたとき、やはり「大番」役で在京していた「武蔵国の傍輩等」が《お前は親類の「代官」だ〔直参でない〕》といって蔑んだ。直實は「その鬱憤」を晴らすため、平知盛の家人となって直参格となり、多年を送っていたところ、にわかに関東へ下ろうとして、その途中石橋山合戦に出会い、「平家の方人となり、源家を射る」羽目になった。「その後又源家に仕へ、度々戦場に於て勲功を抽んず」ることになったが、「〔傍輩から、直参でないと蔑まれた結果〕直光を棄て、新黄門〔知盛〕の家人に列」したことが「宿意の基」となって、直光と境界争いに及ぶこととなった、と。

この因縁譚の記事のあとも、まだまだ直實出奔の《後日譚》は続く。建久三年一二月一一日伊豆走湯山の僧専光房から、法体の直實を発見したものの、精神状態がきわめて異常であったので、「出家の功徳を讃嘆」するなど、なだめすかしてから「草庵に誘」い、信仰仲間を集め「浄土宗の法門を談」じた結果、ようやく「鬱憤を和」らげたので、手紙を遣って「遁世逐電の事を諫諍」したところ、上洛を見合わせると申すようになった、と知らせてきた。頼朝は「はなはだ感じ」入り、「猶秘計を廻らし、上洛を留むべきの由仰せ」た上、専光房が使者に持たせた、その「諫諍」状の写しを「來葉稱美の亀鑑」として保存させるべく、側近の中原仲業に預けたという。その一部を引用すれば「武略の家に生れ、弓箭に携はるの習、身を殺すことを痛まず、偏へに死に至るを思ふは、勇士の執る所なり。これ則ち布諾を乖かず、芳契を忘れざるの謂いなり。而るに今忽ちに入道し、遁世せしめば、仁義の禮に違ひ、累年の本懐を失はんか。……たとひ出家の儀ありといへども、元の如く本座に還らしめよ……」。

しかしながら、同月廿九日条の引く専光房の書状によると、直實は鎌倉へ戻らず、「しばらく武州に隠居」するつもりだ、と申して飄然と去っていった。

こうして見ると、『吾妻鏡』の記述における熊谷・平山の差別扱いは、平山の無断任官という汚点のせいばかりとは言えないであろう。熊谷にも処罰という汚点はあるし、勝手に出家したという「勇士の執る」べき道をはずれた行動にも走ったからである。

それ故、我々はさらに『吾妻鏡』の記述を追わなければならない。次に『吾妻鏡』に登場する直實は、なんと京都からやってきた。建久六年八月十日条は、「熊谷次郎直實法師、京都より参向す。往日の武道を辞し、来世の佛縁を求めてよりこのかた、偏へに心を西刹に繋け、終に跡を東山に晦うす。今度〔同年二月一四日から六月二五日までの〕将軍家御在京の間、所存あるに依って参ぜず。追って千程の嶮難を凌ぎ、泣いて五内の蓄懐を述ぶ。仍って御前に召すに、まづ穢土を厭離し、浄土を欣求するの旨趣を申す。次いで兵法の用意、干戈の故實等を談じ奉る。身、法体すと雖も、心、猶真俗を兼ぬ。聞く者感嘆せざるはなし。今日武蔵国へ下向すと云々。頻りにこれを留めしめられ給ふと雖も、後日参ずべきの由を稱して退出す」と伝える。

だが、『吾妻鏡』の記事による限り、直實は頼朝の前に二度と現れなかったようである。『吾妻鏡』に彼の名が再び登場するのは、彼が訴訟対決の場で突然怒り狂って髻を切り出奔したという前述の事件が、建久一〇年四月一日の問注所新営に関する記事の中で言及されているのを除くと、彼の死にまつわる挿話（承元二年九月三日条）においてである。

これによると、子息小次郎が、「来る十四日〔生涯の〕終りを執るべきの由示し下」してきた直實を「見訪」うため京都へ向かった、という。これを聞いた幕府関係者はみな「珍事」だといって騒いだが、大江廣元だけは「兼て死期を知ること、権化に非ずんば疑ひあるに似たりと雖も、かの入道は世塵を遁るるの後、浄土を欣求し、所願堅固にして念佛修行の薫修を積む。仰ぎて信ずべきか」と言ったという。果たしてその九月一四日、直實は「結縁の道俗」が取り囲む中で、「端座合掌し、高聲に念佛を唱えつつ」、この世を去った。「兼て聊かも病気無し」（同年十月廿一日条）ということだったにもかかわらず。

以上、『吾妻鏡』が伝える直實関連の記事を、叙述の便宜のため、時の順序に従って箇条書きに整理しなおしてみよう。

① 久下直光の「代官」として京都大番勤仕。同僚の侮蔑に耐えかね、平知盛の家人となる。それが基で直光と永年にわたる紛争状態に。
② 石橋山合戦における平家の軍勢三千余騎馬のうち名前の挙がっている一四名の一人として。
③ 佐竹合戦の「合戦の功績」。
④ ③の功により、直光に「押領」されていた「旧領」を安堵される（下文全文掲載）。
⑤ 一谷合戦の「合戦の功績」。
⑥ 流鏑馬の「的立」役を拒否した「科」によって所領の一部没収。
⑦ 奥州征討途上、頼朝、小次郎を「父子並んで命を捨てんとすること度々に及ぶ」「本朝無雙の勇士」と評価。
⑧ 頼朝の面前で久下直光と訴訟対決中、突然怒り出し、出家・出奔。
⑨ 伊豆で発見され、出家取りやめ（少なくとも、剃髪のままでよいから鎌倉へ帰参）を勧められるも、結局そのまま京都へ向い、仏門生活に入る。
⑩ 頼朝が上洛し、一三〇日余り滞在している間にも「所存あるによって」不参。
⑪ 突然鎌倉へ「参向」し、信仰を語るとともに「兵法」・「干戈」を談ず。「心、猶真俗を兼ね、聞く者感嘆せず

といふことなし」。

⑫　全く病気でもないのに死期を予言し、その通りの日に端然と座して念仏を唱えつつ入寂。

これを通観してみると、一人の人物の光と影が綾なす半生が、これほどまでに詳しく、「公式記録」には似つかわしくないほどドラマティックに描かれている例を『吾妻鏡』の中に見出すのは難しいと感じざるをえない。親類の代官として京都大番を勤めに出て「傍輩」に蔑まれ、思い立って知盛の家人となった結果、石橋山で頼朝に弓を引く破目に陥りながら、やがて頼朝に帰参し、数々の軍功によって「本朝無雙の勇士」と評価されるまでになった。ところが一転、流鏑馬の「的立」役拒否の科で所領（一部）没収、さらに訴訟が思うようにならないのを怒って出家・出奔。しかし頼朝の信頼はつなぎ止め、飄然と鎌倉に姿を現しては信仰と「兵法」・「干戈」の双方を談じて聞く者全てを「感嘆」させ、最後は自分の死期を予言し、そのとおりに端然と座して念仏を唱えつつ大往生を遂げる。頼朝はもちろん、時政、政子をはじめ北条一門の重要人物たちも、直實より登場の頻度ははるかに多いものの、読者は彼らについて直實のような《人間臭さ》を感じることはない。

二　『吾妻鏡』が伝えようとしたもの
——資料を超えて——

本節では、第七節以降に述べたことを総括しつつ、前に記した「私の問題関心」、すなわち『吾妻鏡』が、資料に依りつつ、資料を超える何かを編み出そうとしたのではないか、という点について述べてみたい。

第一に、直實は、端的に言って『吾妻鏡』の筆法によって生み出された英雄、それもカリスマ性さえをも備えた超人的英雄であると言って過言ではあるまい。その筆法とは、⑪・⑫の大団円を念頭に置き、それを盛り上げるべく、伝えられるそれまでの諸々のエピソードから然るべきものを選び出し、日記体の叙述の該当箇所に順次書き込むというものであった。⑫の譚がかりに事実を伝えるものであっても、それは本来それほどの「珍事」ではない。当時、段階的に食物を断ち、最後に水を絶って計画的に自らの生命を絶つ「断食死」の方法はかなり確立していたと言われており、西行も釈迦入寂の日（二月一五日）に合わせて死すべく、その方法を実践したが、結果的には一日の遅れが出てしまったのだと伝えられている。それから一八年半余り後に、「穢土を厭離し、浄土を欣求」（上掲）した直實が、誤差を出さずに予言どおりに死ぬことができたということも、西行の《先例》（？）に照らせば、十分ありえたのではなかろうか。こうして見ると、大江廣元がこれを「権化」と評したという記事がわざわざ挟み込まれているのは、直實にカリスマ性を与えるための仕掛けとして不可欠な要素なのである。しかも、「法」（信仰）と「武」の双方を談じて人々を唸らせた（⑪）とあれば、文字通り「本朝無雙」の超人的英雄である。

そこから遡って、まず「法」の英雄化のために不可欠な仏法帰依の由緒書が書かれることになる。『吾妻鏡』が⑧を書いた所以である。伊豆山の僧が書状をもって諌めたように、武士たる者、主君のために死ぬべき道を歩み続けなければならず、「遁世」などしてはいけないのであるから、⑧は一般的には褒められた話ではない。そこを敢えて『吾妻鏡』が書いたのは、「法」の英雄化の要請からだった、と私は考えるのである。

他方、「武」の英雄化のためには、もちろん③と⑤が不可欠である。しかし、英雄のエピソードとしては、⑥というネガティヴな事実も、その剛直な人となりを表すためには有効な手段となる。⑨も⑩も同じ理由から『吾妻鏡』が記事に取り入れたものと考えてよかろう。

この直實の英雄化のあおりを食らったのが、久下直光と平山武者所である。直光は文字通り直實のいじめ役に仕立てあげられた。直實を「代官」として京都大番に差出し、「傍輩」に侮辱される原因を作り、その結果平知盛の家人となって頼朝と対戦する破目に陥る契機を与えた（①・②）ばかりか、「先祖相傳」の所領を「押領」した悪者である。そう記した下文の全文を掲げる、④の異例ともいうべき書きぶりは、きわめて印象的である。

前述した『吾妻鏡』の熊谷・平山の差別扱いについても謎解きができた。ほとんど甲乙つけがたい軍功をあげた平山が『吾妻鏡』でそっけなく扱われるのは、直實の英雄化という文脈で見れば、当然の結果にほかなるまい。

それでは、『吾妻鏡』が何のために直實の英雄化、それも「武」と「法」の両面で超人的英雄化を行ったのか。それについてはさまざまな憶測が可能であるが、今の筆者にとっては、これからの課題であるというほかない。ただ、『吾妻鏡』編纂者にとっては、幕府がさまざまな難題を抱えている当時の状況のなかで、大もの武将たちと並んで、中小武士たちの中にも幕府の礎を築いた偉大なパーソナリティーがあったことを示す必要がなかったはずはない。

草創期の有力御家人であった家系の武士たちのなかに、北条得宗家の「御内人」（将軍から見れば陪臣）になって保身を図らざるをえない者が出てきたことが示すように[38]、『吾妻鏡』が編纂されたと推定される一三世紀末の幕府は、直實が流鏑馬の「的立」役を拒否して、「御家人は皆傍輩なり」と言い放った時代とは全く異なる《タテ社会》と化していた。しかし、まさにそうした現実があるからこそ、時頼の廻国伝説を生み出した《声なき声》（第六節参照）に応えるべく、中小御家人の理想型を示す必要があったのではなかろうか。

萩藩の家臣となって江戸期まで続いた熊谷家の所蔵にかかる巻物仕立ての「熊谷家文書」（『大日本古文書・家わけ第十四』所収）の巻頭を飾るのは、「熊谷蓮生直實譲状」と「熊谷蓮生直實置文写」という、二点の偽文書である。この事実は、この「熊谷家」にとって、『吾妻鏡』によって英雄化された直實に起源をもつと称する所領の由緒書と家訓が不可欠であったことを示している。まさしく『吾妻鏡』は熊谷家にとっての最高の登記簿であった。

しかし、『吾妻鏡』がこのような英雄を何人も作り出したわけではない。そもそもそれは不可能なことである。中小御家人については、さまざまなパレードや祭事に勤仕する者のリストに名を留めるのが精一杯であった。事実、小次郎直家は、直實が出家・出奔した後も、そうした記事に何度も登場しているし、平山武者所もほぼ彼に匹敵する位置、場所に名前を連ねている。

以上要するに、鎌倉政権は当初「仕奉」る者たちの「由緒書」をまとまった「正史」の形で編纂することはせず、個別に功績とそれに対する恩賞を記載し、将軍の花押を入れた文書を作成し、当事者に授与した。それが、「仕奉」る者たちにとっては『鏡』であり、歴史、いや「正史」であった。やがて、その形式は「政所下文」に変わり、そして最後には『吾妻鏡』という文字通りの「正史」の編纂がなされることとなった。何故この編纂を政権成立後一〇〇年以上経った後に始めたのかは、今の筆者には答えられない。ただ、第七節に述べたように、「由緒書」を失った、あるいは「由緒書」にもかかわらず所領を失い、御家人身分を失った武士たちの怨念に満ちた《声なき声》に応えるべき『吾妻鏡』は、いわば彼らに対する幕府の負債の帳簿であった。もとより、熊谷直實の英雄化によってその負債が一挙に帳消しになるべくもない。いずれにせよ、この帳簿の記事は文永三年で止まったまま、政権自体が崩壊した。

一二　室町時代
――由緒書としての『太平記』と『難太平記』――

まず、朝廷側について瞥見しておくならば、南朝側の史書としては北畠親房の『神皇正統記』が有名であるが、これは親房の個人的著作であり、しかも天皇及びその後継者候補たちに向かって発せられた教育書であって、「正史」ではない。ただ、筆者がかつて論証した（拙著『権力と土地所有』参照）ように、この書は、「正統」という概念について、現在天皇の地位にある者から逆に遡って「正統」を決める（その結果として、そうやって決められた「正統」を継ぐ現在の天皇が「正統」な天皇たることが弁証される）というレトロスペクティヴな論理構成を持ち込むことにより、いわば《結果オーライ》主義を持ち込み、皮肉にも、それによって北朝にも「正統」と称しうる可能性を提供した、という点で、「仕奉」られる者の「歴史」に対して大きな意味をもつものであることを付言しておかなければならない。

実際、南朝から三種の神器を受け取り「南北合一」を果たした後小松天皇が『本朝皇胤紹運録』（異本により名称はやや異なる）と題する皇族の系図（注記入り）を作成させ、それが数度にわたって書き継がれた、という事実は、『神皇正統記』の「正統」論が「南北朝」（＝王朝分裂）という君主制の危機を乗り越え、北朝の「正統」性標榜を可能にしたことを如実に物語っている。

こうして「仕奉」る対象が確定していくプロセスと並行して、室町幕府は、その成立に貢献した者たちの「由緒書」を当初から作成した。といっても、それは偶然の賜物であったのだが。その「由緒書」の名は『太平記』。以下に述べるように、それは当初は後醍醐政権のために書かれたものであったが、足利氏の覇権の成立とともに、いわば意図的に室町政権に「仕奉」る者たちの「由緒書」たるべき方向へ改変された、という成立過程をたどったものである。「仕奉」られる側の「正統」系図は、主流・傍流の位置づけを反転するだけで容易に作り上げることができるが、「仕奉」る側の「正史」は味方と敵を入れ替え、記事内容も功績と罪悪を入れ替えなければならない。それ故『太平記』の書き換えは複雑な過程を歩んだ。

このように複雑な『太平記』の成立過程を、八木聖弥『太平記的世界の研究』、同書所掲の諸文献、兵藤裕己『太平記〈読み〉の可能性』、新田一郎『太平記の時代』等に拠って大胆に整理すると、およそ次のようなものである。

この書は、①後醍醐天皇の即位（一三一八年）から鎌倉幕府滅亡（一三三三年）まで（巻一～一二）、②それ以後、後醍醐天皇の死（一三三九年）まで（巻一三～二一）、③それ以後、足利義満継嗣（一三六七年）まで（巻二三～四〇）の三部分から成り立っている（なお、巻二二は伝えられていない）。①と②は後醍醐天皇に近い人物によって書かれたことは間違いない。おそらく、まず前政権を倒すまでの過程＝①が書かれ、次いで建武政権史としての②が書き継がれたのであろう。ここで重要なのは、②まで出来上がった時点、もしくはそれが未完の時点（しかし、後醍醐天皇の死後であったことは間違いなかろう）で、それまでに書き上がっていたものが足利尊氏の弟、直義に献上され、その指示によって削除・改訂・追加が行われた（大まかに言うと、一三四〇年代。ちなみに直義失脚は一三四九年）、ということである。すなわち、後醍醐天皇にとっての《前政権討伐史＋政権成立史》が、その政権を吉野へ放逐した足利側の手に帰し、足利政権のための《前々政権討伐史＋前政権史＋現政権成立史》に変える作業が行われたのである。本節冒頭に「偶然の賜物」と言ったのはこのことを指している。鎌倉幕府と違って、室町幕府は成立当初においてすでに、棚ぼた式に「正史」（おそらく後醍醐政権に「仕奉」る者たちの「由緒書」の要素を含んでいたであろう）の素稿を手に入れることが出来、それをもとに自分に「仕奉」る者たちの「由緒書」としての（日本型）「正史」を作る事ができたのである。

直義はこの献上されたテキストを見て、「誤り」、「空ごと」、「悪しきこと」、「違い目」が多いと指摘し、「外聞」を禁じ、ただちに削除・改訂を命じたと、『難太平記』（これについては後に詳述する）は伝えている。

しかも、その後（直義失脚後）も『太平記』は成長を続けた。上述のように、③が書き継がれたのである。本稿の目的からしてきわめて興味ある事実は、この作業が、室町政権に「仕奉」る者たちからの数々の記載要求を取り込んで行われた、ということである。

他方、『難太平記』は今川貞世（了俊）が応永九（一四〇二）年に著わしたものである。了俊は駿河の守護で九州探題を務めた有力者であり、後の戦国大名今川氏の祖であるが、彼が自ら述べるところによれば、『太平記』の内容には種々不満があるので、『難太平記』を書いたという。この書名は後世の人が付けたもので、本人自らの命名によるものではないが、内容的には文字通り『太平記』を「難」ずる著作にほかならない。

同書によれば、上述の直義の指示による削除・改訂・追加は「後に中絶」したが、「近年［おそらく義満の晩年＝一三九二年〜一四〇〇年ごろ＝直義失脚後四〇年余後〕重ねて書き続」ける作業が行われた。この際、「多くの」者からの「所望」によっても「書き入れ」がなされた。これによって「人の高名、数を知らず書」き込まれたという。この「近年」の改変が、直義のもとでのそれが「外聞」を禁じて行われたのと全く異なっていることは注目すべきことである。これこそ、『太平記』の、《「仕奉」る者たちの「由緒書」化》のプロセスに他ならない。

その具体相は、『難太平記』で繰り広げられる了俊の非「難」の内容に明らかである。了俊は言う、総じて「跡形無き事ども、〔当事者が各々〕我意に任せて申す」手柄話が種々書き込まれており、「十が八、九はつくり事にや……人々の高名などの偽りおほかるべし」。逆に、「所々の戦にも高名漏れた人多」い。ことに自分の父の「隠れ無」き「忠義」が書かれていない。こうした「忠義」の数々を「太平記に申し入れたく存ずる」。書き入れ希望の向きは申し出よ、という将軍の「御沙汰」でもあったときのために、今のことを「書き残す」のである。もし、こうした書き入れの希望が叶えられないのなら、いっそのこと「諸家の異見書きなどにてもしるされたきこと也」と。

このように、了俊が「御沙汰」に期待しているところから見ると、「近年」の書き入れが「仕奉」る者たちの「所望」によるだけでなく、幕府の側から彼らに対して積極的に申し出を勧奨する形で、その「由緒書」化を推進する場合もあったことが推測されるのであり、日本型「正史」の本質とその編纂のあり方・あるべき姿がよく表れていると言えよう。しかも、この点で「正史」が不完全・不十分なら、「異見書き」をセットにすべきだという主張も興味深い。「正史」は君主だけのものでなく、「仕奉」者たちのためのものでもある、という「正史」観が露骨に表現されているからである。

いずれにせよ、了俊に言わせれば、他家の「高名」に関する『太平記』の記事は「十中、八、九はつくり事」なのだから、『太平記』自身すでに実質的には「異見書き」に満ち満ちた「正史」であったとも言えるであろう。「正史」に組み入れられるか、外されて「異見書き」にまわるかは、紙一重の差であった。

「正史」がこのように「由緒書」として当てにならないものだとすれば、各人の努力でそれを確保しなければならない。その具体的な方法は、「仕奉」が主従関係の紐帯を土台にして行われる以上、高名・手柄を認証する主君の「感状」や恩賞付与状、あるいは「武家御下文」といった証文類（失われていれば、新たに作られた偽文書である場合も含む）を大切に保管・整理し、子々孫々に伝えていく、という鎌倉時代の本来の（＝『吾妻鏡』以前の）あり方に戻るしかない。現存する『熊谷家文書』（『大日本古文書』）は熊谷直實の末裔で室町時代に九州に居住した一族が伝承した文書群であるが、これには主君からの文書はなく、室町期における父祖から子への譲り状しかない。この欠陥を補おうとして文書集の劈頭を飾るのが、第一一節に述べたように、直實の「置文」と称する偽文書である。

『吾妻鏡』に載った偉大な祖先から受け継がれたものだ、という「由緒」は室町時代に至ってもなお、有効であったのであろう。所領所有の権原としてなら、譲り状や買取り・交換等による取得の事実を証明する文書類で事足りるはずなのだが、彼らはそれだけでは「家」の「由緒書」としては不十分だと考えたに違いない。『吾妻鏡』という前代の「正史」に載った由緒につながりを求める、この偽文書の作成の背景は、こうしたところではなかったか、というのが筆者の推測である。

古代の「正史」が「氏《うじ》」の由緒書であったことは上述した。室町時代は「家《いえ》」の由緒書が求められるようになってきた時代ではなかったか。実は前述した『難太平記』は、その点で見事なサンプルである。

この書には、山名時氏の言を引用して、「御当家」に「仕奉」り、「御恩」を受ける関係こそが「氏」をもつ根拠であり、それを忘れて勝手な振る舞いをすれば、「氏なき」者の身分に落ちるぞ、という戒めが書かれている。「[御当家のために働いた]祖《おや》の事などつやつやしらねバ、終に我が子孫は、必定、氏なき民になりぬべし」と。

ここに「氏」というのは、しかし、かつての「氏」ではないことに注意しなければならない。『難太平記』は上の引用文に続いて、「されば今、わずかに聞こえたる片はしばかり、書き付くる也」と書き出し、八幡太郎義家から了俊に至るまでの系譜と「名字の地」今川庄の相伝系譜を書き上げているが、そこに登場する人物と血統関係を図示すれば、まさに今川庄を相伝し、その名を名字とする今川「家」の系図そのものになるのである。

すでに紹介した、『太平記』の「高名」関係記事の不公平さを「難」ずるところでも、了俊は、合戦で手柄を立てながら「太平記に名字入れざる」人物について「子孫の為、不便《ふびん》」だと同情し、「書くはへ〔加え〕たらましかば、此人々の子孫の為面目ならまし」と述べている。了俊においては、「高名」という武士にとって最高の「仕奉」の業績が「正史」に載ることが「名字」に象徴される「家」のアイデンティティーの証しであり、子々孫々までの「面目」を支える根拠なのである。(39)

日本の「家」の特徴として「系譜性」を挙げるのが、歴史学や社会学ではほぼ常識となっている（本書第二章参照）。「家」は単なる家族や一族の集団ではなく、代々縦につながる「系譜性」をもち、世代を超えて承け継がれてゆく組織であり、明治時代の法律家はこれを「縦の法人」という比喩を以て表現した。その「家」を象徴するのが「家名」（＝「名字」）であるが、『難太平記』はすでに完全にその特徴を具えた「家」意識を表現している。

「家」のアイデンティティーとしては、家業・家職を挙げる見解もあるが、これらはそもそもは『日本書紀』に関連して述べた、「仕奉」る者の職掌（職《わざ》）として理解するべきものである。要するに、「家」は「系譜性」と「仕奉」団体という二つの特徴をもつ「縦の法人」と性格規定できるが、『難太平記』が「氏」という古めかしい言葉で呼んでいるものの内実は、この、われわれのいう「家」に他ならないのである。

ここで、「氏」と「家」の異同、ないし「氏」から「家」への変化の過程については詳述する余裕はない。しかし、すでに述べたところから明らかなように、「仕奉」団体的性格はすでに「氏」にもあった。と言うより、それを引き継ぎながら、「氏」が分解して単系的な「系譜性」をもつ「家」が成立してきたと理解することに躊躇すべき理由は見出せない。

いずれにせよ大事なポイントは、「氏」から「家」へという親族組織の変化にもかかわらず、「仕奉」団体の面での連続性のゆえに、「正史」としての『日本書紀』がもっていた特徴、すなわち「正史」は王朝のみならず、それに「仕奉」る者たちの「氏」の歴史をも本質的要素とする、という特徴はそのまま「家」の時代まで継承された、ということである。

一三　近世から近代へ

近世に入ると、「仕奉」られる側の「正史」は、もはや公家側でなく、武家側が作ることになった。これは、全武士を率いて「仕奉」る者（武家の棟梁）自身の国制上のステイタスの弁証の必要があったからであろう。幕府の命により儒官林鵞峯が、林羅山作成に係る未完の史書『本朝編年録』を書き継ぎ完成させた『本朝通鑑』（寛文一〇＝一六七〇年完成）は、家康に征夷大将軍職を授けた後陽成天皇の譲位（慶長一六＝一六一一年）までをカヴァーするもので、まさに武家の棟梁のための国史編纂であった（ちなみに、その編纂所は「国史館」と称した）。水戸光圀もこの編纂事業を「国のため、家の為〔徳川家を意味していることは間違いなかろう——筆者注〕……珍重珍重」と賞賛したという（『国史館日録』）。

他方、武家の棟梁に「仕奉」る者たちの「仕奉」の記録としての「正史」ないしそれに準じるものの編纂は、『太平記』の後久しく行われず、『徳川実紀』（文化六＝一八〇九年編纂着手）を待たなければならなかった。『武徳大成記』（貞享三＝一六八六年成立）、『武徳編年集成』（元文五＝一七四〇年ごろ成立）等、徳川氏の家史・家康一代記的なものはあるが、公式のものとは言い難く、ことに前者は吉宗が「虚飾が多い」と非難さえしたものである。

徳川政権が自己の政権の成立史編纂を長い間行わなかったのは何故か、重要にして興味ある問題であるが、筆者には今それに答える用意がない。しかしその反面、「正史」編纂に代わるとも言える徳川幕府の事業について注意を喚起することはできるし、しなければならない。それは寛永一八＝一六四一年、つまり幕府開設から四〇年たらずの時点ですでに『寛永諸家系図伝』の編纂を行った（完成は寛永二〇年）という事実である。この系図伝は、諸大名・旗本から自家の系図を提出させ、それらを清和源氏、平氏、藤原氏、諸氏に四分類して編集したものであるが、提出系図に精粗の差が大きく、整理も不十分であって、各家の家伝の寄せ集めの域を出ないものである。とはいえ、とにもかくにも政権成立史もないうちから、このように「仕奉」る者たちの「由緒書」を提出させ、その取りまとめを支配者側のイニシアティヴで行ったことは注目に値するのではあるまいか。

しかもこの系図集編纂事業は、一五〇年後（寛政一一＝一七九九年開始）あらためて『寛政重修諸家譜』編纂という形で継続された。この事業は、はじめ『寛永諸家系図伝』の続編を意図するものであったが、全面的な改訂版作成に予定を変更し、諸家からあらためて書き上げさせた系図を、一定の編集方針のもとに「集成」する形で進められ、結果として質量ともに寛永の「系図伝」をはるかに凌ぐものを、一三年後に完成させた。

たしかに『寛政重修諸家譜』は基本的には系図集である。しかし各家代々の「仕奉」（「奉公」）の事績を書き込むなど、徳川家に「仕奉」る者の「由緒書」的性格をはっきりさせた系図集であって、むしろ「由緒書」集ともいうべきものである。試みに一例を挙げれば、細川藤孝事績記事は四五〇〇字余、忠興のそれは九千字を越えた長大なものである。各家は、たとえ「正史」はなくとも、この『寛政重修諸家譜』という「仕奉」の家系と事績の登記簿によって「家」の栄誉が公示され、各人はその「家」の後継者として自己のアイデンティティーを確保できる、というわけである。

前節までに、『日本書紀』の時代においては、「仕奉」る者たちの記録が「氏」の歴史という形において「正史」の本質的構成要素を成していたこと、そしてその後「氏」が分解して、系譜性をもつ単系的「家」に変化するとともに、「家」の歴史が「正史」の本質的構成要素となったことを示してきた。そして、今や、「仕奉」る者の、系譜性をもった「家」の歴史は、主君との関係と「仕奉」の事績を書き込んだ「家譜」という形をとって、体制の正規の記録となった。「家」の歴史は、「正史」からはみ出して、膨大な「家譜」の編纂をも体制に行わせる段階に達した、と言うこともできるのではないか。連綿たる系譜性をもつ「縦の法人」は、物語＝歴史よりも先ず、「家譜」そのものの公式記録化を実現したのである。

家族の歴史が体制の歴史と関係付けて表象される例は、他の文化にもないではない。しかし、家族の歴史を、体制の頂点に君臨する者に「仕奉」ってきた者たちの系譜として理解する、換言すれば、体制の歴史の一部として「家」の歴史を表象する文化、裏から言えば、全体の中に「家々」が入れ子になった一体（entity）の歴史として、国や体制の歴史を表象する文化というものは、おそらく独特なのではあるまいか。少なくとも筆者は他にその例を知らない。

ちなみに韓国にも「族譜」というものがあるが、これは公的なものではなく、私的編纂・出版物であって、私人からの要求で（虚偽性の高い内容であっても）どんどん付け加えられていくものだと聞いている。これは「族譜」が人々の出生身分ないし血筋の高さを誇るための私的ニーズを満たすものであることの表れである。日本の私家系図もこれと似たようなものであるが、筆者が問題にしているのは、王朝が「仕奉」る者の系譜を公式に編纂して、「家」の歴史のエッセンスを認証する、という点での独自性である。

われわれは、長い歴史の旅の果てに、明治日本に到達した。明治国家が『六国史』のあとを書き継ぐ「国史編纂」を目指したが間もなく頓挫し、「史料編纂」に切り替えざるを得なかったことは上述した。国家は「仕奉」る人々の功績を正式の歴史に刻むことを諦めたのである。もちろんこれには止むを得ぬ事情があった。近代的な国民国家を作り、列強に伍するために、全国民の力を糾合しようとした明治以後の日本において、「仕奉」る者の「家譜」を編纂するとしたら、原理的には全国民の「家譜」を対象にするという、不可能な仕事を背負込むことになるからである。全国民の戸籍は作ったが、それには「仕奉」の功績は記載されない。「仕奉」の記録を自ら残すしかなかった人々は、とりあえず墓銘・墓誌にそれを刻み込むことを始めた。

試みに、筆者が東京にある青山墓地を歩いてみたところ、多少のバラエティーはあるものの、「仕奉」の記録を誇ろうとする墓銘・墓誌には一定の型があることに気づいた。もちろん墓銘としては「○○家之墓」というように、家名しか記さないものが割合からすれば多い。それらが全て目立った「仕奉」の実績がない「家」であるかどうかはわからない。

しかし、よく見ると、そのような「単純な」墓銘であっても、それなりの「家」には栄光の歴史を刻んだ墓誌が横に立っていることがある。例えば、「三室戸家之墓」の横に立つ「墓誌」の筆頭には「元宮中顧問官貴族院議員従三位勲二等子爵　三室戸　敬光」とあった。この人物が美濃部達吉・天皇機関説糾弾の急先鋒の一人であったことを知る人は今や多くないかもしれないが、天皇に「仕奉」る意識がきわめて強い人物であったことは間違いない。墓銘そのものに、位階勲等や官職・元官職を付す例はかなり多い。「軍神広瀬の名」を恣にした日露戦争の英雄の墓銘は「海軍中佐贈正四位　広瀬武夫墓」である。爵位があれば、三室戸の墓誌もそうであるが、当然のことに墓銘に記されたものもある。「従一位伯爵芳川顕正墓」はその典型例である。

とりわけ興味深い例があった。墓銘は「山澤若子墓」だが、墓石の横側を見ると「鹿児島県士族正四位　山澤静吾妻」とあった。隣に立つ山澤静吾の墓石の横側は表面が荒れていて、字が彫られていたか否かも判然としないが、彼の享年より妻の墓の建立日付が古いから、それは静吾が立てた墓石に違いない。先立たれた妻の冥土の土産に自分の

「仕奉」の記録を持たせるとは！

「陸軍上等兵〇〇〇〇」というように、兵卒であっても墓銘に肩書きを入れた墓石を見かけた経験の持ち主は少なくあるまい。この種の墓石は日本中にあるに違いないが、それらはおそらく戦死者の墓ではなかろうか。まさに天皇に命を以て「仕奉」った「英霊」にふさわしい墓銘である。

紙幅を大幅に越えたので、「仕奉」の記録の近代的システムについて、私見を結論的に述べて、本稿の結びとしたい。

以上の墓銘・墓誌に見られた「仕奉」の記録は、あくまでも私的・個人的なものであり、日本人のアイデンティティー意識の発露ではあるが、システムではない。これに対して、まさに「仕奉」記録の国家的システムと言うべきものが存在したし、今でも生き残っている。それは、「靖国神社」と称するアンシュタルトに他ならない。《靖国に祀られる》ということは、命を捧げて「仕奉」ったことの公的認証[40]であった。

「合祀祭記事」（下記『靖国神社忠魂史』第5巻所収）によると、「合祀祭の如何に重く取り扱はれあるかと云ふことは大正三年十一月二十六日勅令第十號を以て發せられたる官國幣社以下神社祭祀令」によって、新嘗祭、遷座祭等と並ぶ「大祭」とされていることによってもわかる、という。合祀祭は天皇が直接関与する国家的儀礼であったのである。

実際、日清戦争戦死者一四九六柱の「合祀」は明治二八年一二月一五日清祓・招魂式、一六日〜一八日大祭、一九日直会《なおらい》という大がかりなもので、一六日に勅使参向、一七日「行幸」と続いた。日露戦争については、すでに戦争継続中（明治三八年五月二日〜七日）から、戦死者三〇八八三柱の「合祀」が同じ規模で行われた。さすがに戦時中であったためか、「行幸」はなく、名代として皇族が参列している。そして戦後、同三九年の合祀は五月一〜七日（例祭一日を大祭の後に挙行）の超大型祭礼となり、この時は当然のように「行幸」があった。その後大正期に入ると、「行幸」は同四年（第一次大戦の戦死者の合祀）のみであるが、第一次大戦から、いわゆるシベリア出兵以後の対ロシア革命軍戦役に至る時期の戦死者の合祀のとき（大正一四年）の「摂政宮殿下」の参列が目を引く。なお、昭和に入ってからは同四年（＝三年の済南島事件の翌年）、七年（満州事変）、八年（同前）と、合祀が行われるたびに「行幸」は必ず行われていることは注目すべきであろう。

靖国神社は、このように単に《祀る》だけでなく、「合祀」という「大祭」の形式によって（重大な戦役の後は「行幸」付きで）公的認証の国家儀礼化を進めたのだが、さらに、昭和八＝一九三三年から二年かけて『靖国神社忠魂史』（全五巻）という、まさに「史」の編纂・刊行を行ったのである。B５判五巻合計ページ数は、本文四二八七、「祭神名索引」七五六（約一二万八千五百柱）、「餘史」（「御製御歌謹講」、「女性祭神殉難誌」、「合祀祭記事」の三章から成る）七〇である。編集兼発行者はもちろん靖国神社（別格官幣社という国の施設）だが、さらに目を引くのが、監修者として陸軍・海軍両省の大臣官房が名を連ねていることであって、この事業はほとんど国家的事業であり、『靖国神社忠魂史』は「正史」に限りなく近いものと言って差し支えあるまい。近代日本は言葉の正確な意味での「正史」こそ持たないが、以下紹介する同書の内容の一端から考えても、「仕奉」者たちの《準正史》は作成された、という言い方も可能ではなかろうか。

まず、編集兼発行代表者・靖国神社宮司賀茂百樹の序文「本書刊行に際して」は、明治二年に明治天皇の「深き叡慮に依りて創建」された「東京招魂社」から、同一二年に別格官幣社「靖国神社」に改称したときの祭文を引いて、社名の由来を「家ヲ忘レ、身ヲ擲《すて》テ身亡《みまか》リニシ其大キ高キ勲功ニ依リテ大皇国ヲバ（天皇が）安《やす》国ト知食《しろしめ》スコトゾ思ホシ食《め》ス故」と説明している。そして同社の祭神は「実に忠君愛国の全国民精神を表現し給ふところの神であ」り、本史の編纂発行によって「祭神の事績を顕彰し、其の神となられた瞬間の心を以て全国民の心とするならば、上皇室の御仁澤に對《こた》へ奉り、……天壌無窮の国運を扶翼しまつるの所以である」としている。

収載された戦役・事変は、「維新前紀」の尊王派対幕府方の武闘から本書編纂開始前年の「満州・上海事変」まで及ぶ。記事は、それぞれの戦役・事変の概観と各個別の会戦・攻略戦の詳細な描写（地図・略図や写真入り）とそこでの戦死・戦病死者の官職・氏名・出身地・死亡日付の列挙から成る。

一例として、二回目の旅順港口閉塞作戦の一部を挙げると、「各閉塞隊員は、〔閉塞用船舶の〕爆沈後皆端舟に乗じて沖合に漕ぎ出でたが、敵はこれに砲火を注ぎ、特に海岸からは急霰の如く機砲小銃をうち続けた。これより先き廣瀬福井丸指揮官は爆沈の際乗員を端舟に徙《うつ》し、人員を點呼してみると爆薬點火のため船艙に下った杉野上等兵曹が欽けてゐたので、弾雨を冒して三度まで船内を巡ったが遂に見えず、そのうちに浸水が上甲板に及びやむなく端舟に移り、沖合に向ふ途中、敵哨艦の砲火の集中を蒙り一弾来りて少佐を奪ひ、舷頭に唯鮮血漓たる一塊の肉のみを留めた。小池機関兵亦敵弾に斃れ栗田大機関士、菅波信號兵曹外下士卒三名負傷した。午前六時半福井丸乗員は霞に救助せられ、次で所属艦朝日に収容せられたが、菅波信號兵曹は帰艦の刹那莞爾として萬歳を三唱し、数時間の後遂に死没した」とあり、行を改めて、

閉塞船福井丸

朝日　明治三七、三、二七〔戦死日〕

旅順港口福井丸端舟　水雷長　中佐　廣瀬武夫　大分

旅順港口福井丸船内　兵曹長　杉野孫七　三重

旅順港外朝日艦内　一信曹　菅波政次　福島

戦災で焼死した人たちは、戦争の被害者・戦没者ではあっても、靖国に祀られることはない。この厳然たる区別があってこそ、帝国の軍隊は兵士たち（従軍看護婦を含む）の忠誠と生命を調達できたのではあるまいか。「家ヲ忘レ、身ヲ擲《すて》テ身《み》亡《まか》」（上掲）った者は、こうして『忠魂史』という「準正史」に名を残すことができた、と筆者は考える。

この「考え」が決して空想ではない根拠として、昭和一八年に発表された一つの文学作品を紹介しよう。それは、

山本周五郎「春三たび」（『婦人倶楽部』昭和一八年四月号掲載。さらに山本自身が編んで同年八月に刊行した短編集『小説　日本婦道記』に収載。なお、この作品は昭和六二年初版の新潮文庫『髪飾り』にも収められたが、その際「口語文の作品は、旧仮名づかいで書かれているものは新仮名づかいに改める」という同文庫の「方針」によって、新かなづかいに改めて印行されており、ここでの引用はそれによった）である。

天草の乱平定のため従軍した大垣藩の下級武士・和地伝四郎は、「総攻め」の時「城へ踏み込むまでは見た者もある」が、「それからさきは誰にもわから」ず、落城後焼跡で「死躰はずいぶん念入りに捜してみたが、みつからなかった、せめて遺品のはしきれでもあれば……なんとか討死ということにもできた」のだが、何も手がかりは得られず、遂に行方不明者扱いされ、遂には「伝四郎は戦場から逃げたらしいという評判がひろまった」。

伝四郎の弟でさえ「あんなことになって和地の家名が続くでしょうか、このままおいとま〔家中からの除名〕になるのではないでしょうか」という始末。しかし、伝四郎の若妻・伊緒は「旦那さまは討死をなすったのです……。私はそう信じています。めざましくお戦いになって、誰にも劣らぬりっぱな討死をなすったに違いございません」と言いつつ、必死に耐え続けた。

そして二年後。和地家に藩の使者が訪れ、今般、天草の陣での戦死者の三回忌法要を執り行うことになったが、「それに当って和地伝四郎どのもあらためて討死ということにきまり、軍鑑に記されたうえ食禄御加増の御沙汰が出た」上に、法要の日には「御菩提寺において家族にお目見えのおゆるしがある」旨を告げた。

これを聞くと、伊緒は黙したまま「立っていって、戸袋の中から良人の位牌をとりだし、まさしく仏壇に安置して燈明と香を上げ……、生きている人にでも云うようにはっきりと云った。『旦那さま、お聞きのとおりでございます。お討死ということがきまり、軍鑑にも記されました……これでご成仏あそばしましょう』」。

「ながいあいだ戸袋の暗がりにあって、ひそかな香華の手向けをしてきた位牌だった。それがいま暗がりから出るときが来たのだ、今こそ世の光をあびることができるのだ」。

これを見守っていた使者は涙をぬぐいながら言った。「〔世間の冷たい目を避けながら、老姑と病弱の義弟を抱えて極貧の中で主なき家を支えてきた〕伊緒どのの評判は、かねてお上の耳にも達していたとみえ、伝四郎どのの討死のことをあらためて吟味せよという仰せが出た。軍目附、組がしら、槍奉行、その他の合議が幾たびとなく繰り返され、さいごにお上の御裁決をもって討死ということにきまったのだ。これは伊緒どののまことが徹《とお》ったと申すほかない。

使者は「さらに附け加えて、和地家の跡目をきめよという上意があったといい、伝四郎の討死がきまった以上は、伊緒への婿の話を考えてもよいであろうとすすめた」。（傍点筆者）

戦場から帰らぬ人であっても、「討死」と公式に認められない、単なる行方不明者は、位牌を仏壇に入れることさえ許されず、香華の手向けも表向きできない日陰者であり続けるが、「討死」と公式判定され、「軍鑑」にそれが記載された瞬間、一転して「世の光をあび」、「家の跡目をきめよという上意」までもが下される。「軍鑑」とは、この場合「お上」とその幕僚たちが認定した戦闘の公式記録であろう。[41] 軍事面での「お家」の「正史」だと言って差支えなかろう。そして、これこそが、「お家」のために「討死」し「御加増」を受けた和地伝四郎の「家」の由緒書であり、下級とはいえ、立派な家柄であることを証明する証しなのだ。このような考え方を、昭和一八年時点で山本周五郎は、「日本婦道」の名において銃後の「婦人」たちに語り聞かせているのである。山本が「軍鑑」と靖国の『忠魂史』とを自覚的に重ね合わせていたか否かを穿鑿する必要はあるまい。無自覚でありつつ両者に通底するものを、現代のわれわれが自覚することこそが重要なのだから。

ようやく『忠魂史』に戻ることができる。憲法改正とともに神道は国の特別の保護を受けられないことになり、靖国神社も国の施設ではなくなったので、同社の記録は、元来陸海軍省の「監修」によるものであったとはいえ、一旦「準正史」たる資格を失った。ここに関係者が大臣、ことに首相の参拝・記帳を渇望するにいたった所以がある。神社ではない、「特別の施設」化するという発想もこれと共通している。この発想は、神道の社としてであれ何であれ、国家の認証こそが重要なのだという思考の発露に他なるまい。

このように、「仕奉」った事績の記録が認証される形の公式性が高ければ高いほど満足する、というメンタリティーは、現在の日本人においても、「仕奉」を自己のアイデンティティーの拠りどころとする意識がなお生き続けていることを暗示している。この「心性」にとっては、「歴史」は単なる「認識」の問題ではなく、「信仰」の対象なのかもしれない。いや、そう考えなければ、終戦直後、「宮城前」の砂利に土下座して、ただただ泣き続けた人々の心情は理解できない。

実際、一九四五年八月一六日の毎日新聞はこの光景を次のように伝えている。

「民草はかかる事態に立至った己れ自身の不甲斐なさを責め、一天万乗の大君のかく御宸襟を悩ませ給ふこと、臣としての不忠はお詫びしてお詫びし切れぬ心に責られ身をさいなまれるのだ。」（傍点筆者）

敗戦を、自分自身の「不甲斐なさ」、「仕奉」の責めを十分に果たさなかった「不忠」の結果として受け止める、というこの「心性」は、やはり「信仰」の次元にあるものというほかあるまい。

「信仰」はある種の「統合作用」を伴うものであるが、この「歴史信仰」は自覚化されていないだけに、その「統合作用」も自覚化されていない。今の《普通の》日本人にとって、もはやこの「心性」は無縁なのかどうか、問い続けることがなお必要なのではなかろうか。

（1）　溝口雄三・丸山松幸・池田和久編『中国思想文化事典』（東京大学出版会、二〇〇一年）三四四頁参照。
（2）　増井経夫『中国の歴史書―中国史学史』（刀水書房、一九八四年）四〇頁。

(3)　平勢隆郎『中国古代の予言書』(講談社、二〇〇〇年)一六九頁参照。
(4)　石井紫郎「戦士身分と正統な支配者」(本書第三章)一〇六頁参照。
(5)　石井紫郎「中世の天皇制に関する覚書」(同『日本国制史研究Ⅰ・権力と土地所有』東京大学出版会、一九六六年所収)二四四頁以下参照。
(6)　さしあたり、兵藤裕己『太平記〈よみ〉の可能性』(講談社、一九九五年)三五頁以下参照。また、少なくとも現存する諸本に関する限り、「いずれも『愚管抄』の影響を受けているという指摘などもあ」るとされている(栃木孝雄『軍記と武士の世界』吉川弘文館、二〇〇一年、八〇頁参照)。
(7)　前注所引兵藤書二〇頁以下参照。
(8)　同上参照。
(9)　『愚管抄』が摂関家を中心とする藤原一門のこの上なく露骨な由緒書であることは注5所引拙稿の「二　愚管抄における天皇と貴族」二四〇頁以下参照。
(10)　『吾妻鏡』同日条。
(11)　注(4)所引拙稿一〇二頁以下参照。なお、由緒書が政所下文に変更されたことが武士たちにどのような波紋を起こしたかについては、第六節で触れる。
(12)　笠松宏至『日本中世法史論』(東京大学出版会、一九七九年)第七章参照。
(13)　石井進『鎌倉びとの声を聞く』(日本放送出版協会、二〇〇〇年)二五頁。
(14)　前注所掲書。
(15)　笠松宏至「徳政・偽文書・吾妻鏡」(『中世の窓8』、のちに氏の著書『中世人との対話』東京大学出版会、一九九七年に収載)参照。
(16)　五味文彦『吾妻鏡の方法』(吉川弘文館、一九九〇年)六一頁参照。
(17)　石井進前掲書一六〇頁参照。
(18)　上掲のように永原慶二氏の「公式記録と見る」のが「研究史の中で、今日大方の承認を得ている」という整理にもかかわらず、近時の著作の中にも、佐藤和彦・谷口栄編『吾妻鏡事典』(東京堂出版、二〇〇七年)のように『鎌倉幕府の公的記録』とは決して云えるものではない」という強い反論がある。その根拠としては、「このような事業を行なったという徴証は皆無で、記されている史実があった時期よりも、かなり後に書かれたと思われること」が挙げられている。そして全体として、『吾妻鏡』の叙述が源氏三代に対して批判的であり、逆に北条得宗家の善政を強調している点から見て、「北条得宗家は、源氏が樹立した幕府を自分の野心で乗っ取ったのではない。世のため人のため、独裁と秕政の源氏に変わって、止むを得ず乗り出してきたまでである」ということを主張する為の「弁解状」であったと結論するのである。しかし、本文で述べたように、わが国では「正史」の編纂が途絶えて以来久しく時が経っており、鎌倉幕府成立後間もない時期に「公的記録」編纂を開始すること自体、期待するほうが無理である。その必要性が意識された時はじめて何かが始まるのではないか。「公的記録」とは別の目的で作られた記録や文書に記載された「史実」を、「かなり後に」「公的」な編年史の中に組み入れることはいくらでもありうることであり、そのこと自体「公的記録」説を否定する根拠にはならないであろう。もちろん、『吾妻鏡』編纂の「必要性」の一つとして、論者の言う「弁解」が意識されていたのかもしれない。しかし、肝心なのは、言われるような「弁解」は「公的記録」の形をとらなければ効果を発揮しない、ということである。つまり、「弁解状」説は、『吾妻鏡』の「公的記録」性を支持するものであっても、否定する根拠にはならないと筆者は考える。さらに、『吾妻鏡』は、本稿でその一端を紹介するように、「弁解状」説では説明できない内容、特に武家に「仕奉」する者たちの由緒書を豊富に含んでいる。『吾妻鏡』をかくあらしめた「背景」を、まさにその内容の分析を通じてスケッチしたのが、本章第七節以下第一一節である。

(19)　この特徴は、鎌倉時代中期以降、北条得宗家のヘゲモニーが確立してからの部分で一層顕著になる。
(20)　この変化は建久二年正月一一日の「吉書始」で宣言された。
(21)　佐藤進一『日本の中世国家』（岩波書店、一九八三年）九九頁。
(22)　同上頁参照。
(23)　時頼廻国伝説の簡にして要を得た説明として、石井進前掲書一六六頁以下がある。
(24)　藤原（九条）頼経のときは鎌倉へ来たときが幼少であったことから儀式的なものは大々的に行われなかったし、将軍宣下のときも「方違」で泰時亭に行ったことが「御行始」とされている（『吾妻鏡』嘉禄二年三月一日条）程度である。頼嗣のときは元服儀礼はかなり賑々しく行われた（『吾妻鏡』寛元二年四月十日条）し、将軍宣下のときはいろいろな事情で延期されたとはいえ、後に「御行始」も行われたが、盛大さにおいて宮将軍の比ではない（同年六月十三日条参照）。要するにこのときは、新将軍を迎えるにあたって華々しい「仕奉」の儀礼がなかったということである。
(25)　わが国では古来弓の弦を弾く音は魔よけの力を持つと信じられ、安産祈願などにも用いられたことは『紫式部日記』からも知られる。

(26)　『吾妻鏡』寿永元年十二日条～廿日条参照。
(27)　この入洛行列は、後白河法皇さえも「密々に御車を以って御覧」に出かけたという（『吾妻鏡』建久元年十一月七日条参照）。
(28)　注(16)所掲。なお、本書は後に『増補　吾妻鏡の方法』（二〇〇〇年刊）として再刊されたが、本稿で引用する部分は変更されていない。
(29)　前注所引書六九頁。
(30)　同上七〇頁。
(31)　同上頁。
(32)　同上書七一頁。
(33)　同上書六八頁以下参照。
(34)　石井紫郎『日本国制史研究Ⅱ・日本人の国家生活』（東京大学出版会、一九八六年）一〇頁参照。
(35)　『吾妻鏡』文治元年四月一一日条、同年一一月六日条参照。
(36)　五味前掲書七四頁以下参照。
(37)　ちなみに『吾妻鏡』における「執筆」の初出は治承四年九月十日条であるが、これは「源家の御祈禱に丹精」した諏訪明神上宮の宮司に対する田地寄進状を「執筆」に書かせ、かつ頼朝に追ってその旨を報告しようとした甲斐源氏の武将の逸話であり、ここでも一種の「功績」顕彰に絡む「執筆」の仕事振りがうかがえる。しかし、「執筆」、「祐筆」、「手書」の仕事がこのようなものに限られていたわけではないことについては、五味前掲書七五頁以下参照。
(38)　楠木正成の祖先ももとは武蔵出身の御家人であったが、北条得宗家の家臣となって、河内の得宗領に入部し、この地域の商業活動とも関わって、勢力を得た一族に属するという説さえある（新田一郎『太平記の時代』講談社、二〇〇一年、六六頁参照）。
(39)　公家においても同様の反応が見られたことについて、前注所引書一四頁参照。
(40)　戦前においては、合祀者決定そのものが「勅許」によるものであった。
(41)　江戸時代において、このような意味で「軍鑑」という言葉を用いた例は稀であるように思われる。「軍鑑」は当時一般には兵法書を指す言葉であった。『甲陽軍鑑』が江戸期にはもっぱら兵法の教科書として用いられたことから、「軍鑑」一般がそのような意味で用いられるようになったのではあるまいか。「軍鑑」という文字を含む、『国書総目録』所載の書物は、少なくとも九州大学所蔵書に関する限り、この種のものである。山本周五郎がこれを「公式記録」の意味で用いたことに何らかの資料的根拠があったか否かは不明だが、『甲陽軍鑑』はもともと戦記的内容を豊富に含んだものであっただけに、その要素に着目して、「軍鑑」をこのように用いる例があったのかもしれない。なお、植田信廣氏のご教示によれば、「軍鑑」を「軍監」＝軍師の意味に用いた例が『古事類苑』兵事部にあるとのことであるが、これはむしろ兵法書を指す用法に引っ張られた用法であろう。いずれにせよ、『広辞苑』はもとより、小学館等の国語大辞典・時代別用語辞典の類にも、「軍鑑」という項目すら見えない。

第二章　「イエ」と「家」

はじめに

しばしば指摘される「上（外）に向かっては私、下（内）に向かっては公」という「公私」概念の日本的な「入れ子」構造は、社会構造の日本的特徴を反映するものと思われ、それについて筆者は、「家」の「入れ子」構造に対応するものではないか、と指摘したことがあるが、[1] これは十分な根拠を示したものではない。今回、本共同研究*に参加したのを機会に、この問題を筆者なりに掘り下げてみたいと考えた。

もちろん、こうした論点整理についてはさまざまなアプローチが可能であるが、筆者は村上泰亮・公文俊平・佐藤誠三郎『文明としてのイエ社会』の「イエ社会」概念の分析を手がかりにすることとした。何故なら、この研究班には、いずれもこの概念を念頭において論争を展開している笠谷、平山両氏がおられるので、筆者の作業結果をぶつけてみるには格好の環境だと考えたからである。以下はその作業報告の一端である。

一　『文明としてのイエ社会』の全体構想と「イエ社会のサイクル」

本書はまず、従来のヨーロッパを基準とする「単系的発展論」ではなく、「多系的発展論」の枠組みの中で「日本近代化」を見て行こう、つまりヨーロッパ型の発展からのズレ・特殊性として「日本近代化」を論じるのでなく、多元的な発展の道筋の一つとして（ヨーロッパの近代化の道筋といわば対等な一つの道筋として）論じるという、基本的なスタンスを表明する（第一部第一章）。

次いでこのスタンスからして当然のことに、本書は日本の歴史（近代化の歴史的前提）を「人類史全体の流れの中で位置づけることがどうしても必要」であり、「ヨーロッパ、中国などさまざまの歴史と比較することなしに、日本社会の歴史図式を描くことはできない」として、「それらの諸社会を関係づける一般図式への試み」を行なう（第一部第二章）。

すなわち本書は、「狩猟・採取社会」→「農耕・牧畜社会」→「産業社会」という「三つの主要段階」を想定することは一般に認められていることとした上で、「しかしこのような段階的変化に応じて集団形成原則がどのように変化してきたかという理論的整理は、意外なほどなされていない」（四八頁）として、次のような議論を展開する。

「第一段階」＝「狩猟・採取社会」の「基礎的集団は、バンド（band）と呼ばれる小規模の集団であって、狩猟の獲物や採取対象を求めて一定の広い範囲で遊動生活を行なって」いる。「バンドは事実上の『家族』に基づいて構成されることが多いが、その家族が基礎的な単位として機能するわけではなく、その意味で家族よりもバンドの方が有効な単位集団――主体――である。しかし他方、バンドは意識化された集団形成原則――たとえば共祖意識や血縁原則など――をほとんどもたず、したがって世代を超えた永続性を保証するものがなく、時に離合集散する」（五〇頁）。

これに対して「第二の農耕・牧畜段階」については、それが「驚くほど多様で急激な変化にみちていた」という認識に基づいて、四つの「細区分」が行なわれる。曰く、「a　単純クラン発展枝（各種の無頭制的・分節的氏族）」、「b　成層クラン発展枝（各種の錐状クラン、首長制、王制とくに神政国家）」、「c　高度農耕文明発展枝（地中海沿岸、インド、中国などの有史大帝国）」と「d　辺境農耕文明発展枝（大農耕文明の辺境における派生体、とりあえずヨーロッパ中世や日本のイエ社会を念頭におく)」(五一～五二頁)。

ところで著者たちによれば、これらは「発展枝」という名前のとおり、「一つの単系的発展上の段階区分ではなく、各々が固有の発展の論理をもった独立の存在である」(五三頁)。しかし「袋小路」にとどまった「単純クラン」を除けば、a→bという発展をとげるのが普通である。つまり、クラン間、(クランを構成する)リニージ間、あるいは構成員間に成層化(stratification)が起こって、「ピラミッド状」=「錐状」の序列化が行なわれ、政治行政システムが出現する。日本のウジ社会もその一つとされる(六〇～六一頁)。

しかしそこからは複雑に、まさに「多系的発展」の段階となり、日本は、大文明諸圏とちがって、ヨーロッパ中世とともに「血縁原則」から自由な「集団形成原則」に貫かれた社会への道を歩む(もちろん日本とヨーロッパが同じというわけではない)が、本書第二部では、こうした日本における「未開」から「文明」への道筋が、「日本史が社会変動の二つの大きな波動(サイクル)からなるものと理解する」「仮説」の形で提示される。

「第一の波動は、氏族型(とりわけ成層クラン型)発展の日本版であって、西暦以前の彼方に始まり、中国の高度農耕文明との接触によって触発された『律令化』とともにその進化の一種の頂点に達し、以後衰退の道をたどりながら、十六世紀における荘園・公領体制の完全な消滅と共にその命を終える。……この第一の波動を、『ウジ社会』のサイクルと呼」ぶ(一八二頁)。

これに続き、第一の波動と数世紀にわたって重なり合いつつ、それに取って代る「第二の波動は、……辺境農耕文明発展の日本版であって、日本独特の集団としての『イエ』を核主体とするものである。それは、十一世紀の東国という、辺境日本のそのさらに辺境に生まれた開発領主のイエに始まり、室町・戦国時代の大名のイエという高度化した形態を発展させつつ、徳川時代という一種の膠着期をエピソードとして挟みながら、ヨーロッパの個人主義的産業化との接触によって触発された『近代化』と共にその進化の一種の頂点に達し、現代に及んでいる。この第二の波動を……『イエ社会』のサイクルと呼」ぶ（一八三頁）。

ここで徳川時代を「膠着期」・「エピソード」としている点は、「本書の分析上の中心概念である『イエ』も、徳川期には特異な派生形態をとっており、『イエ』の基本的特徴の一部はむしろ隠されてしまっている」（四九頁）という指摘と呼応するもので、「イエ」の概念論にとって決定的な問題を含んでいるが、それは後述することである。

ところで「この二つの波動は、それぞれ基本的には自律的な波動」であるとされる。「すなわち、いずれのサイクルにおいても、まず始原的な『核主体』（……原ウジ・原イエ）が形成され、ある程度それが連合する（原ウジ連合体・原イエ連合体）。しかしそれを乗り越えて、より高度な複合・統一態（大ウジ・大イエ）が現われ、さらにそれが連合体を形成する（大ウジ連合国家・大イエ連合国家）。

いずれのサイクルにおいても、これまでの発展は概して自律的に進行した。しかしいずれの場合にも、次の段階では強烈な外来文化の衝撃をまって一挙に集権的統一国家が形成される。七世紀の『律令化』とそれによる律令国家、一九世紀の『近代化』とそれによる近代国家とは、大規模統一国家の形成という意味で、それぞれのサイクルにおけるピークであった。したがって、ウジ社会とイエ社会とのサイクルは、物理的孤立の下で生じる自律的発展の基調の上に、強烈な情報的接触による高揚が加わって形成される。外来文化のインパクトは、波動を高める原動力であると共に、土着の社会相を解体させる力でもあった。しかし他方、土着の発展傾向もまた外来文化を解体させ土着化させようとする」（一八四頁）。

というわけで、本書の理論的枠組み、論理構造の検討には、この二つの「波動」それぞれとその間の関連・関係について詳細に見て行く必要があるが、ここでは紙幅の関係上、笠谷・平山論争との関係で直接問題になる「イエ」についてて論じるに止める。ただ、本書がウジを論じるにあたって、津田左右吉説にまったく言及がないのは、この説がウジ研究史上決定的な意義をもったものだけに理解に苦しむ、ということだけは指摘しておきたい。

こうして、ただちにわれわれは「ウジ社会の衰退過程（＝「律令国家の解体的土着化」）は……国家権力や文明の統制力の弱い辺境部分に新たな時代を開く新種の核主体――東国武士の原イエ――を生み出していく」という本書の議論に立ち向かうことになる。

「イエ社会」のサイクルは（ウジの場合がそうであったと同じように）四段階に区分される（一八七頁）。

① 「原イエ」とその連合国家の形成

② 「大イエ」とその連合国家の形成

③ 大イエの解体を伴う集権性の強い統一国家（近代国家）の形成

④ 統一国家の解体をもたらすかもしれない、さまざまな派生的イエ型集団の興亡

ここでは本共同研究の趣旨に沿って、前近代の範囲に属する①と②について、しかもその基礎的集団たる「原イエ」と「大イエ」について検討することにしたい。

二 「原イエ」

「イエ型集団の基本特性」として次の四つが挙げられる（二二三〜二二四頁）。

(一) 超血縁性

(二) 系譜性

(三) 機能的階統制

(四) 自立性

こうした「基本特性」をもつ「イエ」型集団（イエ的集団形成原則によって形成された集団）の「原初形態」は「平安

末期に東国で発生した開発領主のイエ」（二二四頁）であるとされ、本書はこれを「原イエ」と名付ける。「原イエ」は「農耕・軍事の両機能をもつ一種の経営体で、一族および家子という基幹部分を上層とし、郎従（家人）がいわば中層となり、次いで所従・下人がその下層を占める階統制（ヒエラルキー）をとっていた。このうち、一族・家子は原則として血縁で結ばれているが、全体としてみると原イエは血縁集団とは言い難い。第一に、郎従や所従・下人は一族・家子とは血縁をもたない。……より重要な第二の点は、イエ型集団では養子制度が広範に採用されたということである」（二二四～二二五頁）。

もっとも、「事実のレベルでは十分に超血縁的であったが、しかしそれと同時に、観念のレベルでは、血縁論理への依存をむしろ強めざるをえない面があった」。「軍事を重視する原イエでは、なかでも父親＝息子関係の観念が……優越し……後にも触れるように、父子関係を特徴づける連続性や権威的関係がイエ集団の観念を彩ることになる」（二二八頁）。とはいえ、「実体においては血縁関係を大きく踏み越えて」おり、「その結合原理は、血縁でもなく地縁でもなく、いわば『社縁』ともいうべきもので」、これに支えられたイエは「決して死に絶えることのない共同体（corporation）であって、「世界の他の社会ではほとんど例をみない」。「そしてこの特徴は、次に述べるイエ型集団の系譜性と密接に結びついている」（二二九頁）。

「イエ型集団は永遠の持続性をめざす」が、「超血縁的集団、つまり養子嫡子もありうるような集団にとって」、その「持続性は血統の持続以外の根拠によって明示的に定義され確保されなければならない」（二三〇頁）。その「要求」は「中根千枝のいう『直系継承線』の存続という原則」によって満たされる（系譜性）。

すなわち、家長は必ず「公認された嫡子という地位をもつもの」によってのみ継承され、しかもその嫡子は「必ず特定の一人」でなければならないのだが、（初期）原イエの場合、かかる系譜性は「惣領制」という形をとった。つまりそこでは分割相続がむしろ常態であり、庶子家の派生による「分裂増殖性」が顕著であるが、「本家の家長（惣領）は少なくとも共同の祭祀権と軍事指揮権をもち、鎌倉幕府に対して一族を代表し、同族団全体の所領に対する何らかの最終的な発言権をもっていた」という意味で、庶子家に対する優位をもっていた。

ところで系譜性には大きな問題がある。イエの安定的統合のためには嫡流の優位は不可侵でなければならないが、しかし嫡子が指導者として十分有能であるとはかぎらないという矛盾である。系譜性は集団の機能性を保障するものではなく、時にそれを妨げさえするものであり、二つの特性の間には微妙な相互作用がある（二三四頁）。

次に、機能的階統制とは、惣領↓庶子↓一族・家の子↓郎従↓所従・下人というヒエラルヒーを指すが、これは本来的には「軍事的」な階統制であるが、「開墾や灌漑などの土木工事にも有効に転用されたのであろう」（二三六頁）とされる。

イエは自給自足能力に裏付けられた「弱い意味の自立性」をもつだけでなく、「自己防衛の戦闘力」に支えられた「強い意味の自立性」をもっている点で、西ヨーロッパの城主領（シャテルニー）と並ぶ例外的存在である（二三七頁）。「内部統制――成員の懲戒・刑罰――」に関する「自律性」も有している。「中根千枝の表現を借りると、〝家〟とよばれる集団は……あらゆる要素を統合した明確な単位――他の単位（家）といずれの要素においても共有関係あるいは交錯関係をもたない――として独立体を形成している。したがって他の社会の生活共同体と比較すると、……［家は］きわめて高い孤立性をもっている」（二三八頁）。

このような「自立性ないし孤立性」は、「ほとんど理想的な『個人』のそれに似た自立性」であり、原イエのそれは在来の体制の中で「新しい社会原則を主張させる基礎となった」（同上）。

もっともその後の「イエ派生体」の中には自立性の少ないものもあるが、「近代化以前のイエ社会の歴史の各段階では、どこかの中間的レベルで高度の自立性をもつ基礎的な集団がつねに存在していた」。「かくして全体としてのイエ社会は分権的な性格を帯びる傾向がある」（二三九頁）。

三　「大イエ」

本書は次いで「社会動学の方法」を駆使して、「原イエ」から「大イエ」を導き出す作業を行なう。その際のキーワードは「主体の倣い拡大傾向」である。

すなわち、現実世界を構成する複数の「主体」が「互いの制御をめざす定型化された相互作用によって結びつけられているような」集合体（「社会システム」）をなしている場合のうち、「それ自体が一個の主体ともみなせるもの」を「複合主体」と呼ぶとした上で、その「複合主体にとっての選択的な進化経路」には、「分化」、「拡大」、「再編成」の三つが「ありうる」（二七三頁）が、「大イエ」形成の文脈でとくに重要なのは「拡大」である、という。

「拡大」とは「自分自身を要素とするより上位の主体の形成」の「試み」である。「ある型の主体または複合主体が、ある特定環境下で十分な成功をおさめると、同様な型の主体が社会の各所に形成され普及していく」。それは主体の「類」の形成ともいうべきものだが、そうした場合、「成功した主体は、さらにその上位の複合主体の形成に向かって進んでいくことが普通であろう」（二七三頁）。

それには、個々の主体の自立性を維持したままのゆるやかなものから、「統合ないし集権性のはるかに強い上位主体」まで種々のタイプが考えられるが、その「中間」に、「新たに形成される上位主体が、その下位主体自身の組織原則をそのまま拡大適用している場合、あるいは、新たな上位主体の組織原則の諸特質が、――実態はともあれ認識としては――下位主体の組織原則を表現する言葉にそのまま翻訳することが可能な場合」がある。「われわれはそれを『倣い拡大』と呼ぶことにする」（二七四頁）。

そして本書は、「主体の進化にあたっては、『拡大』が最も主要な進化経路となる。拡大の方式としては、とりわけ文化的基盤を等しくする社会にあっては『倣い拡大』が最も自然な方式とされる。ただし、拡大の方式として、倣い拡大よりもはるかに有効と認められる外来の組織原則が既に存在している場合にはこの限りではない」という「仮説」（二七五頁）を立て、それに沿って「大イエ」の形成を説くこととなる。

「大イエ」の場合、それに向かって進行する「倣い拡大」にとって「最初の核となる主体」（「核主体」）はもちろん「原イエ」であるが、大事なことは、その「原イエ」は前の時代のそれ（「初期原イエ」）と同一ではなく、それが「再編成」された結果の所産たる「後期原イエ」とされていることである（三二五頁以下）。

この「再編成」を促した要因は、「惣領制」の弛緩＝庶子（分家）の惣領（本家）からの「自立化傾向」と「所領」の分散・多元化（開発領主たる「原イエ」の本来の拠り所である「本領」の他に、諸「職」を恩給された結果）であり、それに対して「嫡子単独相続」と「一円領」の形成が試みられた。この段階の「イエ」を著者たちは「後期原イエ」と呼び、その「典型は室町期のいわゆる『国人』領主たちに見出すことができるだろう」（三二八頁）とする。

だが「概していえば、後期原イエの自立性は初期原イエよりもむしろ弱く、後期イエの存続にとっての環境条件は初期原イエの時代よりもいっそう厳しかった」ので、「相互に激しい生存競争を繰り返し、その過程で、拡大による安定化の方向を、いっそう真剣に模索せざるをえなかった」（同上）。

その拡大には「一揆型拡大」と「倣い拡大」があったが、前者は「結局は失敗に終」った（三三〇頁）のに対し、後者は三段階のステップを踏んで進化をとげた。

（1）「前（プレ）大イエ」（守護大名）

（2）「初期大イエ」（戦国大名）

（3）「後期大イエ」（近世大名）

いうまでもなく、この「大イエ」の進化の過程は「原イエ」の自立性喪失の過程に他ならない（三三〇〜三三二頁）。

しかしながら、この「大イエ化過程……は、決して円滑に進行したわけではない」。「信長革命」(後出)が可能になるまでには「大イエ自体の組織原則の確立と自覚が必要だった。そのためには、イエ社会の一種の意識革命、文化革命を経験しなければならなかった」(三三二頁)。

すなわち、「すでにたびたび言及したように、イエ型主体の各構成員を結びつける組織原則の一つは社縁とでも呼ぶことが適切な、超血縁的な結合原則である。……このような人為性・超血縁性は、すでに原イエの組織原則の中に明瞭に見出すことができた。……しかしながら原イエにおいては――そして後期原イエにおいてさえ――社縁は血縁の補充物として、あるいは血縁の言葉に翻訳された疑似血縁的な関係として出現し理解されたにすぎなかった。イエ社会は、大イエ化の段階において初めて、それ自身の組織原則を自覚的に確立する必要に迫られたのである。その意味では、大イエを後期原イエの単純な倣い拡大としてのみ理解しようとするのは、十分に適切とはいえない。新しい複合主体――それは当然のことながらその構成要素である個々の下位主体よりもはるかに大規模のものでなければならない――を形成し、しかもそれをかなりの程度集権的に組織して成功させようとすれば、実質的な面でさまざまの新しい工夫や発明が必要とされるだろう。倣い拡大という意識は、新たな複合主体の統合を観念的には容易にする。しかし、社会システムは観念だけでは機能しえない」(三三三頁)。こうして「生活の全側面にわたる一体化と、役割構造の厳格な集権的階統化を同時に達成する」という頗る困難な試みが不可欠となるが、それは「けっきょくのところ、新しい『文化』の創出の試みであった」(三三四頁)。

第十一章「大イエ連合国家」第一節が「信長革命」と題して説くところは、「原イエ型組織の解体」と「原イエ型組織が発生する可能性を摘み取ってしまい」つつ、自ら「経営体としての機能性と自立性とを飛躍的に向上させた」信長の「大イエ」(「後期大イエ」)形成の過程であるが、それは著者たちが、この過程をこうした「新しい『文化』の創出」過程の最終段階ないしその徹底化として捉えていることを示唆するものであろう。

ここで注目すべきは、著者たちが、「信長は自らの大イエによる国家形成（＝天下布武）」の道を突き進んでいたということ、しかしそれは「政権の規模が大イエ原理の成長の限界を越えて拡大」したところで破綻したということを述べつつ、「もし信長があと十年生きていたら、彼の手で全国統一が行なわれたことはほぼ確実であ」り、さらにその先に「対外進出―帝国建設」の計画が抱かれていた、という想定に立って、その場合「巨大帝国の統合・運営に、イエ型組織原則が不適切であることは、あまりに明らかであ」るが故に、「より普遍性の高い文明の原理の採用に踏み切らざるをえなくなったはずである」と結んでいることである（三七八頁）。しかし信長の死はこの道を閉ざした。彼の後継者たちは、「大イエによる国家形成」の道をとらず、「大イエ連合体以上のものを構想」しなかった（三九四頁）という、和辻哲郎の『鎖国』を想起させるような信長痛惜論である。

「徳川国家はイエ型組織原則のそのままのかたちでの適用〔信長型の日本全体が一大イエになる形〕というよりは、二重の倣い拡大、つまり倣い拡大によって成立した大イエのさらにその倣い拡大によって〔連合体として〕形成されたもので、「むしろ進化の袋小路に入って硬直してしまった」と見るべきであり、「徳川時代をイエ社会の発展史における一つの分岐した進化経路上のエピソードと見たい」（二七七～二七八頁）という、先に指摘した近世＝膠着期論はこうした信長政権挫折論の文脈から流出したものなのである。「訪問すべき場所もないのにすっかり盛装（ドレスアップ）してしまった」（ロバート・ベラー）といわんよりは、「お金も魅力もあり、パーティーにも呼ばれていながら、盛装しようとしなかった」というべきだという著者たちの言は、「事実のレベルで圧倒的に強大であったにもかかわらず、観念のレベルでは大イエ連合国家〔という《有り合わせ》の体制〕以上のものを構想しえず、正統性の根拠を朝廷〔というウジ社会の遺物〕の権威に求めた」という「ギャップ」に対して彼らが抱く《もどかしさの思い》の発露に他ならない（三九四頁）。

この《思い》は「このギャップはやがて徳川体制の基本的な難点を育む」という具体的な指摘につながる。その難点とは、要するにさまざまな面での停滞と硬直化、それにもとづく合理化の契機の喪失に他ならない。「大イエの階統的役割構造の身分的固定化と役割遂行方式の伝統墨守化」は、能力主義に貫かれていた戦国大名の「(初期)大イエ」からの大きな退行であり(四〇〇頁)、「大イエとその連合国家は、江戸時代中期以降、沈滞と化石化の途をあゆんでいった」(四〇六頁)。

しかし問題は単なる「停滞と化石化」にとどまらない。平和の持続のなかで武士の「イエ」とその連合国家は「存在理由が失われるという正統性の危機にも直面したのである」(四〇七頁)。そこで動員されたのが儒教の徳治思想であった。

ここで、朝廷の権威に依存したという、家康の採った「妥協的ではあるが簡便で効率的な正統化方式」のツケの話がもどってくる(四一二頁)。この「正統化方式」は、儒教の政治理念と「大イエ連合国家の実態とのギャップを、さらに拡大することになった」。旧来の王朝が徳を失えば「天命があらたまり、有徳な新君主を開祖とする新王朝が誕生する」という易姓革命思想に照らしてみれば、「信長革命以後、ウジ国家の終焉はだれの眼にも明白」であるにもかかわらず、家康の「簡便で効率的な正統化方式」主義の結果生じた「朝廷が現に存続し少なくとも形式的には将軍や大名に位階や官名を授与しているという事実」(四一三頁)の前に、易姓革命論は立ち止まらざるをえない。

この点、白石や徂徠は武家政権の「独自の正統性と栄誉の体系を構築するべきことを主張」したが、「そのような変革をする必要性を、幕府当局は認めなかった。それどころか幕府と朝廷の関係は……幕府の統制が確立することにより、十七世紀末までには安定化し、それとともに幕府は朝廷を自己の権威の源泉としてより丁重に取り扱うようになっていった。つまり将軍が朝廷に臣従するという擬制は、幕府の朝廷にたいする統制が確立するとともに、かえって強められた」(四一三頁)。

こうして「徳川日本は、全国統合という積極的業績によってのみならず、正統化の破綻という消極的な面においても、近代化を逆説的に準備していたのである」(四一五頁)。

ところで本書は、以上幕藩体制を論じた「第十一章 大イエ連合国家」の最後に「徳川の遺産」という独自の節を設けて前近代日本の叙述の締め括りとする。もちろんその「遺産」とは、「近代化=産業化」の「先行条件」となるものとして著者たちがすでに挙げたものに照らして浮かび上がる、いわば「積極財産」である。曰く、「政治的統一」、「市場システムの形成」、「労働力の流動化」、「識字化」、「中間的組織と官僚制の萌芽」。ただ、これらが「イエ原則」とどのように関係するのか、筆者には読み取ることはできなかった。

四 「イエ原則」の検討

以上のような本書の雄大な議論について、以下筆者なりのコメントを付け加えることとしたい。

先ず気になるのは、「原イエ」が「イエ原則」として挙げられた四つの「基本原則」に貫かれた集団であるのか、ということである。この点はすでに笠谷、平山両氏もある程度指摘しておられるし、書評もなされているが、[2]『文明としてのイエ社会』にとって「核」ともいうべき論点であるから、本稿もここから出発せざるをえない。

1 「超血縁性」について

端的に言って、「平安末期に東国で発生し」、鎌倉幕府という「連合国家」の「核主体」となったとされる「開発領主」の経営体が「超血縁性」を十分備えているとは考えにくい。「郎従や所従・下人は……血縁関係をもたない」(前掲)ということは、血縁団体が一定規模以上の軍事的・農業的経営体をめざす以上、非血縁者をその末端に抱え込まざるをえない、という、恐らく洋の東西を問わず、いかなる時代の集団にとっても蓋然的な現象がそこにも現われているということを指摘しているに過ぎない。なお、血縁でない「家の子」の問題については、注(2)所引近藤論文（五一頁）が適切な批判をしている。

次に、「より重要」な「養子制度が広範に採用された」という点についてであるが、「広範」かどうかの判定基準が明らかにされていない以上、定量的な検証は不可能であるが、少なくとも、鎌倉時代の地頭・公文クラスにおいて「某々家」を継がせるために養子が行なわれたという例に出会った記憶を筆者はもたない。論者にとっては、「いわば『社縁』ともいうべき」「結合原理」が「明らかに『原イエ』の段階にさかのぼって」（二二五頁）おり、その開発領主の経営体が「団体（corporation）に似たもの」になっていて、それの「系譜性」（後出）を維持するために養子制度が利用された、という主張をする以上、そのことの証明が不可欠であろう。

2　「系譜性」について

「系譜性」、すなわち「中根千枝のいう『直系継承線』の存続という原則」が、本書で「原イエ」と名指された集団に見られるのか。著者たちの表現でいえば、果して「原イエは、祭祀権者かつ軍事上の指揮権者である家督（惣領）を首長とし、それに対してつねに嫡子が存在し、家督→嫡子という単一の父系血縁的継承線を基軸として構成されていた」のであろうか。

まず、家督（惣領）が「祭祀権者かつ軍事上の指揮権者」で「イエ」の首長であるということはまったく実証されていない。惣領制については本書成立のはるか以前から、同族団結合か、幕府への（軍事的・経済的）サーヴィス提供を確保するための（上から作られた）組織か、という論争が存在し、現在でもそれは解決を見ていない。たぶん（どの程度しっかりしたものかは別として）なんらかの紐帯が同族相互に存在することを前提に、鎌倉幕府が自己の便宜のために「惣領制」的組織化を行なったというあたりが相場だと思うが、かりに自生的同族団結合を強調する立場に拠ったとしてみても、その惣領に「祭祀権」と「軍事上の指揮権」を揮う「イエ」の「首長」という像は見えてこない。

また、惣領制的結合は論理的には世代が改まるとともに、次々と庶子家ごとにミニ惣領制的結合を発生させ、それと裏腹に古い世代に成立した惣領制的結合が消滅していく、という性質をもっている。これは著者たちのいう「分裂増殖性」の実体なのだが、それについてはすぐ後に述べるとして、惣領制プロパーの話を続けると、惣領制は、前掲近藤論文（五三頁以下）も指摘するように、原理的には父からの分割相続で複数発生した、息子たちの諸経営体を覆う結合体なのであって、その息子たちからそれぞれ分割相続によって派生する孫たちの諸経営体を当然に覆うとは限らない。むしろそれぞれの息子ごとに、各門流ごとにミニ惣領的結合が生まれるのである。「兄弟は他人の始まり」という比喩を用いれば、このメカニズムが理解しやすいのではなかろうか。少なくとも、こうした一族結合の分裂志向があるからこそ、幕府はその一族からのサーヴィスを簡便かつ安定的に一括して徴収するため惣領制を補強または設定したと考える方がより適切であろう。

いずれにせよ、惣領→嫡子という「単一の父系血縁的継承線」なるものを、こうした惣領制的世界から検出することは至難の業であろう。「嫡子」といわれるものも、父の所存で決定され、いつでもそれは変更できた。「つねに嫡子が存在」するといっても、それは中根千枝がいう「直系継承線」を支える「嫡子」（首長＝惣領の地位の独占的継承者として「公認された……地位をもつ」、「特定の一人」）からは遠く隔たっている。「イエ」の「永遠の持続性」を「明示的に定義」し「確保」する「血統の持続以外の根拠」とか、「直系継承線」＝「系譜性」を体現する「嫡子」はまだここには存在しない。

ところで著者たちは、「原イエ」の「分裂増殖性」を指摘するのを怠っていない。しかしこれを「家長の地位についてではない」とことわった上で、「所領について」限られた現象として述べる。しかし「家長の地位」と「所領支配」とを区別することはそもそも可能なのであろうか。所領についてはどんどん「庶子」にむしり取られながら「家長の地位」を確保できる支配者があるとしたら、その支配権の淵源はどこから得ているのか。もしこの淵源を何か別のところ（たとえば上位権力）からの権限付与に求めざるをえないとすれば、それは自立的・自生的支配権とは言えないはずのものである。むしろ上述のような（世代ごとに派生する）惣領制発生のメカニズムを素直に受け止めるなら、「系譜性」のないことと「分裂増殖性」とはメダルの両面として自然に理解できるのではあるまいか。

3　「機能的階統制」について

これについては取り立てていうべきこともないが、「原イエ」の惣領→庶子→一族・家の子→郎従→所従・下人なる身分秩序は「機能的階統制」といえるような気のきいたものなのか、は問題であろう。前近代における一定規模の軍事的・農業的経営体ならどこにでも転がっている身分秩序の一類型なのではないのか。しかも上述したことの繰り返しになるが、惣領→庶子の関係は「機能的階統制」という概念にはそぐわない。実際の構造は惣領→庶子→一族・家の子→……なのではなく、惣領とその家の子以下、庶子とその家の子以下、という複数の経営体が並立しており、個々の集団（経営体）の構造はきわめて平凡な三層構造（家長とその一族→従者→労働する人々）をもつにすぎない。

なお、本書のいう「本家・分家の階統的な役割・身分構造」なるものについては、前掲近藤論文が批判するところ（五六頁以下）を参照されたい。

4　「自立性」について

「原イエ」が「自立性」をもっていたという点そのものについては、とくに異論はない。もっともその「自立性」には種々の留保・限定を必要とするのであるが、ここではそれに立ち入らない。ただ「自立性」と中根千枝氏の「孤立性」とは次元を異にするもので、この議論を「自立性」論の補強には引用できないということは指摘しておかなければなるまい。

「孤立性」とは、「家族（family）と生活共同体（domestic group）の範囲が一致しており、また、それが財産共有体としての単位とも一致しているのであり、〝家〟とよばれる集団は……〝家族〟（実態としての）という概念にみられるあらゆる要素を統合した明確な単位――他の単位（家）といずれの要素においても共有関係、あるいは交錯する関係をもたない――として独立体を構成している」（中根『家族の構造』一〇二頁）点を指しているのであり、上位権力に対しての「自立性」を問題にする本書ないし後出石井進氏の所論とは全く関係がない概念なのである。

ところで「原イエ」を「自立的」な存在として措定する考え方は、すでに指摘したように、石井進氏の所説に触発されたものである。そして氏はその名著『中世武士団』において、「中世社会の分権的・多元的側面を強調」する観点から、むしろ意識的に「土に根ざした在地の支配者」たちの「イエ支配の自立性」にその拠りどころを求めたのであるから、本書の「原イエ」の「自立性」についてそれほど問題がないのは、こうした系譜を考えれば、ある意味で当然である。本書も引用しているように、石井氏は後の論考（「中世社会論」、『（新）岩波講座・日本歴史8』三五三頁）で、『中世武士団』の「イエ支配」論の意図に触れて、「現代社会の中で改めて日本中世を問い返すとすれば、そこで注目すべき第一は『失われたるもの』としての自立性ではないかと考えた」と述べている。鎌倉武士の「イエ」に「自立性」がなかったら、そもそも石井進氏の「中世社会論」は成り立たないのである。

それでは、「自立性」に実証的な根拠がある以上、「イエ型社会論」全体に問題はないのか。答えは残念ながら「否」である。

引用したように石井進氏は「失われたるもの」として、つまりその後の日本の歴史にはもはや存在しなくなったものとして「イエ支配の自立性」を措定したのである。しかも、氏は、自説（「イエ支配の自立性」を基礎に据えた「領主制説」ないし「分権的・多元的中世社会論」）に対立する「求心的中世社会論」（反領主制説）のもつ説得力・重要性に十分理解を示しながら、「〔領主制説的な〕イエ支配の自立性の観点はなお一定の有効性をもちうるのではないか」という慎重な留保を付けて。

実際、石井進氏はこの「観点」がもつ問題点を十分自覚しつつ、一三世紀後半を境とする（中世前期→後期）「未開から文明へ」といってもよいような「大きな社会的転換」を論じた網野善彦氏の所論に触発されて、この「大きな社会的転換のなかで……イエ支配の自立性という観点をどう位置づけて行くのか」という問題に対する「一応の見通し」を以下のように提示するのである。

〔中世〕前期においては領主をはじめとして名主層にいたるまでそれぞれがある意味で自立したイエをもち、重層しながら存在するという、まことに多元的で流動的な状況を想定できよう。それは領主のイエ支配の外円部分における未熟さ、領域支配圏の未確立をも意味する。……後期になれば領主の支配圏も、地縁的共同体の成立に対応しつつようやく固まってくる。イエ支配の領域化であるが、それは決して単に個別領主のみの力で成り立つものではない。国人一揆などの地域的連合体などによって支えられたものである。……中世後期は一揆の時代でもあった。それは何れもイエ支配の自立性を守らんがためのヨコの連合体であるが、それ故にまた内部ではイエ支配の自立をある程度否定する団体、所属員を規制しうる団体の出現をも意味したのではないか。

かつて私は上記の「中世武士団」においてイエ支配の自立性を強調しながら、しかもその領域支配の確立してくる過程においてかえって幕府などの上位権力によって領主支配の一部がおかされたり、あるいは自力救済が否定されて行く事実を見出してその間の説明に苦しんだ。また……在地の小領主支配の〔連合体の〕なかにかえってある種の専制的支配がいちはやく表現されていることをどう説明したらよいのか、疑問を投げかけてみた。それらの問題は何れも上述した、イエ支配の領域化の成熟がかえって個々のイエ支配の自立性を否定してゆくという、一見逆説的な過程と深くかかわっているのであろう。中世後期に出現した「成熟した農業社会」、それは直ちに日本近世社会――そこでは中世的なイエ社会の自立性が否定され……〔る〕「専制的警察国家」――へと連なっていたのである（前掲「中世社会論」三五三〜三五四頁）。

要するに、「イエ支配の自立性」は「文明化」・「成熟した農業社会化」以前の、「非領域的支配」に見られた属性であり、「地縁共同体」の成立（網野氏においては、その背後に「農民の土地保有権、あてがわれた土地に対する下人・所従の占有権」の成長が想定されている）に対応する「イエ支配の領域化」の達成は、個々の「イエ支配の自立性」そのものを否定する「ヨコの連合体」によって「支えられ」なければならなかった。つまり、「イエ社会の領域化の成熟がかえって個々のイエ支配の自立性を否定してゆくという、一見逆説的な過程」は、「成熟した農業社会」への「転換」が支払った高価な代償だ、というのであって、「未開から文明へ」の「転換」と、「分権的・多元的」社会から「専制的警察国家」への「転換」とを、パラレルに捉える見方が石井説の核心をなすのである。

「文明としてのイエ社会」のプロトタイプとしての「原イエ」と、「未開」社会に開花した石井氏の「イエ支配」とは全く別物である。氏の「失われたるもの」としての「イエ社会の自立性」の謂いは、「文明化」する以前の「分権的・多元的」社会への挽歌なのである。鎌倉武士の「イエ支配」に「自立性」が見られるからといって、それを「文明としてのイエ社会」の「原イエ」とすることは、無条件に許されるものではない。

もちろん、「イエ」・「原イエ」・「大イエ」等々は、本書の著者たちが設定した「概念」であるから、石井氏の「イエ支配」と違うものだということは何ら批判ないし非難に値しない。それが、日本の歴史や近代化を有効に分析・説明できるものなら、それは適切な「概念」であり、「文明としてのイエ社会」論はすぐれた学問的業績と言わなければならないからである。

実際、著者たちは自説を石井説と相違するものと十分自覚した上で、後者の「弱点」を克服するものと位置付けている。まず石井説が領主制説に傾きすぎ、歴史の現実のなかに否定し難く存在する「反領主制説的傾向」との整合性に問題を残しているという「弱点」については、本書は「中世は、下降衰退期にあるウジ社会のサイクルと上昇興隆期にあるイエ社会のサイクルの重複期にあたっていると考えれば、『反領主制説』と『領主制説』の各々にその所を得さしめることが可能」だと言う。

ここには言うまでもなく、「求心的」傾向は「ウジ社会」的なもの、「分権的・多元的」傾向は「イエ社会」的なものという対比がある。だが、石井氏がこれとはちょうど逆に、「分権的・多元的社会」から「専制的警察国家」へという図式を描いたことは上述した。石井氏は「イエ支配の自立性」とそれを取り巻く古代（「ウジ社会」といってもよい）的な桎梏という「求心的傾向」との整合性を問題にしているのではなく、むしろその「自立性」が（古代の克服とともに）次第に否定されていく過程を強く意識しているのであり、本書の反領主制説→領主制説という図式によって、石井氏の提起する問題は解決してはいないのである。

ちなみに、石井氏はこの問題について氏「なりの」（前掲「中世社会論」三四八、三五四頁）説明を提示しておられる。典型的な反領主制説的歴史事象＝「職の体系」を『虚偽の意識』の体系」（同三五三頁）と性格規定するのがそれである。すなわち氏によれば、「職の体系」は「未開」・「未成熟な農業社会」における「イエ支配」の「外円部分における未熟さ、領域支配圏の未確立」の「段階に対応し」たもの、とされるが、それは「イエ支配の自立性」と（「イエ」を縛り付ける）「職の体系」との、両立し難いかに見える関係を、後者を「イエ支配の非完結性」の故に存立しえた、（実態は「それほど集権的・求心的で上位者優位の原則に貫かれた秩序」ではないのに、そう見えた）仮想の体系とすることによって処理しようとする論理である（同三三八頁参照）。

つまり、この限りで、すでに石井氏は反領主制説的傾向の一端を、より古い（「未開」の）構造として「所を得さしめ」た上で、それから先の、「領域化」が「自立性の否定」をもたらすという「一見逆説的な過程」を説明するにあたって、「地縁的共同体」を基盤とする「成熟した農業社会」では、個々バラバラの「イエ支配」の「領域化」はありえない（連合体による「領域化」しかありえない）という論理を展開するのである。「一見逆説的な過程」という微妙な表現の中に、石井氏自身「逆説的」とは考えていないことを読み取らねばならない。

この点は、石井氏が自認する（と、著者たちが考えた）二番目の「弱点」に対する著者たちの「解答」に深くかかわる。すなわち室町・戦国期にいたって「イエ」の自立性が失われる、という点に関する石井氏の「自己批判ともとれる苦衷」（上に引用した箇所でその「苦衷を訴えている」と言う）について、本書は「室町時代に入るころから『大イエ』の形成が始まる結果として、『原イエ』型主体の自立性が失われることを『逆説』と見る必要はなくなる。石井が強調する『イエ支配の自立性』は原イエから大イエの上にうつっていくのである」（三〇四頁）と言う。

しかしながら石井氏は、室町期以降「イエ支配の自立性」が失われること自体ではなく（それは元々「失われたるもの」として挽歌を捧げられている）、「イエ支配の領域化の成熟がかえって個々のイエ支配の自立性を否定してゆく」ことを問題にしているのであり、しかもそれへの「解答」は上述のように氏自身提示しているのである。

問題は、この「解答」と、本書が「もう一歩踏み出し」（三〇四頁）たと自負する「解答」とどちらが説得力に富むかである。ここでようやくわれわれは、「大イエ」概念とそれを支える「倣い拡大」論の当否の検討にさしかかる。ちなみに筆者自身石井進氏の説に満足しているわけではないが、ここではそれに立ち入らない[3]。

五　「大イエ」と「倣い拡大」の検討

「大イエ」への「倣い拡大」にとっての「核主体」は、むろん「原イエ」である。しかしその「原イエ」は、前に紹介したように、鎌倉時代の「原イエ」（「初期原イエ」）そのものではなく、それが、分割相続の克服・一円領化という「再編成」の所産たる「後期原イエ」であり、「典型は室町期のいわゆる『国人』領主たちに見出すことができる」とされていた（三二八頁）。

しかし本書はここで突然、「概していえば、後期原イエの自立性は初期原イエよりもむしろ弱く、後期原イエの存続にとっての環境条件は初期原イエの時代よりもいっそう厳しかった。つまり、後期原イエは、相互に激しい生存競争を繰り返し、その過程で、拡大〔一揆型と倣い拡大型〕による安定化の方向を、いっそう真剣に模索せざるをえなかった」（前掲）と言う。

この厳しい「環境条件」とは、「ウジ型社会のサイクル」の終焉期＝「南北朝動乱期から室町・戦国期の終わりにいたる二百五十年間」にあたって現出した「統一国家なき社会における戦乱と『下剋上』」、「相互侵略・全面戦争」の状況を指すらしい（三二九頁）が、これは石井進氏が指摘する「未開から文明へ」・「地縁的共同体」を基盤とする「成熟した農業社会」化の過程における「イエ支配の領域化」の難しさを、通俗的なレベルで言いかえたものに過ぎないのではないか。

だとすれば、石井氏を批判して、「イエ支配の自立性」は「原イエから大イエの上にうつっていく」のだから、「逆説」を心配する必要はない、といって済ませるわけにはいかないはずである。ここに見られるのは、「激しい生存競争」の結果生き残ったものが「大イエ」という形で「安定化」していく、というストーリーだけではないのか。ところが、この「大イエ」が「原イエ」の「倣い拡大」であるという命題についての著者たちの論証は説得力に富むものとは思えない。

「倣い拡大」概念について見てみよう。それは、「新たに形成される上位主体が、その下位主体自身の組織原則をそのまま拡大適用している場合、あるいは、新たな上位主体の組織原則の諸特質が――実態はともあれ認識としては

――下位主体の組織原則を表現する言葉にそのまま翻訳することが可能な場合」について言われる（前掲）。ところで「倣い拡大」による「大イエ」の形成は「一個の強力な後期原イエを中心として、その他の原イエが前者の下位主体（家臣）化する形で行なわれる」（三三〇頁）のだが、本書は戦国大名の「初期大イエ」について、竹原小早川家の例に即して次のように述べる。その家臣団は「①固有の所領を持たない直轄の家臣（家の子と中間）と②固有の所領を持つ後期原イエ型の家臣（一家・一属と内の者）とに二分できる」。「初期大イエが後期原イエの倣い拡大型の複合体だということの意味は、この第二グループに属する家臣団をそれぞれかかえているところにある。彼らは、自らの所領と自らの家臣を持つがゆえに、上位主体としての大イエに対して相対的に自立性が高い」（三六〇頁）。

この所論は小早川廣景の「置文」（一五世紀末成立）を根拠としているが、そこでの「内の者」の中には近ごろまで「名字なき」者、「百姓」であった者も含まれており、少なくとも彼らを、「固有の所領を持つ」「相対的に自立性が高い」存在とする性格規定は適切ではない。この「置文」の、血縁の有無による分類（「置文」の対比は「一家・一属」及び「家の子」＝「親類」⇕「内の者」及び「中間」＝非血縁者である）に無頓着に、自立性の高さで「二分」する著者たちの態度は、おそらく「超血縁性」という「原イエ」の第一の「基本原則」が念頭にあるからであろう。

この「置文」は形式上、「親類」・「内の者」・「中間」の三つに分ける分類法を採っているが、このうち「内の者」と「中間」はもっぱら格の上下関係（働きがよければ後者から前者に抜擢される）として捉えられているのであり、基本的には「親類」と非「親類」の区別が置文の作者の意識を支配している。彼はこうした二分法による分類をした上で、それぞれの中で細分類（「親類」を「一家・一属」と「家の子」に、非「親類」を「内の者」と「中間」に分ける）を行ない、それぞれについて、（さらには、その細分類の中でも、個々の名前を挙げながら、小早川との因縁の深さ等々、個別事情を斟酌して）然るべき処遇の仕方を指示しているのである。

要するに小早川廣景にとっては、血縁・非血縁の区別という（こうした息子への家訓の類においては）きわめて平凡な区別が第一義的に重要なのであって、「超血縁性」の組織原則をここに見出すのは困難である。なお、「親類」の中に「他家の者にて候へ共、武部〔家の子に属する家族〕が親……にて候……によりて、こなたへ親類に召し使」っている川井という人物も含まれている。これは「親類」が婚姻関係によって拡大される可能性を示唆するもので、少なくともここには「系譜性」原則はあてはまらない。

ところで、この置文には具体的な人名を挙げつつ、それが「家有」る者か「家も（さして）なき」者であるかに言及している箇所が少なくない。この「家」の有無を著者たちの説のように「他の原イエが（小早川の）下位主体（家臣）化する」プロセスの上に位置付けられるか、といえば無理であろう。本書においては、原理的にはどの「下位主体」も、「原イエ」をもつ存在とされていたのだから、「家なき」者という存在はその理論からは説明できないはずである。いずれにせよ、「家」とは単なる経営体の謂いではなく、特別の含意をもつ（当時の人々が共通に了解する一定の国制的指標をもつ）ものであり、それ故にこそ、身分の上下が「家」の有無という形で表示されるのである。

こうした小早川とその「下位主体」を見ると、小早川が少なくとも「イエ」の四つの「基本原則」を備えた「下位主体の組織原則をそのまま拡大適用している」とか、小早川の「組織原則の諸特質が……下位主体の組織原則を表現する言葉に翻訳することが可能」とか言えるとは思えない。むしろ「名字なき」（「家もなき」）者が取り立てられて「家有」る者になる、という現象を見るとき、「下位主体の組織原則」が「上位主体の組織原則を表現する言葉に翻訳することが可能」と言った方が、まだしも適切なのではないか、という気持ちさえ湧いてくる。「イエ」の「倣い拡大」なのか、「家」の「倣い縮小」（二七三頁）なのか、という問いにまでつながる問題であるが、私には「社会動学」に深入りする気はない。

ただ、本書を通読していて奇異に感じるのは、「社会動学」的理論としては「拡大の方式としては、とりわけ文化的基盤を等しくする社会にあっては、『倣い拡大』が〔それよりはるかに有効な外来の組織原則がない限り〕最も自然な方式」とされているのにもかかわらず、「イエ」の「倣い拡大」にあっては、「イエ社会の一種の意識革命、文化革命を経験しなければならなかった」(前掲)という指摘がなされていることである。

著者たちは、「超血縁性」が「血縁の補充物」にとどまった「(後期)原イエ」をもとに「大イエ化」しようとしたとき、「イエ社会は……それ自身の組織原則を自覚的に確立する必要に迫られたのである。その意味では、大イエを後期原イエの単純な倣い拡大としてのみ理解しようとするのは、十分に適切とはいえない」(前掲)のだと言う。大規模な「新しい複合主体……を形成し、しかもそれをかなりの程度集権的に組織して成功させようとすれば、実質的な面でさまざまの新しい工夫や発明が必要とされる」。この場合でいえば、「生活の全側面にわたる一体化と役割構造の厳格な集権的階統化を同時に達成」しなければならないが、そうした「新たな統合」はまさに「新しい『文化』の創出の試み」=「大イエのさまざまなメンバーの相互理解と信頼関係を支えるような、首尾一貫した思考・行為様式、信念や趣味の体系、各種のルールや制度の確立、要するに新しい生活様式の創出を意味していた」(二三四頁)。

この数行だけなら、ほとんど全面的な賛意を表してもよいくらいなのだが、「最も自然な倣い拡大」によって形成されようとする「大イエ」にして、なおかかる「革命的」な「試み」をしなければならない、というロジック全体となると、しっくり頭に入りにくい議論ではなかろうか。この点については著者らは「単純な倣い拡大としてのみ理解しようとするのは、十分に適切とはいえない」という。実際には「複雑な倣い拡大」だったというのか、「倣い拡大」では「単純」には説明できないというのか、文意必ずしも明らかではないが、いずれにせよ、「新しい生活様式」=「新しい文化」の「創出」という「文化革命」・「意識革命」の域に達するラディカルな変化を問題にするなら、それは「倣い拡大」という概念を用いない方がはるかに説得力があろう。

また、「後期原イエ」においても「社縁は血縁の補充物……あるいは擬血縁的な関係として出現し理解されたにすぎなかった」ので、「大イエ」化にあたっては「イエ」の「組織原則」を「自覚的に確立する必要に迫られ」た、と言うくらいなら、ここではじめて「超血縁性」と「機能的階統制」を備えた「イエ」（著者たちのいう「大イエ」）が登場した、そしてその「イエ」の形成という形で「首尾一貫した思考・行為様式、信念や趣味の体系、各種のルールや制度の確立、要するに新しい生活様式の創出」という「文化革命」が進行したのである、と言い切ってしまった方がはるかに素直な説明ではないのか。このあたりの本書の不透明な論旨の展開は、「超血縁性は、すでに原イエの組織原則の中に明瞭に見出すことができ」る、という認識（その実証性への疑問は上に縷説した）による自縄自縛の現れではないのか。

なお、「翻訳」という言葉の用法に関して一点だけ指摘しておこう。一方では、「上位主体」が「下位主体の組織原則を表現する言葉に翻訳する事が可能な場合」を「倣い拡大」と呼ぶとされた。他方、「原イエにおいては——そして後期原イエにおいてさえ——社縁は……血縁の言葉に翻訳された擬血縁的な関係として、出現し理解された」（三三三頁）と言われる。

この言説が歴史上の事実に即しているか否かは問わない。ここで指摘したいのは、「原イエにおいては」「社縁」的事態が「血縁の言葉に翻訳」されたという言説は、「大イエ」の（誰もそこでは、血縁の言葉に翻訳しない）「社縁」的組織原則を、「原イエ」においてはそれと異なる組織原則に引きなおしてしか「理解」できなかったということを暗示しているのではないか、という点にある。つまり「大イエ」と「原イエ」とは別の組織原則に貫かれていたことをすでに著者たち自身が認めていることになるのではなかろうか。

六　イエと「家」
――結びにかえて――

以上要するに、われわれは本書の「イエ社会論」には理論的・実証的に無理がある、と結論せざるをえない。しかしわが国に「イエ」と呼ばれたものが厳然として存在したことは間違いない。それは通常「家」と書かれ、従って文脈によっては「ケ」・「カ」と音読みされるものである。

総じて、石井進氏の「イエ支配」も本書の「イエ」も、それが史料上のどのような言葉に対応するものかについて言及がないことに注意しなければならない。明らかに石井氏の場合は注意深くそれへの言及を意図的に避けているように思われる。「イエ」といわず「イエ支配」とすることからして、それと無関係ではあるまい。石井進氏が、「家」が近世以降も存在していることは百も承知の上で、「失われたるもの」として「イエ支配」に「執着」（『中世社会論』三四九頁）したのは、氏が、「イエ支配」を史料上の「家」とは全く切り離して考えていることを物語っている。端的にいえば、石井氏の「イエ支配」はHausherrschaftの翻訳である。「超血縁性」も「系譜性」も石井氏にとっては念頭にない。ただただ「分権的・多元的社会」を現出する「自立性」だけが問題であった。

これに対して本書の「イエ」の「組織原則」は、どうやら「大イエ」として描かれた戦国大名・近世大名の「家」から抽出されたものであるらしい。「原イエ」（『後期原イエ』も含めて）には「自覚」的に「理解」されていなかった「イエ」の「組織原則」を、「大イエ」形成に際して「イエ社会は……自覚的に確立する必要」があった、という、これまで何度も紹介した論理は、まさに「大イエ」に即して読み取った「組織原則」であることを暗示している。たしかに「超血縁性」（『社縁』）、「系譜性」、「機能的階統制」、これらは大名の「家」に典型的に現われている。

問題は「自立性」であるが、近世大名については、多岐にわたる論点をおさえてからでないと、軽々に言えないが、少なくとも戦国大名の「自立性」については大方のところ、その「自立性」を認めるのにやぶさかではないであろう。従って、戦国大名の「家」に即して発言される限り、「イエ」の四つの「基本原則」に異論を唱える人はあまりいないであろう。それを、まったく問題関心を異にする石井進氏の図式を借用して鎌倉武士にまで遡らせようとしたのが、問題の基ではなかったか。

壮大な社会理論を立てる前に、史料に登場する「家」という概念を明らかにすることが不可欠である。本稿もそれを含めたものとして構想されたが、紙幅の関係で割愛し、別稿に譲らざるをえない。(4)

＊ここに「本共同研究」というのは、笠谷和比古氏を代表とする、国際日本文化研究センター共同研究であり、同氏編『公家と武家』シリーズ（思文閣出版刊）に集成されている。

（１）石井紫郎・村松岐夫「日本歴史における公私」（対談）（『レヴァイアサン』二、一九八八年）。

（２）この点についての書評として、近藤成一「『イエ社会』を超えて―『文明としてのイエ社会』批判」（『歴史評論』四一八、一九八五年）がある。

（３）石井紫郎『日本国制史研究Ⅱ・日本人の国家生活』（東京大学出版会、一九八六年）一一一頁以下参照。

（４）「家」が「摂関家」という最も身分の高い階層にまず成立し、順次、より下の身分層について成立してゆく過程の大筋については 'Feudalism and *ie* in Japan' (in: Shiro Ishii, "Beyond Paradoxology: Searching for the Logic of Japanese History", 2007, Jigakusha, pp. 104) を参照されたい。

第三章　戦士身分と正統な支配者
――「武家」の概念史的整理――

本稿は、二〇〇〇年三月に、大学共同利用機関・国際日本文化研究センター（通称「日文研」）で開かれた国際シンポジウム「公家と武家――その比較文明史的研究――」（『国際シンポジウム　公家と武家の比較文明史』というタイトルでプロシーディングが同年一〇月に出版されている）において、村井康彦氏の「天皇・公家・武家」という報告に対して行ったコメントである（なお、末尾の【補論】は、そのはじめの部分に書かれているように、同シンポジウムに出席された高橋昌明氏からのご教示に触発されて後日執筆し、上掲のプロシーディングの中に付け加えたもの）。本来であれば、こうしたコメントは、それが対象とした主報告と一体として提示されるべきものであって、それと切り離して別の著書に収載すべきではあるまいが、本稿は、その冒頭に述べているように、「村井報告で扱われたことと、次に予定されている朝鮮半島の諸時代・諸王朝……における戦士身分の問題との間の橋渡しをする観点から、いくつか問題提起」を行ったものであり、内容的には村井報告からの独立性が高く、むしろ本書第一部の他の論文と密接な関係をもつ論点を扱っているものなので、あえてここに掲げることとした。ここに村井氏のご海容をお願い申し上げる。

一　本コメントのスタンス(1)

村井氏のご報告は、天皇・公家・武家の関係を、制度の実態に即して、過不足無く、わかりやすく説明したもので、私から付け加えるべきことは見出せない。そこで私としては、村井報告で扱われたことと、次に予定されている朝鮮半島の諸時代・諸王朝（以下、単に「朝鮮」という）における戦士身分の問題との間の橋渡しをする観点から、いくつか問題提起をしてみたい。

すなわち、文官より低い地位に置かれていた朝鮮の武官たちが、それに反発してクーデターを起こし、覇権を握り、武官支配体制を一旦は築き上げたにもかかわらず、再びもとのような文官優位の体制に戻ったという朝鮮史の推移と異なり、日本では「武家政治」が六世紀半続き、後には、非西欧世界ではほとんど唯一の「封建制」として評価されるに至るような体制が出来上がったという違いを、単なる「力」の次元でなく、体制を支える観念・意識の世界の次元で考究してみようとするものである。しかし、無論このテーマは一朝一夕で解明しうるものではなく、本コメントは、さしあたりそれへのアプローチの一つとして、「武家」という言葉に即した概念史的整理を行おうとするものである。

二　古代・令制における文官と武官

令制では、令の規定によって武器を携行すべきものと定められている官が武官である。すなわち「五衛府、軍団、および諸の仗を帯せらむをば武とせよ。……自余をば並びに文とせよ」とする公式令・内外諸司条がその定義規定である。[2]
ただ、「武」については例外が規定されており、「太宰府、三関国、内舎人は武の限りに在らず」（同条但書）とある。このうち、太宰府と三関国[3]は本来地方行政機関的存在でありながら、防衛軍的役割をも果たすことから、その官員に武器携行が義務付けられているもの、と解すれば、「仗を帯」すべきものと令に規定されながら、この但書で武官から除外される趣旨は理解できる。
これに対して内舎人は、天皇に直接「侍従」する官司たる中務省に属し、「刀帯て宿衛……駕行には前後に分衛」

（職員令・中務省条）することを職務とするので、これが何故武官ではないのか、容易には理解できないことであるが、ここではひとまずこの事実を指摘するだけにとどめる。

以上のように定義された武官の官位は、官位相当の制の上でどのように規定されているか、というと、最高は衛門および左・右衛士の督の正五位、次いで、左・右兵衛および左・右兵庫の督は従五位である。このように、武官であって、いわゆる殿上人層に列するものはごく少なく、しかも末席を汚すにすぎないのである。

ここで、さきほどの内舎人に戻ろう。この官職に就くのは、もっぱら五位以上の者の子孫（「蔭子孫」）である（軍防令・五位子孫条）ということに注意しなければならない。しかも、この蔭子孫の中でも、四・五位の子孫は「性識聡敏、儀容（禮に適ったかたち）」を具えた者として選考された者のみがこの地位に就けるが、三位以上の子は選考手続なしで任用される、という仕組みになっていた（同条）。大宝令制定後真っ先に内舎人に任ぜられたのが、藤原不比等の嫡子・武智麻呂であったという事実は、このポストが如何なるものとして想定されたものであるかを雄弁に伝えている。国家の最高意思決定機関を構成する公卿たちが、その跡継ぎを天皇の近くに伺候させ、次代のリーダーに育て上げるための登竜門の一つであったと言ってもよいのではなかろうか。

この内舎人が、《武器携行者＝武官》という原則からわざわざ外されたのは、まさにこのような事情によると考えられるのであり、このこと自体が、武官の地位についての、律令国家指導層の評価の低さを端的に物語っている。

三　令外の武官

日本の古代国家が、令に規定された、いわば正規のもの以外に、時とともに、さまざまな新しい官職・官司（いわゆる「令外の官」）を作り出して行ったことは周知の通りである。近衛府という官司もその一つであるが、実は、その長官・次官に当たる大将・中将はそれぞれ従三位・従四位相当官とされた、という点で、それまでの武官より高い地位を与えられたのである。とくに大将が公卿層（三位以上）という国家の最高指導者層に列せられたことに注目しなければならない。このことは、引き続いて述べるように、直接には戦士身分の《家柄》[4]出身者の地位向上には結びつかないものであったが、その後「武家政治」の成立・発展にとって大きな意味をもつに至ったことは後述するとおりである。

何故、近衛大将・中将はかくも高い官位相当官とされたのか。それは近衛府成立・発展の経緯を見れば明らかである。以下、笹山晴生『古代国家と軍隊』によりながら、それを瞥見しよう。近衛府の淵源は慶雲四（七〇七）年成立の「授刀舎人寮」（「授刀舎人」の倭訓は「たちはきのとねり」）に遡る。これは幼少の藤原氏系皇位継承候補者・首皇子（のち七二四年に即位して聖武天皇）を守護する目的で設けられたものと言われており、実際、七二一年当時の長官は不比等の次男で従三位内臣の藤原房前であった。

七二八年、この授刀舎人寮は「中衛府」として発展的に解消したが、その大将は引き続き房前で（制度的には従四位上相当とされた）、「常に大内に在りて、もって周衛に備ふ」（『続日本紀』）と言われるような立場にあった。ちなみに、中衛府となっても、その兵員は相変わらず「舎人」と呼ばれた。なお、蛇足であるが、「中衛府」の「中」は、この「常に大内に在りて」の表現からわかるとおり、左右・遠近等の中間という意味の「中」ではなく、外に対する「なか」の意味での「中」と解されるものである。[5]

こうして授刀舎人寮は一旦解消されたが、やはり藤原氏系（光明皇后の娘）皇太子・阿部内親王（のちの孝謙天皇）を守護する目的で再設置された。『続日本紀』天平一八年二月条は、これを「騎舎人を改めて授刀舎人となす」という形で伝えている。歴史学上、これを第二次授刀舎人寮と呼ぶが、暫くのち「授刀衛」と改称、さらに近衛府と称することとなる（天平神護元年＝七六五年）。なお注目すべきは、大同二（八〇七）年に前述の中衛府が右近衛府に改称され、それとともに、近衛府が左近衛府となって、左・右近衛府体制が成立すること、しかし兵員はずっと「舎人」と呼ばれ続けたことである。

以上要するに、中衛府を経て右近衛府となった第一次授刀舎人寮も、授刀衛、近衛府を経て左近衛府となった第二次授刀舎人寮も、ともに藤原氏が宮廷内での覇権を握るための軍団として作られたものであり、それは当然、本来藤原氏の一族、それも宮廷内、しかも中枢部に自由に立ち入れる身分、すなわち公卿身分の者が長官として自由に動かすべきものであった。

もっとも、藤原氏とて一枚岩であったわけではなく、恵美押勝（藤原仲麻呂）の乱に見るように、中衛府が反乱軍の中核的役割を果たすこともあったが、まさにそのことは、この組織が藤原系（の誰か）の手兵的存在であったことを示している。もちろんこの時、孝謙上皇（重祚して称徳天皇）は、内親王時代の彼女自身を守護するために作られた授刀衛（近衛府）を手兵としており、孝謙対押勝の戦いは、それぞれが授刀衛と中衛府を戦力の中核として駆使した対決であった。

中衛府大将は前述のように従四位上相当官とされたが、（房前の例に見たように）藤原氏の三位以上の有力者がそのポストを占める以上は、宮廷内での行動に制約はなかったし、さらに後、恵美押勝権勢の時には正三位相当とされた。押勝の乱平定後、従四位上に戻ったが、これは中衛府が押勝系戦力として動いたことへの懲罰として、組織としては授刀衛（近衛府）の下に位置づけられたことの結果であろう。

他方授刀衛系は、七六五年に近衛府と改称された時点で、大将が正三位相当とされた。もっとも、八〇七年に両者が左・右近衛大将として並び立つものとされてからは、双方ともに従三位とされた（『職原抄』）。これは、それまで格差がつけられていた両大将を、左右に配するため、《あいだ》をとったものかと想像されるが、いずれにしても三位すなわち公卿層に位置づけられたことは銘記すべきであろう。繰り返しになるが、近衛の長は、授刀舎人軍団の長として誕生したときから、宮廷内を自由に動ける公卿でなければならなかったのである。要するに、二つの授刀舎人寮系の（最後は左・右近衛府となる）長官（大将）は武官ではありながら公卿クラスの地位を与えられたが、それは上に縷説したような特殊性によるものであり、武官全体の地位が上昇したことを意味するものではないのである。

もっとも、奈良時代に至るまでの歴史が物語るように、最上層の貴族たちがその頃から文弱の徒であったわけではなく、自ら武器をとり、軍団を指揮する能力をも備えた人物も稀ではなかった。制度の上でも、授刀衛の長官に見たように、必要とあらば武官でも三位に列せしめたのであり、令制において武官が低い地位に据えられたのは、当時の貴族層が「武」を蔑視する意識をもっていたからだと考えるべきではなく、「武」を下に見る中国の価値観とそれを体現する官僚制度上の序列および【補論】（後掲）に述べる《家柄》の問題の組み合わせの結果と見た方が妥当であろう。

しかしながら、藤原氏、とくに北家系の覇権が確立し、公卿層間の武闘が見られなくなるに及んで事態は変化し、公卿が自ら武器をとることは稀になり、令制上の文官優位と《家柄》の優劣が対応するようになる。公卿層の子弟が武官に就く場合には、それは彼らのキャリア・パスの一齣（高級文官に昇進する前のステップ）としての任官であった。それとともに、それまで中下級貴族に開放されていた近衛中将（後の【補論】に引用する大野真鷹卒伝参照）はもちろん、少将までもが、「乳臭き」（『小右記』寛仁二年五月四日条）上級貴族の子弟によって占められるようになる。当然のことながら、彼らはもはや武器をとって戦う存在ではない（高級武官の文官化）。

四　武士の官職補任

一般に、あるいは歴史学上「武士」と呼ばれる社会集団の出自・発生史に立ち入る暇はない。とにかくそうした

「武士」が、如何なる形で自己の政治的・社会的地位を築き上げたかがここでの課題である。

いうまでもなく、その方法は武官、それも近衛大将・中将のように高級でない、中・下級の武官への任官であった。その実態については高橋昌明『武士の成立　武士像の創出』に詳しい。

これに対して、頼朝は、元暦二年四月従二位に叙せられたのを機に、従前の「公文所」を「政所」（「従二位家政所」というのが正式名であったと推測されている[6]）と改称した（『玉葉』）。けだしこの叙位によって、令制において、三位以上の者に与えられるものとされた「家」をもつ資格を得たからである。

この「家」は、当該公卿の、最も広い意味での所有（家族、従者、財物・所領、政治的・社会的勢威、等々。以下、一括して《支配権》と呼ぶ）を管理する機構ないし組織を指す令制上の概念であって、単なる家族集団とか、それが住む建物ではない。またそれは、後に成立してくる、父から嫡子、またその嫡子へという「直系継承線」（中根千枝）をたどって代々継承される「家」、すなわち明治時代の法律家によって「縦の法人」と呼ばれ、最終的には明治民法の親族法・相続法に規定されて、わが国の「淳風美俗」の温床とされた「家制度」的「家」とも区別されなければならない。

この令制上の「家」には、従って当然のことに、その機構を動かす機関がなくてはならない。令はそれを「家令」（「いえのかみ」）、「家扶」（「いえのすけ」）等と呼び、国司並みの構成（最も大きいものは、かみ・すけ・じょう・さかんの四等官制）を定めている。

ちなみに、この令制上の「家」は管理機構であって、公卿の親族団体ではないということが、この「いえのかみ」という呼称にはっきり現れている。もし親族団体そのものを「いえ」と考えていたなら、「いえのかみ」は（前代の「うじのかみ」がそうであったのと同じように）その親族団体の首長、すなわち公卿その人を指すはずだからである。

注目すべきは、「家令」は国家の位官体系の中に位置づけられており（例えば、一位でその相当官に就いている者、すなわち左右大臣の「家令」は従五位相当官）、国家の負担で給与を受けるということである。ただ、「家」は本来三位以上の者一人一人に付与されるものであり、従って夫婦・親子で別々の「家」をもつ例もあったし、逆に、原理的には特定の「家」が相続の対象になるわけではなかった。

平安期に入ると、国家による給与給付の原則は崩れ、それぞれの権門によって扶持されるようになるが、それだけに「家」という機構は私物性と永続性を獲得し、やがて相続の対象として観念されるようになる。ちなみに、それとともに、「家」は管理機構だけを意味するのではなく、そうした機構を継承しつつ、代々続く家系としての（上述の「家制度」的な）「家」をも指すようになったのではないか、と思われるが、ここは「家制度」成立史を論じる場ではないので、これ以上立ち入らない。

管理機構としての「家」は、必要に応じて種々の組織をつくり、業務を分掌させたと思われるが、平安中期以降の諸権門では「政所」という中核的組織を設けるのが一般的となっていた。上述のように、頼朝が従二位叙位とともに、「公文所」を「政所」に改称したこと、そしてその「政所」の名において「下文」を発している（『吾妻鏡』文治三年一〇月二九日条参照）のは、こうした在来の権門の例に倣ったものに他ならない。(7)

さらに、彼は建久元年上洛の際に権大納言・右近衛大将に任官したが、間もなくこれを辞した後、翌建久二年正月に「前近衛大将家政所」の「吉書始」を行い、以後、その政権が発する文書を「前右大将家政所下文」の形式をとることとした。(8)彼は官職を辞したが、「家」をもつ資格（公卿身分）は失わない。頼朝自身のものでなく、公家のものではあるが、「従二位家牒」（『鎌倉遺文』一二八八号）などと称する文書が見られるのは、無官であっても三位以上なら「家」をもちうることを示している。ただ、頼朝自身は、無官の「従二位家」よりは、常置の武官職としては最高級の「右大将」であったことを誇示する「前右大将家政所」が好ましいと考えたのか、その名において下文を発給することとしたのである。

しかし、宿願の征夷大将軍補任（建久三年）によって、さらなる展開が見られた。この補任を契機に下文は「将軍家政所下文」に変わったのである。もっとも、建久五年一〇月以降、文書の形式は再び「前右大将家政所下文」に戻ってしまう。これを頼朝が征夷大将軍職を辞する意思表示をした（受理されたか否かは別問題）ための変更と解釈する説[9]もあるが、いずれにせよ、彼の後継者たちは代々征夷大将軍に補任されるのが例となる。正治元年、頼朝の死の直後、後継者頼家に与えられた宣旨には「前征夷大将軍源朝臣の遺跡を続ぎ、よろしくかの家人郎従等をして、舊のごとく諸国守護を奉行せしむべし」とある。下文発給の主体を「前右大将家政所」と変えた頼朝の意図はともあれ、公家側は頼朝の《支配権》を「征夷大将軍」のものとして認識していたことは興味深い。なお、宣旨に「前征夷大将軍」とあるのは、頼朝が故人であって、もはや現任でないことからきた表現であって、死亡時点での「遺跡」が「前征夷大将軍」のものとして認識されていたわけではない。

五　総　括

頼朝が右近衛大将という公卿クラスの武官職に補任されたことによって、本来高級武官に就けなかった戦士身分出身者が「右大将家」という名の「家」をもつ道がはじめて開かれた。むろん、「(左・右) 大将家」と呼ばれた管理機構、とくにその中核組織たる「政所」は、平安時代の（多くは藤原一門の）大将たちももっていた。しかし頼朝がこれをもったことの歴史的意味は、彼が武士の《家柄》（後述【補論】参照）の生まれであったこと、そして、それまでの藤原一族の大将たちと違って、国家の暴力装置の頂点に立つ者として、この「家」を駆使しうることになった点にある。具体的には、所領安堵、地頭職補任等々、国制にとって根幹的な意味をもつ諸行為を、この「(前) 右大将家政所下文」形式の文書によって行ったのである。武士が国制の根幹に触れる行為を、従来からの正統な法制度上の機構を用いて行いうる、ということは、戦士身分出身者の、武力で勝ち得た《支配権》の正統化にとって大きな意味があったものと言うべきである。

そして次に、頼朝が征夷大将軍に補任され、彼の「家」が「将軍家」と名を変えたことが、さらなる展開を可能にした。上に述べたように「(左・右) 大将家」は平安期にすでにいくつも存在 (例えば、『平安遺文』二巻四二五頁、六巻二〇六三頁、六巻二一〇六頁など) し、しかもそれは公卿層のキャリア・パスの中に位置づけられた (いうなれば文官化した)「大将」たちのものであった。『玉葉』においても、「右大将家」という言葉はすべて公卿のそれを指して用いられている。それと全く異なり、いわば純粋武官的イメージを維持してきた征夷大将軍補任によって、頼朝の《支配権》の管理機構が、単なる公卿のそれと違って、「将軍家」という名称のもとに、文官組織から独立した国家の暴力装置の管理機構としてのプレゼンスを獲得したのであり、頼朝の《支配権》は正統性に加えて (文官体系からの) 独自性を取得した、と言うことができよう。

ちなみに、平安期の「将軍」は「押領使」なども含む広い概念で、しかも正式の官職名ではない場合が多く、また「家」をもてる存在とは限らない。また仮に三位以上の将軍 (例えば征夷大将軍) があったとしても、それは特定の「征討」作戦ごとに授与される、臨時的性格が強いものであったから、管理機構としての「家」が、「将軍」という言葉と結びつくことはあまり考えられないのではなかろうか。

もっとも、(左・右) 近衛大将などは、日常言語としては「将軍」と表現されることは稀ではなかったし、また「将軍家」という言葉も散見される。しかしそれは、少なくとも『小右記』では「将軍」の屋敷の意味で用いられている (例えば、長和四年一二月一二日条、同一三日条、同五年四月一五日条)。十分な検証はできていないが、平安時代には管理機構としての「家」を指すときには、正式のタイトルたる「大将」と連結したのではなかろうか。推測の域を出ないが、おそらく管理機構としての「将軍家」は、頼朝のそれを以て嚆矢とするものであり、その意味でも「独自性」の高い名称であったと思われるのである。

こうした一連の展開の中で、おそらく戦士身分集団を統率して、「朝家の御まもり」(『平家物語』)の役目を果たす、国家の暴力装置の頂点に立つ者を「武家」と呼ぶようになる条件が整えられていったと考えて大過あるまい。

ちなみに、『平安遺文』では「武家」という言葉は二つの、しかも最末期の文書にしか登場しないし、そのうち仁安三(一一六八)年の徳禅寺文書(『平安遺文』七巻二七四七頁)の当該部分は後世の書き込みだという(上横手氏のご教示による)から、結局残りは頼朝を指すと思われる「権勢武家」という文字を含む元暦二(一一八五)年四月二二日付けの「後白河院庁下文案」(到津文書・同上八巻三一七二頁)のみである。もっとも、これは頼朝の従二位叙任以前の用例であり、上述の趣旨に反するという指摘もありうるが、これについては『吾妻鏡』の同時期の記述に散見される「武家」の用法の問題とともに、【補論】を参照されたい。

他方、頼朝の後継者たちが征夷大将軍に補任される例となってからも、ただちに「武家」という言葉が一般化したわけではない。さしあたり史料編纂所の『古記録全文データベース』を検索した限りでは、『岡屋関白記』寛元四年閏四月四日条の「武家執権」(北条時経を指す)、同宝治二年閏一月二七日条も「武家使者」などがヒットする程度であるが、これらは頼朝「将軍家」成立以後約半世紀経った時期のものである。ちなみに『玉葉』のデータベースでは「武家」は一つもヒットしなかった。

この点、興味を惹くのが、『岡屋関白記』の上掲条より約二〇年前(承久年間)に書かれた『愚管抄』(七)の次のような文章である。

①「今ハ又武者ノイデキテ、将軍トテ、君ト摂籙ノ家トヲオシコメテ世ヲトリタルコトノ、世ノハテニハ侍ホドニ……、武将ヲミナウシナイハテテ、……ソノ将軍ニハ摂籙ノ臣ノ家ノ君公ヲナサレヌル事……君臣合體シテ昔ニカヘリ……」

②「摂籙ノ家ト武士家トヲヒトツニナシテ、文武兼行シテ世ヲマモリ、君ヲウシロミ（後見）マイラスベキニナリヌル……」

見られるように、『愚管抄』の著者は、戦士身分の者が「世ヲトリタルコト」を「世ノハテ」と慨嘆するところでは「武者」という言葉を用いるのに対し、いわゆる藤原将軍が誕生したことに関しては「文武兼行」体制が成立したと評価し、しかも将軍家を「武士家」と表現しつつ、「摂籙ノ家」と並置してさえいる。単なる戦士身分の表示としては「武者」、「朝家の御まもり」役を果たすべき存在に対しては「武士家」、という言葉の使い分けはまことに興味深く、「武家」という言葉の国制的含意とその誕生が近かったことを暗示しているのではなかろうか。

ちなみに、この「文武兼行」という体制理解および「摂籙家」・「武士家」の並置は、頼朝が征夷大将軍補任とともに「将軍家」をもったことの意義として上述した《文官体系からの独自性取得》を、『愚管抄』の著者・慈円自身がはっきりと実感していたことを示すものと理解してよいであろう。

言うまでもなく、戦士身分の者が物理的に覇権を握ることと、それが正統な支配者として承認されることとは同じではない。鎌倉幕府が、伝統中国的な「易姓革命」ではなく、在来の国家システムの枠組みの中で正統な支配体制として承認されたことの背景として、令制上の、公卿たちの《支配権》の管理機構たる「家」、しかし直接には、令外の官たる高級武官のそれが媒介役を果たしている、という歴史の偶然に注目したい。

中国の制度をモデルとした令制における文官優位の原則は基本的に前提しつつも、宮廷内の覇権争いの過程で生まれた、例外的高級武官職の存在が、生得身分の低い戦士たちの覇権を一つの正統な支配として受容し、しかもそれを「文武兼行」という新たな国制理解の形で定式化することを可能にしたのである。こうした《国制理解》の成立は、近年の学界で有力に唱えられている、いわゆる「職能」論的武士理解では説明しきれない。何故なら、単純な「職能」としての「武」は、戦士たちが、公家・公卿に「武者」として奉仕する、在来の国制にこそ適合的であって、「摂籙ノ家」と「武士家」が並び立つ《国制理解》が成立したことの解明には結びつかないものだからである。ちなみに、在地領主制論的武士理解からは、おそらくこうした《国制理解》という問題の立て方そのものが出てこないであろう。

この点、「武家」という言葉の定着とともに、「公家」という、本来天皇を指す言葉が、[10]（「公家衆」を中間項として）やがて公卿たちを指すことになった（その公式用語としての完成形態は「禁中並公家諸法度」！）ことは、まことに象徴的である。「武家」と並置される言葉となったという意味での《「公家」概念の相対化》は、「武家政治」の確立と裏腹の関係に立つのである。

しかしそれは、本来の「公家」＝天皇に対し、「公家衆」と共倒れになることを避けるチャンスを与え、[11]さらに一九世紀末葉に至っては、（『愚管抄』においては、その「ウシロミ」役であったはずの）「公武」両者を切り離して、「立憲君主制」に移行する幸運を与えたのである。

【補論】「家」という言葉の多義性について

本論においては、村井報告とシュルツ報告との橋渡しの目的で、日本においては朝鮮と異なり、戦士身分出身者の覇権が正統な支配権として承認されえた歴史的背景を探るという問題設定から、もっぱら令制によって公卿層に与えられるものとされた「家」に着目し、それが戦士身分出身者の覇権が正統な支配として承認される媒介となったことを指摘してきた。

しかし言うまでもなく、「家」という言葉は、すでに古代においても一義的ではなかった。

本論の中でも触れたように、屋敷・建物を指す場合があった。またすでに、後世「縦の法人」という比喩で理解されるに至るような「家制度」的「家」に近い用法も、平安後半期には芽生えつつあった⑫。

さらに、公的地位（官職等）プラス「家」で、その地位にある人を指す場合もあった。これは、「公家」が帝王を指すという、漢語の用法が他に転用されて出てくる用法、ないし「家」という漢字が卿・大夫を指すときに用いられたことの影響と考えてよいと思われるが、いずれにせよ尊称に近い。

この他にも「家」は単独に、あるいは他の言葉と連結して、いろいろな意味に用いられており、これらを総合してはじめて「家」概念史は完成するのであるが、それは後日を期す以外にない。

しかしながらここで、本コメントの問題意識にとっては、以上のような諸用法に比べて格段に重要な意味をもつと思われる、平安期前半に登場した「武家」という用法についてはここでも可能な限りきちんと検討し、本論で披瀝した私見との関係を明確にする必要があろう。

それは、本シンポジウムの討論の過程で高橋昌明氏からメンションされ、後日私信により、訂正を含めて具体的なご教示をいただいた、『続日本後紀』（貞観一一年＝八六九年成立）承和一〇（八四三）年二月壬戌条の、大野真鷹の卒伝（『類聚国史』巻六十六にそのまま採録）の中に見られる「武家」である。曰く、

「散位従四位下勲七等大野朝臣真鷹卒。左近衛中将従四位上勲五等真雄之子なり。……真鷹素より文学無く、且は鷹犬を好むと雖も、砥礪《ていれい》公に従い、夙夜懈らず。
又平生俸分を抽き割り、経を写し像を造る。……[命旦夕に迫って]頓に以って供養薫修し、後家に追福の煩いを無さしむ。父子は武家にして、此の行迹を同じうす。……」（原文漢文）

要するに、真雄・真鷹父子は「文学」（学問）はなく、「鷹犬を好む」ような「武家」であるにもかかわらず、天皇によく忠勤を励み、また仏事に勤しんだ、という賛辞なのだが、この「武家」の「家」は明らかに三位以上の貴人に与えられた特権たる、《支配権》の管理機構としての「家」ではない。真鷹の経歴は「春宮馬首」を皮切りに、左兵衛、右衛門少尉、散

位頭、大監物、左兵衛佐、右権近衛少将、同中将を歴任して引退、というものであり、位階に関しては、任官後一二年にしてようやく従五位下、その後正五位を経て従四位下に達するまでに一一年を要し、しかもそれで生涯を終わっている。

彼はいわば典型的な中級貴族と言ってよいのだが、とくに注目すべきことには、就いた官職はほとんど武官系である。例外的に一見文官的な官歴もあるが、大監物は中務省の官吏とはいえ、出納の監察・鍵の管理といった、どちらかといえば武官的な仕事を所掌するものである。また散位頭は、文字通り、位階はあるが官職に就いていない者たちの名簿の管理を所掌する（式部省管下の）散位寮の長であるが、この散位寮については興味ある事実がある。

すなわち、『令集解』の「穴記」（九世紀前半成立）は「文武散位、皆この司にあるべし。但し、時行事、武の散位は兵部にあり」とする。このコメントは、《本来散位の者（官職に現任していない者）は文官・武官にかかわらず、いずれも散位寮に所属すべきものであるが、現在の実務では、武官系の散位は散位寮でなく、兵部省に属している》という意味であろうが、この実務は、「穴記」も言うとおり、制度本来の趣旨とは異なっている。そもそも、官職を解かれれば、その時点で文官も武官もないはずであることを考えれば、この「時行事」は、事実上兵部省の管轄下にあって、（例外的に文官職に就く場合はあるにしても）原則として武官のキャリア・パスを歩む者たちが当時の官人の中にいたことを前提にしなければ、理解できないはずのものである。大野真雄・真鷹父子について用いられた「武家」は、まさにこうした存在を指すものであったと考えられるのである。

その具体相については、高橋氏の前掲書の詳しい叙述に譲るとして、重要なことは、氏が、大野父子の生きた九世紀に、「武芸を業とする」あるいは「世に武を尚び、……子孫業を伝え、相次いで絶えざ」る諸々の「家」が存在し、その「業」をもって仕える者たちが「武士」と呼ばれた事実を指摘しておられることである[13]。

問題は、この「家」と後代に成立してくる「家制度」的「家」との関係であるが、高橋氏も指摘されるように[14]、吉田孝氏（『律令国家と古代の社会』）の図式、すなわち「ウヂ」から（「家制度的」）「イヘ」への図式に即して言えば、過渡的存在と見てよいと思う。

「ウヂ」という親族集団は、《昔、われわれの祖《おや》が皇祖神に仕えた、そのままに、われわれも大君に仕えて、祖《おや》の名を継ぎゆくものなのだ》という観念に支えられたものであった。この観念は、大伴家持の「大伴の、遠つ神祖《みおや》のその名をば、大来目主と負ひ持ちて、仕へし官《つかさ》、海行かば水づく屍、山行かば草生す屍、大君の辺にこそ死なめ、顧みはせじと言立て、大夫《ますらお》の清きその名を、……大伴と佐伯の氏は、人の祖の立つる言立て、人の子は祖名《おやのな》絶たず、大君に奉仕《まつら》ふものと……」（『万葉集』一八―四〇九四）に直截に表現されている。八世紀の「ますらお」たちは、自己のアイデンティティーを、時間を越えて「遠つ神祖」から直接受け継ぐ「名」に求めたのである。

ここには、《父から子へ》へと代々継承されるべき、従って相応の子がないときは養子によってでも「業」を継承させるべき、後代の「家」の観念はまだ見られない。継承関係は「われ」と「遠つ神祖」との間にあるのであって、「われ」を超越する「縦の法人」的「家」が継承主体として観念されているわけではないのである。

九世紀に入ると、「ウヂ」が解体し単系化する傾向が徐々に出てきて、高橋氏ご指摘の「武芸の家」が登場するに至った。しかしこれも、まだ後代の「縦の法人」的「家」ではない。現に、こうした「武芸の家々」は、氏の前掲書が詳らかにしているように、「文人の家への転進」[15]を見せるからである。「武芸を業」とする「家」は、もはや「ウヂ」のように「遠つ神祖」の「つかさ」を生まれながらに継承するべく運命付けられた人々の集団ではなく、また他方、後代成立してくる「家業」承継主体としての「家」とも一線を画するものである。

要するに「武芸の家」は、「武」を「つかさ」としてきた「ウヂ」の解体過程で出現してきた単系の家族集団が、なおその「つかさ」を継承している限りで、そう呼ばれたものであり、その「家」は「門地」・「家柄」の意味で用いられたと見て大過あるまい。

実際、『類聚国史』六六巻を一覧すると、中級貴族に関しては、前掲大野父子についての「武家」の他、「家業武藝」（天長二年四月）、「門風相承、能く射禮之容儀を伝ふ」・「家之法（射禮之容儀を指す）」（承和元年六月）、「父子相襲、この職に居る」など、特定の「業」を伝承する「家柄」を表現する「家」の用法が目につく。

他方、高級貴族に関しては、「名家之胤」（承和一二年一月）、「良家子」（嘉祥二年六月）のように、ハイクラスを表す形容詞が「家」に付される例が目立つが、ここでも「家」は「門地」・「家柄」の意味で用いられていることに変わりはない。

要するに、このような「家」の用法は、（特定の専門をもたず）公卿として廟堂を仕切る高級貴族と、特定の専門的「業」をもって奉仕する（否、直截に言えば、それ以外には道が閉ざされた）中下級貴族とが、生得身分として厳存する古代日本の宮廷社会が、「ウヂ」の解体期のある時点で、その重層構造を言語化したところに生じたものと言って大過あるまい。[16]

最後に、頼朝の旗揚げ以後、しかし右近衛大将に任ぜられる前の時期に成立した史料に見られる「武家」の用法について一言しておきたい。まず、『吾妻鏡』にはこの種のものが散見されるが、ほとんどが地の文であって、恐らく問題になりうるのは、文治二年一一月二四日条に引用されている、同年一〇月八日付の太政官符ぐらいのものであろう。これは国衙庄園における地頭の非法濫妨を「武家に仰せて」「停止」せしむべし、という内容のものであるが、この「武家」は、頼朝がすでに前年四月に従二位に叙せられていたことを前提にした表現と考えれば、異とするに足りないであろう。現に、翌日付の同趣旨の院宣の奉書の宛名は「源二位殿」となっており、公家側が相手を「従二位」の者として意識していたことは明白である。

残るは、本論でも触れた元暦二年四月二二日付「後白河院庁下文案」であるが、これは「鎮西の有勢土民等」が「或いは権勢武家の郎従となり、或いは……と称して」庄園を「押領」するのを「停止」せしめんとするものである。頼朝の従二位叙位は同月二七日である（『玉葉』元暦二年四月二八日条、『吾妻鏡』同年五月一一日条参照）から、その直前（おそらく叙位は内定していたであろう）に、第三者に対する下文で先走り的に使われた、と理解できなくもない。しかしこの時期「鎮西」で「権勢」を振るっていたのはおそらく頼朝以外の勢力であろうから、それを指して「武家」という言葉が使われたとすれば、そう単純な理解は許されないかもしれない。叙位が内定していた頼朝＝「武家」と勢力を競う有力武装集団の長たちをも便宜「武家」と呼んだと、さしあたり理解しておきたいが、いずれにせよ後考を待つべき問題である。[17]

（1）　本稿は元来、国際シンポジウム「公家と武家――その比較文明史的研究――」（二〇〇三年三月、於・国際日本文化研究センター）における、村井康彦氏の「天皇・公家・武家」と題した報告に対する「コメント」であり、その草稿に補正（とくに「補論」の追加）をほどこしたものが、同シンポジウムのプロシーディング（注(10)所引。二〇〇四年一月三〇日刊）に収載されている。今回本書に採録するにあたって、さらに内容的な補正と、このプロシーディングの関連論稿を読んで、それらとの関連付け等、必要な補充を加えたほか、注記の形式を整える等の改訂を行った。

(2) 令の諸条文で、太宰府、三関国、馬寮、兵庫等がそれとされている。

(3) 「三関国」とは「三関」すなわち鈴鹿、不破、愛発がある国（伊勢、美濃、越前）をいう。

(4) 後の【補論】（一〇七頁）で詳論する。

(5) すぐ後に述べるように、第二次「授刀舎人寮」と並んで、これが「(右) 近衛府」と改称される下地がここにある。

(6) 佐藤進一『日本の中世国家』（岩波書店、一九八三年）九八頁参照。

(7) 例えば、『鎌倉遺文』四一九号の「摂政太政大臣家政所下文」。

(8) 注(6)所引頁参照。

(9) 石井良助『大化改新と鎌倉幕府の成立』（創文社、一九五八年）八七頁以下参照。

(10) 本コメントが対象とした村井康彦「天皇・公家・武家」（『公家と武家――その比較文明史的研究――』・国際日本文化研究センター『国際シンポジウム22』所収）六頁参照。

(11) 石井紫郎『日本国制史研究Ⅰ・権力と土地所有』（東京大学出版会、一九六六年）所収「中世の天皇制に関する覚書」参照。

(12) さしあたり注(6)所掲佐藤進一書第一章参照。

(13) 高橋昌明『武士の成立　武士像の創出』（東京大学出版会、一九九九年）四六頁参照。

(14) 同上六二頁参照。

(15) 同上八一頁以下参照。

(16) この重層構造は、高橋昌明「エドワード　J．シュルツ氏の報告によせて」（注(10)所引書所収）五五頁に叙述されている高麗王朝初期の構造にやや類似したものといえるであろう。

(17) 現に、同年（八月一四日文治と改元）一〇月、後白河院は義経に頼朝追討の院宣を与えている。

第二部　所有の法生活

第四章　財産と法

——中世から現代へ——

一　概念の整理と問題の限定

財産という言葉を辞書にあたってみれば、「ある人に属する金銭的価値あるものの総体。動産、不動産のほか、権利、義務のすべてをいう語。一般には資産（積極財産）だけをさすが、負債（消極財産）を含む場合もある」といったような説明がつけられている。商法が商人（会社を含む）に対して「営業上ノ財産……ノ状況ヲ明カニスル為」（三二条）作成することを義務づけている貸借対照表は、資産の部と負債の部から成り立っている。資産の部は流動資産と固定資産に分かれるが、通常前者には現金、預金、受取手形、売掛金、有価証券、在庫品、原材料、未収金など、後者には不動産、構築物、機械・装置、営業権、借地権、鉱業権、「投資その他の資産」、長期貸付金などが計上される。財産という言葉の意味はこれでおおよそ見当がついたと思われる。もっとも、人間関係や信用は財産だ、といったように、何らかの利益をもたらす源泉を財産と呼ぶこともあるが、こうした比喩的用法を本稿で取扱う必要はあるまい。

ところで法と財産の関係といえば、だれしもすぐ想起するのは、憲法二九条であろう。「財産権は、これを侵してはならない」（一項）、「財産権の内容は、公共の福祉に適合するやうに、法律でこれを定める」（二項）、「私有財産は、正当な補償の下に、これを公共のために用ひることができる」（三項）の三条文には、のちに述べるように法と財産の関係をめぐる歴史的展開の所産が総括的に表現されているのであるが、ここではさしあたり、前二項で「財産権」といい、第三項では単に「私有財産」とされている点に注意しておきたい。これも後述することであるが、ヨーロッパでは伝統的に財産は権利として法の保護をうけてきた。「財産権」という表現はこうした財産に対する法による一定の評価をすでに内包している。これに対して第三項は財産の不可侵性の限界、つまり法の保護をうけないことがある、という原理の表明として書かれたので、「財産権」という表現を避けたのであろう。[1]

ところで前述の憲法二九条に相当するドイツ連邦共和国基本法一四条は「所有権（Eigentum）及び相続権は、これを保障する」という表現を用いているが、ここでの所有権は、民法上のテクニカルタームとしての所有権でなく、財産権（Vermögensrecht）一般を指すと解することに異論はない。このような規定の仕方は所有権が財産の主要な形態であった、近代初頭までの状況に由来するものであり、[2] わが国の明治憲法も「所有権」という言葉を用いていた（二七条）。そもそもドイツ語の Eigentum は（英語の property、フランス語の propriété と同様に）、エンゲルスの有名な《Der Ursprung der Familie, des *Privateigentums* und des Staats》が『家族・私有財産・国家の起源』と訳されているのにも明らかなように、広く財産ないし財産権を意味することがある。このように西欧語では財産権と所有権は同一の言葉で表現されることが多いのは、両者が歴史的にはほとんど区別されていなかったこと、そして財産権の多様化に、言葉が柔軟に対応して意味内容を拡大してきたことを示している。これに対してわが国では所有権という言葉は西欧型近代法を継受した際、民法上の Eigentum の訳語として創り出された法律用語であるため、今日でももっぱらその意味で用いられている。これに対して、所有、私有、私的所有といった日常語は大まかにみて広義の Eigentum に相当するといってよかろう。

日本国憲法が The right to own or to hold property を、（明治憲法の「所有権」を踏襲せず）財産権と訳したのはこうした語感のズレを意識したからだと推測されるが、むろんその背景には、憲法の保障をうけるべき財産権が多様化し、財産権＝所有権という等式がなり立たなくなってきたという実態の変化がある。このことは近代社会に共通の現象であるが、西欧語では Eigentum や property がこの変化に柔軟に対応してきたので、この伝統的な表現を踏襲していて差支えないのである。

しかしながらこの広義の Eigentum と狭義のそれとは、ただ後者が前者の一部分をなす、という関係にすぎないのであろうか。フランス民法典は、人の問題に関する第一篇につづいて、第二篇を「物および所有権のさまざまな変容」と題し、第三篇を「所有権を取得するさまざまな仕方」と題している。第二篇はドイツ民法や日本民法の「物権法」、第三篇は「債権法」にほぼ相当するのであって、フランス法は所有権以外の他物権や債権を、所有権の「変容」や「所有権を取得する」権利として観念しているのである。立法者が「民法典の最も貴重な公理、その規定のうちで第一のものであり最も重要なものは、所有権を認めた規定である。その余のすべての規定は、その帰結であり、結果であるにすぎない[3]」と述べているのはこれを如実に示している。むろん現代においてはこうした考え方では処理しきれない問題が少なくないが、一般的にいって所有権の法的保護が充実すれば、他の財産権に対してもそれが推し及ぼされていくし[4]、逆に権利（財産権）一般の限界・制約の問題は、所有権に凝集的に現われるという意味で、所有権問題は「法による人権評価の財産法的表現[5]」といわれるほどであり、所有権が財産権の中核的地位を占めることにかわりはない。本稿はこうした認識に立って、所有権を中心に考察を進めていくが、もちろんその際必要に応じてその周辺にある諸権利にも言及することになろう。

二　ヨーロッパ前近代〔改訂稿〕
——エルザの夢——

中世において所有権（狭義）に正確に対応する言葉が存在しなかったことは、つとに指摘されている通りである。[6] ドイツについてみるとEigen, Erbe, Allod, Gut, Leihe等々、さまざまな言葉が物支配[7]に関して並存したが、これらは個々の利益の態様や内容を具体的に表現するものであるから、同一物に複数のもの（たとえばEigenとLeihe）が共存することが可能である。従来の学界では、こうした種々の物支配を表現する共通の言葉がGewereという言葉である、とするのが常識であった。それによると——

Gewereは物に対する現実支配である。その点では、古典ローマ法のpossesioや近代法の「占有」と共通する面をもっている。しかしGewereとpossesioの間には次のような重要な違いがある。[8] すなわち、古典ローマ法のpossesioや近代法の占有が現実支配の正当性（権原）を問題にしないのとちがって、Gewereにおいては現実支配とその権原とが密接につながり合っており、物の帰属を争う訴訟はつねにGewereをめぐって行なわれる。いいかえれば現実支配の権原の問題がGewereの有無を争う形でとりあつかわれる。所有権を示す言葉の欠如という現象も、このように権利がGewereという現実支配と不可分に表象されていることに照応する、と。

ところが、このようなGewere理解は、今から二十余年前に公刊された「ザクセンシュピーゲルにおけるゲヴェーレ」（『北大法学論集』三七巻二号所載）以下の、石川武氏の一連の研究によって、ドイツの学界も納得せざるをえない「コペルニクス的転回」を経験することになった。そのため、一九世紀中葉以来、およそヨーロッパ中世法の特徴を語る際の定法となっていた、Gewereをpossesioの対比物としてとらえつつ、それとの異同を分析する、という方法は過去のものとなってしまった。

実は本節の旧ヴァージョン（本書一六一〜一六七頁に再掲）は、後掲「追記」（一五九頁以下）に述べるように、ドイツの通説をそのまま踏襲するものではなかったにせよ、Gewere を基軸に据えて、権利と現実支配の密接な関係を特徴とする中世所有法・裁判の構造を論じるものであった。そこで以下においては「コペルニクス的転回」を踏まえた改訂版の提示を試みることとする。

さて、中世人の表象において権利と現実支配が密接な関係にあったこと自体は、Gewere 理解の「コペルニクス的転回」にかかわらず、依然として大きな検討課題である。その密接な関係は何を物語るのか。かれらが抽象的思考になじまず、具象的なものに即してしか表象できなかった、というような過去の学者の説明に説得力があるとは思えない。これには、権利の維持や実現が大幅に当事者の実力に依存していた、という当時の社会＝法構造こそが考慮されなければならない。ヨーロッパ中世においては、訴訟によるほか、Fehde と呼ばれる実力行使（自力救済）による権利の実現がみとめられていた。Fehde は裁判とならんで正しい権利実現方法だったのである。とられたものを武力を用いてでも自力でとりかえす、ということは法＝正義にかなった行為であった。[9]

このような「自力救済と裁判の二元性」[10]は、近代の整序された合理的な裁判制度を考えると奇異に思われるであろう。だがもともと中世の裁判制度が近代のそれと構造を全く異にしていたことを忘れてはならない。[11]そもそも相手（被告）を裁判の場に連れ出すことからして原告の仕事であった。被告は裁判に応じないからといって、不利な扱い（欠席裁判）を受けることはない。何故なら、自分の同意しない方法での紛争処理は、それ自体が不法であるから。また勝訴判決を受けても、その執行は当事者（勝訴者）の仕事であった。

それぱかりではない。被告は、原告の訴えに対して、自分が不法ではない、という宣誓をすることができた（宣誓による挙証の権利があった[12]、と学者はしばしば表現する）が、原告がそれに異を唱えると、それは被告が嘘つきである、すなわち意識的に法を枉げたものである、という一種の「名誉の論難」を意味したから、被告はそれを理由に決闘を申し込むことができた。

かりに裁判が平和的に進行し、判決に至ったとしても、その判決は「(無実の) 宣誓をするか、然らずんば罪を贖え」(iuret ant componat) というものだから、この「宣誓」をめぐって話は元に戻ってしまう。「名誉の論難」は不利な判決を下した裁判官に対しても向けられたから、決闘は裁判官との間にも生じうる。事実、裁判官と訴訟当事者との間の決闘は稀ではない⑬。

ここに見られるのは、神の面前で、正しく (法にかなって) 行為すべき対等な人びと (原告・被告・裁判官・証人) の演ずるドラマであって、そこでの対立は各人の名誉と信仰心を賭けた争いなのである⑭。当時の裁判はこのように決闘＝武力行使に発展する契機に満ち満ちたものだったのである。

他方、Fehde は決して裸の暴力の無秩序なぶつかり合いではない。《Fehde を根拠づける権利が自分にある》、いいかえれば、《Fehde は法にもとづく義戦 (bellum iustum) である》旨の宣言に始まる所定の方式を踏んで開始され、一定のルールに則って行われる⑮武力闘争であって、しかも最終的には和睦とそれによって得られる権利の実現を目的とする限定的武闘である。たとえば戦闘で相手を殺してしまえば、その一族・同志は報復を志し、復讐の無限の連鎖をもたらすだけであるのに対し、人質に取れば、それを楯にとって権利の実現ができるであろう。だから行使される武力の態様や戦術はおのずから限定されてくるわけである。この意味で Fehde は自力による法的闘争と強制執行に他ならず、ここに「法廷決闘をただ法廷外で行うにすぎない⑯」と表現される所以がある。

こうしてみれば、「自力救済と裁判の二元性」は決して矛盾・対立するものの「二元性」ではなく、神の照覧の下で正義を明らかにすべく行なわれる (当事者の) 宣言とそれを実現すべき実力行使である点で、質的に共通するものの相互補完関係であることが理解されよう。中世の物支配における権利と現実支配の密接な関係はまさにこのことに照応するのである。

しかしこの権利と現実支配の密接な関係を、在来の学説は、権利を「代表」するGewereの効力として説明しようとしてきた。すなわちGewereは「権利の存在の主張」と現実支配によって成立し、「権利推定的効力」をもつので、訴訟上相手方の挙証によって、その「権利の存在の主張」が破られるまでGewereは権利を「表現」し「代表」する、と説かれてきた[17]。だが、これは上述した中世法・裁判の特徴にそぐわない近代的解釈である。「追記」に述べるように、この解釈はGewereを「占有」になぞらえ、「本権」と対置させる「二項対立」の思考枠組みの産物であり、Gewereの法的意味を「占有の権利推定的効力」(民法一八八条参照)のアナロジーでしか捉えていないのである。

中世の人びとが、自分が現在支配している物を《自分のもの》である、と宣言することは、近代的訴訟における「主張」とは全く異なる。その真偽を争うことは、かれの名誉と信仰心に対する攻撃であり、ぬきさしならぬ、最終的には剣にかけてしか解決できない挑戦なのである。相対立する当事者同士が神かけて行なったUrteil(現在では「判決」の意味で用いられる言葉[18])は単なる「主張」ではなく、権利の宣明・行使そのものだといって過言ではなかろう。たとえばAがBによって不動産を侵奪されたとして、Bを訴えたとしよう。この場合、Bも「不法侵奪ではなく、自分の物を取り返しただけだ」と神かけて宣誓する限り、AとBは対等であり、Aが「権利者としての推定」を受けるという、Bより有利な立場を享受するわけではない。ここではAとB両者の「嘘つきではない」という名誉が対峙しているのであり、最終的には武力で決着をつけざるをえない対立なのである。Bが勝てばかれが嘘つきでないこと、不法侵奪ではなく、係争地はもともとBのものであったことが神によって認められたのであり、Aが勝てばその逆が神の裁きで明らかになったのである。権利は国家が護ってくれるのではなく、自己の力で闘いとらなければならない。これが権力を統一した国家というものが未だ存在しない中世の法・裁判なのである。

権利は実力で闘いとるべきものであった、と言うと、それでは中世は弱肉強食の世界で、弱者は権利を享受できなかったのか、という疑問が出てこよう。答えはある意味でイエスであり、ある意味ではノーである。自力で権利を維持できないものは、他人の力を借りなければならない。むろんその場合、親族や仲間の加勢を頼むこともあるだろう。だが相手方も同じことをする。とすれば力関係の優劣はどこまでもつきまとう。したがって弱者がこのイタチゴッコを止揚して力関係の優劣を構造的に変えるには、相手方と同等以上の実力をもった者と恒常的に結びついて、その庇護を確保しなければならない。

そこで一般に行なわれるのが、有力者に自己を託身し、その従者となることである。そしてその際、それまで《自分のもの》であった物の全部又は一部を寄進し、《主人のもの》に一旦した上で、それを再び Leihe として受け取る、ということがしばしば伴う。こうなると、その Leihe に対する侵害の排除は主人の援助の下に行なうことが期待できるわけである。中世人にとって自由と被保護（支配への服属）が必ずしも矛盾しない概念であった[19]ことを、ここで思い合わせるべきである。実力社会では、より次元の高い者の保護の下でこそ、実効的な自由が享受できるというわけなのだ。このような主人―従者の関係が支配（Herrschaft）というものであることは言うまでもなかろう。中世社会についてよく問題にされる Lehn（封建制の基軸となる「封」）というのは、このような Leihe の一種なのである[20]。

右に述べたところから自明なように、支配関係は大小さまざまなレベルで生まれてくる。最も小さい、農村レベルで見ると、自力で権利保全ができない者は、それができる有力者を主人（Herr）＝領主に戴き、自分は Leihe を耕し年貢を納める領民となる。次に、この領主はより強い者の侵奪を免れるために、有力者を主人に戴いて、彼から Leihe を授けられる形をとる。これがいくつか重なって、帝国レベルで自力による権利保持が可能な有力者たちだけが、一つのグループとして浮かび上がってくるわけである。このグループこそ帝国等族（Reichsstände）に他ならない。

中世法においては権利は自力で闘い取らねばならない、という場合、万民に共通して適用される一つの法を考えてはならない。こうしたグループごとにそれぞれ法があり、従って全体としては複数の法があるのである。帝国レベルで他の豪族たちに伍して自力で権利を保持できる者たち（帝国等族）が一つの法（帝国法）の下にあるサークル＝法圏（Rechtskreis）を形成する。次に、この帝国等族身分に属する個々の豪族を頂点とする各領邦（Land）の内部で自立できる（帝国レベルでは自立できなくても）者たち、つまり領邦等族（Landstände）がラント法という法圏を形成する。領主の荘園の内部で自立できる農民たちが荘園法という法圏を構成し、自立できない者は自立できる農民の奴僕にならざるをえない。

裏から言えば、さまざまなレベルで、自力に支えられて対峙し合っている諸権利の争訟の場が法圏なのである。図式的に言えば、さまざまなレベルで実力の拮抗する者たち同士が一つの法圏を形成するのだから、その内部では弱肉強食には必ずしもならない。だが、異なる法圏を構成する者相互は、主人―従者という支配関係にあるのだから、近代的な平等観からすれば強い者勝ちの不公平だと言えなくもない。

しかし、そもそもこの支配関係なるものが如何なる契機で成立するのか、を想起していただきたい。自分の権利の保全を引き受けてくれることを期待して、主人（Herr）を戴くのが支配（*Herr* schaft）成立の契機ではなかったか。つまり支配関係とは従属者の立場から見れば保護関係に他ならない。むろんその保護は無償では受けられない。従属者が、年貢、労役、軍役等、何らかの形の奉仕義務を負うことは、封建関係や領主―農民関係を見れば明らかである。だが、主人が保護義務を怠ったらどうなるか。言うまでもなく、権利は自力で護る、という原則に立ち戻ることになる。足りない自力を補充するために戴いた主人がその役目を果たさないなら、その主人―従者関係＝支配関係は消滅するしかない(21)。主人の保護義務と従者の服従義務とはひきかえ（reciprocity）の関係に立ち、主人と従者はその意味で双務関係にあるのであって、主人の義務懈怠は当然に従者の義務履行を免除する。一方的に従者の義務履行を要求することは、その権利を侵すこと＝不法なのだから。主人の不法に対しては Fehde も認められる(22)。むろんその Fehde

を敢行するには第三者の応援も必要であろう。この場合その応援者との間に新たな支配関係が結ばれるかもしれない。しかしここで重要なのは、保護義務を果たさない主人に対しては「支配契約」を解約できる、という——中世法の本質に根ざす——原則であり、ここに見られる reciprocity の形で、従者の権利もそれなりに社会的な承認を受けている、ということなのである。

このような支配関係の存在を前提にしてはじめて、同一物に Eigen と Leihe が重畳的に並存することの意味が明らかになるであろう。ある物を主人は第三者に対して Eigen として自力で維持し、従者はその保護の傘の下で奉仕義務とひきかえにその物を Leihe として受けとり、使用・収益するのである。しかしこのような名を異にする複数の物支配の重畳性は、異なった複数の法圏を、いわば横から断面図的に眺めたときに見られる構造であって、個々の法圏の中に限って見れば、同一物に対する支配が重畳的に並存することは原則としてありえない。たとえば、主人の属する法圏では、あくまでかれの Eigen だけが問題になるのであり、従者の Leihe は主人の支配内部の問題であるから、そこにはあらわれない。

これと同様に、従者の属する法圏では、主人の Eigen は問題にならない。ある物支配について、他人に対する奉仕義務が付着しているかどうかは——奉仕を受ける権利をもつ（上級法圏に属する）者との関係で問題になるとしても[23]——その法圏では（第三者との関係では）問題にならず、いずれにせよ《自分のもの》として自力で維持すべきものである。たとえば帝国法の法圏では、帝国等族の物支配は——それがかれの Eigen であれ、皇帝からの Lehn であれ——《自分のもの》として、かれ自身が権利の為の闘争をしなければならない。こうした《自分のもの》という点では、Eigen も Lehn も本質的にはかわりはない（現に第三者に対しては Lehn を Eigen と称している場合がある）[24]。

父祖伝来のブラバント太公領を維持するためには、相続人公女エルザはそれを後見人たる叔父の管理に委ねなければならなかったが、その叔父の横領の企てを阻止すべく皇帝（帝国法）裁判所に訴えた時、前述した中世の裁判のお定まり通り決闘を挑まれたため、彼女は自分に代わって闘ってくれる「白鳥の騎士」が現れるのを待つほかなかった。そして決闘の勝利者ローエングリンと結婚したエルザの所領はあらためて後見人たる夫の管理に委ねられるのが中世法の原則であった。

以上、中世の所有と社会との構造的連関を図式的に描いてみた。あまりに図式的であるという批判を覚悟の上で。実際、次項で述べるように、中世的構造を止揚せんとする動きは中世中期にはすでに見られる。しかしこの止揚の動きは、わずかに本来武装能力をもたない無力な農民層に対してのみ効果を見せ始めていたに過ぎず、基本構造を変えるまでには至らなかったし、なによりもこのような図式的把握が欠如していると、中世を近代的発想で解釈し、結局その特質を見失ってしまう恐れがなくならないと考えての、一種の冒険であることを理解していただきたい。

三　「近代的所有権」の形成
——歓喜の歌——

前項で述べたような、中世における法＝権利と自力救済（実力支配）の不可分性に対する最初の挑戦は、Fehdeの禁止ないし制限の試みであった。一一世紀の南フランスに起り、次第に西ヨーロッパの諸地域にひろがった「神の平和」あるいは「神の休戦」といわれる宗教的平和運動はFehdeを遂行する権利を自発的に放棄ないし制限する誓約によって結ばれた人びとの団体によって担われたものである。(25)この運動は「フェーデ権……を合法的に剝奪する適法的手続きのあることを、政治的に目ざめつつあった当時の封建的王侯に示し」(26)、その精神はかれらの主導の下に展開されるラント平和にうけつがれることになった。ラント平和は、支配者の主導の下に、被支配者たちがFehdeをしない旨誓約するものである。ただ、権利は自力でまもる、という法観念は根強く、さしあたりこれは、時間的・空間的に限定的な制限を内容とするものであったし、誓約に参加しない者を当然に拘束することもできなかったので、貴族層の Fehde 権を否定し去ることは容易でなく、「実効性は過大に評価されてはならない」[27]。Fehde の排除は一四九五年の永久ラント平和令を待たなければならなかったのである[28]。これに対して農民の Fehde 権は比較的早期から否定され、権利の実現は裁判によることを本則とするようになったといわれている。

中世後期→近世初期はこのように Fehde の制限→禁止の過程、「自力救済と裁判の二元性」解消の過程であったが、これはとりもなおさず裁判制度の合理化の過程でもある。何故なら、裁判への一元化は、裁判それ自体が当事者の実力への依存度を減少させない限り、空念仏に終ってしまうから。この一元化は、自力救済と裁判の異質性の成立を前提とするのである。これには、法廷に出頭することを肯じない（裁判による紛争処理に同意しない）被告に出頭を命じ、それでも出頭しない者については欠席裁判をする、という形で応訴を強制すること、法廷での争いを名誉の争いから、客観的事実の争いに変えること、判決に裁判所の強制執行力をもたせること等々、裁判から当事者の実力行使の要素をなくしていくことが必要なのである。こうして、裁判所の命令に従わない者に対しては、刑罰をもってでも服従を強制する仕組みが、ヨーロッパではじめて歴史に登場する。この時代は法の刑事化（Kriminalisierung）といわれる過程[29]が進行した時代に他ならない。社会の構成員の諸々の権利とは別の次元にある平和的秩序そのものが独立の価値として、法＝裁判的手段によってその実現が図られることになったのである。

この過程が中央集権的国家形成の過程であることはいうまでもなかろう。Fehde の禁止と裁判制度の、右に述べたような意味での合理化＝裁判権の確立は、それに反抗するものを実際に屈服させる実力が中央政権に具わっていなければ貫徹しないからである。権利は次第に中央集権的国家の主催する裁判によってまもられるようになっていく。そしてこのことは中世にみられた法圏の分裂・重畳性が消滅していくことを意味する。自力で権利をまもるという原則が崩れれば、弱者も強者と対等に争いうることになるから、原理的には法は一つに融合していくはずである。

ところでこのような法圏の融合は権利の重畳性に影響をもたらさざるをえない。法圏を異にするが故に一つの物の上に並存しえた諸権利が、いわば同列に並んで競い合うことになったのであるが、この際分割所有権（geteiltes Eigentum）の理論が重要な役割を果すことになった。もっとも、分割所有権論そのものは必ずしも新しいものではなく、すでに中世の法学者たちが、眼前に存在する重畳的所有関係に対して古典ローマ法の所有権（dominium）概念をあてはめることに伴って生まれたものである。古典ローマ法の所有権は物に対する排他的権利であり、それから派生した・他人の物に対する「他物権」と質的に区別されていたが、この所有権概念を重畳的な諸権利の一つに適用することは前節で述べた構造からいって不可能であったので、法学者は dominium directum（上級所有権）と dominium utile（下級所有権）という二つの所有権概念を用いてそれぞれ Eigen と Leihe に充て、これに対処した。しかし他方ローマ的所有権概念をもって割り切ろうとする法学者の思考は、所有権に含まれる二つの権限——処分権と利用権——を分割して、上級所有権に前者を、下級所有権に後者を帰属させて、どちらかといえば上級所有権が本来的な所有権（proprietas）だという構成を導き出した。むろんこのような画一化をもって中世の複雑な所有関係に対応することはできないのであるが、あえてこれを行ない（行なうことができ）、それがさしたる争いもなく通用しえたのは、分割所有権論がさしあたり学問上の観念的所産たる域をほとんど出なかったからだといってよいであろう。

しかし中央集権化と法の統一の過程が進行するにおよんで事態は変化する。どちらの dominium が真の所有権（proprietas）か、という問いが現実的意味を帯びてくるからである。むろん、ただちに一義的な答えが出てくるわけではない。両者の担い手たちがそれぞれ自己に proprietas が属すると主張したし、法学者も現実と概念の板挟みに苦しみ続けざるをえなかった[30]。しかしこうした一つのものをめぐる争いが深刻な実際的・理論的な問題になった、ということが重要なのである。

中世においては前項に述べたように支配と保護がひきかえの関係にあり、被支配者からみれば、《自分のもの》を自分に代ってまもってくれる代償として支配者に対する奉仕義務を果してきた。支配者についてみれば、その《自分のもの》に対する権利とは、単に経済的・私法的な所有権ではなく、その物とそれを利用している人びと（被支配者）を保護する義務の伴った、いわば政治的・公法的な支配権でもあった。[31] ところが国家の集権化が進むにつれて、こうした保護の役割は国家（国王・領邦君主）の果すものとなっていく。話を単純化してA（国王・領邦君主）—B（領主）—C（農民）の三重関係についてこれをみると、従来AもBもCもそれぞれの次元の権利を有していたが、分割所有権論によればB—C間ではBが dominium directum、Cが dominium utile をもち、さらにA—B間に封建関係がある場合にはその封についてAの dominium directum、Bの dominium utile が成立することになる。また中世の法学者はAの支配領域に対する支配権を dominium superius（優越的所有権）とすることがあった。[32] ところが保護権能が次第にAに集中されるようになると、やがてAの地位は dominium eminens（卓越的所有権）という、（近代的な）主権概念に一歩近づいた概念[33]でとらえられるに至る。こうして残ったB—C間の dominium directum と dominium utile の関係が問題になるのだが、BのCに対する保護機能が薄れるにつれて、reciprocity が成り立たなくなっていくわけである。

保護を与えず、貢租だけは徴収する権利と化しつつある上級所有権は、伝統的な政治的・公法的「義務的権利」(Pflichtrecht) の変質＝経済的・私法的権利（私有財産）の成立過程を示しているのだが、まさにそれ故に伝統的な観念から批判にさらされることになるのである。これに対して、下僕・作男や周囲の零細農民に対する保護をふくむ農業経営を現実に行なっているCの下級所有権は「義務的権利」たる要素を失わない。所有権を労働によって基礎づけたロックが、その際「下僕」の労働力をも「私の労働」に含めて怪しまないのは、下級所有権者の家＝農業経営体が保護団体でもあるからだ、といってよかろう。このような背景のなかで、近世の自然法論者たちは概ね下級所有権に対して好意的、上級所有権に対して批判的な議論を展開したのである。[34]

しかし歴史を早まわししてはならない。Aによる集権化＝Bの保護機能の消滅の過程は非常に緩慢なものであり、また国や地域によっても進行度にかなりのちがいがあった。またなによりも、法は人びとの（自力でまもられる）権利の総体に他ならない、という中世的法＝権利（Recht）観念は、自力救済の要素が抜け落ちながらも根強く支配していたから、国王や領邦君主がいかに公共の福祉や国家理念をふりかざそうとも、臣民の権利を侵すことは難しかった。[35] こうして上級所有権は実定的な法制度としては容易に廃止されず、一七九四年のプロイセン一般ラント法典でさえ、分割所有権に関する詳細な規定を設けているのである。[36] まさにこのように分割所有権が実定的な法制度であったことの故に、当時の所有権をめぐる議論は一見相反するかにみえる二つの様相を呈することになる。一つは所有権に対する否定的態度であり、他は肯定的態度である。

　前者は、財産＝所有は支配（搾取）の源である、という命題に集約されるもので、[37] これが前述の上級所有権批判を土壌として[38]いることはいうまでもなかろう。これに対して後者は前者ほど一義的ではない。一方では伝統的な（上級）所有権擁護論があったことはもちろんである。当時の――プロイセン一般ラント法典などにみられる――上級・下級所有秩序は身分制的秩序そのものに他ならないから、所有秩序の変革（上級所有権の否定）は国家体制の変革を意味する。それ故上級所有権に対する微温的な姿勢は――上級所有権者＝貴族・教会にかぎらず――比較的中立的な法曹官僚層にもみられるものであった。他方、人格的自由の基礎として所有を正当化し、その重要性を主張する考え方もあった。[39] ここではこの二つの考え方を一身に具えた人物として、一般ラント法典の起草者の一人、クラインをみておこう。[40]

　クラインによれば、所有権は神聖・不可侵であり、国家の目的は各人の所有権を保全することにある。しかしかれはこの所有権より人格的自由を上位におき、前者を後者の単なる帰結物とする。各人の所有権の保全といっても貧者も国民である以上、その自由も保障されなければならない。貧者にも所有を獲得する自由＝権利がある。こうしてクラインは伝統的所有秩序と自由との緊張関係を、（既存）所有の維持と所有の獲得の緊張関係としてとらえるわけであるが、一方的に後者に与するわけではない。ただ、所有の獲得が特定の身分や階級（たとえば領主や教会など特権団体）にかぎられているような場合には、既存の所有に対する国家の介入がみとめられる、という。要するにかれは「原則」としては既存所有の維持を国家の重要な任務とし（それ故フランス革命は所有権を侵害したとする）つつも、「〔一定の他者の〕所有権への介入なしには、ある国民の人格の自由を保護しえない場合には、所有権への介入が許される」と、自由の保護という国家の「より高次の義務」が、右の既存所有維持という「原則」を破るとする。他人の自由を毀損するような所有権（たとえば隷農制を伴う所有権）はみとめられないのである。

とはいえやはりクラインは伝統への配慮を捨て切れず、このような（上級）所有権も所有権にはちがいないという理由から、その廃棄について補償の必要性をみとめる。かくしてかれの議論は二つの価値の狭間を揺れ動きながら、有償による上級所有権の廃棄という――来るべき――改革の道をはからずも指し示すものとなっている。伝統的な身分制秩序＝国家体制の根底にある旧い所有権概念と自然法的な人格の自由の基礎としての新しい所有権概念の葛藤と交錯の中からでも、上級所有権廃棄の可能性が生まれてくることができたのである。現にフランス革命も人権宣言の段階では新旧の同床異夢であったし[41]、上級所有権は有償で廃棄されるべきものとされた。しかし革命は論理の道筋の突きあたりまで歩みを止めない[42]。こうして一七九三年七月フランスの議会は上級所有権の無償廃棄を決めた。これに対してドイツではクライン的な有償廃棄が、神聖ローマ＝ドイツ帝国の崩壊後の数次にわたる改革によって徐々に現実のものとなっていくのである[43]。

このように有償・無償のちがい――むろんこれは社会・経済的には大きな意味をもつのだが――はあっても、上級所有権の否定によって法的には同じ「近代的所有権」が出現する。フランスの民法典（ナポレオン法典）は、domaine direct と domaine utile とは分離できない[44]（両者は常に一人の手中になければならない）という思考にもとづいて、一物一権的所有権を規定した。これに対して、統一法典をまだもたず、プロイセン一般ラント法典（ALR）やオーストリアの一般民法典[45]（ABGB）のような旧い実定法が存続し、上級所有権の全面廃棄には時間を要したドイツでは法学者の理論が先行する形で「近代的所有権」が成立する。一八〇一年すでに、A・F・J・ティボーは「dominium directum と utile について」と題する論文をもって、分割所有権論がそもそも中世の法学者のローマ法源に対する誤解の産物にすぎないことを論証し、「真の所有権者はただ一人である[46]！」と断言している。[47]

「近代的所有権」はしばしば「絶対的所有権」である、といわれている。たしかにサヴィニーは所有権を「無制限かつ排他的な物支配[48]」と定義し、これが通説的地位を占めるようになった。しかし実際には所有権に制限があることはだれの目にも明らかであるから、批判を免れず、結局ヴィントシャイトの「それ自体としては物と権利者の諸関係の全体を権利者の意思によって決する[49]」ことを可能にする権利だという定義、平たくいえば《本来は他人の干渉なしに、物を自分の意思通りどう扱ってもよい》権利だという定義が定着した[50]のである。このように「制限を受けても〔本質を〕損われない」・「それ自体としては無制限な[51]」――しかも動産・不動産に共通して妥当すべきものとしての――所有権概念に一九世紀の法学者たちが固執したのは何故か、といえば、この概念が単に存在するものの理論的把握ではなく、上級所有権に対する闘いという「法政策論的な基本態度決定[52]」としての意味をもつものだからである。かれらがALRやABGBの上級所有権についての実定的規定を「本来あってはならない」もので、「誤った所有権概念」だと攻撃するためには、「理念的には無制限な法的支配」という所有権概念が必要であった。[53]「絶対的」といわれる一九世紀法学の所有権概念は、制限の可能性や現実の存在を無視したものでなく、それにもかかわらず、一人の人間の意思の支配の下に――動産・不動産にかかわらず――物が置かれるべし、という理念の表明に他ならない。「汝《なれ》はその魔《くす》しき力もて、徒《あだ》し世の習ひの、酷《きび》しくも分割《わけさき》しを、統《す》べなほしこそすれ」（Deine Zauber binden wieder, was die Mode streng *geteilt*）！「近代的所有権」概念は「歓喜の歌」なのである。

それゆえ、法律による所有権の制限や公用収用はこの理念に反するものではない。一九世紀ドイツの立憲君主制的憲法によれば、国民の「自由と財産（所有権）」に関する事項は法律（国民の代表からなる議会の立法）によって定められるべきものであったから、所有権を制約する法律は国民＝所有権者の自己拘束であり、所有権者の「私的自治」の原則の枠内にあるからである。実際、一八五〇年のプロイセン憲法は、所有権を法律の制限を除くほかは自由に物を処分しうる権利とすべき理由を、明示的に所有権から「公法的」要素を一切払拭しなければならないからだ、と宣明し、領主制的な「公法的」支配権をすべて無償で廃棄することを定めている。――自己拘束としての法律の制限を自明のこととした上で――「ローマ法的」な排他的所有権概念を採ることは、上級所有権＝「公法的」所有権に象徴されるアンシァン・レジームに対する、近代国家の勝利であったのである。[54] この点は、上級所有権の革命による廃止を確認する形で成立したナポレオン法典の実定的所有権が、その後――王政復古期の「封建反動」に出会う過程で、それへの対抗上――法学理論上一層絶対性・排他性を鮮明にしていくフランスについても基本的に同様である。

近代的主権国家[55]の成立と「近代的所有権」の成立はメダルの両面である。近代国家においてはじめて領土と国民という、主権のおよぶ対象が一義的に確定[56]したのと同様に、「近代的所有権」の対象も有体物に限定されることになった。有体物でない、無形の権利にも所有権をみとめることは、「公法的」支配権や貢納徴収権といった権利も所有権の対象のなかに含める余地を残し、上級所有権の息の根を止めることにならないからである。このことは、分割所有権を実定的制度としてまだみとめているALRが、「所有権者とは、他人を排除して、自己の力によって、みずからまたは第三者を通じて、物または権利の実体（Substanz）を処分する権能を有する者をいう」と所有権を定義し、「物の所有権は、そのなかに含まれる種々の権利が複数の者に帰属するときは、分割される」という規定をもっていることが、如実に示している。一九世紀の学者にとって権利に対する所有権を認めることは所有権の自殺行為的規定に他ならないのである。[57] 近代的主権が一義的に確定した対象（人と領土）に対する唯一・至高の権力であるのと同様に、「近代的所有権」も一義的に明確な対象（有体物）に対する唯一・至高の支配権でなければならない。この点、一八世紀にはいったん影をひそめた、（下級）所有権を支配とみる思考が[58]、一九世紀の法学者の間に復活したことは偶然であるまい。かれらは所有権を、政治的支配権とのアナロジー[59]でとらえたのであるが、その際念頭にあったのはいうまでもなく主権国家の支配なのである。

それはともかく、このように「近代的所有権」が有体物に対する唯一・至高の支配権になったのに伴い、財産権の多様化の必要性が生じることになる。まず、同じ有体物に対する財産権でも所有権以外のものは、――従来の上級所有権的なものでも――他物権（他人の物に対する権利）として構成され、また物を自己の意思のみによって支配できず、ただ他人の行為を媒介にしてのみ実現されうる財産権（たとえば賃借権）は債権として構成される。さらに有体物でないものに対する権利は「無体財産権」として、所有権とは区別されることになった。たとえば著作者の権利は、一八世紀末のフィヒテにおいては未だ著作の「実質」（表現された思考とその形式――言葉や言いまわし、それらの結びつけ方など）に対する所有権（精神的所有権）と観念されたが、やがて近代法学によって、著作権（無体財産権の一種）と性格規定されるに至った[60]。

こうした財産権の多様化の背景には、所有権でなくてもこれらすべてに法的保護を与える権力を独占的に具えた主権国家の成立があることはいうまでもない。近代的主権国家の成立、「近代的所有権」の成立とその対象の限定、および財産権の多様化は一つのものなのである。むろん財産権の多様化は右に述べたものにとどまらず、時代とともに進むのであるが、そうした新しい「権利」の形成とその法的保護の拡大は、この保護を与える国家（立法・行政・司法）権力の肥大化につながりかねないことに注意しておく必要がある。

四　「社会権」的所有権への途
——ジークフリートの死——

「それ自体としては」絶対的で不可侵な「近代的所有権」は、人格の自由による基礎づけを与えられ、自然権（基本的人権）の一つとして、近代国家の憲法[61]のなかに規定された。しかしこの、前国家的な自然権が国家法によってみとめられた、ということは何を意味するのであろうか。自然権的所有権がこの時はじめて創られた、と単純に考えてはならない。そもそも、自力でまもらねばならない中世の所有は、国家の保護をあてにしない点で文字通り前国家的であり、素朴な意味で自然権だったといっても間違いではない。実際、中世後期には所有を ius divinum（神の法）ないし ius naturalis（自然法）によって基礎づける法学者が少なくなかったのである。[62] 国家権力の統一化が進み、国家が臣民の権利を保護する度合が大きくなっても、このような所有の旧き前国家性は容易に失われず、不可侵性を主張していたことは前項に述べた通りである。それだからこそ、所有（とくに上級所有権）に対する国家の介入権は、それ自身が国土全体に所有権（たとえば dominium eminens）をもつ、という理論構成によって基礎づけられざるをえなかった、ということもできよう。[63] 所有権には所有権を以て対抗せざるをえないほど、所有の不可侵性が強かったのである。

これに対して近代憲法上の所有権は、いったん（上級）所有権を否定した上で——むろんその際上級所有権は真の所有権ではない、という理論構成がしばしば用いられたが——、あらためてみとめられたものである。所有権はいまや国家によって選択され、内容を定められるものとして、国家の枠の中にとりこまれてしまったのである。所有権の内容や限界が人為的に変えられる、という意味での所有権の可変性は国家の実定的基本法＝憲法上のものとなったの[64]であり、所有権はもはや「もっぱら論理的な前国家性・不可侵性を主張しうる[65]」に過ぎないものとなった。むろん法律による所有権内容の規定＝変更は――前項で述べたような初期立憲主義的な法律観を前提にすれば――自己拘束と観念されたから、右の「論理的な前国家性・不可侵性」はさしあたり破綻を免れることができた。

しかしながら「近代的所有権」概念が旧き（上級）所有権殲滅の武器としての歴史的役割を果し終えたとき、事情は大きくかわってくる。そもそも「近代的所有権」が敵（上級所有権）の不可侵性を打破しながら、それ自身不可侵性を主張しえたのは、限られた者（貴族）でなく、多数の者が所有者になることを可能にする、即ち所有権者からなる国民国家を創り出す、という大義名分があったからである。[66] 前項でみたクラインが「所有の獲得」のチャンスを確保するという観点から上級所有権に批判的たらざるをえなかったことをここで想起されたい。しかも国民国家の構成員たる所有権者として想定されていたのは土地所有者――それも（上級所有権＝貴族的大土地所有を廃棄した後であるから当然に）中小土地所有者であり、かれらが《自分のもの》である土地を分別と責任をもって管理・運営・涵養すること、いいかえれば土地が所有権者の営み（経営・労働）の対象であることが期待されていた。所有権は（上級所有権の廃棄によって）人に対する支配の要素を全く脱ぎ捨てたが、なおここでは有体物に対する涵養＝保護義務を伴う義務的権利（前項参照）であることが、社会的・倫理的には期待されているのであり、裏からいえばまさにそれ故にこそ、絶対的「近代的所有権」が正当視されたのではないだろうか。ところが現実の歴史の展開は、《多数の中小土地所有者からなる国民国家》が幻想に過ぎないことを示した。ことに工業化が進むにつれて、所有は資本という形で大きな社会的影響力をもつようになり、「紙（株券、債権証書等）の所有」(Papiereigentum) の（無産者に対する）支配が問題とされるようになったのである。[67]

こうして――上級所有権者のような他者の介入を排除するべく――所有権者の自由意思の支配として理解された所有権は、それ自身が他人に対する支配を生み出すと表象されたとき、批判の対象となる他はなかった。中世において支配＝所有は、被支配者に対する保護と reciprocity の関係に立つ限り義務的権利として、それ自体悪とは表象されなかったが[68]、近世にその reciprocity が失われるにつれて所有（上級所有権）が批判にさらされるにいたったことは前述した。これと似て、「近代的所有権」も所有権者が所有物（とくに土地）をみずからの営みの場として涵養し、社会的責任を果す（と考えられた）限りで正当性を主張しえたが、そうした責任の伴わない、脱倫理的な所有（とくに Papiereigentum）はその正当性を問われざるをえない。ただ注意すべきは、《所有の支配》というのはあくまでも表象の次元の問題であって、所有者が非所有者（無産者）を抑圧しているように見えるのは、所有を国家が保護している、つまり（物理的な力を必ずしももたない）所有者の権利に対する侵害（たとえば労働者による工場占拠）があれば国家が法に従って（刑罰や損害賠償の制度を想起せよ）それを制止するからである。この点、その能力をもつ統一的国家がなく、自力で権利をまもらねばならない中世について《所有の支配》を云々することはアナクロニズムであるといってよい。支配＝保護の力をもつもののみが所有権者たりえているのだから。所有が支配の源として正当性を問われた時[69]、まさに所有による支配が国家の保護にもとづくという構造の故に、国家（社会）と所有の関係が問いなおされることになったのである。

「近代的所有権」は、カントを例にとれば、「自然状態」における「暫定的に法的な所有」が「政治社会」（契約の成立によって「確定的な所有」に転化したものとして弁証されていた[70]。つまり個人の所有に社会の保護を与える目的で社会契約が結ばれると考えられたのである（所有の「論理的な前国家性」！）。むろん、その際所有は保護を社会から受ける代りに、社会の枠に入るわけだから無制約ではありえない。しかしそのことは社会契約による所有者の自己拘束、法的には「法律の制限」という形をとった自己拘束として理解されたことはすでになんども述べた通りである。

これに対して一九世紀後半の学者は国家（社会）と所有の関係を逆転し、社会契約＝国家が所有権を創り出した、と考え、所有権はア・プリオリなものではない、と断ずるにいたった[71]。近代憲法とともに確立した所有権の可変性の観念はここに、「近代的所有権」の本質に触れる変容を導き出したのである。所有権はもはや前国家的でない。ある特定の社会契約の具体的な創造物である以上、所有権は「本来無制限」なのではなく、法律の定める具体的な諸規定によってその内容とあり方を受けとるものとなった。所有権は本質的に無制限なのでなく、制限をうけることがその本質なのだと観念される。こうして在来の法学における所有権概念が槍玉に上る。

はじめサヴィニー以来の法律学（パンデクテン法学）の忠実な徒であったイェーリンクは、のちにこれを「概念法学」と批判していう。「所有権が『理念』的に絶対的な処分権を含むというのは誤りである。そのような所有権を、社会は許すわけにはいかないし、許してもこなかった。『所有権の理念』は『社会の理念』と矛盾できようはずがないのである」[72]。このような所有権理解は、国家による公用収用制度の理解において最も尖鋭な姿をあらわす。「もし公用収用を所有権への介入と看、所有権の『理念』に反する例外（的事態）と看るなら、私見によればそれは全くの間違いである」[73]。所有権をはじめて創ったのが国家である以上、国家に対する所有権の不可侵性など全く問題にならない、というのがイェーリンクの主張なのである。こうして本来、国家の公法的権利の問題であった公用収用は所有権概念そのものに内在するものとされ、さらに公法と私法の区別さえ問題視されるにいたった[74]。

ところでこのような所有権の社会的制約を強調する考え方は、ドイツにおいてはしばしば「ゲルマン（ドイツ）的所有権」という歴史的実体に合致するものだという、イデオロギー的主張の形をとったことに注意する必要がある。「ゲルマン的所有権」は、抽象的・絶対的・排他的・前国家的な「ローマ的所有権」とちがって、具体的・制約的・非排他的・社会内的である、という主張が、第二節で述べた中世的所有から抽出されたものであることはいうまでもない。所有権と他物権の区別がなく、一つの物に複数の支配権をみとめる中世の所有体系は、ローマ法に由来する（と考えられていた）「近代的所有権」を攻撃するのに恰好の素材を与えたのである。ただ、両所有権の相違を指摘する見解はすでに一九世紀前半からいくつも存在したが[75]、それらは未だ学問的認識の域を逸脱せず、反対説との間に実証的レベルでの論争を許すものであった。「ゲルマン的所有権」論が、重畳的支配権＝分割所有権の存在をもってその根拠としたのに対し、反対説は Eigen と Leihe（その他）の区別、つまり所有権と他物権の区別があったと主張して譲らなかった。後者のなかには、分割所有権は実在したのではなく、学者がローマ法的概念を適用したことから生じた理論＝表象にすぎない、というそれ自体今日でも通用する鋭い認識を示しているものさえある。[76]

しかし、そもそも、土地支配権の重畳性といっても、それは、統一的国家権力が未成立で、権力自体が重層的構造を成す中世国家のあり方を、いわば横から断面図的に再構成された、観念的な認識なのであって、議論が嚙み合うはずもなく、両説の対峙状態が続いていた。[77] ところが「近代的所有権」批判が社会的風潮になるにつれて、「ゲルマン的所有権」は超歴史的に妥当すべきもの、採るべきものとして主張されるようになった。だが中世の重畳的支配権を根拠に、重畳的所有権論（所有権と他の利用権の等質性の主張）を統一的国家権力とその統一的法体系が成立した近代社会にもちこもうとすることはそもそもアナクロニズムであるし、実証的に Eigen と Leihe の区別の存在を指摘する反対論に対抗することはむずかしい。もっとも、この区別があったからといって、ローマ法論者（これも基本的に近代的統一法体系を前提にして議論している）の言うように、所有権と他の利用権の区別が中世にあったことにはならないのだが、「ゲルマン的所有権」論自身のアナクロニズムの故に有効な反論はなしえないのである。とはいえ、かれらにとってはもはや実証は問題ではない。最も代表的な「ゲルマン的所有権」論者オットー・フォン・ギールケはほとんど注（史料的根拠）なしにその主張を展開している。[78]「ゲルマン的所有権」は「ドイツ人の法理念」のあらわれに他ならないからである。

ギールケによれば、ドイツ人の権利は社会全体の権利（Gesamtrecht）の一分肢であり、「社会という油の一滴[79]」であるから、「ゲルマン的所有権」は排他性をもたず、他の利用権と質を異にする唯一・至高の権利でもない。これに対しローマ的所有権は「個人の意思の支配領域」として、「純粋に私法（権）的概念[80]」とされる点に問題がある。このような「ゲルマン的所有権」概念が、如何に前述のイェーリンク流の所有権論と共通するところが大きいかは改めて言うまでもなかろう。社会――イェーリンクはドイツ人社会に必ずしも限定しないという、それ自体重要な差異があるのだが――の「理念」に所有権は従属するものとされているのである。こうした一九世紀の前半→後半の推移は、サヴィニーが権利を《権利者の意思の力（Willensmacht）》と定義したのに対し、イェーリンクが《(国家) 法によってみとめられた利益》と定義するにいたった変化に象徴されている。

ここで次のような疑問が出てこよう。右のような「近代的所有権」批判が澎湃として起っていたにもかかわらず、何故にパンデクテン法学流の所有権概念がドイツ民法典（一九〇〇年施行）に採用されえたのか[81]。むろんこの問題は、民法典編纂過程の詳細な跡づけによってはじめて正確に答えられるものだが、現在その史料集が未刊[82]なので、さしあたり論理的可能性を指摘するにとどめる他ない。それを一言でいえば、「近代的所有権」そのものが元来、「法律の制限」の範囲内での絶対性・不可侵性を有するにすぎないものであったということである。パンデクテン法学者にとっても所有権に「法律の制限」があることは自明の理であった。試みにヴィントシャイトの教科書を開いてみれば、「所有権」の章では、第一節「所有権の概念・内容・対象」につづいて第二節で「所有権の法律的諸制限」が詳細に述べられており、前者が四頁余であるのに対し、後者は八頁余を費やしている。そして第二節は「所有権の論理を無思慮に貫くことは、甚大な弊害をもたらさざるをえない[83]」という文章で書きはじめられている。「理念的には無制限」という所有権の「理念」と、所有権の「社会性」・「社会的制約」という「理念」とは、「法律の制限」のなかで両立不可能ではないのである。実際、ギールケはドイツ民法の所有権について「それ自体としては無制限な物権である。所有権は――その内容が第三者の個別的な権利によって一時的に縮小されない限り――その対象たる物に対して、その時々の法秩序がみとめる範囲での完全な力を〔所有権者に〕に与える[84]」と述べているが、この定義はヴィントシャイトのそれと実質的にどれほどのちがいがあるだろうか。

こうして「近代的所有権」は、それに対する批判にもかかわらず、制度としてはほとんど無疵であり続けた。ドイツ民法第一草案はギールケらによって「ドイツ人の法理念」に反する、余りにローマ的なものとして批難されたが、少なくとも所有権に関するかぎり、「所有権者ハ……所有物ヲ勝手ニ（nach Willkür）扱」いうるというのを「任意ニ（nach Belieben）」に変えるという気休め程度の修正と、シカーネ（他人に害を与える目的のみによる権利行使、いやがらせ）の禁止という、ローマ法にもあったものの追加、という二つの変更を蒙っただけで法典化された。したがってさしあたり「ドイツ人の法理念」論は、基本的にはローマ法的パンデクテン法学の所産たる民法典を、その立場から解釈変えする努力[85]として展開され、ギールケの業績は「現行法のうちの広範囲の部分をドイツ人の法理念の手にとり戻した」[86]という評価を受けるにいたったのである。

もっともこうした「解釈変え」の作業が、具体的な事例に対する結論として、どれほどパンデクテン法学の解釈論とちがうものを引き出すかは問題である。一九〇二年のドイツ帝国最高裁判所の判決は「自己の所有物が他人を脅かす危険を所有権者が全く放置していたことを許すなら、公正な利益衡量という点で、ローマ法によって確立された法状態に著しく遅れをとることになる」と、所有権に義務が伴うことをローマ法的観点からみとめているのである。[87]とはいえ「理念」論がもたらしたものは無視できない。たとえば、元来フランスの学説・判例によって発展された、権利濫用禁止の法理がドイツでも展開されたが、その際その法理の根拠としてもちだされるものは、前述のシカーネ禁止条項から次第に「公序良俗」、さらに（ゲルマン的「誠実」Treue を背景にした）「信義誠実の原則」へとエスカレートしていった。[88]「ドイツ人の法理念」（ゲルマン的所有権、ゲルマン的誠実、ゲルマン的共同体等々）は——具体的事例の妥当な解決にとっては必ずしも不可欠でないにもかかわらず——「法理」の形成を基礎づけ、リードする役割を果した（と信じられた）が、他面そのツケが後にまわってくることは後述する通りである。

「理念」論——ギールケ流であれイェーリンク流であれ、はたまた（種々の）「社会主義」的なものであれ——が所有権に与えた一層大きな影響は、「法律の制限」についてのイメージの転換である。国民が自己の「自由な所有権」

を自己拘束する、という古典的法律観は、《社会の「理念」に所有権の「理念」は従属する》という立場にとってはもはや逆立ちの議論でしかない。法技術的にいえば、たとえば所有権に対してある制限が問題になった時、古典的な法律観を前提にすれば、その制限が必要なことを証明し、所有権者たちを説得しなければならないのに対し、いまや逆に所有権者がその制限が（社会的に）不要・有害たることを証明し、立法者＝社会の代表にその制限立法をやめさせなければならないのである。前者では所有権の（本来的）無制限性が推定されるのに対し、後者では制限性が推定されるといってもよい。こうして「立法者に対する関係においては、所有権は保障されない。つまり不可侵でない」[89]と憲法学者アンシュッツにいわしめるような情勢が醸し出されたのである。

「理念」論のもたらした最も有名な立法例は、いうまでもなくヴァイマール憲法（一九一九年）一五三条三項の“Eigentum verpflichtet. Sein Gebrauch soll zugleich Dienst sein für das gemeine Beste”「所有権（者たる地位）は（その所持者を）義務づける。所有権の行使は同時に公共の最善のための奉仕たるべし」であるが、これが世にいわれるほど「近代的所有権」法史にとって決定的な画期をなすものといえるかどうかは微妙である。当時の通説・判例はこうした「プログラム規定」に直接の法的効果をみとめず（それのみを根拠に判決する権限を裁判官にみとめず）、「所有権の内容と制限は法律にもとづく」という同条一項後段によって、あくまでも法律によって具体的に規定された制限や義務のみが所有権を拘束する、という解釈をとっており、三項の注釈はきわめてそっけない。[90]つまり法実務的には「法律の制限」つきで「所有権は憲法によって保障される」（同項前段）という古典的形態にそれほどの実質的変更が加えられているわけではない。《憲法（の表現）は変わっても民法は変わらない》といわんばかりの、アンシュッツの民法九〇三条を引用しての叙述[91]は印象的である。

しかしこうした連続性の意識を可能にしているものこそ、前掲のような新しい「法律の制限」観＝法律観（「立法者に対しては所有権は不可侵でない」！）であることを忘れてはならない。これが直接には一九世紀後半にみられた現象であることは前述の通りであるが、さらにその源流をたどれば、近代にいたって「前国家的」な所有権が国家法によって保障されることになった、という本項のはじめに指摘した一種のパラドックスにつきあたるのである。アンシュッツが、「所有権は不可侵」という規定の仕方と「所有権は憲法によって保障される」というそれとは「同じ」だということを前提に、「所有権は立法権の障壁ではなく、反対に立法権のつくった法律の規定が所有権の障壁なのである」[92]と述べているのはこのことを象徴している。

前近代の既得権としての所有権は伝統的に、立法をする際の「障壁」たる不可侵性をもっていた[93]。直接には初期立憲制下の、《所有権者＝国民の自己拘束》とする法律観はその末裔なのだが、この末裔は、「不可侵性」が国家法によって「保障」されるというパラドックスの時代、つまり所有権はもはや「論理的前国家性」しかもたなくなった時代の中では、制度＝実定法規によって止めを刺されることなしに死に絶え、かわって登場した国家主権の命令とする法律観が、「近代的所有権」とヴァイマール憲法一五三条との橋渡しをしたのである。そして右のアンシュッツがそうであったように、「法命題や法制度が現実生活の具体的諸関係から自立して独自の存在を有している[94]」と考える、一九世紀以来の「法学的実証主義」の伝統が「制定法実証主義」に姿をかえながらもなお生き続けている限り、「理念」論が暴走して制度や法実務をひきずりまわすまでには至らなかった。

ところが「唯物論的な世界秩序を促進するローマ法を排除し、ドイツ普通法を採用することを求める」という項目を綱領に盛りこんだナチスが政権を掌握し、国民の基本権を停止するとともに立法権を行政府に与える授権法によって独裁国家が成立するにおよんで事態は一変した。「権力をもつものが法をもつ」（ヒトラー）という、ヨーロッパの伝統的法観念を踏みにじる考え方を前提に「民族の役に立つ法」へ向って動き出し、制度的にも遺言法・婚姻法の改変、世襲農場法[95]の制定などの形で所有権に対する介入が行なわれた。そして「BCB（民法典）からの訣別」はこうした個別的変更にとどまらず、「民族法典」の編纂が企てられ、一九四二年には部分草案が公表されるまでに至った。

このような動きに協力した法学者たちにとって、個人の「意思の力」とするパンデクテン法学的権利概念がおよそ問題にならないばかりか、「法によってみとめられた利益」(イェーリンク)とみることさえローマ法的であり、「民族同胞としての法的地位」という概念で置きかえられるべきものであった。[96] 権利は「民族的生活秩序」のなかで「具体的に」理解されなければならない。所有権も抽象的な支配の処分権能ではなく、具体的な共同体秩序の内部における使命によって内容がきまるべきであり、動産と不動産で所有権の内容が異なるのはもちろんのこと、農地と市街地、商品・個人消費財・貨幣等々それぞれで異なる「具体的所有権概念」が要請されるというわけである。「背広も洋服店にあるときは商品、個人の洋服ダンスの中にあるときは個人財産である」[97] とは著名な法学者の名言である。

このような所有権概念は、「権利濫用」の法理も、単に濫用のさし止め、濫用が第三者に与えた損害に対する賠償義務などをみとめるだけでなく、所有者がその具体的な所有権に付随する義務を怠れば、「権利濫用」として所有権を剝奪される、というところまで、拡張解釈を主張するものであった。現にのちには農地について耕作義務懈怠にそのような効果を与える法律が作られさえしたのである。「歯止めなき解釈」[98] がこの時期の法学の特徴の一つであることは疑いないであろう。そしてその際「公共の福祉」、「信義誠実」、「公序良俗」といった「一般条項」が──かつてそれへの「逃避」が警告されていたにもかかわらず──その警告者自身をふくめて法学者たちの議論の展開に大きな役割を果したのである。[99] こうしたナチス期の法学の潮流が、前述の「理念」論の「発展」としての側面をもっていることは明らかであろう。しかしこれがナチスを生み出したというなら速断に過ぎるのではなかろうか。後にも触れるようにナチス期の法学と戦後のそれの間には連続的側面もないわけではないし、また以前の「理念」論が「考えつつも〔法律に〕恭順する」態度、つまり「歯止めなき解釈」に走らない「歯止め」を内包していたことは疑いないからである。[100]

この点、ナチスの登場前に法学教育をうけた人びとが担った当時の司法部の法実務の一端を象徴する一つの判例[101]を紹介することは意味があろう。すなわち、農地を買得したAが時期が遅いので播種しなかったのを見て、郡農民指導員が播種を促したが、Aが従わないので第三者Bに委託したところ、Bは不作で収穫を得られなかったので、播種・栽培に要した費用の償還請求をAにした、という事件に対し一九三六年リーグニッツ地方裁判所は農地耕作義務履行が「公共の福祉」にかかわるという理由で、Aの義務懈怠をみとめ、その義務を代って果したBに対してAが費用を償還することを命じたのである。この判決は一方で「公共の福祉」という概念を用いて農地所有権者の耕作義務という、民法典にないものを実定法上のものとしてみとめた。しかし反面、義務懈怠を理由に所有権を剝奪するという「歯止めなき解釈」には従わなかったのであり、まさにそれが前述のような立法の契機になったのである。このように「一般条項」を用いての法解釈も「法律への恭順」があるかぎり、「歯止め」を失うわけでは必ずしもないように思われる。

「歯止め」を押し流したものは何か。むろん狂人たちだけの責任に帰すべき問題ではない。いずれにせよ、使命を負ってこの世に生み落され、勇武を唱われながら、神々の野望の渦巻くなかで、背後からの一刺しで死んだ英雄ジークフリートに似た運命を「近代的所有権」はたどったのである。《ドイツ=ゲルマン法は公法と私法の区別を知らなかったが故に所有権の社会的制約を所有権概念に内在させただけのことで、ローマ法は右の区別をもっているが故にこれを公法の問題として処理してきた。ローマ法が所有権の社会的制約を無視していたという批難はあたらない。この制約を所有権概念に内在させるか、公法的なものとするかの差異は、実際には意味がないのに、ゲルマン法論者が何故この差異を問題視するのか、どうにも理解できない。》——このように述べた法律学者（フリッツ・シュルツ）が亡命を余儀なくされた[102]という事実は「英雄の死」を雄弁に物語っている。

五　所有権法のアパシー？
——神々の黄昏——

一九四九年制定された西ドイツの憲法は、ヴァイマール憲法の「所有権は義務づける」を踏襲した（ドイツ連邦共和国基本法一四条二項）。しかし次の二点で一歩を進めている。すなわち第一に同一条三項は「以下に掲げる基本権は直接に効力をもつ法として立法、行政、司法を拘束する」と規定しており、ヴァイマール憲法にくらべて憲法の条文のみを根拠に（具体的な法律による制限がなくても所有権を制限する）判決を下す途が広くなった。第二に同一八条は表現・集会・団結の自由などと並んで所有権についても、「自由主義的・民主主義的基本秩序に対する闘争のために濫用する者は、この基本権を喪失する」と規定し、目的の限定はあるものの、権利濫用による権利喪失の法理を明文で唱っている。所有権の社会的制約は制度的に一段と強化されたのである。もっとも、通説・判例は所有権に付着する義務や制限は法律によって具体化されなければならない、という法治国家的原則を維持しており、[103] さすがに狂気の時代の「歯止めなき解釈」をひき継ぐことはしていない。

しかしながら顕著なことは、戦後の西ドイツの法学者にとって権利の制限が権利概念そのものに内在するという理論がほとんど当然のものとなってしまっている、という事実である。学者はもはや「ドイツ人の法理念」を声高に主張することはしないが、[104] 少なくともフリッツ・シュルツ流の《私法上は本来無制約な所有権が公法によって制限される、と考えるのと、どこがちがうのか》という議論はあまり見受けられないといってよいようである。むしろ所有権を法律によってみとめられた諸権能の集合体である、というように、かつての定義とは全く逆の方向から定義する[105]傾向がみられることは見逃せない。そしてさらに注目すべきことは、ヴァイマール憲法制定時には前述のように比較的断絶の意識なしにとらえられた「所有権は義務づける」条項と民法九〇三条の所有権定義条項の関係は、いまや「全く矛盾する」[106]もの、少なくとも前者によって後者は変更された、と理解する学者が少なくないという事実である。[107]「所有権は義務づける」条項を「所有権法秩序を社会的なものに創りあげる任務と権能を国家に付与する」[108]ものと解する傾向からみれば、右の理解はある意味で当然の帰結ともいえよう。「民法九〇三条の規定はなお現行法を正しく伝えているか、という疑問」が提起され、「今日ではもはや（少なくとも完全には）そうでない」とするのが「通常である」[109]という記述をみれば、やはり「ジークフリートは死んだ」という感を否めないのである。

所有権とは何かは、「固有の法律学的問題」ではなくなってしまい、所有権者に何が許されるか——何が「反社会的」でないか——は、法の問題ではなく、政策の問題にすぎない。法学にとって所有権の概念を論ずる必要はなく、その時その時の諸々の法律がみとめる権能を内容として記述するにとどめ、その枠内でも具体的事件について濫用とみるかどうかは政策的に判断する、ということになるわけである。[110]

このような傾向を象徴的に示すものとしてとくに「機能的所有権」論[111]を簡単に見ておこう。それは「物をその通常の機能において（のみ）用いる権利」として所有権をみるものであるが、この考え方は、社会的・法的に（所有権の対象として）問題になる物とは、「ある目的に奉仕する、つまり何らかの機能をもつことによってはじめてきまってくる」、という、かつての物＝有体物という定義とはちがった物概念を前提にしている。こうした「機能的」区別について大まかにいえば、動産と不動産、個人財産と営業用財産などの区別がさしあたり目につくことはいうまでもない。論者によれば、それぞれの所有権に対する法的保護は異ならなければならない。たとえば個人財産については古典的な所有権の「残滓」として例外的に寛大な扱い（書籍を使って朝の体操をしてもよい！）がされるが、営業用財産については「その時その時の法によって定められた機能において利用する権能のみ」がみとめられるに過ぎない。しかも重要なのは、ある物が前者に属するか後者に属するかの決定も法（立法者）に委ねられる、つまり当該社会のその時その時の経済状態に応じて政策的に変更しうるもの、と説かれていることである。たとえば住宅事情によって貸家はどちらに属するか（具体的には家賃統制に服するか否か）が決まるというのである。

興味あることには、この際社会主義国でも住宅が場合によって個人所有になりうることがひきあいに出され、そこでの国有・個人所有の対比が、資本主義国の営業財産所有・個人財産所有の対比に「対応する」とみなされている。むろんこれは社会主義的国有とドイツの営業財産所有を同視するものではないが、後者の性格を知る上で大いに注目されてよい。立法者は何時でも国家経済的必要性の旗印の下に、いかなる物がその時点でいかなる機能をもつかを判断し、それぞれに応じた所有権の範囲を決められる、という意味で、営業用財産の範疇に入れられたものは国家＝法律の規制のなかにほとんど完全に押しこめられ、社会主義的国有と質的差異があまりないものになっているのである。

実際、不動産や営業用財産については現在さまざまな法的規制が存在する。前者については農地、共同住宅（地）など、その用途に即した諸規制があるのはもちろんのこと、「空間権としての土地所有権[112]」に対しては都市計画、環境保護などの観点から——補償を要する公用収用にも匹敵しかねない——厳しい法律的規制が（特別の犠牲を強いるものでないかぎり）補償なしに[113]行なわれているのが現実である。営業用財産については、労働者の経営参加がとくに重要である。現在西ドイツでは業種、企業の規模（被傭者数）などによって差はあるものの、大幅に労働者の代表が共同決定（Mitbestimmung）権をもって経営に参加することが法律によって定められている[114]。このような諸々の厳しい法的制約が対象物のちがいによって、それぞれの所有権に対してなされていることを背景に「機能的所有権」論が説かれているのである。

すでに述べたように「機能的所有権」は「物をその通常の機能において（のみ）用いる権利」であるといわれるが、実際にはそれは「その時その時の法によって定められた機能において利用する権能」（前掲）であり、「機能的所有権」は制度的概念に他ならないことに留意すべきである。国家経済的見地から判断される物の機能は法律の制限の形で制度的に表示され、そうした「所有権制限のカタログ[115]」の反射として所有権の内容が規定される、というわけである。昨日までの所有権の正当な行使とされたものが――国家・社会的要請の変化に応じた新しい機能が求められるや――権利の濫用とみなされ、新しい法的規制が加えられる[116]。

以上述べたような現代の所有権の制度や理論が、ナチス時代の「具体的所有権秩序」とほとんどちがわないことはもはやいうまでもなかろう。「民族の一員の所有権は承認される。所有者はその財産を……国家経済的目的規定の範囲内で利用することがみとめられ、かつその限界内で処分できる」という「民族法典」の規定をみられたい。良くも悪くも「ナチズム下の法学は、ある精神運動の一コマに過ぎなかったのであり、その精神運動とは『共同体に結びつき社会的かつ生活に密着した見方』を意味する様々なモットーの下に何十年も前から造り変えてきた、そして現代においてもなお、一九三〇年代の法学上の問題設定と様々に結びつきながら――しかし通常その結びつきを明言されることのないままに――続いている、そういう精神運動なのであ[117]」（傍点引用者）る。

むろん現代にも「動産所有権と不動産所有権は、公共の利益の拘束の程度が異なるだけで、概念的に異なるわけでない[118]」（傍点引用者）として統一的な所有権概念への復帰を提唱する学説があることは無視できない[119]。しかしこうした学説も「法は共同体の秩序であり、個人は法共同体の一構成員として権利を与えられる。それゆえ法秩序によってその構成員に賦与（zuordnen）された権利は、内在的な構成要素として、共同体の利益を考慮する義務を含む」と説くのである。もっとも同時に「しかし他方、個人は全体を構成する、とるに足らぬ部分なのではなく、固有の価値をもつ独立の人格である」と、全体主義に傾くのに対して歯止めをかけているのだが、そこでも「個人の人格を発展させる手段として、権利が賦与される[120]」というように、やはり全体の秩序に矛盾しないものとして権利が個人に分かち与えられている、というニュアンスをもつ zuordnen が登場するのである。この Zuordnung 説が一九三〇年代の Zuweisung（割り当て）説と、単に言葉の類似性以上のものをもっていると感ずるのは筆者だけではあるまい[121]。

ただここで指摘しておきたいのは、機能的所有権論はドイツに限らないものだということである。そもそもこれはフランスの法学者レオン・デュギーの「所有権はもはや所有者の権利ではない。それは富の保有者の社会的機能である」[122]という理論にさかのぼるものといわれているし、現在イタリアでも《proprietà funzione》を説く学者がいるという。[123]前項に述べたような、「近代的所有権」概念に疑問を起させるような社会・経済的状況はドイツにかぎられたものでないから、機能的所有権論が——こまかいニュアンスの差は別として——ある程度普遍的に唱えられるのは不思議ではない。

問題はそれぞれの学界でこれがどこまで定着しているか、であるが、フランスやイタリアの学界について知識のない筆者には語る資格がない。ただ現代西ドイツの学界が前述のように「ドイツ人の法理念」を背景にした「精神運動の一コマ」を映し出している、という特殊性をもっていることはある程度否定できないであろう。土地問題が深刻化するにつれて所有権制限強化の主張を、「ローマ的所有権」を攻撃する形で行なう風潮が再びみえてきたこと[124]は、見逃せないように思われる。前司法大臣、現在（一九八三年）社会民主党の首相候補者であるフォーゲルは土地所有権を「利用権」と「処分権」に分け、後者は国家・地方公共団体に帰属せしめ、私人に前者をverleihenするシステムを主張している。[125]これを「再封建化」[126]と呼ぶかどうかは別として、「ゲルマン的所有権」の亡霊が甦った感を抱くのは思い過しであろうか。同じドイツ語文化圏でも、機能的所有権、具体的所有権、所有権制限の概念内在論に対してスイスでは反撥が比較的強い[127]ように見受けられるのも偶然ではあるまい。その際、ドイツやスイスの民法典のなかには「抽象的所有権概念しかありえない」[128]ことは「具体的考察への強い志向をもつ学者たちでもみとめている」として、ギールケの名が挙げられているのはまことに興味深い。一九三〇年代に「ギールケに帰れ」といわれたのとは全く逆の方向から、ギールケがひき合いに出されているのである。[129]これは直接にはギールケの学説のもつアンビヴァレンツの然らしむるところではあるが、「歯止めなき解釈」の時代をくぐりぬけた現代西ドイツの法制度や理論はギールケをはるかに「追い越し」てしまっていることをも物語っているといえよう。

《権利には内在的に制限がある》と言うか、《外から制限される》と言うかは、単なる概念論争ではない。前節に述べたように権利の制限の必要性・正当性に関する挙証責任の点で実質的な意味があるだけでなく、「内在説」は所有権の可変性を――概念に内在させてしまうがゆえに――逆に意識させず、したがって「その時その時の法によって定められた」制限が所与のものだという錯覚を起させる魔力をもつのではなかろうか。いずれにせよ所有権概念は「政策論的基本態度決定」という主体的選択にかかわるものであるだけに、まさに現代においてこそ大いに論争されなければならない。もしも法学が、所有権をめぐって衡量さるべき諸利益のカタログを提示するだけにとどまり、立法と「裁判官の法創造」に問題をゆだねてしまうなら、所有権は文字通り、「力関係」の渦の中に投げ込まれ、「具体的所有権秩序」どころか、ゴネ得と泣き寝入りの間を揺れ動くその都度主義に陥りかねないのではなかろうか。

所有は富者の問題であって、「公共の福祉」によって制限されるのは当然である、といって済ませられるのか――「所有権の前国家性」が実定憲法によって保障された瞬間から、いかなる運命をたどってきたかをもう一度想起されたい。これは「基本的人権の論理的前国家性」全体の問題の外濠なのかもしれないのである。「ドイツ人の法理念」を祀ったヴァルハラの神殿は焼け落ちたが、そのあとにリヒャルト・ヴァーグナーが想定したように人間的世界が生まれるか否かはわからない。

（1）　日本国憲法のこの書き方とは逆に、フランス人権宣言のように、「正当な補償」とひきかえでなければ「公共のためといえども侵すことができない」という書き方であれば、「財産権」が主語として坐りがよいであろう。

（2）　Rotteck & Welcker, Das Staatslexikon, 1846 は Eigentum ; Eigentumsrechte ; Vermögensrechte という三語を並べて見出し語としている。

（3）　甲斐道太郎他『所有権思想の歴史』（有斐閣、一九七九年）一〇二頁参照。

（4） vgl. Rotteck & Welcker, a. a. O., "Eigentum".
（5） Westermann, Sachenrecht, S. 116.
（6） 石井紫郎「ゲヴェーレの学説史に関する一試論」（本書第五章）参照。
（7） ここでいう「物」とは近代法的な意味における有体物とは限らない。不自由人〈奴隷〉も含まれるし、裁判権、鉱山採掘権、通行税・関税徴収権、叙任権等、今日では公権とみなされるものも含まれる。
（8） さしあたり注(6)所引拙稿参照。
（9） 堀米庸三『ヨーロッパ中世世界の構造』（岩波書店、一九七六年）二六五頁以下参照。
（10） オットー・ブルンナー、石井紫郎他訳『ヨーロッパ——その歴史と精神』（岩波書店、一九七四年）二九〇頁。
（11） 以下の叙述については、さしあたり注(9)所掲書およびハインリッヒ・ミッタイス、世良晃志郎訳『ドイツ法制史概説』（創文社、一九七一年）六七頁参照。
（12） 英語の answer は swerian（宣誓）に由来するといわれている。
（13） vgl. Otto Brunner, Land und Herrschaft, 5. Aufl., S. 24ff.
（14） Urteil（今日の「判決」）はもともと当事者の陳述＝神の照覧の下で正義を明らかにするために行なわれる言語活動を意味した（一九八二年九月のドイツ法制史家大会（Rechtshistorikertag）におけるユルゲン・ヴァイツェル教授の講演による）。
（15） Otto Brunner, a. a. O., S. 41ff. この方式やルールを無視した行為こそが（不法な）暴力なのである。
（16） 堀米前掲書二六八頁。
（17） 本書第五章参照。
（18） 注(14)参照。
（19） さしあたり久保正幡編『中世の自由と国家』上巻（創文社、一九六三年）所収の「序論」、石川武論文および直居淳論文や、Karl Bosl, "Freiheit und Unfreiheit, Zur Entwicklung der Unterschichten in Deutschland und Frankreich", in: ders., Frühformen der Gesellschaft im Mittelalterlichen Europa, 1964 参照。
（20） vgl. Wilhelm Ebel, Über der Leihegedanken in der deutschen Rechtsgeschichte, in: Vorträge und Forschungen Bd. 5, hg. von Th. Mayer, 1960.
（21） 注(10)所引ブルンナー訳書、とくに二一五頁以下参照。

(22)　vgl. Otto Brunner, a. a. O., S. 11ff.
(23)　たとえばLehnについて、受封者の力が弱くて（授封者と封建関係にない）第三者に奪われるようでは授封者が困るので、かれにも応戦のチャンスが与えられなければならないことについて、次注後段の「ただ、」以下参照。
(24)　Dieter Schwab, Eigentum, in: Geschichtliche Grundbegriffe,II, hg. von O. Brunner, W. Conze & R. Koselleck, S. 67. なお、石川武「中世法の規範構造を求めて――最終講義」（『北大法学論集』四二巻三号所載）は、『ザクセンシュピーゲル』の用語法では、Lehnは代替わりごとに、相続後「一年と一日以内」に相続者が主君に対して臣従礼を捧げて改めて授封してもらわなければならない、という条件つきの権利である点で、Eigenに比べて弱い権利であることから、（その支配権をEigenと区別して）Gewereと呼んでいる、としている。これはまさしくレーン法という、封主―封臣間の、いわばタテの関係を律する法圏の次元での弱点に着目して、Eigenと区別する用語法を『ザクセンシュピーゲル』が採ったということであって、受封者が他者（授封者とは別の第三者）からそのレーン支配に対する侵害を受けて争う場合にはかれ自身のEigenと同じように、かれの責任と力において闘わなければならないことと矛盾するものではない。ただ、授封者は授封者で、かれが授けたレーンがその受封者の力が弱くて第三者に侵奪されるようでは、《自分のもの》を失うことになるので、受封者と並んで授封者も闘う機会が与えられなければならない（石川武「アイゲンとゲヴェーレ・補論」『北大法学論集』四〇巻三号二一頁参照）。
(25)　堀米前掲書二七二頁参照。
(26)　同右二七四頁。
(27)　前掲注(11)ミッタイス訳書三三一頁。
(28)　フランスでも一五世紀後半のルイ一一世治政下である。なおこれでも根絶したわけではない（村上淳一『近代法の形成』岩波全書、一九七九年、一九八頁参照）。
(29)　具体的諸相については前注所掲村上書一九九頁以下参照。
(30)　同右九六頁参照。
(31)　下級所有権にもproprietasの持分をはじめてみとめたのは一七世紀の学者である。
(32)　vgl. Schwab, a. a. O., S. 71.
(33)　dominium eminensは主権概念の嚆矢として知られるフーゴー・グロティウスの用いたものである。彼の理論と分割所有権論のつながりについては村上前掲書八二頁参照。

(34) vgl. Schwab, a. a. O., S. 71. フランス一八世紀の法学者ポティエが、上級所有権は単なる役権であり、下級所有権こそ真の排他的所有権だ、という主張を貫こうとしていることにつき、片岡輝夫「フランス法における分割所有権の歴史的研究㈢」『国家学会雑誌』六五巻五、六、七号参照。

(35) フリードリッヒ・メルツバッハー「ドイツ絶対主義における国家とユス・プブリクム」成瀬治編訳『伝統社会と近代国家』（岩波書店、一九八二年）とくに五七頁参照。

(36) 注(34)に述べたポティエも、上級所有権の実体を無視することができず、有機的・統一的な所有権理論の構成を断念せざるをえなかったことにつき、同注所引片岡論文の精緻な分析がある。また一八一五年のヴィーン会議議定書は「封建的諸権利」をも私権として保障する条項を含んでいる。フランス人権宣言の第一七条（日本国憲法二九条三項に当る）の「所有」も封建的諸権利を含むという当時の通念を前提していたことにつき、注(3)所引書八七頁参照。

(37) 前掲ブルンナー訳書二〇五頁、石井紫郎『日本国制史研究Ⅰ・権力と土地所有』（東京大学出版会、一九六六年）二一四頁以下参照。

(38) 当時、所有権を物に対する支配とする定義は、専ら上級所有権に向けられていたことにつきSchwab, a. a. O., S. 77 参照。

(39) オスナブリュック（プロイセンの飛地領）の政治家で法学者でもあったJ・メーザーは、土地を所有する自由な農民を創り出すべく、農民解放（上級所有権の銷却）運動を指導した。

(40) 以下の叙述は Günther Birtsch, Freiheit und Eigentum–Zur Erörterung von Verfassungsfragen in der deutschen Publizistik im Zeichen der Französischen Revolution–, in: Eigentum und Verfassung–Zur Eigentumsdiskussion im ausgehenden18. Jahrhundert–, hg. von R. Vierhaus による。

(41) 注(36)後段参照。

(42) vgl. Ernst Hinrichs, Die Ablösung von Eigentumsrechten–Zur Diskussion über die droits féodaux in Frankreich am Ende des Ancien Régime und in der Revolution (注(40)所引書所収), S. 112ff.

(43) この改革の具体相についてはさしあたり、村上前掲書一〇七頁以下参照。紆余曲折の詳細についてはJ. W. Hedemann, Die Fortschritt des Zivilrechts im XIX Jahrhundert 参照。

(44) これは第一草案にみられる表現である（注(3)所掲書一〇七頁）。

(45) これも三五七乃至三五九条に分割所有権的色彩を残している。

(46) A. F. J. Thibaut, Über dominium directum und utile, in; ders., Versuche über einzelne Theile der Theorie des Rechts, Bd. II, S. 71ff. なお以下の叙述は K. Kroeschell, Zur Lehre vom „germanischen Eigentumsbegriff", in: Rechtshistorische Studien (Hans Thieme-Festschrift) に負うところが大きい。

(47) 後年ヴィントシャイトは「dominium utile も、dominium directum が所有権であることを止めない限り、所有権になることはできない。それが所有権概念の Konsequenz である」(B. Windscheid, Lehrbuch des Pandektenrechts, 5. Aufl., Bd. I, S. 535) と、ティボーと同様、ナポレオン法典の起草者と符節を合わせるごとき表現をとっているのは興味深い。

(48) F. C. von Savigny, System des heutigen römischen Rechts, I (1840), S. 367.

(49) Windscheid, a. a. O., S. 518.

(50) ドイツ民法九〇三条は「所有権者ハ、法律若ハ第三者ノ権利ニ牴触セザル限リ、其ノ所有物ヲ任意ニ扱ヒ、又ハ他人ノ干渉ヲ排除スルコトヲ得」と規定している。

(51) Windscheid, a. a. O., S. 519.

(52) Kroeschell, a. a. O., S. 41.

(53) A. Randa, Eigentumsrecht nach österreichischem Recht, I, 1. Hälfte, S. 1f.

(54) vgl. E. Pagenstecher, Die römische Lehre vom Eigenthum in ihrer modernen Anwendbarkeit (1857), S. 21f.

(55) 主権概念が確立する直前（一八世紀）においても国家（国王）の権力は何らかの権原にもとづく諸権利の束であり、従ってその総体としての dominium eminens が上級所有権（dominium directum）廃棄の法的根拠として引き合いに出されたことにつき村上前掲書七二頁および一〇二頁以下参照。

(56) 中世についてみたような自立的な支配（保護）権が存在するところでは、その上に立つ国家的結合はそうした支配権者の人的結合団体としてしかありえず、国家（国王）支配権の対象は領域的・人的に確定したものではない。堀米前掲書所収「中世国家の構造」参照。なお、status というラテン語に語源をもつ state（英），état（仏），Staat（独），estato（伊），estado（西）などが現在の制度的な「国家」の意味を取得するのは近世に入ってからであることにつき、アーノルト・オスカー・マイアー「Staat という言葉の歴史によせて」（注(35)所掲成瀬編訳書所収）参照。

(57) vgl. Pagenstecher, a. a. O., S. 17.

(58) 注(38)参照。

(59) vgl. Schwab, a. a. O., S. 78.
(60) vgl., ebd. S. 86.
(61) アメリカの独立宣言や権利章典、フランスの人権宣言などを含む、広い憲法概念を念頭においている。
(62) vgl. Schwab, a. a. O., S. 95.
(63) グロティウスの dominium eminens 論については前項参照。なおその後の啓蒙期思想家たちの国家的所有権論については、村上前掲書八八頁以下および一〇〇頁以下参照。
(64) 所有権の可変性がこの時突然出現したのではないことはいうまでもない。
(65) 村上前掲書一二二頁。
(66) vgl. Schwab, a. a. O., S. 104.
(67) vgl. ebd. なお Papiereigentum の問題は「近代法における債権の優越的地位」の問題である（我妻栄同名著書参照）が、それは Eigentum が（民法学上はともかく）財産権一般を示すものとして社会的・学問的に論ぜられる事態の出現という、本稿冒頭で指摘したことに照応する。なお狭義の所有権以外の財産権のもたらす社会問題は、法律学上は「権利の濫用」の法理として扱われたことは後述の通りである。
(68) したがって富者は貧者に施しをする義務があると説かれるにとどまった（vgl. Schwab, a. a. O., S. 72）。
(69) 所有を敵視する思想で最も尖鋭な形をとったのが、マルクス主義であるが、これについては本書〔岩波講座『基本法学3』、一九八三年を指す〕次節に詳説されるであろうから、それに譲る。
(70) 村上前掲書八七頁参照。
(71) vgl. Schwab, a. a. O., S. 106.
(72) Rudolf Jehring, Der Zweck im Recht, Bd. I (1877), S. 523.
(73) ebd. p. 536.
(74) vgl. Schwab, a. a. O., S. 108.
(75) vgl. Kroeschell, a. a. O., S. 49f.
(76) vgl. A. Heusler, Institutionen des deutschen Privatrechts, Bd. II, S. 5.
(77) 前掲クレッシェル論文に紹介されている一九世紀前半の論争は、本文に述べた観点から整理することができるのではあるまいか。

(78) 唯一の注は権利に対してもEigenが成立することを示すのみで、所有権と利用権の等質性を示すものではない（vgl. Kroe-schell, a. a. O., S. 58)。

(79) O. v. Gierke, Aufgabe des Privatrechts (1889), S. 13.

(80) O. v. Gierke, Geschichte des deutschen Körperschaftsbegriffs, S. 137ff.

(81) 注(50)参照。

(82) Die Beratung des Bürgerlichen Gesetzbuchs, hg. v. H. Jakobs & W. Schubert, Walter de Gruyter Verlagという大部のシリーズが刊行中であるが、所有権法の部分は本稿執筆時点では未刊であった。

(83) Windscheid, a. a. O., S. 522.

(84) O. v. Gierke, Deutsches Privatrecht, II. S. 364.

(85) たとえばギールケは「所有権を絶対的な力という考え方を尺度に測るなら、民法典のそれだって〔中世と同じように〕その概念のなかに制限が含まれている」と前掲の所有権の定義に続けて述べており、制限が権利に内在的であることを強調する。こうした解釈変えの作業については注(6)所掲拙稿三五三頁以下参照。

(86) Herbert Meyer, Das Publizitätsprinzip, S. 5.

(87) vgl. Kroeschell, a. a. O., S. 61.

(88) 磯村哲「シカーネ禁止より客観的利益衡量への発展」末川先生古稀記念『権利の濫用』上（有斐閣、一九六二年）参照。

(89) Gerhard Anschütz, Die Verfassung des deutschen Reichs, 2. Aufl. (1921), S. 246.

(90) 一五三条に関するアンシュッツの注釈をみると、一、二項についてきわめて詳しく、三項についてはわずか四行しか費やしていないことは印象的である（vgl. ebd. S. 249)。

(91) vgl. ebd. S. 246.

(92) vgl. ebd. S. 247.

(93) 村上前掲書七〇頁以下参照。

(94) クレッシェル、笹倉秀夫訳「ナチズム下におけるドイツの法学」『日独法学』6、一二五頁。

(95) 前掲甲斐他著一五四頁以下参照。

(96) 以下の叙述については前掲クレッシェル邦訳論文四〇頁以下参照。
(97) Franz Wieacker, Eigentum und Eigen, in: Deutshes Recht (1935), S. 497.
(98) vgl. Bernd Rüthers, Die unbegrenzte Auslegung–zum Wandel der Privatrechtsordnung im Nationalsozialismus, 1968.
(99) vgl. Michael Stolleis, Gemeinwohlformeln im nationalsozialistischen Recht, 1974.
(100) 「法律への恭順」は直接には「利益法学」の態度であるが、ギールケも「民法典をドイツ人の法理念の手にとり戻す」努力はしたが、「民法典からの訣別」を考えていたわけではないことは前述の通りである。
(101) 前掲クレッシェル邦訳論文四三頁。
(102) vgl. Kroeschell, a. a. O., S. 62.
(103) vgl. Kroeschell, a. a. O., S. 66.
(104) 政治家の議論としては、無制限の所有権はローマ法に由来するという非難がみられるし、学者のなかにも所有権の制約をゲルマン法に由来すると説くものがあることについて ebd. S. 35 参照。
(105) vgl. Hans-Martin Pawlowsky, Substanz-oder Funktionseigentum ? in : Archiv für civilistische Praxis, 165, S. 405.
(106) v. Mangoldt-Klein, Das Bonner Grundgesetz I, S. 434.
(107) vgl. Pawlowsky, a. a. O., S. 401. なお前注所引書は、すでにヴァイマール憲法の注釈書も民法的所有権が「本質的に変えられた」とみていると述べている（四一三頁）が、そこで引用されているアンシュッツ注(89)所引書は、「かつてほど硬直した個人主義ではなく、より社会的な所有観」とか「不可侵と保障とは同じこと」とかいうように、量的な変化としてとらえており、なによりも前述のように民法九〇三条を引用しながら説明を加えているのであって、本文に紹介するような戦後の憲法・民法学の論調とは隔たっている。むしろこの隔たりを隔たりとして意識しない戦後の法学こそ問題なのである。
(108) Ernst R. Huber, Wirtschaftsverwaltungsrecht, II, S. 13.
(109) Pawlowsky, a. a. O., S. 401.
(110) vgl. ebd. S. 406ff.
(111) 以下の叙述は ebd. S. 410f による。
(112) Westermann, Sachenrecht, S. 123.
(113) ebd. S. 119.

(114) 渋谷光子「労働者の共同決定と会社法」『ジュリスト』六五〇号参照。

(115) Westermann, a. a. O., S. 123.

(116) vgl. Pawlowsky, a. a. O., S. 414.

(117) 前掲クレッシェル邦訳論文四六頁。

(118) Westermann, a. a. O., S. 115.

(119) vgl. Kroeschell, a. a. O., S. 63.

(120) Westermann, *a. a.* O., S. 116.

(121) Zuordnung 概念を用いる学説のなかにもニュアンスの差をもったさまざまなものがある。Zuweisung 説により近いものとして、さしあたり統一的所有概念への復帰提唱者 Westermann を批判する Hermann Schultze von Lassaulx (Archiv für civilistische Praxis, 151) をあげておく。しかし両者の実際に説く内容に本質的な差はないように思われる。Westermaun と同じく統一的概念の重要性を説く Fritz Baur, Lehrbuch des Sachenrechts も興味深いことには、所有権と他物権の区別を上位区分とするのでなく、動産と不動産でまず区別した上で、それぞれの所有権と他物権を説くという叙述形式をとっている。むろんそれに先立って動産と不動産に共通する物権（所有権でない！）の諸特徴は説かれているが、それは債権に対立する物権一般の属性についてである。

(122) León Duguit, Les transformation générales du droit privé depuis le Code Napoléon, (1912), 2. ed., 1920, p. 158. デュギーの学説についての古典的邦語文献として、杉山直治郎「『デュギー』ノ権利否認論ノ批判」『法学協会雑誌』三四巻九、一〇、一一号をあげておく。

(123) vgl. Peter Liver, Eigentumsbegriff und Eigentumsordnung, in: derselbe, Privatrechtliche Abhandlungen, S. 160ff.

(124) vgl. Kroeschell, a. a. O., S. 67.

(125) vgl. ebd. S. 68.

(126) ebd.

(127) vgl. Liver, a. a. O. ここではなつかしいフリッツ・シュルツの名が登場する！

(128) vgl. ebd. S. 167.

(129) さしあたり前項注(84)に対応する本文と注(85)を比較されたい。

追　記

本稿は一九八三年に公刊されたものであるが、その後、その第二節で扱っているヨーロッパ中世の Gewere の理解について、石川武教授が画期的な研究を日本語又はドイツ語で次々と発表され、それによってドイツの学界も納得せざるをえない「コペルニクス的転回」が起きた（石川教授は今でも次々と論考を発表されているが、本稿との関係では、『北大法学論集』三七巻二号所載の「コペルニクス的転回」が直接のインパクトを与えた。それ以外の作品については、さしあたり同誌四九巻一号所載の「ザクセンシュピーゲルにおける裁判（権）」冒頭の文献表参照）。

ここはその「転回」の研究史的意味をくわしく論ずる場所ではないが、少なくともこれによって、一九世紀中葉以降およそヨーロッパ、とくにドイツ中世所有法を語る際の定法、すなわちローマ法学が possesio（占有）を本権（占有を正当化する権原）との関係で論じるのと同じように、Gewere と本権を対比させつつ、その関係が possesio の場合と同じか違うか、違うとすればどのように違うかという形で論じる方法がもはや全く過去のものとなったことだけは指摘しなければならない。

筆者は、つとに一九世紀における Gewere の研究史の分析を通じて、Gewere を possesio になぞらえる形で論じること自体が、ドイツ固有法ないしゲルマン法をローマ法に比肩するものとして塑型し提示しようとした近代ドイツ法学・法史学の、いわばインフェリオリティー・コンプレックスの表れではないか、それは、Gewere を possesio と同じ占有と見る説であれ、権利の「衣」ないし「形式」とする説であれ、本権との関係で Gewere を見るという点で共通する問題点ではないか、という見解に達していた（本書五章参照）。そこで、本稿では「占有」ないしそれのメタモルフォーゼ（「衣」・「形式」）と本権との二項対立の枠組みで Gewere を論じることを止め、権利の維持・実現が大幅に当事者の実力（物理的力）に依存していた、という近代法・裁判との違い自体を前面に出す道を選んだ。

しかしその際、近代法・裁判の常識では理解困難であるが、あきらかに当時の裁判において、何らかの意味で重要な役割を果している Gewere を全く扱わないわけにはいかないと考えた筆者は、これを「法圏」の重畳性という中世法の一大特徴と関連付けて論じる試みを行なったのである。しかし「転回」後の時点で顧みれば、これは《誤りを正すに別の誤りを以てする》に過ぎないものであったと言わざるをえない。

ただ、ゲラ刷り段階で、故和田卓郎教授のご苦心による本稿の逐語訳に接したカール・クレッシェル教授（同教授の作品は本稿でもしばしば引用している）が、「九九％賛成する」と言われたことは付け加えておきたい（ちなみに、《残り一％》は本稿の注78で引用しているオットー・フォン・ギールケの「唯一の注」所掲の史料がかれの主張の根拠になりうるか否かの吟味が十分でないという点であり、この指摘のおかげで印行版では筆者なりの修正を施してある）。

自慢話や言い訳としてこれを持ち出したのではない。「転回」が間もなく起きるとも知らず、何としてもドイツの通説の呪縛から抜け出そうとあがいて提起した筆者の仮説に、同教授があのとき共感を示された、というエピソードは、学術研究の歩みを考える上で記録しておくべき興味ある出来事ではないか、と筆者は考えたのである。在来説のパラダイムに疑問を抱き、いろいろ模索を続ける研究者が何かのきっかけを掴んだかと思っても、古いパラダイムのトンネルを抜け出てはいないことが多い。クレッシェル教授のような碩学も、あの時点では例外ではなかったのかもしれない。しかし同教授は、その後石川教授の新説に接した瞬間、おそらくそれが「コペルニクス的転回」をもたらすものと直感されたに違いない。同教授はその日から、石川説の更なる進化のためにあらゆる支援を惜しまない、いわば《応援団長》の役を買って出られ、今日に至っているのである。

閑話休題。《誤りを正すに別の誤りを以てする》結果に筆者が陥った最大の陥穽は、ドイツの学者たちの思考そのままに、中世の法・裁判では《Gewere は諸々の権利に共通する標識である》、換言すれば《法的紛争において、諸々の権利者が、その権利の標識としての Gewere の帰属をめぐって相手方と争う形をとる》と考えたところにあった。

これは、たとえば Eigen という権利には、Eigengewere が、Lehn には Lehnsgewere が対応する、というように、《諸々の権利に、それぞれの Gewere が対応する》という考えを前提にしているわけで、端的に言えば、《権利の種類だけ、種々の Gewere がある》という仮想に立ったものでしかない。これこそ、筆者自身が捨てたつもりの、「二項対立」（前述）の思考から抜け切っていなかったことの証左に他ならない。繰り返しになるが、筆者はこれを、「本権」と「占有」等の対立として、そのまま祖述したのではなく、「法圏の重畳性」に対応した「Gewere の重畳性」と理解し、それぞれの「法圏」内部では、たとえば Eigen の（標識としての）Gewere が紛争当事者のどちらに属するか、という形で争われたのだ、と解したのである。これは、Gewere が本権というクライテリアによって正当性が吟味されると見る在来説（占有説であれ、「衣」ないし「形式」説であれ）の思考からの訣別ではあった。しかし、権利に一対一で対応する形で Gewere が遍在すると考える点では、筆者の見方は未だ在来説と同じ枠内にあったのである。

これを石川教授の研究は木っ端微塵に打ち砕いた。Gewere は Eigen（父祖伝来の、誰も指一本触れようのない財物）に比して、何らかの弱点のある支配権について用いられる言葉だ、つまり、Gewere は Eigen と異なる性質の（広義の）権利を表示する言葉だ（簡潔・明快な図式の形でこれを示した叙述が『北大法学論集』四二巻三号所載「中世法の規範構造」一四四頁以下にある）というのが同氏の分析結果であるが、これがまさしく、上述の「二項対立」を真っ向から否定し、また「Gewere の遍在性」という、筆者をも束縛していたパラダイムを根底から覆したものであることは明らかであろう。

この認識に立てば、本稿の Gewere に関する叙述は書き換えられなければならないことは明らかである。そこで、本書収録に当っては、第二節の Gewere に関する部分を「コペルニクス的転回」後の学問状態に矛盾しないように書き換えを試みた。むろんこれは、「転回」の前と後の間の深い谷を渡ろうとする者の危うく覚束ない足取りを正直に表出して、読者のご叱正を仰ぐ機会を得たいという思いから出たものである。恥を忍んで旧ヴァージョンを以下に掲げるのも、《誤りを正すに別の誤りを以てした》跡のトレース の便に供する趣旨に他ならない。

二　ヨーロッパ前近代〔旧ヴァージョン〕
——エルザの夢——

中世において、所有権（狭義）に相当する言葉が存在しなかったことは、つとに指摘されている通りである。ドイツについてみると、Eigen, Erbe, Allod, Gut, Lehn, Leihe, Zins 等々、さまざまな言葉が物支配に関して並存したが、これらは個々の利益の態様や内容を具体的に表現するものであるから、同一物に複数のもの（たとえば Eigen と Lehn）が共存することが可能である。ところで、こうした種々の物支配を表現する共通の言葉が Gewere であった。つまり Eigengewere と Lehnsgewere が同一物に重畳的に共存するのである。

このGewere は物に対する現実支配であるといわれる。しかし古典ローマ法の possesio や近代法の占有が現実支配の正当性（権原）を問題としないのとちがって、Gewere においては現実支配とその権原が密接につながり合っている。物の帰属を争う訴訟はつねに Gewere をめぐって行なわれる。いいかえれば現実支配の権原の問題が Gewere の有無を争う形でとりあつかわれるのである。所有権を示す言葉の欠如という現象も、このように権利が Gewere という現実支配と不可分に表象されていることに照応するものといえよう。

中世人の表象における権利と現実支配の不可分性は何を物語るのか。かれらが抽象的思考になじまず、具象的なものに即してしか表象できなかった、というような過去の学者の説明に十分な説得力があるとは思えない。これには、権利の維持や実現が大幅に当事者の実力に依存していた、という当時の社会＝法構造こそが考慮されなければならない。ヨーロッパ中世においては、訴訟によるほか、Fehde とよばれる実力行使（自力救済）による権利の実現がみとめられていた。Fehde は裁判とならんで正しい権利実現方法だったのである。とられたものを武力を用いてでも自力でとりかえす、ということは法＝正義にかなった行為であった。

このような「自力救済と裁判の二元性」は、近代の整序された合理的な裁判制度を考えると奇異に思われるであろう。だがもともと中世の裁判自体が近代のそれと構造を全く異にしていたことを忘れてはならない。そもそも相手（被告）を裁判の場に連れ出すことからして原告の仕事であった。被告は裁判に応じないからといって、不利な扱い（欠席裁判）をうけることはない。何故なら、自分の同意しない方法での紛争処理は、それ自体が不法であるから。また勝訴判決をうけても、その執行は当事者の仕事であった。それればかりではない。被告は、原告の訴えに対して、自分が不法でない、という宣誓をすることができた（宣誓による挙証の権利があった、と学者はしばしば表現する）が、原告がそれに反論すると、それは被告の宣誓が虚偽である、即ち意識的に法を枉げたものである、という一種の「名誉の論難」を意味したから、被告はそれを理由に決闘を申し込むことができた。かりに裁判が平和的に進行し、判決に至ったとしても、その判決は「〔無実の〕宣誓をするか、然らずんば罪を賠え」（iuret ant componat）というものだから、この「宣誓」をめぐって話は元に戻ってしまう。「名誉の論難」は不利な判決を下した裁判官に対しても向けられえたから、決闘は裁判官との間にも生じうる。事実、中世には裁判官と訴訟当事者との間の Fehde は稀ではない。ここに見られるのは、神の面前で、正しく（法にかなって）行為すべき対等の人びと（原告・被告・裁判官・証人）の演ずるドラマであって、そこでの対立は各人の名誉と信仰心を賭けた争いなのである。裁判はこのように決闘＝武力行使に発展する契機に満ちている。

他方、Fehde は決して裸の暴力の無秩序なぶつかり合いではない。《Fehde を根拠づける権利が自分にある》、いいかえれば《この Fehde は法にもとづく義戦（bellum iustum）である》旨の宣言に始まる所定の方式を踏んで開始され、一定のルールに則って行なわれる武力闘争であって、しかも最終的には和睦とそれによって得られる権利の実現を目的とする、限定的武闘である。たとえば戦闘で相手を殺してしまえば、その一族・同志は報復を志し、復讐の無限の連鎖をもたらすだけであるのに対し、人質にとれば、それを楯にとって権利の実現ができるであろう。だから行使される武力の態様や戦術は、おのずから限定されてくるわけである。この意味で Fehde は自力による法的闘争と強制執行に他ならず、ここに「法廷決闘をただ法廷外で行なうにすぎない」とさえ表現される所以がある。

こうしてみれば「自力救済と裁判の二元性」は決して矛盾・対立するものの「二元性」ではなく、神の照覧の下で正義を明らかにするべく行なわれる（当事者の）宣言とそれを実現すべき実力行使である点で、質的に共通するものの相互補完関係であることがわかるであろう。Gewere における権利と現実支配の不可分性はまさにこのことに照応するのである。Gewere は「権利の存在の主張」と現実支配によって成立し、それは権利推定的効力をもつので、訴訟上相手方の挙証によって「権利の存在の主張」が破られるまで Gewere は権利を「表現」し「代表」する、と説かれるが、これは中世法＝裁判の特徴を無視した近代的な解釈にすぎない。自分が現在支配している物が《自分のもの》である、と宣言することは、近代的訴訟における「主張」と全く異なる。その真偽を争うことは、かれの名誉と信仰心に対する攻撃であり、ぬきさしならぬ・最終的には剣にかけてしか解決できない挑戦なのである。相対立する当事者同士が神かけて行なった Urteil は単なる「主張」ではなく、権利の宣明・行使そのものだといっても過言ではなかろう。Gewere と権利が別々に存在し、後者が前者を

「代表」しているのではない。たとえばAがBによって不動産を侵奪された、としてBを訴えたとしよう。この場合中世法の原則によれば、AはGewere（近代の学者はこれを観念的なGewereと名付けている）を失わない。しかしBも不法侵奪でないと神かけて宣誓する限りGewereをもっているのだから、ここにはAとB両者の名誉がGewereの名の下に対峙しているわけであり、最終的には武力によって決着をつけざるをえない。Bが勝てばBが嘘つきでないこと、従って不法侵奪ではなく、もともとBのものであったことが神によってみとめられたことになるし、Aが勝てばその逆が神の裁きで明らかになったのである。つまり権利＝Gewereは実力によって闘いとられなければならないのである。一一世紀中葉から一二世紀にかけて展開された、ローマ教皇と神聖ローマ帝国皇帝の間の「聖職叙任権闘争」はこの叙任権という一つのGewereをめぐる、つまり司教座とそれに伴う教会財産に対する権利のための闘争であった。

権利は実力で闘いとるべきものであった、というと、それでは中世は弱肉強食の世界で、弱者は権利を享受できなかったのか、という疑問が出てこよう。答えは、ある意味でイエスであり、ある意味ではノーである。自力で権利を維持できないものは、他人の力を借りなければならない。むろんその場合親族や仲間の加勢を頼むこともあるだろう。だが相手方も同じことをする。とすれば力関係の優劣はどこまでもつきまとう。したがって弱者がこのイタチゴッコを止揚して力関係の優劣を構造的に逆転するには、相手方と同等以上の実力をもったものと恒常的に結びついて、その庇護を確保しなければならない。そこで行なわれるのは、有力者に自己を託身し、その従者となることである。その際、それまで《自分のもの》であった物の全部もしくは一部を寄進し、《主人のもの》に一たんした上で、それを再びLeiheとして受けとる、ということがしばしば伴う。こうなると、そのLeiheに対する侵害は主人が《自分のもの》として実力で防いでくれるわけである。中世人にとって自由と保護がほとんど同義語であったのもこのことを示している。このような主人―従者の関係が支配（Herrschaft）というものであることはいうまでもなかろう。中世社会についてよく問題にされるLehn（封建）制というのは、このようなLeiheの一種なのである。

右にのべたところから自明なように支配関係は大小さまざまなレベルで生れてくる。最も小さい、農村レベルでみると、自力で権利保全ができないものは、それができる有力者を主人＝領主に戴き、自分はLeiheを耕し年貢を納める農民となる。

次にこの領主はより強い者の侵奪を免れるために、有力豪族を主人に戴いて、かれからLeiheを授けられる形をとる。これがいくつか重なって、帝国レベルで自力による権利保持が可能な有力者たちだけが、一つのグループとして浮かび上がってくるわけである。このグループこそ帝国等族（Reichsstände）に他ならない。

中世法においては権利は自力で闘いとらねばならない、という場合、万民に共通して適用される一つの法を考えてはならない。こうしたグループごとに複数の法があるのである。帝国レベルで他の豪族に伍して自力で権利を保持できるものたち（帝国等族）が一つの法（帝国法）の世界＝法圏（Rechtskreis）を形成する。次にこの帝国等族を頂点とする各領邦（Land）の内部で自立できる（帝国レベルでは自立できなくても）ものたち、つまり領邦等族（Landstände）がラント法という法圏を形成する。領主の荘園の内部で自立できるものが荘園法という法圏を構成し、自立できないものは自立的な農民の家の奴僕にならざるをえない。裏からいえば、さまざまなレベルで、自力に支えられて対峙し合っている権利をひっくるめたものが、それぞれの法なのである。図式的にみれば、それぞれのレベルで実力の拮抗するものたち同士が一つの法圏を形成するから、その内部では弱肉強食には必ずしもならない。だが異なる法圏を構成するもの相互は、主人—従者という支配関係にあるのだから、近代的な平等観からいえば強い者勝ちの不公平だといえなくもない。

しかし、そもそもこの支配関係なるものが如何なる契機で成立するのか、を想い出していただきたい。自分の権利の保全をひきうけてくれることを期待して、主人（Herr）を戴くのが支配（*Herr* schaft）成立の契機ではなかったか。つまり支配関係とは従者の立場からみれば保護関係に他ならない。むろんその保護は無償では得られない。従者が一定の奉仕義務を負うことは、封建関係や領主—農民関係をみれば明らかである。だが主人が保護を怠ったらどうなるか。いうまでもなく、権利は自力でまもる、という原則に立ち戻ることになる。足りない自力を補充するために戴いた主人がその役目を果さないなら、その主人—従者＝支配関係は消滅するしかない。主人の保護義務と従者の服従義務はひきかえ（reciprocity）の関係に立ち、主人と従者は双務関係にあるのであって、主人の義務懈怠は当然に従者の義務履行を免除する。一方的に従者の義務履行を要求することは、その権利を侵すこと＝不法なのだから。この主人の不法による損害に対してはFehdeもみとめられる。むろんそのFehdeを敢行するには、第三者の応援も必要であろう。この場合その応援者との間に新たな支配関係が結ばれるかも知れない。しかしここで重要なのは、保護義務を果さない主人に対しては、「支配契約」を解約できる、という——中世法の本質に根ざす——原則であり、ここにみられる reciprocity の形で、従者の権利もそれなりにまもられている、ということである。

このような支配関係の存在を前提にしてはじめて、同一物に Eigen と Leihe が重畳的に並存することの意味が明らかになるであろう。ある物を主人は第三者に対して Eigen として自力で維持し、従者はその保護の傘の下で奉仕義務とひきかえに Leihe として同じ物を使用・収益するのである。しかしこのような名を異にする複数の物支配の重畳性は、異なった複数の法圏を、いわば横から断面図的に眺めたときにみられる構造であって、一つの法圏の中に限ってみれば、同一物に対する支配が重畳的に並存することは原則としてありえない。たとえば主人の属する法圏では、あくまでもかれの Eigen だけが問題になるのであって、従者の Leihe は主人の支配内部の問題として、表にはあらわれない。これと同様に従者の属する法圏では、主人の Eigen は問題にならない。ある物支配について、他人に対する奉仕義務が付着しているかどうかは——奉仕をうける権利をもつ（上級法圏に属する）者との関係で問題になるとしても——その法圏では（第三者との関係では）問題にならず、いずれにせよ《自分のもの》として自力で維持すべきものである。たとえば帝国法の法圏では、帝国等族の物支配は——それがかれ自身の Eigen であれ、皇帝からの Lehn であれ——《自分のもの》として、かれ自身が権利のための闘争をしなければならない。こうした《自分のもの》という点では、Eigen も Leihe もかわりはない（現に第三者に対しては Leihe を Eigen と称している場合がある）。それ故中世人はこれらに共通して Gewere という言葉を用いたわけである。父祖伝来のブラバント太公領を維持するためには、相続人公女エルザはそれを後見人たる叔父の Gewere に委ねなければならず、その横領を防ぐべく皇帝（帝国法）裁判所に訴えた時も、叔父の決闘申込みに対して、自分に代って闘ってくれる白鳥の騎士（ローエングリン）が現われるのを待たねばならなかった。そして決闘の勝利者ローエングリンと結婚したエルザの所領は改めて後見人たる夫の Gewere に委ねられるのが中世法の原則である（久保正幡他訳『ザクセンシュピーゲル』一・三一・二参照）。このような意味では、Gewere はそれぞれの法圏を構成する法仲間（Rechtsgenosse）たる地位の表現であるといってもよかろう。

以上、中世の所有＝Gewereと中世社会＝法との構造的関連を図式的に描いてみた。あまりに図式的であるという批判を覚悟の上で。実際、次項で述べる、中世的構造を止揚せんとする動きが中世中期にはすでに見られる。しかしこの止揚の動きは、わずかに農民に対してのみ効果をみせはじめていたにすぎず、基本構造を変えるまでには至らなかったし、なによりもこのような図式的把握が欠如していると、Gewereとは何かという問いに、明確な答えを与えることは結局できないのである。

第五章　ゲヴェーレの学説史に関する一試論

——「知行」研究のための予備的作業として——

一　はじめに

周知のように、わが国中世の土地所有法、特に「知行」の法史学的研究は、中田薫博士以来、ドイツ中世法のゲヴェーレとの比較を軸としてなされて来た。そのためそれは、好むと好まざるとにかかわらず、一九世紀ドイツ法制史学の方法論の影響を受けざるをえなかったのである。もちろん石井良助博士の『日本不動産占有論』のように、それを超えたものを少からず含んだ業績が生み出されてはいるが、それにしても、ドイツ法制史学によって構成されたゲヴェーレ像と「知行」とを比較する、という方法から来る制約は免れ難かったように思われる。

これに対して筆者は、これまで近世土地所有法の分析と「知行」論争の整理という間接的な方法を通じてではあるが、土地所有法の法史学的分析への国制史的観点の導入を提唱し、具体的には「知行」分析の道具として相対権概念の有効性を主張して来た。もちろんこのような考え方と、比較法史的方法一般とは決して矛盾するものではないし、むしろこの両者は次元を異にするものとして、相互に補完的なものであるといえよう。問題は、「知行」研究が一九世紀ドイツ法史学のゲヴェーレ論を参照したため、ほとんど不可避的に、もっぱら法実証主義的方法による私法学的構成に終始した、という点にある。筆者が前稿（本書第六章）で分析したように、「知行」論争において争われたのは、つきつめてみると、まさに右の問題であった。[4] この論争の推移に即してみる限り、石井博士は見事な論理を展開することによって、牧、高柳両博士を論破されたのであるが、この問題そのものは、決して解決されたわけではない。むしろ論争が、あのような形で終ったことによって、問題解決への糸口が見失われかねない状態に立ち到ったともいえるのである。中田博士の業績を承け、その上に理論的・実証的な彫琢を加えた成果である、石井博士の『日本不動産占有論』は、われわれの前に依然として偉容を誇っているが、この大いなる遺産から、何を承けつぎ、何を批判すべきか、という具体的な検討の作業は、まさにこれからなされなければならないであろう。

もちろんこの作業を全面的に行なうには、史料の渉猟、最近の学界の中世に関する厖大な研究成果の参照等、途方もない準備が必要であり、現在の筆者には遺憾ながらその用意がない。本稿は、石井博士の「知行」論の体系を構成する、いくつかの軸の一つである、ゲヴェーレとの比較論に視角を限定し、その前提として、ドイツ法史学のゲヴェーレ論を学説史的に検討しようとするものである。

これまでわが国の法史学におけるゲヴェーレ像はほとんど、何人かのドイツの法史学者の学説を統合することによって作り上げられて来た。しかしながらこの場合、諸学説の間の学説史的発展については、あまり関心が払われなかったように思われる。管見の限りでは、中田博士が、「初稿を草する時予は Heusler, Die Gewere 1872 に拠て Gewere の本質を説明せしが、後年 Huber, Die Bedeutung der Gewere im deutschen Recht 1894 及び Gierke, Deutsches Privatrecht II (1905) § 113 Die Gewere を読みて、Heusler の説の未だ真相を究め尽さざるものあるを知れり、故に今本稿を再版するに臨みて右両書に拠て本章に一大修正を加へたり」[5] と述べておられるのが、目につく程度であるが、これとても、真の意味での学説史的関心を示すものとはいい難い。西洋法史に関して全く素人の筆者が本稿のような作業を思いたったのは、このような学界の状況によるものであり、これによって「知行」研究に関するなにがしかの新しい視点が得られるのではないかと考える。

かつて筆者はある機会に、石井博士の日本法制史学史上の位置を、西洋近代音楽史におけるR・ワーグナーに擬したことがある。もちろんこれは、博士のむしろラテン的ともいえる闊達な人柄を考えると、ミスリーディングのそしりを免れないが、博士の業績の客観的位置付けに関する限り、それほど見当ちがいではないと確信している。博士の常人には及びもつかぬ広いレパートリーとその密度の高さ、そして何よりも日本法史について、はじめて体系的叙述をなされた、という点で、博士の功績はまことに偉大なものである。そしてわれわれ後学の者は、博士の体系を前提とするかぎり、おそらく永遠に博士のエピゴーネンに止らざるをえないであろうし、「師の説を乗り越えなければ学問は進歩しない」という博士の日頃の教えにも反することになるであろう。むしろわれわれにとって、――流行りの表現を借りれば――これと対決することこそ、重要な課題だといえよう。そしてこれによって、博士が日本法史学史上に占められる偉大な地位が、逆に鮮明になるのではなかろうか。本稿は、対決というには、未だあまりに貧弱であり、蟷螂の斧にも等しいものであるが、それへの一つの予備的作業として、博士の学恩の万分の一に報いるべく、博士に捧げる次第である。

二　アンドレアス・ホイスラーのゲヴェーレ論

ゲヴェーレに関する法史学ないし法学的研究の近代における嚆矢は、ゲッティンゲンの七教授の一人として名高いヴィルヘルム・アルブレヒトの Die Gewere als Grundlage des älteren deutschen Sachenrechts (1828) であり、以来これに追随ないしこれを発展させるもの、これに反対して新しい説を立てるものと、おびただしい数にのぼる。これらを学説史的に検討することはそれ自身興味深い問題であるが、前節で述べた如くわが国のゲヴェーレ研究に直接に影響を与えたのは、アンドレアス・ホイスラーの著作が最初である。従って本稿ではその目的に照らして、まずこれを検討の対象にとりあげ、これ以前の諸学説は必要な限度でその中で分散的にとりあげることとする。

さて右の如きアルブレヒトの学説をめぐって展開された、半世紀余にわたる論争は、一八七二年に出版されたホイスラーの Die Gewere によって一応の決着がつけられることとなる。もっとも、この三年前に、わが国では公法学者として知られているパウル・ラーバントが、Die vermögensrechtlichen Klagen nach den sächsischen Rechts quellen des Mittelalters の中でゲヴェーレに関して、ホイスラーとかなり似かよった見解を述べているが、何といっても内容的に、学説史上占める地位はホイスラーの研究の方が重く、また後に紹介するE・フーバーが自説を展開するにあたって、批判の対象として念頭においていたのもこれである。[6] さらにわが国の「知行」研究の理論的武器としてのゲヴェーレ研究も、前述の如く中田博士が当初主としてホイスラーに拠られ、後にフーバー及びギールケの著書に接するに及んで、ほとんど全面的に書き改められた、という経緯をもっている。[7] この意味でここではホイスラーの見解をとりあげ、ラーバント等の研究には必要に応じて付随的に触れるにとどめたい。なおホイスラー自身、一八七一年の著作[8]ですでに基本的な構想を示しているし、また後の概説書[9]で、若干改説をしているが、前に掲げたDie Gewere は包括的な著作であり、後年の改説も彼の見解の本質的部分に触れるものではないと思われるので、ここではこれを中心に見ていこう。

さてホイスラーは、この著書の序言において、ゲヴェーレ研究に関する当時の学界状況を、アルブレヒトの業績に今なお「金しばり」になっている、諸々の研究もこれを脱しようとして、結局は大同小異の結論に落着くか、反対にシュトッベの如く統一的・体系的なゲヴェーレ像を描くことを放棄するかに終っている、と総括する。そして彼によればラーバントの「見事な」業績も、学界の常識を覆すに至っていない。そこで彼は、新しい体系的且つ包括的な把握[10]を、アルブレヒト以来の諸業績に対抗して提示しようとしたのであり、このように彼のこの著作はポレーミッシュな目的をもって学界に登場したのである。

ホイスラーはまず、それまでの学界で争われて来た、ゲヴェーレの同義語ないし類似語たるtraditioとinvestituraの関係を論じ、古くは同義語であった両者は、次第に分離し、後者は占有移転行為（Besitzeinweisung）、前者はそれに先だって行なわれ、それを将来実行することを譲渡者に義務づける法律行為となった、と断じ、従来の諸学説を批判する。[11] そしてホイスラーは、このような意味でのinvestituraは、それによって生じた状態、即ち物の事実的支配をも指すようになり、これと同義語たるゲヴェーレも同じ運命をたどったとする。そして彼は、それは「物権それ自身でも、その取得にとって必要なものでもなく、またこれと単なる占有との中間物でもない。物権概念は一言でいえばinvestituraから全く独立のものである」[12] ことを主張し、これを前提としつつ「通説の誤謬」[13] に対抗して、ゲヴェーレの本質論の検討に移るのである。

フランク時代におけるゲヴェーレは、すでに占有移転行為よりも、占有状態を意味するものとなり、やがて専らこの新しい意味に用いられるようになった。ホイスラーによれば、従ってこの時期の「ゲヴェーレは占有である」[14]。これに対してsalaという言葉がtraditioとそれによって譲渡された権利とを指す。[15] ところでホイスラーは、ローマ法のポッセシオの場合とちがって、一つの土地にいくつかのゲヴェーレが重畳的に存在しうることについて立入った考察をし、事実支配（握持）とゲヴェーレとが相覆わないことを見た上で、ゲヴェーレを単に占有と規定するだけでなく、一箇の法制度として把え、これに対して法律学的な定義が下せると主張する。そもそもロマニステンの間では、ポッセシオを物の単なる物理的支配というに止らず、握持（detentio）とのズレに着目して法律学的考察を行なうのは当り前のことであったが、ホイスラーはゲヴェーレについても同様な法律学的占有論を展開できる筈だと考える。[16] 即ち「ゲヴェーレはローマ法のポッセシオのドイツ法におけるアナロジーである」[17]。この両者は完全に相覆うわけではないが、しかし「一般に考えられているよりは、はるかに近い。ポッセシオがローマ法体系で占める地位は、ドイツ法ではゲヴェーレが満たしている。ローマ法がその『法律学的占有』（juristischer Besitz）の上に築いた占有理論は、ドイツ法ではゲヴェーレの概念から展開する」[18]。そしてこのようなテーゼを実証すべく、ホイスラーは諸々の点についてゲヴェーレとポッセシオとの比較を行なう。

すなわち第一に技術的意味におけるポッセシオは、法的保護を受けられるという点で、法によって承認された関係であるが、ホイスラーによればこれはゲヴェーレにもいえることである。[19] そしてこのことはどちらの場合でも、占有の性質（善意・悪意、合法・不法など）にはかかわらない。また、ローマ法においてもドイツ法においても、原初的には適法な占有のみが法的保護を受けたし、またそれも所有者の権利行使の場合（usus, Nutzung）に限られた。ローマ法はその発展の過程で右の最後の点に関してはかなり強く固執したが、ドイツ法は現実の社会的発展に柔軟に対応し、所有の重畳性に照応した占有の重畳性を認めた。ホイスラーによれば、原初的にはほとんど共通の性質をもっていたゲヴェーレとポッセシオは「ここで分れた[20]」のである。しかしいずれの場合でも、占有と所有とは「対概念（Korrelat）」であり、ローマ法では所有権（dominium）の単一性に照応して単一的なポッセシオが形成され、ドイツ法では所有権の分裂に対応してゲヴェーレの分裂・重畳性が生じた、[21] とされる。アルブレヒトは「複数の権利者のゲヴェーレは重畳的所有の中にその法的表現を見出す」というが、ホイスラーによれば「これは原因と結果とをとりちがえている。……ローマ法でもドイツ法でも、占有は権利を創造する要素ではありえず、それとは無関係に発展する権利状態によって規定されて、権利の事実的表現が創り出されるのである」[22]。要するに彼の主張に従えば、ゲヴェーレとポッセシオが根本的な差異をみせていると通常人がいう点についても、出発点においては本質的に同じであった、というのである。

第二にホイスラーがゲヴェーレとポッセシオの共通点として指摘するのは、占有状態の取得に関するそれである。すなわち双方の場合において、占有の取得は事実支配とその物を自己の為に持つ（für sich haben）という意思との共働作用によって生ずる。[23]

第三の共通点は占有の保護についてのそれであり、ホイスラーはここに最も力点をおいて説明をしている。何故ならば、ゲヴェーレに対して本権とは独立に法的保護が与えられないとしたら、前に述べた「法によって承認された物の事実支配」という彼の主張は実質的に無内容となるわけであり、しかも当時の通説はこれに対して否定的であったからである。そこでホイスラーは、「ドイツ法の占有は直接的保護を享けることはなかった」という一般に信じられている認識は「ドイツ法は占有理論を知らなかったという誤り」を導き出した、と通説を批難し、これを ungünstig な結果だときめつけた[24]上で、自説の根拠づけを開始する。

ところでホイスラー以前において、アルブレヒトが「ゲヴェーレはドイツ物権法の基礎」だとしたのに対し、後にデルンブリュックやフォン・バー等はこれを「証拠法の基礎」だとして、ゲヴェーレのもつ意味の重点を物権法から証拠法へと移動させた。[25]この考え方は、ローマ法のアークティオ actio に相当するものがドイツ法に欠如しているのをゲヴェーレがおぎなっている、という見方から生じたのである。しかしホイスラーによれば、事物の性質上生ずる以上の特別の性質と役割を、ゲヴェーレが証拠法上果している事実はなく、ローマ法とこの点で異なるところはない。[26]たしかにローマ法とドイツ法との間には、同じく占有者が訴訟上有利であるといっても、前者では非占有者が挙証責任を負うのに対し、後者では占有者が挙証の権利 (Beweisrecht) を有するという相違があるが、それはゲヴェーレの特質によるものではなく、金銭訴訟その他訴訟制度一般を通じてみられる相違の反映にすぎない。「ゲヴェーレは訴訟に対して、訴訟当事者の地位をきめ、それによって挙証活動上の利益を規定するという、原理的にローマ法の占有と同じ機能を果しているのである」[27]。

ホイスラーは右のような主張をさらに強固に根拠づけるために、いくつかのフランク時代にみられる実例を検討したうえで、「あらゆる場合において、ゲヴェーレは、相手方〔原告〕が何らかの有力な事実によって〔占有者の主張する〕権原を疑わしめない限り、〔占有者＝被告は、〕権原を立証する必要がないという、消極的な価値しかもたないことがわかる」[28]とし、これはローマ法における全く同じであるとするのである。そして彼はこのことから、「古ドイツの訴訟は、物に対する実質的権利の判断をする際にも、ゲヴェーレを問題にすることがいかに少ないことか！　審理の対象となるのは常に権原である」[29]と述べ、「ゲヴェーレは証拠法の基礎である」という見解を否定するのである。何故ホイスラーがこのように執拗に、二〇頁近くも割いてこの見解を反ばくしたかといえば、ゲヴェーレを訴訟法乃至証拠法上の問題として取扱うこと自体、ゲヴェーレを本権の問題の一部に解消し、実体法上それ自身がもつ独立の法制度としての意味を見失わせると考えたからではないだろうか。彼がゲヴェーレ＝占有説を主張するには、このような「ガラクタ」をまずとり除いて、「道を明ける」[30]必要があったのである。

さてホイスラーはこうして「ガラクタ」のなくなった道をまっしぐらに、ドイツ法に本権から独立した占有の法的保護の制度があったかどうかの検証を始めるのである。まず動産については彼も占有訴訟制度がないことを承認する。何故なら、握持とゲヴェーレとはこの場合一致するから、というのが、その説明である。[31]これに対して不動産の場合はそうではない。すなわちホイスラーによれば、土地をめぐる訴訟において、しばしば最初からゲヴェーレの有無をめぐって両当事者が争う例がみられるが、それは常に主要問題に関する立証活動において有利な地位を占めるために、双方とも被告の地位を得ようと努力することを示す。[32]けだしドイツ法は、何人も暴力によってゲヴェーレを失わず、従って占有侵奪者はゲヴェーレのもたらす利益と被告の地位とを獲得しない、さらに被侵奪者はなかんずく物権の審理に入る前にゲヴェーレをとり戻すという原理をもっていたからである。[33]このようにドイツ法は本権の審理に先立って行なわれる占有問題をめぐる特別の審理を知っており、「本権訴訟と占有訴訟とは殆んど並存していた（neben einander stehen）といってもよい」[34]。しかしこの占有問題をめぐる審理は、本権訴訟における原告か被告かをきめることを唯一の目的とした。「従って占有侵奪の場合にも、主要問題（本権）の審理に入る前に実際に被侵奪者が占有を型通り回復することは重要でなく、彼が訴訟上不利な地位に立たされないというだけでよいのである」[35]。こうしてみると――ホイスラーによれば――訴訟を二つの段階に分けることも必ずしも必要ではないことになる。[36] いいかえれば、裁判官が一種の中間判決によって被侵奪者がゲヴェーレを有し、被告の地位を占めるべく言明すれば足りるわけであり、その意味で占有をめぐる審理は、一つの不可分の訴訟の「構成部分」にすぎない。しかもこの「構成部分」も常に不可欠で本権訴訟に先立って解決される必要があるものというわけでなく、場合によっては本権をめぐる審理によって背後に押しやられたり、不必要になったりすることもある。[37]

このような主張をひっさげて、ホイスラーは次にポッセシオとの比較に移る。「特示命令制をもつ古典ローマ法でなく、フランク期にほぼ対応する時期の十二表法を〔フランク期のゲヴェーレとの〕比較の対象に選ぶべきだろう。そしてこの時代にはローマ法においても、占有の保護はほとんど問題にならなかったといってよい。占有が裁判官の判断の対象になった唯一の場合は、サクラメント訴訟……であるが、それはドイツの場合と同じく未だ所有権訴訟の先決問題たる性格をもっていたにすぎない[38]」。ホイスラーによれば、この期のローマ法にも「不法侵奪によってゲヴェーレは移転しない」というのと同じ観念が存在し、それは本権訴訟の前提問題として当事者役割（Parteirollen）――原告か被告か――を決める際に機能した。[39] このようにゲヴェーレもポッセシオも、その原初的形態においては、本権から独立した法的保護を受けることはなく、本権訴訟の前提問題としての当事者役割を決める際に法的意味をもった、即ち法的保護をうけた、というのがホイスラーの結論である。

ところでローマ法は周知のように独立の占有訴権制度を生みだすという発展をとげた[40]のであるが、ゲヴェーレの場合はその後どうなったか、これとポッセシオとの類似性を立証せんとするホイスラーにとっては、この点はきわめて重要な問題である。そこで彼がフランク時代に続く中世のゲヴェーレについて述べているところを見てみよう。

フランク時代に、前述の如くポッセシオの原初形態と同じく、法的占有としての性格を示していたゲヴェーレは、ドイツ民族の高度の「法形成能力」をうかがわしめる。従ってこれに続く法書の時代にこの「力強い萌芽」が豊かに実を結んだのではないか。ホイスラーはこのような期待を表明するのであるが、現実を直視する限り、「たしかにこの時代のおびただしい史料は、すでにフランク時代に出き上った形象があらゆる方面において補完され、概括的な輪郭が細かく埋められたことを示しているが、しかしそれだけのことであ」[41]って、決して根本的に新しいものが作り出されたわけではない、ということを承認せざるをえないのである。彼によれば、このような現象は――ゲヴェーレに限らず、法発展一般についていえることだが――ドイツ中世の法形成が狭い諸法圏（enge Rechtskreise）の内部でしか行なわれなかったことによるものである。即ち、個々の法圏の中では、たまたまその社会的・経済的諸関係から新しい法形成への動きがあるにしても、それが普遍的なものにはなり難く、一般的な諸々の法的原則や理論は、限局されたバラバラの法圏の中で「滋養を与えられないまま、萎縮し、衰退してしまった」[42]。ホイスラーによれば、まさに中世のゲヴェーレにおいても、このような「萎縮」現象が次第に生じてくるのが跡づけられる。最古の法書であるザクセン・シュピーゲルのレーン法は、「占有理論」（Besitztheorie）を有し、「体系的に構成可能な法関係としての占有」の観念に貫かれている。ところが後の法書、例えばシュワーベン・シュピーゲルのレーン法は、ザクセン・シュピーゲルのもっている明快な占有の体系をゆがめてしまい、さらに時代が下るにつれてゲヴェーレはもはや「法理論的に定式化されぬ」ものとなってしまった。そしてホイスラーは次のように嘆くのである、「もし〔法律学的に〕熟練した者の手によって、前代のドイツ法がもっていたあの素晴しい萌芽が育てられていたら、外国法の継受をすることになど、なりはしなかったであろうに」[43]と。

もとより彼はこのように嘆いてばかりはいられない。右に述べたように、ザクセン・シュピーゲルをはじめ、中世において例外的に「占有理論」を維持している（と彼が考える）史料を集め、一八〇頁余りを費やして、juristischer Besitz としてのゲヴェーレ像を再構成しようとするのであるが、結論は、彼がフランク時代について主張したことが、中世にも妥当する、という域をほとんど出ていない。即ち中世のゲヴェーレは、ローマ法のポッセシオが本権から独立に法的保護をうけるに到ったのに対し、本権訴訟の当事者役割をきめる一種の予備手続の審理の対象にすぎず、「占有保護の理論」も発展しなかった、というのである。[44] 従って中世に関するホイスラーの叙述を逐一紹介することはあまり意味がないと思われるので、ここでは従来の諸学説との関係で特に興味があると思われる点だけを簡単に紹介するにとどめたい。

第一に、それは中世の史料には、ゲヴェーレの語に形容詞乃至附加語がついている例がしばしば見られることに関係する。例えば lediglich, hebbend, gemein, blos, eigenlich 等の形容詞を附したり、Lehnsgewere, Zinsgewere 等のように名詞を頭につけてゲヴェーレの内容を規定したりする用法である。このうち lediglicheGewere はホイスラーによれば、当該不動産から直接収益をあげている者のゲヴェーレであるが、その場合必ずしも握持を必要とせず、管理人が介在していてもよい。これに対して hebbende Gewere はローマ法の possessio civilis に相当するもので、法的保護をうける juristischer Besitz としてのゲヴェーレ一般を意味し、従って権原に基づかない場合も含み、その点で gemeine Gewere や blose Gewere と同義に用いられる。また同じ理由から、すぐ後に述べるような権原に基づくゲヴェーレと対比して用いられることがある。ホイスラーはこのように解して hebbende Gewere と lediglicheGewere とは同義で、握持を意味するというゲルバーの説を批判する。[45]

ところで右の権原に基づくゲヴェーレとは彼によれば、eigenliche Gewere, Lehnsgewere, Zinsgewere 等であり、これらはそれぞれ所有権、授封、賃借権等によってゲヴェーレが適法なものであることを示している。ゲルバーが例えば Lehnsgewere と前の hebbende Gewere との対比を「授封行為によって生じた占有すべき権利」と握持との対比と解するのに対して、ホイスラーは「授封行為に基づく占有」と「由来を問わない占有」、いいかえれば「権原ある占有」と「権原なき占有」との対比だと主張するのである。彼によれば、「占有すべき権利」（物権）と占有との対比は、右のようなところに見出されるのでなく、Gut, Eigen, Lehn とゲヴェーレとの間にある。[46] つまり Gut, Eigen, Lehn 等とゲヴェーレとが物権と占有との関係に相当し、Lehnsgewere と hebbende Gewere とは単に占有の相異なった二つの形態を表現するにすぎない、というのである。

ところでホイスラーによれば、このように中世にはさまざまなゲヴェーレが存在したのであるが、これはゲヴェーレとしては一つであって、その取得、喪失、保護等において異なるところはない[47]。ゲルバーの説く如く中世ドイツ人は附加語をつけたゲヴェーレという言葉によって、相異なった何種類かの「占有すべき権利」を表現したのでなく、これらの権利の効果として現われている占有という事実状態を表現するためにゲヴェーレの語を用いたのである。また彼によれば、中世ドイツ人は物権の観念を知らなかったのでなく、すでに掲げたような Eigen, Gut, Lehn 等という言葉によって個々具体的な物権を表現していたのであって、そのあらゆる場合を総称する物権という抽象的な言葉をもたなかったにすぎない。従って eigenliche Gewere, Lehnsgewere, Satzungsgewere 等という表現も、物権観念の欠如からくる「苦しまぎれの間に合わせ」ではなく、前述の如く、各物権の効果たる占有状態を具体的に示そうとする、当を得た方法だとされるのである[48]。要するにホイスラーは、ドイツ中世法において物権と占有との対立が存在し、前者については抽象的・総称的な物権を表現する言葉はなかったものの、物権とは区別された意味での占有を表現するものとしてゲヴェーレという言葉があった、と主張するのである[49]。

さて次に、このような考え方は、観念的ゲヴェーレと通常いわれる場合にも貫かれる。即ち、物に対する現実的支配がないにもかかわらず、史料上ゲヴェーレがあるとされているいくつかの法現象は、一般にはポッセシオとの相違を示すものと解されて来たが、ホイスラーはこれをも占有概念を以て処理しようとする。まず現実的支配を奪われてもゲヴェーレを失わないという場合（被侵奪者の観念的ゲヴェーレ）は、すでにフランク時代のところでも主張していたように[50]、彼の占有説の論理体系にとって核心ともいうべきもので、まさにゲヴェーレの占有的性格を示すものである。つまりこの原則が本権訴訟の予備的手続としてではあるが、ともかくも占有訴訟がドイツ中世法にも存在すること、いいかえれば占有が占有として法的保護をうけることの証左とされるのである。[52] さらに彼はこれを通常の理解と異なって、中世ドイツ法は「corpus の喪失にもかかわらずゲヴェーレが失われない、というのでなく、侵奪にもかかわらず corpus が失われない[53]」という考え方に立っていたのだと解釈する。そしてこのような「現実的な握持がなくとも占有がみとめられる」という「擬制」こそは、ホイスラーの意見に従えば、現実的握持そのものを越えた juristischer Besitz の特徴である。換言すれば、欲すれば直ちに物に対する支配を行使しうるという、可能性さえあれば占有とみとめるという「擬制」は、ローマ法のポッセシオに関しても内容こそちがえみとめられるもの[54]で、この点でも「ローマ法とドイツ法とは一見したよりは近い[55]」関係にあるというのである。そして彼はこの考え方を、相続人の〔観念的〕ゲヴェーレ取得の場合にもあてはめ、相続人が被相続人の死亡と同時に何ら特別の取得行為なしにゲヴェーレを取得する、という「擬制」も、ゲヴェーレの juristischer Besitz たることを示すと主張する。[56]

ところでこのようにして複雑な論理操作を経て juristischer Besitz だということになったゲヴェーレも、すでに述べたように中世に至っても、本権から全く独立にポッセシオの如く法的保護を受けることなく、フランク時代にみられた豊かな可能性は「萎縮」し、「衰退」してしまったことを、ホイスラー自身みとめざるをえなかった。つまり本権訴訟と不可分に、当事者役割をきめるいわば予備手続の段階で占有としてのゲヴェーレの法的保護がみられるにとどまり、フランク時代との差異はわずかにその適用範囲が占有侵奪の場合だけでなく、相続人その他[57]の場合にまで拡大されたというにすぎない。[58]

以上がホイスラーのゲヴェーレ論の骨子であるが、これの当否を問題にすることは専門家ならぬ筆者のよくするところでないし、また学説史を目的とする本稿の範囲を越えている。従って学説史上特に興味あると思われる論理的な問題点[59]を挙げるにとどめるならば、およそ次のようなものであろう。

ホイスラーのゲヴェーレ論の核心は、すでに引用したように「ゲヴェーレはローマ法のポッセシオのドイツ法におけるアナロジーである」[60]とするところにあり、著作のあらゆる部分が、ゲヴェーレの juristischer Besitz 性を立証することに向けられている。そして彼の論理の問題点もほとんどこの点に根ざしているといってよい。

即ち第一に、右のような彼のゲヴェーレ研究は、当時のローマ法研究のあり方を反映して、[61]ほとんど必然的に近代法的発想に貫かれ、近代法的諸概念を分析道具として用いるという結果に陥っている。その典型的な例が、物権と占有との対概念の使用であることはいうまでもあるまい。しかもホイスラーはこれを単に理念型ないし分析道具として用いるにとどまらず、両者を実体化し、これをもたない法文化は劣ったものだという考え方を前提として、ドイツ法はこれをもつという点でローマ法に負けないレベルのものであることの立証に腐心したのである。つまり彼にとって物権と占有とは単なる分析道具でなく、ドイツ法になくてはならないものであった。即ち一方で彼は、Eigen, Gut, Lehn 等が権原を示す言葉だと主張する。

もちろんその際彼も、近代法の「物権」のように、いくつかの物に対する権利を総称する言葉はなかったという限定をつけることを忘れていないが、それも彼によれば言葉がないだけで、その観念は存在したのであり、ただ中世ドイツ人は占有たるゲヴェーレに対する各種の権原を具体的に表現するという方法をとった、というのである。たとえば Lehnsgewere という場合、果して右の如く、Lehn が Gewere に対して権原の地位にあるのか、前者は単に後者の対象を特定する言葉にすぎないのか、専門家ならぬ筆者には手に余ることであるが、ホイスラーはこれについてほとんど説得力のある説明をしていないといってよい。また「所有」とか「物権」とかいっても、それが単に「誰々のもの」ということを意味するにすぎないのか、近代のそれのように絶対的・抽象的な観念なのかという点に対しても何も答えられていない。

他方彼によってゲヴェーレは juristischer Besitz だとされ、その根拠はゲヴェーレが単なる握持と異なって、「法によって承認された事実支配」であり、そこにはいくつかの「擬制」がみられ、しかもそれに対して——本権訴訟の予備手続としてであれ——法的保護が与えられた、そしてそれはポッセシオの場合と同じだ、という点に求められているが、問題はそれぞれの内容である。全くの原始的社会ならいざしらず、ほとんどどの法文化においても（「誰々のもの」という意味での）広義の「所有」と握持とは相覆わないし、そこには何らかの「擬制」はつきものだといってよかろう。

他面、握持が右の意味での「所有」に関してどのような意味をもつかは、それぞれの法文化によって異なって来るが、一定の条件のもとに何らかの形で握持が「所有」をめぐる法的保護をうけるといって差支えあるまい。従ってこれらの諸点について具体的な内容が問題となってくるのであって、抽象的に右の如き現象があるといってもほとんど意味がないのではなかろうか。例えば握持がなくともゲヴェーレありとされる場合がいくつかあるが、このような「擬制」は、ポッセシオにおいてもないわけではない。しかし「所有」と握持との分離過程ないし程度という点からすれば最も重要だと思われる侵奪の場合を考えると、両者は明らかに異なっている。即ちゲヴェーレは握持を侵奪されても被侵奪者の手から失われないのに対し、ポッセシオは原則として失われる、ということはすでに周知のことであり、この点を無視して単に「擬制」が juristischer Besitz のメルクマールだといってみてもあまり意味がないといってよかろう。

そしてこのことは、占有に対する「法的保護」についてのホイスラーの所説とも関連する。前に述べたように彼は観念的ゲヴェーレ等の場合を根拠に、——予備手続であるにせよ——占有訴訟があったというが、それは論理的にそのような機能を果しえた、という程度を出ていない。もちろん原初的にはポッセシオの場合もそうであったかもしれないが、それは後に周知のごとく独立の占有訴訟制度をもつに到った。これに対してホイスラーはドイツにも萌芽はあったが、それは摘みとられ「萎縮」してしまったという論理で説明するが、前の「擬制」における両者の対蹠的ともいえる相違を考えると、「萌芽」の中にすでに異なったものが内包されていたとは考えられないだろうか。素人の臆測が許されるなら、握持を奪われてもゲヴェーレは失わないという原則をもつゲヴェーレ法は、論理的に独立の占有訴訟制度と結びつきにくいように思われる。いいかえれば右のような形で「所有」と握持との分離をはじめたゲヴェーレ法においては、このゲヴェーレをめぐって行なわれる訴訟である限り、それはおそらく「所有」訴訟との縁を断ち切ることは論理的に困難であるといえよう。それはともかくとして、本権訴訟から独立した占有訴訟がゲヴェーレ法に生れなかったことの理由を、中世人の「法律学的未熟さ」や法圏の分裂にのみ求めるのは、些か無理ではないだろうか。

ホイスラーの論理にみられる第二の問題点は、第一の問題点の最後に述べたことに関連するが、制度論と機能論との混同ということである。すでに指摘したように、ゲヴェーレに関しても、ポッセシオと同様、予備的手続としてではあるが、占有としての法的保護が与えられた、という彼の主張を仮に全面的に承認するとしても、それは単に「握持を奪われてもゲヴェーレを失わない」という原則が論理的に右のような機能を果すことがありえた、というにとどまり、制度として占有訴訟があったか、あるいは一歩譲って、本権訴訟の予備的手続としての占有審理が制度的に定着していたか、という次元での立証はなされていない。

このような機能論と制度論との混同は、「所有」と握持との分離が、ローマ法と旧ドイツ法とにおいて、制度的に類似の道を歩んだのか、それとも異なる道を歩んだのかを、確定することをかえって困難にするのではなかろうか。筆者は制度論万能を唱えるつもりは毛頭なく、むしろその限界を十分に心得ているつもりだが、機能論をすべり込ませることによって、諸法文化圏のパターンの差異を追究する一つの有効な手段である制度論そのものをスポイルしてしまうおそれがあることを指摘したいのである。制度としてはちがうものが類似の機能を果すことは、異なった法文化圏にはいくらも見受けられることであるが、このことは制度論と機能論とをはっきり区別することによって正確に認識されうる筈である。そしてその前提の上に、そのような相違が何故起ったかを諸々の社会的条件の中で追究する可能性が生れてくるであろう。この場合に即していえば、何故ドイツ人は「観念的ゲヴェーレ」という制度で「所有」と握持との分離をなし、何故ローマ人はそれを占有訴訟制度の独立という形でなしとげたのか、この問題を追究することは、機能的に同じだから本質も同じだという見方からはおそらく困難ではないだろうか。

以上大別して二つの問題点に対して果せるかなE・フーバーが鋭い批判を提起したのであった。もちろんフーバー自身右のような筆者の論理を用いているわけでないことは、次節に紹介する通りであるが、提起した問題そのものはおおよそ右のような事柄をめぐってのものである。ただその紹介に入る前にここで触れておきたいのは、フーバーも認めるように、右のような問題点を孕むホイスラーの説が、何故当時の学界において一躍通説的地位を占めるようになり、フーバー自身が自説を展開するに当ってきわめて用心深い表現[62]を用いざるをえないような勢力をもつに至ったかということである。

一九世紀のドイツ法史学者は皆多かれ少かれ近代主義的発想の持主であり、その研究方法は近代法的諸概念を主軸としていたのだから[63]、右のようなホイスラーの論理にみられる問題点は何らあやしむに足りない、当時の学界ではそれが欠点とは見られなかったのだ、といってしまえばそれまでであるが、それは彼の説が通説になることの妨げにはならなかったという消極的理由にすぎない。積極的なものとしては、豊富な史料を縦横に駆使し、論理的にも、先人の主張にみられる欠点を巧みに衝きながら畳みかけるように自説を展開していくという彼の業績自身の強みと、前述のようにこれにわずかに先立って発表されたラーバントの同旨の業績との協働効果を挙げることができるが、これとても決定的な理由とは必ずしもいい難い。

ホイスラーのゲヴェーレ論が通説的地位を占めるに至ったのは、筆者の素人判断であるが、ゲヴェーレをポッセシオに劣らない juristischer Besitz だという命題が、当時のゲルマニステン、そしてそれを中心とする当時のドイツ法史学者にとって、ある種の悲願を成就させてくれるものであったからではないだろうか。周知の如く一九世紀のドイツ法学は、サヴィニー以来、法源の主要な部分をローマ法に求め、それに基づいて法実証主義的方法によって発展して来た。これに対してドイツ固有法ないしゲルマン法は、ゲルマニステンの努力にもかかわらず、商人法とか団体法とかいう、ローマ法に欠けた部分以外はほとんど法学上の市民権を得ていなかったといって過言ではあるまい。物権法もまたその例外でなく、物権と占有との峻別の上に立つ古典ローマ法の精緻でかつ明快な物権法体系は、近代法的諸概念に馴れた当時の法学界においては、難解至極なゲヴェーレ法が実定法学上の存在価値を獲得する余地をほとんど与えなかった。ゲヴェーレはその意味でもっぱらゲルマニステンの法史学的関心の対象となっていたにすぎない。図式的ないい方をすれば、ゲヴェーレは「歴史法学」の対象ではなく、法史学のそれであった。ホイスラーでさえ、ゲヴェーレ研究は純粋理論的な意義をもつにとどまる、と述べているのである。[64] ただアルブレヒトの業績は同時代のロマニステンによる法理論がそれほど精緻なものとなっていなかったことにもよって、ゲヴェーレの独自性探求の可能性を内包しているが、[65] それだけに理論的に明快なものとは必ずしもいえず、内容的にも前近代ドイツ法の面影を残すJ・メーザー流のゲヴェーレ理解さえ含んでおり、いわば混とんとしたものである。従って法実証主義による法理論の彫琢が進むにつれて、アルブレヒトの所説はそのままでは維持し難くなり、後の学者達によって新たな角度からゲヴェーレ論の再検討が行なわれることになった。

　しかし、それについて注意すべきことは、彼らの用いた分析道具がヴィントシャイト流の概念法学のそれであったことである。その結果ほとんどのゲヴェーレ論が、ゲヴェーレを物権（「占有すべき権利」）になぞらえるか、ポッセシオ的占有になぞらえるか、という方向をたどらざるをえず、次々と論理構成上破綻を来たし、物権説と占有説とが互いにその難点を指摘し合うという状況が続いたのである。そして遂にはシュトッベやハインリヒ・ブルンナーの如く、ゲヴェーレの統一的把握を断念するものも出現した。[66] このような学界状況によってますますゲヴェーレ法はローマ法的物権法より劣ったもの、というイメージが強化され、ひいてはドイツ私法〔史〕の威信にもかかわることとなったといってよい㉗。ホイスラーが前述の如く当時のゲヴェーレ研究状況をungünstigと断じたことの背景はおよそこのようなものであったと思われる。ある法文化に「占有理論」があるか否かは、その民族の「法形成能力」を計る「試金石」である、といって彼が気負う㉘のもこの意味において偶然ではない。とにもかくにもホイスラーによって、ゲヴェーレがポッセシオに劣らないjuristischer Besitzだとされたことは、当時のドイツ法史学界にとって一大朗報であったにちがいなく、この説は砂漠に水の吸いこまれるが如く、通説的地位を占めることとなった、と筆者は考えるのである。

ところでこのことは当時のドイツ公法史に関する学界状況とも符節を合わしているように思われる。周知のように、一九世紀後半のドイツ公法史学はフランク時代及び中世における「国家」の存否をめぐって論争を続けていた。この論争の背後には、当時のドイツにおける統一国家の未成立という厳然たる事実と、フランスの歴史家達が、ゲルマン人には「国家形成力」が欠如している、と冷笑していたことが伏在していた㉙。即ち一八世紀後半から一九世紀にかけてのフランスの歴史学者によれば、国家的秩序、公的権威、普遍的法などというものはガロ・ローマ的な起源をもつのに対し、私的で国家破壊的な封建制はゲルマン人によってヨーロッパにもちこまれたものであった。例えばギゾーによれば、いかなる公権力も「国家形成力」ももたないゲルマン人の未開・野蛮・不服従のpassionが（古代）文明を破壊した、それによってépoque anarchique（封建時代を指す）がもたらされたのである㉚。このような考え方は、さなきだに現実に統一国家をもたないという弱味をもつ十九世紀のドイツの歴史家にとって承服し難いものであった。前近代ドイツに統一国家があったことを論証しようとした、いわゆる古典学説㉛の担い手達の心情は、このような状況と無関係ではなかったと思われる。

もちろん一九世紀後半のドイツ公法史学が右の如き古典学説一色に塗りつぶされたわけでなく、ドイツ中世国家の「国家性」を否定する学者もいなかったわけではない。ギールケがその顕著な例であることはいうまでもないであろう。しかしこのことはギールケが右のような心情と無縁であることを意味するわけではない。この点はギールケの学問全体に及ぶ大問題であって本稿の目的をはるかに越えるが、[72] いずれにせよ彼の学説がドイツ人の「国家形成力」自体を否定するものでないことは、Das Deutsche Genossenschaftsrecht を一読すれば明らかである。「ナショナルな統一」は彼にとってもきわめて重要なことであったが、「ローマ的」「高権的」国家による統一は彼の排斥するところであり、中世にはこの意味での国家は存在しなかった、というのが彼の主張である。ハラー以来の家産国家論という理論的系譜、ギールケ自身の用いたあまりにも狭い近代的国家概念、さらに君主制原理一辺倒のドイツ統一に対する彼の自由主義的反撥等、さまざまな要因がからんで中世国家の「国家性」否定という結論が導き出されたと考えられる。偉大なゲルマニステンの一人である彼にとっては、近代国家と同じような「国家」がドイツ中世にあったことがドイツ民族の能力の証しではなく、後に彼のゲヴェーレ論について述べる如く、その社会を超歴史的に貫くゲノッセンシャフト的原理こそがドイツ民族の独自性を示すものであり、その意味でドイツ民族の「国家形成力」の立証に腐心した古典学説の担い手達とギールケとは中世国家をめぐる論敵でありながら、実は互いに異なる次元にいたといってよいのではないだろうか。

それはともかくとして、中世国家の「国家性」の証明を目的とする歴史家達は、ヴァイツ、ロート、ゾームと次々にその目的を果すべく研究を重ねていったが、結局のところその努力はフランク時代について成功したのみで、[73] 遂にフランク時代末期以後の「封建化」と帝国分裂、「一般的臣民団体」の解体と封建領主による「公権の簒奪と私権化」という現実の前に、彼等の雄図は実質的には挫折せざるをえなかった。[74] 中世国家の「国家性」が学界でほとんど疑われなくなるのは一九一四年に出版されたベロウの業績[75]を待たねばならないのである。

私法史の分野でホイスラーのゲヴェーレ論が学界に登場した一八七二年は、ちょうど公法史の分野ではゾームの主著である Fränkische Reichs- und Gerichtsverfassung が出版された翌年に当る。後者によって、フランク時代に関しては――ガロ・ローマのみならず――ドイツ民族によっても統一国家が作られたことが立証され、前者によって、その時代にローマ法のポッセシオに劣らぬ juristischer Besitz としてゲヴェーレが構成されたこと、そして同時にゾームも中世暗黒・分裂時代観を克服できず、ホイスラーがゲヴェーレの中世における「萎縮」の原因を帝国の分裂に帰せしめていること、このような現象は全く偶然とはいい切れないものを含んでいるのではなかろうか。もちろん筆者もホイスラーが公法史学の直接の影響の下にゲヴェーレ論を展開したとは主張しないが、公法史、私法史を問わず当時のドイツ法史学を包んでいた時代思潮の如きものを感ぜざるをえないのである。(76)

ところでくり返し述べるようなゲヴェーレの中世における「萎縮」は、ホイスラーにとって痛恨至極のことであったにせよ、とにかく否定し難い事実であった。しかしこれは前に指摘したような彼の方法論をとる限り、ほとんど不可避の結果であることはいうまでもない。この点に対する反省から出発したのが次節に述べるフーバーのゲヴェーレ論である。他方公法史の分野についても近代的国家概念を用いて中世国家の「国家性」を検証しようとする限り、その試みは客観的にいって挫折せざるをえないこともまた明らかである。ただこの反省は、幸か不幸かベロウという稀にみる論客の出現とドイツ帝国の成立、大国化とによって、一九三〇年代まで学界の表面には浮かび上る機会をもたなかった。しかしこの公法史学と私法史学との間にみられるズレは後に触れるべき事柄である。

三　オイゲン・フーバーのゲヴェーレ論

E・フーバーは周知の如くスイス民法典の起草者として著名な学者であるが、いかにもゲルマニステンの一人らしく、法史と現行法との間に截然たる区別のみられぬ Schweizerisches Privatrecht 4Bde. (1886～1893) という大部の著作を残している。この「スイス私法」に関する研究が、一方で法典編纂の基礎の一つになったことはいうまでもないが、他方彼のゲヴェーレ論にとっても、積極、消極両面で一つの重要な前提となっている。しかしながら後に述べるような彼のゲヴェーレ論の眼目ともいうべきLegitimation説はここでは未だ提示されていない。従って本稿ではもっぱら一八九四年のDie Bedeutung der Gewere im deutschen Sachenrechtをみていくことにする。

さて、フーバーは、冒頭通説たる占有説に関して、これをアルブレヒト以来半世紀余りにわたってくりひろげられて来た研究史の一大成果であって、理解しやすく明快であり、ホイスラーの先人達が陥らざるをえなかった「実質的権利との混同」という欠陥をもってない、と評価する。しかしこれは一種の外交辞令にすぎないのであって、すぐ次に疑問提起が行なわれる。即ち「ゲヴェーレの概念と、その機能乃至意味とを区別するなら、通説はゲヴェーレの提起する問題の全てに答えているわけでないことがわかる」[77]。フーバーによれば、ゲヴェーレが仮に占有だと概念規定されたとしても、それが「全私法体系[78]」に対してもつ「特別の意味」はわからないのである。そしてこれがまさに本書が"Die Bedeutung der Gewere……"という標題をもっている所以である。

それでは彼のいう「ゲヴェーレの意味」とは何か。それは「何故にドイツ中世において原告も被告も、常に実質的権利でなくゲヴェーレを引き合いに出して争い、また裁判所も権利の代りにゲヴェーレに関して判決を下すのか[79]」ということであり、これこそアルブレヒトが問題にしたことであった。アルブレヒトはこの観点から研究を進め、「ゲヴェーレは全く特異なもので、物権でも債権でもない一つの力であるが、そのあらゆる現象形態を通じて『物を代表する権利』という共通の性格を示している[80]」とした。これに対してホイスラーは、ドイツ法においては抽象的権利を表現する言葉こそなかったが、ゲヴェーレという形で物権の"faktische Realisierung"を行なっていたので、人々はこれに満足し、誰でもその背後にある権利に当然さかのぼって推論することを期待していた、というのだが、これでは——フーバーに従えば——ゲヴェーレという「術語」を作り出したドイツ人が何故抽象的権利に対する「術語」を作らなかったのか、いいかえれば「権利そのものの理解と認識が成熟した後においても、何故人々がこの外見的事実を表現するゲヴェーレという言葉で満足したのか」は説明できない。[81] ドイツの法文化が「抽象化と形式化の傾向に関してあのように偉大な能力」を示し、「ドイツ民族の並々ならぬ才能のおかげで定期金売買、Gült（土地債務の一種）、無記名証券、所有者抵当……登記簿等々の発明がなされたことを考えるなら、抽象的権利に対する表現が単に欠如していたというのでなく、何か深い動機が、ゲヴェーレを高度の意味を持ったものとしたのではないか、と推測してさしつかえあるまい」。[82] このようにフーバーは、通説即ちホイスラー説がゲヴェーレの「意味」の重要性を理解していないと主張して、具体的分析に入るわけであるが、その際ホイスラーときわ立って異なっているのは、ゲヴェーレが典型的にみられる時期を中世の法書の時代としていることである。

前述のようにホイスラーは、フランク時代の豊かな萌芽が、ザクセン・シュピーゲル等の例外を除いて中世に入ると「萎縮」していくという立場をとっているが、フーバーは逆に中世をゲヴェーレの典型的時代とし、フランク時代については、中世のゲヴェーレの「意味」を準備した時代として軽視はできないにしても、典型期とみることは難しい、というのである。[83] このようにフーバーとホイスラーではゲヴェーレの典型をどの時代にみるか、従ってもっぱらどの時代の史料によってゲヴェーレ像を描くかという、いわば研究の出発点においてすでに明らかな相違があり、両者のゲヴェーレ論にはある意味で次元を異にするといってもよい対立があることをあらかじめ指摘して、フーバーによる具体的な分析の紹介に移ろう。

まず彼はゲヴェーレの法的効力について考察する。[84] 第一の効力は彼が「防禦的効力」と名付けるものであって、これは「ゲヴェーレ所持者（Gewereinhaber）は権利と判決なくして他人にゲヴェーレを奪われない」という原則に示されている。[85] この原則の結果、ゲヴェーレ所持者は訴訟上被告の地位に立ち、また他人の自力救済から保護される。ホイスラーは占有説の立場から右のことを、法秩序が「単なる事実上の支配状態を尊重するもの」[86] と解するが、フーバーは「実質的権利そのものとの関連で」ゲヴェーレ所持者の地位を強化する趣旨のものだ、[87] として、「本権」とゲヴェーレの関係をできるだけ切り離して構成するホイスラー説を排するのである。

第二の効力は「攻撃的効力」である。右のような「防禦的効力」をもつゲヴェーレも、訴訟によって「実質的権利」に合致しないことが明らかになった時は破られる（gebrochen werden）。このことは、現在のゲヴェーレ所持者が返還請求を行なう原告から直接にゲヴェーレを取得した者である場合には、その移転が賃貸借、質入れ等の「約定」(Geding) に基づいたもので、約定期限が切れたり、条件が成就したりして、もはや原告にゲヴェーレを保持する理由がなくなった場合（以下、単に「約定」の場合と称する）であれ、不法な侵奪による場合であれ、動産、不動産にかかわらず妥当する。これに対して、ゲヴェーレ所持者が第三者である場合にはこれと若干異なる。即ち不法侵奪の場合には動産、不動産を通じて返還請求がみとめられるのに対し、「約定」の場合には不動産については右と同じだが、動産については第三者に対抗することができない。最後のケースについては有名な“Hand wahre Hand”という法格言があることはいうまでもない。

ところでこのようなゲヴェーレ所持者の返還義務の根拠は何か、裏からいえば原告の返還請求の根拠は何か、とフーバーは設問する。まず「約定」の場合であるが、フーバーによれば仮にこれを債権的なものと考えると、不動産における対第三者の関係を説明することはできない。従ってゲヴェーレ所持者の返還義務は「約定」によってその物権が制限されていることに基づくものであり、原告の返還請求権は「約定」から生ずる「物権的返還請求権」だと見なければならない[88]。しかしこのように考えると、動産における対第三者の関係をどう説明するか、という問題が生ずるが、フーバーはこの理由を「約定」の公示性（Offenkundigkeit）の欠如に求める[89]。不動産を対象とする「約定」は対世的に公然たる行為によって行なわれるから、世人はゲヴェーレ所持者の権利が制限されたものであることを知り、又は知りうべき状態にある。そもそも狭い共同体や裁判管区内では誰が土地の所有者か、というようなことはわかっているか、少くともわかる筈のことである。従って「約定」に基づく返還請求をみとめても第三者の利益を害するおそれがない。これに対して動産を対象とする「約定」は周知のこととはいえないから、第三者はゲヴェーレ所持者を真の権利者として見ても無理はない。従って第三者に返還義務はない。要するに「約定」の場合の返還請求権は「物権的」なもので、本来第三者の関係でも妥当する筈のものだが、ただ動産に関しては「約定」の Offenkundigkeit の欠如からこれを主張できないのだ、というのがフーバーの主張である。

これに対して不法侵奪の場合については、不動産、動産、いずれに関しても、侵奪なり窃盗という事実は、狭い共同体もしくは裁判管区の中では誰でも知り又は知りうべきことであるから、返還請求権が第三者に対してもみとめられる、とフーバーは説明する。(90) 以上要するに、返還義務は「権利の瑕疵」に基づくものであり、それが offenkundig である限り第三者にも継承される、しかもその場合第三者が現実にそれを知っていることは問題でなく、「約定」なり侵奪なりの当該行為の Publizität で充分である、というのがフーバーの考え方である。

ところで彼によれば、このように返還を請求する者は、理論的には権利を根拠とするのであるが、現実には直接これは問題とならず、彼がかつて有していたゲヴェーレが問題となるにすぎない。即ち返還請求訴訟の現実では、「約定」の場合には、この過去のゲヴェーレと「約定」とが、侵奪の場合には過去のゲヴェーレと侵奪の事実とが結びついて、主張されるのである。フーバーはこのように過去のゲヴェーレが現在のゲヴェーレを破ることに着目して、ゲヴェーレの「攻撃的効力」と呼ぶのである。ちなみにホイスラーは右のうち不法侵奪の場合については「観念的ゲヴェーレ」――「占有を奪われてもゲヴェーレを失わない」という原則からしてこれは現在のゲヴェーレの一種ということになるが――によって説明し、まさにこれが占有説の重要な根拠となっていたのであるが、フーバーはこれを過去のゲヴェーレに基づくものとし、「観念的ゲヴェーレ」としてみとめるべきでない、(91) とするのである。

第三の効力は「移転的効力」である。これは、ゲヴェーレ所持者がゲヴェーレによって表現されている物権をゲヴェーレと共に譲渡(92)しうる、という点にあらわれる。そしてこの場合ゲヴェーレは処分権の前提であり、後者は前者の結果である、という形において物権とゲヴェーレとが結びついている。ところでフーバーによれば、この「移転的効力」は消極、積極両面において見ることができる。まず消極的には、ゲヴェーレ所持者のみが物権を譲渡しうる、という意味においてである。「ゲヴェーレなければ譲渡可能性なし」[93]である。ただ現在のゲヴェーレをもたず、前述の「攻撃的効力」を有する過去のゲヴェーレのみをもつ者は、その返還請求権を譲渡しうるにすぎない。積極的には、ゲヴェーレ所持はゲヴェーレの譲渡と共に、権利をも譲渡できる。即ちゲヴェーレの移転によって、権利も移転するのである。もちろん他から「攻撃的効力」をもつ過去のゲヴェーレによってこれが破られない限りにおいて、という限定付きではあるが。このようにゲヴェーレはその所持者に「ゲヴェーレの形態において物権を他人に譲渡する資格(Legitimation)」[94]を与えるのである。

　このようにゲヴェーレの三つの効力を検討した結果フーバーは、これらには「ゲヴェーレのもつ同一の性格」が共通して見出されるという。それによればゲヴェーレとは「その形において物権が防禦、獲得、移転されるもの」[95]であり、その際常に物権は念頭に置(meinen)かれ、法律行為の実体的核心(realer Kern)をなしているが、物権という言葉は用いられることはない。以上がゲヴェーレの効力とそこから導き出されるゲヴェーレと物権との関係についてのフーバーの所説である。

　次にフーバーはゲヴェーレの構成要素の考察に移る。彼によれば、ゲヴェーレが右の如き諸効力をもつ物権を表現するためには、二つの要素を具えていなくてはならない[96]。その一つは物の事実支配であり、その二は「この事実支配に照応し、且つ客観的な法に従って存在する物権の主張」[97]である。このうち前者にいう事実支配とはいわゆる握持そのものではなく、当時の社会通念上それとみとめられるもの即ちNutzungと表現されるものを広く包含する概念であり、従って一つの物に同時に複数の事実支配が並存しうる（ゲヴェーレの重畳性）ことは周知の通りであるが、フーバーはこれに関しては特に新しい見解を示しているわけではない。ただホイスラーはこのことをポッセシオとゲヴェーレとの本質的な差異とは見ておらず、物権法におけるローマ法とドイツ法との差異が占有法に反映した結果生じた、いわば表面的差異にすぎない[98]、と考えるのに対し、フーバーはこれを第二の構成要素との関連で、ゲヴェーレの独自性を示すものとみる[99]、というニュアンスの差がある。そこで事実支配という第一の構成要素についてのフーバーの所説の紹介は省略して、ただちに第二の構成要素のそれに移ろう。

前述の如くそれは、フーバーの総括的な表現によれば、「現実支配に照応し、且つ客観的な法に従って存在する物権の主張」である。このうち「事実支配に照応」する物権というのは、例えば質権者として事実支配をする場合には質権、耕作者として事実支配する場合には耕作権、という意味である。また他人の管理人として事実支配をする者は、主張すべき自己の物権をもたないわけだから、ゲヴェーレを有しないということになる[100]。後半の「客観的な法に従って……」という部分を理解するには次のことを考えあわせる必要があろう。それはフーバー自身別のところで、「ゲヴェーレの第二の要素、すなわち物権」[101]（傍点石井）といっており、右の「権利の主張」のうち、「主張」よりも「権利」の部分に力点をおいて考えていると思われることである。さらに彼は、「物権は常に少なくとも〔所持者の〕主張に従えばゲヴェーレの前提となっている」[102]とし、しかもその「主張」はポッセシオにおける animus と異なり、「物権を自己の為に要求する単なる意思では不十分」であり、従って「単なる主観的な要素」ないし「単なる主観的な願望」ではない、と強調している。彼によれば「客観的権利の要素が主張者の意思の中に含まれていることが必要である」[103]。そして「ゲヴェーレ所持者の意思の中のこのような客観的要素は、所持者によって客観的に存在する物権の主張がなされることが必要だという点に見出される」[104]（傍点石井）というのである。しかもフーバーは、このようなゲヴェーレの「主張」とポッセシオの animus との差異を、前者においては権利そのものの保護が与えられるのに対して、後者においては仮の保護が与えられるにすぎない、ということに照応するものと説いている[105]。もとより彼といえども、例えば泥棒にもゲヴェーレがあるとされたという事実を前にして、「物権が客観的に存在することはゲヴェーレの存立にとって必要ではな[106]く、「権利の主張」で足りると述べている。けだし「主張」という構成ならば、それが事実に合致しないこともあって、その場合には破られるが、それまではともかくもゲヴェーレにはちがいない、という事実に反しないからである。[107] しかしフーバーはこの「第二の要素」についての結論的部分で再び、諸々の物権はすべてゲヴェーレすなわち「物に対する法的支配という単一の上位概念[108]」の現象形態であるとして、ゲヴェーレと物権とを結合させるのである。

　このようなフーバーの所説は、泥棒にもあるとされたゲヴェーレそのものの構成要素を越えた問題が彼の念頭にあったことを推測させる。何故ならば、ゲヴェーレそのものの構成要素を問題とする限り、このように物権との関連性を強調し、前述のように「第二の要素すなわち権利の要素」といい、また「主張」の中の「客観的要素」を云々する必要はなく、[109] 単に「物権の主張」があればゲヴェーレが成立する、といえばそれで済む筈だからである。[110] 思うに前述した如く、ゲヴェーレが「物権を表現するために」具えていなくてはならない要素を抽出するのが彼の課題であったから、「権利」に力点を置いた行論となったのではあるまいか。しかし彼の論理もこの観点で統一された構成をもっているのではなく、泥棒にもゲヴェーレがある、といわれるようなゲヴェーレそのものの構成要素をも包含する説明をしようとしているために、ここの論理はきわめて不透明なものとなっている。つまりここではゲヴェーレの構成要素と「権利を表現するため」の要素とが混在して論じられているのである。[111] もちろん、後に詳論するようにフーバーは「権利を表現する形式」としてゲヴェーレを構成しようとするのであるから、右の両者は彼の論理においては截然と区別されないものかもしれない。しかし少くともわれわれは、彼にとっての「理論的要請」から独立に、右の二つをきちんと区別しておく必要がある。何故かといえば、ゲヴェーレの「第二の要素」が「権利を表現するため」の要素の一つとして抽出されたものであることは、単にフーバーの言葉の上から導き出されるだけでなく、論理構造そのものに深くつながりをもっているからである。即ち「権利の主張」は単に構成要素としてだけでなく、次に紹介する如く、ゲヴェーレのドイツ中世物権法に占める「意味」を論ずるための伏線として説かれているのである。

ゲヴェーレの「意味」を論ずる章の冒頭においてフーバーは、「ゲヴェーレは概念的に占有ないしローマ法のポッセシオに如何に近い関係にあろうとも、法秩序の中でみれば占有を意味するということはできない」[112]と断言する。彼によれば、占有訴訟は、事実支配そのものをめぐって行なわれ、権利とは無関係であり、しかもそれによる保護は仮のものにすぎない。これに対してゲヴェーレの訴訟は根本的には権利をめぐる争いであり、且つ終局的な保護を与える。そしてこのような相違の核心は animus の相違、即ちポッセシオでは「主観的意思」で足り、ゲヴェーレでは「客観的な物権の存在の主張」が要求される、という相違にある[113]。

ところでこのようにゲヴェーレが占有でないとすると、「占有すべき権利」あるいは「物権そのもの」ではないかと考えられるかもしれないが、フーバーによればそうではない。世人がそういっているのは、単に過去又は将来のゲヴェーレの効力をそう誤認しているからに他ならない。実質的物権はゲヴェーレの背後にあるのであって、ゲヴェーレはその Legitimation にすぎない。そして物権が絶対的効力をもつのに対し、Legitimation たるゲヴェーレは第三者に対しては有効でも、「攻撃的効力」をもつ権利者には破られるという相対性をもっている[114]。

このようにしてみると、――フーバーによれば――ゲヴェーレ所持者はゲヴェーレという Legitimation によって取引において「権利者と看做される」という観念がドイツ中世にあったことがわかる。「従ってゲヴェーレは、修正の留保付きでの物権の体系」であり、その「修正は現在のゲヴェーレが実質的権利に裏付けられていない時に過去のゲヴェーレがよみがえるという形で行なわれる」[115]。「法体系はこのようにたしかに常に実質的権利を根底においているが、ただこれは現在のゲヴェーレ所持者が過去のそれによって攻撃される場合にのみ問題となるにすぎない」[116]。それ以外の場合には、ゲヴェーレという「権利の外的表現」ないしは「通常は実質を問うことを不要とする形式」によって取引が行なわれる。フーバーはこのような論証過程を経て、ゲヴェーレの「意味」はまさにこの「形式」としての機能にありとし、ゲヴェーレはドイツ中世における「物権の形式」だという有名なテーゼに達するのである。[117]

さてこのような「形式」の制度の目的は、フーバーによれば、一つには裁判における権利の証明の困難さの解消であり、二つには物権を「外部から知覚しうる」ものとすることによって取引の安全に資することである。[118] しかしこの二つは相互に無関係ではなく、「ゲヴェーレ所持者は積極的にも消極的にもゲヴェーレが表現する物権を行使する(geltend machen)資格をもつ」という点で共通している。[119] そして彼によれば、このような formale Legitimation としてのゲヴェーレによって、裁判も取引も著しく単純且つ明確なものとなるのである。

ところでこのようなゲヴェーレが有する Legitimation の効力の基礎は何かといえば、フーバーによれば、ゲヴェーレの「公示性」と「形式」としての法的効力との二つである。そしてゲヴェーレは、彼によって、次第に発展し、近代法の中で重要な地位を占めるに至る右の両制度の端緒だとされるのである。[120] ドイツ中世法においては物権と占有が峻別されていないというわけではなく、わざわざ作り出されたのではないとしても、明らかに右のような目的なり効果なりが意識的に追求されている。[121] ドイツ中世人は決して法律学的な素質と知識とにおいて劣っていたわけでなく、右のような制度の価値を認識していたのである。ゲヴェーレ法に混濁が生じたのは——人は屢々これをゲヴェーレ法そのものの稚拙さを示すものというが——、中世末にローマ法が継受され、ポッセシオ概念を以てゲヴェーレを解釈したことの結果、ポッセシオとゲヴェーレとの前述のような相違が認識されなくなったことに基づくものであり、法書の時代のゲヴェーレはすでに述べた如き目的と機能をもつ「物権の形式」として統一的な像を有していた。この意味でそれはギールケのいう通り「物権の形式的且つ外に向けられた要素」であり、くり返し述べるように「実質的権利に対する無知」に基づく産物ではない。[122] およそ以上のようにフーバーは中世のゲヴェーレを位置づけるのである。

次いで彼は右の如き自論をさらに強固なものとすべく、前史と後史とを検討する。ここでの彼の論理を一言でいえば、前代、即ちフランク時代にゲヴェーレという「形態」(Gestalt)が形成され、中世においてそれが右に述べたような「意味」をもつ制度に「改造」(Umbildung)される、そして中世後期以降においてはゲヴェーレ法そのものは混濁し衰退していくが、中世においてそれが果たしていた機能を登記簿の如き別の制度が承けついでいく、というものである。この点をもう少し詳しく紹介するならばおよそ次の如くである。

ドイツ法においても古くは所有と事実支配とが一致しており、ゲヴェーレという言葉もその意味に用いられていた。しかし次第に右の両者は分離するに至り、「抽象的所有権」の概念が生れると共に多彩な用益諸物権が形成され、これらの権利と占有との対立が生じた。そしてゲヴェーレもまたこれに伴って変容することとなった。ところで右の如き事態に対応する道は、フーバーによれば二つある。第一は占有の保護を本権から独立させる方向であり、ローマ法はこれを選んだ。第二は権利と事実支配との結びつきを維持し、後者を前者の「形式」とする方向であり、ドイツ中世法はこれを選んだ。従ってここでは「特別の占有保護〔制度〕は不要であったばかりか、考えられないものであった[123]」。

ところが中世末に至りゲヴェーレ法は衰退していく。しかしこの際忘れてならないのは、ゲヴェーレが中世において果していた機能すなわち「物権の形式」としての役割は他の制度に承けつがれていくことである。そしてこのことは逆に中世のゲヴェーレを理解する上にも重要である[124]。ローマ法の継受は、フーバーによれば、ゲヴェーレに対して二つの点で「破壊的」な作用を及ぼした。第一に、ポッセシオとの表面的類似性の故にそれとの浅薄なアナロジーでゲヴェーレを理解し、それを不完全な占有と規定する傾向が生じた。この時期の法律家で法実務家はローマ法にもっぱら顔をむけ、固有法の独自性を忘れた結果、ゲヴェーレ法は明快なポッセシオの制度によって置き換えうると考えた。第二にこれと関連して、ゲヴェーレの「形式」としての意味がもはや理解されなくなった。ところがローマ法的占有訴権制度と方式自由の原則によっては、この第三者に対する公示性という効力をもつ「形式」の機能を満足させることはできず、その欠を埋めるべく登記簿という制度が生みだされることとなった[125]。そして他方ゲヴェーレの観念化という現象も生じ、この点ではゲヴェーレは実定的制度としての意味を維持し続けるが、前述の如き当時の法学上占有と規定されたゲヴェーレの側面との不整合性は覆い難い[126]。

フーバーはこのように古代から近代初頭に至る時代の流れの中にゲヴェーレを置いて考察し、中世のそれが「物権の形式」であるというテーゼをあらためて確認する。次いで彼はドイツ固有法にみられる他のいくつかの制度の発展過程とゲヴェーレのそれとを比較した後[127]、著書の末尾において近代法に対するゲヴェーレ法の意義に触れるのである。それによれば、ゲヴェーレ法の「形式主義」（Formalismus）は近代法においても失われることなく、公の帳簿への登記という形で存続し、その効用を遺憾なく発揮している。この意味においてゲヴェーレが「ドイツ物権法の基礎」をなしていることは疑いない。そして彼は「ゲヴェーレをはぐくんだ考え方は現代の文化にとっても、なお価値と意味を有しており、ドイツ人の心から消え去ってはいない[128]」という自信にあふれた文章を以て筆を擱くのである。

さてこのようなフーバーのゲヴェーレ論は学説史上どのような地位を占めているのか、これが次の課題である。これも著名なドイツ法制史家ウルリッヒ・シュトゥッツは、フーバーのネクロロジー[129]において、それまで誰も争わなかった「ホイスラーの通説的ゲヴェーレ論」はフーバーの学説によって「克服された」と述べているが、これは端的に当時の学界状況を表現しているといってよい[130]。それではここにいう「克服」とは如何なるものか。それを一言でいえば、フーバーによって「ゲヴェーレの意味がドイツ人の法生活にとって今日なお失われていない[131]」ことが明らかにされたということである。具体的にはいうまでもなく、「ゲヴェーレが物権の外的要素、……抽象的物権の万人に知覚しうる側面、即ち形式的 Legitimation、内面的な権利の公示形式（Publizitätsform）として現在のドイツ物権法を支配していることを彼が証明した[132]」からである。ローマ法が抽象的思考の産物であるのに対し、ドイツ法は「実際的立場」に立って「事実状態をその体系の出発点」とした、という質的相違がフーバーによって明らかにされたことは、ドイツ法がローマ法に充分「対抗」しうるものだという誇りを当時の学界に植えつけたといってよい。[133]

前述のようにホイスラーは、ゲヴェーレをポッセシオに劣らぬ juristischer Besitz としての性質を有するものだとして、ドイツ固有法の地位を高めた。これが当時の学界にいわば歓呼の声をもって迎えられたこともすでに指摘した通りである。しかしながらポッセシオとゲヴェーレとを同じ尺度で測る限り、後者が前者の風下に立つことは避けられない。ホイスラー自身中世におけるゲヴェーレの「萎縮」現象を歎かざるをえなかったのは、まさにこのような方法の然らしむるところである。しかも現実にローマ法的占有訴権制度が近世以来支配的な地位にある以上、たとえゲヴェーレがポッセシオと全く同程度の水準にあったとしてみても、その研究は理論的な意義をもつにとどまり、実践的意義はほとんどなかったわけである。ドイツ私法史即ドイツ私法という立場から固有法を研究したゲルマニステンにとって、この点は必ずしも満足すべきものとはいえなかった筈である。もちろんホイスラーの占有説が出現する前に比べて不満足の程度ははるかに低くなったことは疑いないにせよ。

これに対してフーバーは、ゲヴェーレをポッセシオとは全く異なったパターンのものとして構成した。これによれば前者は後者より未熟なものでも、途中で「萎縮」したものでもなく、仮に原始形態は同じであったとしても、異なった発展の道を歩んだものであった。従ってそこでは占有訴権制度は「不要」であり「考えられない」ものであった。この意味ではフーバーによって、ゲヴェーレはポッセシオの呪縛から解放されたといってよいであろう。しかも彼はその際、ゲヴェーレの独自性を Publizitätsprinzip と結びつけた。この原則が近代物権法上きわめて重要な意義をもっていることはいうまでもないし、フーバー以前にもこれに関する研究はおびただしい数に昇っている。ところがフーバーははじめてこれをゲヴェーレ法の基礎的原理とし、しかもドイツ固有法の偉大な遺産の一つにまで高めたのである。[134]これによってゲヴェーレはポッセシオより劣ったものであるどころか、近代物権法の主要原理の一つの元祖とされ、[135]その研究は理論的意義のみならず、すぐれて実践的な意義をも獲得することとなり、ひいてはドイツ固有法の

「現代的意義」が示されたわけである。

フーバーのゲヴェーレ論が発表された時は、ちょうどかのＢＧＢ論争の真最中であったことを思えば、これがゲルマニステンによって熱狂的に迎えられたことは不思議でないといえよう。またフーバーの学説は、右の Publizitäts-prinzip と密接な関係をもつ「形式的物権」概念をもってゲヴェーレを分析した、という点においても画期的なものである。ただ前述の如くフーバーはゲヴェーレを「物権の形式」とし、それとその背後にある「実質的権利」との関係を論じながらも、「形式的物権」と「実質的物権」との対概念を用いてゲヴェーレ法を割切ることには、慎重で控え目な態度をとっているが、いずれにせよその先駆者であることには違いなく、この方法は後にギールケによって展開せられ(136)、Ｊ・Ｗ・ヘーデマンの壮大な体系(137)へと承けつがれていくのである。

いずれにせよフーバーのゲヴェーレ論は、その細部の論点は別として、ほとんどそのまま当時の学界に受け入れられ、その後の法史学的研究も法解釈学的研究もそれを前提として展開されるのである(138)。次のようなＨ・マイヤーの文章はこの間の事情を如実に物語っている。即ち、ＢＧＢではまだ「潜在的」なものにすぎない Publizitätsprinzip(139) を、物権法の根本原理の一つとして、民法の教科書に体系的に位置づけたのは、Ｋ・クローメが最初であるが(140)、これを可能にしたのはフーバーのゲヴェーレ論およびそれを法解釈学的に発展させたギールケのそれであることはいうまでもない(141)。「この原理がフーバーによってはじめて発見されたとは、もちろんいえないが、……ドイツ物権法全体の基礎に横たわる一つの統一的原理だという認識は、新しいものであり、フーバーのゲヴェーレの意味に関する著作によってもたらされたものである。……こうしてみると、歴史的な研究のみが現行法の奥底にある根本観念をも明らかにすることができる、ということがわかる。ゲヴェーレの歴史的探求が、当時完成に近づきつつあったドイツの偉大な法典編纂事業に光を与え、編纂者自身にも意識されなかった諸連関を明らかにしたのである(142)」。

ただマイヤーによれば、フーバーによってゲヴェーレに関するあらゆる問題が解決したわけではない。フーバーは

「形式的物権と実質的物権との間の関係の法解釈学的把握のための歴史的基礎づけをする」[143]ことを目的としていたので、「彼の理論は荒削りのものでよかった」[144]。その意味で彼は、「詳細な点に関する研究と、彼の理論をあらゆる歴史的な個々の現象とドイツ現行法とに応用することを他の者に委ね」[145]たといってよい。このようにフーバーのゲヴェーレ論は、法史学的研究と法解釈学的研究との両面で承けつがれていくわけであるが、その際注目すべきは、いずれの方向においても動産のゲヴェーレに重点がおかれたことである。それはフーバーの研究がどちらかといえば不動産を中心におき、動産についてはそれほど詳しく論じておらず、示唆を与えるにとどまっていることにもよるが[146]、また現実の実定的制度として不動産に関しては登記制度があり、それが Publizitätsprinzip を具現していたから、不動産のゲヴェーレ研究はそれほど実践的意義をもちえなかったことにもよるのではなかろうか。フーバーによれば、不動産ゲヴェーレは理論的に Publizitätsprinzip の元祖だというに過ぎないから、当時の学界ではこれについてはそれ以上詳しい研究をする意欲が生れなかったのではないかと思われる。そしてフーバーの理論は学界の確立された「共有財産」[147]として高い評価を保ち続けるのである。

　これに対して動産については登記の如きものはなく、ゲヴェーレと近代的占有との間に系譜的なつながりを求めることが可能である。こうしてギールケをはじめとする少なからぬ学者によって動産ゲヴェーレの研究が進められ、近代法の占有、特に即時取得制度とゲヴェーレとの系譜的関係を強調する考え方が確立されていくのである。しかしこの点について考察することは、本稿の目的を越えているのでいずれ他の機会に譲り[148]、ここではギールケがフーバーのゲヴェーレ論を如何に発展させ、また如何に彼自身の体系に組み込んだかを瞥見することによって、以上の叙述では触れなかったフーバー説の学説史的意義の一端をうかがってみよう。

　ギールケはＢＧＢ第二草案が作られた翌年に発表した著作で[149]、草案の動産占有に関する解釈論的考察を行なっているが、その序章でそれについてポッセシオ及びゲヴェーレとの比較ならびに系譜論を展開している。本書および後年の有名なドイツ私法に関する概説書での彼のゲヴェーレ論は、すでに述べた如く大綱においてフーバーのそれを継承し、発展させたものである。[150] すなわち、ギールケによれば、ゲヴェーレは「物権の外衣」として「法的に認められた物権の Erscheinungsform」であり、物権の Legitimation として機能する。[151] そしてこれを貫いている Publizität の観念は「ドイツ物権法に固有[152]」のものであり、現行の物権法をも——動産においては占有、不動産においては登記という制度を通じて——支配しているとされるのである。

その上でギールケは、前述の如くフーバーにおいては控え目にしか現われていない「形式的物権」という概念を、明瞭にゲヴェーレ法および現行法に適用している点で[153]一歩を進め、このようなゲヴェーレ像を前提に、BGBの占有および登記制度の中にゲヴェーレ的原理が——問題によって程度の差こそあれ——受け入れられていることを検出してみせる。[154] 彼によればBGBに承けつがれた「ゲヴェーレの遺産」は、一言でいえば、「実質的権利関係」と矛盾ないし対立するまでの効力を有する「形式的権利関係[155]」、「独立の物権的関係の効力をもつ形式[156]」という観念と制度である。

ところでこのような制度は、ギールケによると、「実質的物権」に対してのみならず、債権にも応用することができる。たしかにBGBはALRと異なり、占有ないし登記によって表現された債権を物権に含めているわけではないが、「一定の範囲でそれに対し物権的効力を与えている[157]」。特に不動産の賃借権は物権にきわめて近いものとなって、ドイツ固有法的な“Kauf bricht nicht Miete”という原則を実現している。このように「形式的物権は債権と物権との間のかけ橋となるのであり、〔本来〕実質的物権としての内容をもちながらそれをローマ法の影響で破壊された権利関係」が「ドイツ法の影響の下に織り出された形式的物権の外衣[158]」によって甦るのである。このようなギールケの主張が「現行法のうちの広範囲の部分をドイツ法の観念の手にとり戻した[159]」という評価を受けるのも、当時の学界状況からいって不思議ではない。

ところで右の如きギールケの考え方は次のような彼のいわば哲学的発想を考えあわせると一層よく理解されよう。

それは「私権の社会的要素」と彼が名付けるものであり、つとにドイツ団体法論（Das Deutsche Genossenschafts-recht）その他の著作で論じているところのものである。すでにフーバーも引用しているギールケの「ゲヴェーレは物権の形式的且つ外に向けられた要素である」という命題は、ドイツ団体法論第二巻の Das Gesamtrecht am liegen-den Gut という標題をもつ節の一部分であって、ゲヴェーレ所持者に与えられる法的保護は、ゲマインシャフトの「保証」の現われであるという彼の論理と密接なつながりをもつものである。(160) 彼によれば、ローマ法の所有権概念は「個人の意思の支配領域」という考え方を基礎とする、主観的・抽象的なものであり、排他的である。これに対してドイツ法の物権は具体的であるばかりか、他の権利と質的に異なる、排他的な所有権概念を知らない。ドイツ人は考えうる限りのあらゆる物支配の諸権能を全体として総括的にとらえるのであり、逆にいえば個々の物権はその全体の「構成要素」である。このように、個人の権利を Gesamtrecht の一部分であり、「社会という油の一滴」(161) だとするギールケの考え方と、ゲヴェーレを右の如き個人の権利の「外に向けられた形式的要素」という定義とは表裏をなすものといえよう。そしてこのような論理に従えば、外界から独立した「個人の意思の支配領域」としてのローマ法的所有権は右のような「形式」とは無縁なものということになるわけである。(162)

フーバーはこのようなギールケのいわば哲学的な文章から示唆をうけ、(163) これを史料的に実証し、論理的にも彫琢を加え、(164) それがギールケに逆輸入されて一層発展させられたのである。その意味においてフーバーのゲヴェーレ論は、以上述べたような債権の物権化、さらに権利の社会性というギールケの雄大な構想の中に位置づけられることとなった。そしてここにおいて、Publizitätsprinzip の問題も、単なる「取引の安全」の次元を越え、ＢＧＢにいくつかみられるドイツ法的原理の Vorherrschaft ないしは Alleinherrschaft という現象の一例とされるのである。(165)

ただ注意しなければならないのは、ギールケの主観においてはともかく、客観的にはドイツ団体法論第一巻での彼の哲学的ないしは国家学的教説と右のような私法学的教説との間には、ある種の断絶があるということである。ギールケが、その師べーゼラーの衣鉢をつぐ「有機体説的自由主義者」[166]として「ドイツ的自由、法、国家」のために、ドイツ団体法論をあらわしたことはいうまでもない。「近代ドイツ国家の理念」は、彼にとって「ゲルマン的ゲノッセンシャフト理念」の完成、およびそれと「高権的ヘルシャフト理念（obrigkeitliche Herrschaftsidee）」との融和によって作り上げられるべきものであった。しかしながらギールケを含めた当時のドイツの「自由主義者」達は一八六六年に「自由」か「統一」の二者択一にせまられたとき、後者を選んだことは周知の通りである。そしてドイツ帝国の成立とともに、「自由主義」は政治的思想としての力を失い、「経済的自由主義」へと矮小化してしまったが、それに照応して学問の次元では「自由主義的」国家学は急速に失墜し、ラーバント流の法実証主義的国家学が席捲するに至るのである。ところでギールケのドイツ団体法論の第一巻は一八六八年に出版されたものであるが、その基本的構想は一八六六年前に教授資格取得論文として出来上っていたといわれており、[167]その内容は「経済的自由主義」に矮小化する前の「有機体的自由主義者」の著作にふさわしく、彼自身の国家学的教説を歴史的に立証しようとするもので、その叙述はきわめて個別的・具体的である。そして第二巻も右の如き第一巻の構想をうけつぎ、それを詳論し、史料的に裏付ける意図をもって書かれている。[168]

しかしながらそこで展開された彼の牧歌的な国家観、ゲルマン的ゲノッセンシャフト理念の再生によって近代国家を形成すべきだという考え方は、もはや現実に適合しないことはいうまでもない。ドイツ団体法論の第三巻、第四巻は次第に「脱政治的」な内容のものとなり、抽象化、一般化の傾向が顕著となっていく。しかもギールケ自身、一九一三年に出版された第四巻の序言において、「これ（第一巻を指す）は〔その後の〕研究によっても、また現実によっても追越されてしまった」（傍点石川）と自認するのである。しかし彼は改めて国家学的公法史をやりなおそうという意欲を見せず、[169]ドイツ中世国家の「国家性」を証明してみせたベロウに対して屈服する。[170]そしてこれと反比例するかのように、ギールケのドイツ私法学および私法史学——この両者は彼にとって同義語であるが——に対する関心が高まっていく。(171) 彼の「ドイツ的自由、法、国家」のための使命感は今やこの分野で発揮されることになったといえよう。あるいは牧歌的な社会観、国家観を前提とする彼の学問は、統一国家を実現し、列強の仲間入りをとげつつあった当時のドイツでは、もはやこのような形でしか展開しえなかった、というのは酷に過ぎるであろうか。いずれにせよ「経済的自由主義」が「高権的」ドイツ帝国の傘の下に組み込まれたのに対応して、ギールケの私法学は「法実証主義的構成的法律学(172)」と、また彼の私法史学はベロウ流の「法実証主義的公法史学」と、いわば相互補完的な関係に立つものといえるのではあるまいか。

フーバーのゲヴェーレ論は、ちょうど前述のようなギールケの法学の転期に出現したのであり、ギールケによっていわば丸ごと飲み込まれ、早速法史学的、解釈学的に発展させられ、その雄大な私法（史）学的構想の中に位置づけられたのは決して偶然ではない。そしてこれと照応して、ドイツ団体法論第一、二巻にある程度みられた、ゲヴェーレに関する国制史的観点が、もはやここでは姿を消しているのである。マイヤーは「ギールケはドイツ団体法論の中で振り出した手形を、これ（Die Bedeutung des Fahrnisbesitzes を指す）によって支払った(173)」と評するが、その「支払い」は純私法（史）的分析という、いわば藩札を以てなされたにすぎない。もちろん私法（史）学的分析はギールケのみの責に帰せられるべきものではなく、すでに述べたところから明らかなように、フーバーもホイスラーもこの方法を採っている。否、アルブレヒト以来そうであった。アルブレヒトにおいては未だ、J・メーザー流の、ラントその他の団体の構成員の「軍事的防衛義務」との関連でゲヴェーレを考察する態度が全くなくなっているわけではないが、それにしてもロマニステンに対抗して「ドイツ物権法」の問題としてそれを扱うことが、彼のライトモティーフになっていることは疑いない。この意味でゲヴェーレの私法（史）学的分析という方法は一九世紀ドイツ法学の伝統ともいってよいが、それにしても現にギールケがその初期に抱いていたある程度国制史的な関心が、後にほとんど失われていったこともまた事実である。

以上フーバーのゲヴェーレ論の学説史意義を、それがギールケその他に如何に継承され、発展させられたかを検討することによって見て来た。それによれば、フーバーの学説は単に通説的地位を獲得したというにとどまらず、ほとんど熱狂的に受けいれられたといってよいであろう。

また今日に至るまでドイツにおいても、管見の限りではフーバーのゲヴェーレ論を批判したものは現われていない。[174]しかしながらわれわれはこれを「真相を究め尽」したものとみてよいであろうか。もちろん右に述べたところからもうかがえるような、当時のゲルマニステンの考え方、否ドイツ全体を覆う時代精神の特殊性なり限界なりを指摘して、超越的な批判を加えることは容易であるが、それでは本稿の目的に合致しない。くり返し述べるように西洋史の素人である筆者には不可能な、史料操作に関するものは除いて、以下学説史的に重要と思われるフーバー説の論理的問題点をいくつか指摘しよう。

第一に問題となるのは、ゲヴェーレは「実質的物権」の「形式」であり、Legitimation である、という点である。Legitimation という概念は、フーバーの場合、取引の迅速と安全及び裁判の簡易化のための「発明品」だとされているところからみて、明らかに手形等とのアナロジーにおいて用いられている。しかし後者の場合には、「実質」と「形式」とがそれぞれ次元を異にして、制度的に区別されたものとして並存している。この場合の Legitimation はいうまでもなく、権利のための手段であり、その流通機能を高めるために独立の法的意義を認め、一つの制度としたものである。その意味でこれは一つのフィクションとして、それ自体完結的な論理で処理される制度であり、causa たる債権関係はその際全く顧慮されない。実質的債権関係は Legitimation の一人歩きの結果もたらされるいわば一種のひずみを是正する際に、しかも Legitimation の法関係とは別個に問題となるに過ぎないのである。これに対してゲヴェーレにおいては、「実質的権利関係」が「形式的権利関係」を破ることがある。即ち「修正の留保付」の体系であることはフーバー自身のいう通りであり、手形における関係とは明らかに異なっている。

ただ「過去のゲヴェーレ」もLegitimationであり、右にいう「修正」もこのようなLegitimationによってなされるといえるから、ゲヴェーレ法はLegitimationの体系として一貫している、という反論があるかもしれないが、そうすると「実質的権利関係」はどこにも見出されないことになるであろう。このような結果は、「実質的物権」概念を想定するフーバーの論理体系に客観的に合致しないばかりか、「抽象的権利に対する表現が単に欠如していたというのでなく」、「抽象的権利関係」を前提としつつ、中世ドイツ人は「深い動機」に基づいて古代の原始的なゲヴェーレを作りかえて、「物権の形式」とした、と主張する彼の主観からいっても不本意なものであろう。もしゲヴェーレ法の体系が「抽象的物権」を示す言葉をもっていないという事実を、ドイツ中世人が常にゲヴェーレをめぐって争ったという事実と同様に、考察の出発点とするならば——フーバーは後者のみを出発点としたが——、Legitimationとか「実質的権利の形式」とかいう概念は、必ずしもゲヴェーレの分析に適合的なものとはいえなくなるであろう。ギールケはホイスラーの学説をフィクションによる説明だと批難するが[175]、彼自身もフーバーもそのそしりを全くまぬかれるわけにはいかないのではあるまいか。

第二の問題は右と関連して、Publizitätsprinzipがゲヴェーレ法の基本原理となっており、それが近代法のそれの源流であるという点にある。近代法のPublizitätsprinzipはいうまでもなく第三者保護のための制度であるが、ゲヴェーレの体系は私見によれば、必ずしもそのような方向を示していない。即ち前者においては、不可視的な権利を可視的にする手段を講じることによって、これを信頼した第三者の利益を害さないようにするのが目的であるが、ゲヴェーレにおいては可視的な「形式」を信頼した第三者は必ずしも保護されない。すでに述べたように動産をGedingに基づいて引渡した者は第三者に対抗できないから、この場合はたしかに近代法と似ているが、その他の場合は逆である。しかもこの場合とても第三者の「善意」が彼の保護の要件とされているわけでなく、「形式」を信頼した者の保護が目的とは必ずしもいい難い。むしろこれは、Wo man seinen Glauben gelassen hat, da muß man ihn suchen という法格言が示すように、自己の意思に基づいて物を引渡した者は直接の相手方を信頼したことの責任をみずから引受けるべきだ、という考え方に立っているといえないだろうか。第三者を保護するのが目的なら、むしろ不動産についてこそ第三者が勝訴するべきである。それが現実には逆になっているのは、自己の意思によって物を引渡した者の、相手方の信頼性についての不注意に対する批難と、彼の失う利益とのバランスによって、彼と第三者との関係が決せられていることを示すのではなかろうか（つまり動産については後者が比較的小さいので、不注意に対する批難が前面に出、不動産については後者が大きいので不注意にもかかわらず取戻しうる）。いずれにせよ近代法においては、可視的なものを信頼した第三者は、前主とそれ以前の者との間にいかなる事情があったかということとは原則として無関係に保護されるが、ゲヴェーレにおいてはそうではない(176)。

ところでこのような難点を処理するべくフーバーは、ゲヴェーレそのものの Publizität だけでなく、瑕疵の Publizität をもち出すのである。すなわち、Geding に基づいて他人の動産を所持するものの権利の瑕疵は offenkundig でなく、第三者はそれを「知りもしくは知りうべかりし」状態にないから保護される。これに対して不動産の取引は offenkundig であるから、第三者も占有者の権利の瑕疵を「知りもしくは知りうべかりし」状態にある。また不法侵奪の場合は動産、不動産いずれについても、第三者はこれと同じ状態にある。従ってこれらの場合には第三者は保護されない。フーバーはこのように説明するのであるが、そもそも近代法においては第三者の「悪意」なり不知についての「過失」なりを、個別的、具体的に判断して、彼が保護に価するか否かを決めるのであるが、ゲヴェーレ法においてはそのような第三者の主観的条件とは関係なく、むしろ不動産か物産か、前主の取得が不法侵奪によるものか、相手方の意思に基づいたものか、というような一般的、客観的な事情によって、第三者が当該物件を維持できるか否かが決せられるのである。「知りもしくは知りうべかりし」というのは、フーバーによる一種の擬制であって、史料的根拠は何ら示されていない。

第三に、ゲヴェーレ法にとって Publizitätsprinzip が基本原理だというフーバーの説は、一般にゲヴェーレの観念化と呼ばれる、時代とともに進行する傾向と必ずしも合致しないように思われる。例えば相続人の観念的ゲヴェーレについてフーバーは、この場合 Publizität が欠けているから人々はできるだけ速やかに現実的支配を取得して、その欠を補おうとしたと述べているが[177]、論理的破綻という他はない。また新質（Neuere Satzung）といわれる制度の下では、現実的支配なしに質権者に Gewere ありとされるに至ったが、フーバーにとってはこれはゲヴェーレの衰退現象を意味する[178]。さらにいくつかの都市法では時代が下るにつれ、動産を自己の意思に基づいて他人に引渡した者の、第三者に対する返還請求権をみとめるようになった[179]。フーバーはこれについては何も述べていないが、第三者保護という観点に立つ限り、これは後退現象と見ざるをえないであろう。要するにゲヴェーレの観念化は Publizitätsprinzip をゲヴェーレの基本原理とみる限り、それに逆行するものとみなされざるをえないのである。

以上の三点を通じていえる問題は、フーバーにおいて Publizität と Publizitätsprinzip とが直結されていることである。ゲヴェーレにおける現実的支配ないし「権利の瑕疵」について Publizität を云々すること自体、すでに述べたようにいくつかの難点があるのであるが、かりにそれを度外視するとしても、Publizität というのは属性であって、この属性をどう利用し、それにどのような法的効力を与えるかという政策の問題としての Publizitätsprinzip とは別の次元のものである。この両者が混同ないし直結されるのは、フーバーにおいて Publizitätsprinzip や Legitimation が超歴史的概念として用いられていることと関連があるであろう。すぐれて近代的な制度であるこれらを、超歴史的なものとみなし、レトロスペクティヴに中世に適用したのがフーバーのゲヴェーレ論なのではあるまいか。そしてそこから生ずる難点は彼の場合、前述の如くローマ法の継受と当時の人々のゲヴェーレに対する無理解によるものとして処理されてしまうのである。もっとも諸々の法概念を超歴史的なものとして用いるのはフーバーだけの問題ではなく、ドイツ私法とドイツ私法史とが同義語であったことに典型的にあらわれている如く、それは当時のドイツ法史学に共通のものであった。まさにそれ故にこそフーバーの理論にみられる問題点が意識されることなく、学界を支配するに至ったのだ、と言えそうである。

　第四の問題点は「権利の主張」がゲヴェーレの構成要素の一つとされていることに関連する。この問題はフーバーの論理において右に指摘した諸点ほど核心的なものではないが、学説史的に、特に次に紹介するヒュープナーとの関連で興味がある事柄であるので簡単に触れておこう。問題は果して「権利の主張」がゲヴェーレの構成要素かということである。たしかに管理人は他人のために土地の管理をしており、自己の権利を「主張」しているわけではないから、ゲヴェーレをもたないのだ、という説明は一応納得できる。ただこの場合でも「権利の主張」がないから、ゲヴェーレではない、というべきなのか、それとも管理人という客観的地位の故に、ゲヴェーレとしての社会的承認が与えられなかったと考えるべきか、となると疑問がないわけではないにしても、一応フーバーの説明も論理的に成立たないものではない。しかしながら「権利の主張」をゲヴェーレの構成要素として問題にする意味があるのは、実は右の場合がほとんど唯一の例であって、これ以外の点ではあまり意味があるとは思えないのである。現にフーバーによっては、その史料的根拠は示されていない。この点を立証しようとしたヒュープナーも後述する如く、成功しているとはいい難い。フーバーは、「権利の主張」がゲヴェーレの構成要素であるからゲヴェーレの重畳性が可能なのだ、として間接的に彼の主張を根拠づけようとしているが[180]、これは論理的に逆である。ゲヴェーレの重畳性という現実に対応して、如何なる内容の権利のゲヴェーレかを特定することが必要になるのである。つまり重畳性が現実にも論理的にも先行し、それに対応して「権利」の問題が生じるのであり、しかもそれは「権利の主張」ではなく、その内容の特定の必要から問題になるのである。

　しかもフーバー自身の叙述の中に「権利の主張」を構成要素とする彼の主張にそぐわない部分がある。すなわち

「権利の主張はたしかに形式――それが Publizität と結びついているのだが――の衣を着ていない。しかしその代り、主張は事実支配そのものとしてのゲヴェーレと共に所与のものと看做されたのであり、むしろ逆に、所持者が権利の主張ができないことが明らかになった場合にのみ、ゲヴェーレが破られるのである」と彼は述べているが、[181] これによれば「権利の主張」はほとんど無内容である。

思うにフーバーは、ゲヴェーレの背後に抽象的・観念的な「実質的物権」を想定し、ゲヴェーレをその「形式」と構成したために、ゲヴェーレそのものの中に、占有にない要素、すなわち「客観的な権利」の要素を求めざるをえなくなったのではないか。フーバーが、「権利の要素」の客観性を強調し、それがポッセシオの animus の如き主観的なものではないと主張する理由はこのあたりにあるように思われる。しかしいうまでもなくゲヴェーレは相対的であって、他人の攻撃によって破られることがあるから、これと「権利」の要素との矛盾を来たさないためには「権利の主張」という主観的なものを、ゲヴェーレの構成要素とせざるをえなかったと考えられるのである。その意味で「権利の主張」という「第二の構成要素」は、フーバーでは「権利」に力点が置かれており、「主張」はゲヴェーレの相対性との関係でやむをえず付されたものではなかろうか。「第二の構成要素」が論理的にほとんど無内容で、史料的にもまた根拠が示されていない[182]のは、このような彼の論理の背景を考えると必ずしも偶然ではないと考えられる。

四　ルードルフ・ヒュープナーのゲヴェーレ論

前節においてフーバーのゲヴェーレ論の検討を行なった。ゲヴェーレの学説史そのものは実質的にはこれを以て終っているといってさしつかえない。[182a] すなわちその後フーバーの学説を超えるものは出ていないのである。ただわが国の学界におけるゲヴェーレ像は必ずしもフーバーのそれのみを基礎としているのではなく、R・ヒュープナーからも影響をうけている。そしてヒュープナーのゲヴェーレ論はこれからの叙述でおのずから明らかになるように、基本的にはフーバーに拠りつつも、それに包摂しきれない内容と問題点をもっている。この意味でそれは、本稿の目的たる「知行」研究の予備的作業としては無視できないと思われるので、簡単に検討してみたいと考える。ただその場合、フーバーやホイスラーの学説に対してしたように、内容の紹介と検討とを分けることなく、前節までに述べたことを前提とし、それとの比較をしながら紹介と検討とを一括して進めていこう。

まずヒュープナーはゲヴェーレの歴史的発展と用語法について簡単に触れた後、「要素」について述べているが、その内容はほとんどフーバーのそれと同じといってよい。ただ彼はフーバーとちがって、管理人についての例を挙げるだけでなく、一般的なケースについて「権利の主張」が「要素」の一つであることを立証しようと努力しているが、そこで成功しているのは単に、ゲヴェーレの成立には「主張」で足りる、つまり「主張」された権利が客観的に存在していることは必要でないということの証明にすぎず、「主張」がなければゲヴェーレが成立しないということの根拠は示されていない。[183] さらに彼はフーバーに従ってこの「主張」がポッセシオにおける如く、単なる主観的なものではなく、「ゲヴェーレ所持者の意思が客観的な権利の要素を含んでいなければならず、その主張は……客観的権利に対応している必要がある」と述べているが、これはフーバー説の検討の際にも指摘した如く、ゲヴェーレの内容の特定の問題としてならともかく、成立要件とするには些か無理があるといえよう。

ヒュープナーは次に、「第一の要素」即ち事実支配の欠けている、いわゆる観念的なゲヴェーレについて述べているが、この観念的ゲヴェーレがゲヴェーレとして認められる根拠を、彼はフーバーと共に Öffentlichkeit ないし öffentliche Berufung に求めるのである。この点フーバーが特に相続の場合の Öffentlichkeit を十分に根拠づけることができず、「相続人はその取得した（観念的）ゲヴェーレの欠陥をおぎなうべく、できるだけすみやかに事実支配を取得するべく努力した」という論理で、とりつくろっていることは既述の通りであるが、ヒュープナーはさらにフーバーが観念的ゲヴェーレとしなかった不法侵奪の場合についても、これを観念的ゲヴェーレの一つに数えているので、不法侵奪は「通常公知の出来事」である、という苦しい説明を付け加えなくてはならなくなっている。

ヒュープナーは次いでゲヴェーレの効力を論ずるのであるが、その組み立て方はフーバーのそれに従って、防禦的、攻撃的、移転的、の三効力に分けたものである。しかしながら注目すべきは、その説く内容はフーバーと実質的に大きく異なっていることである。即ち防禦的効力に関してヒュープナーは、まずフーバーと同様に、ゲヴェーレをめぐる訴訟が実質的権利をめぐるもので、「形式」と「内容」とを一致させる目的をもつものであり、ゲヴェーレはその所持者に挙証上有利な地位を与えるという効力を有する、と説いて、占有訴訟説に対立する見解を示すのであるが、それに続いて彼は、このことが観念的ゲヴェーレ、特に侵奪の場合のそれにも妥当するとし、その根拠として第二節で詳論したラーバント、ホイスラー流の中間判決論をもち出すのである。つまり他人に土地を不法に侵奪された者が取戻訴訟を起こした場合、彼は法律上ゲヴェーレを失っていないとされているから、不法侵奪の事実が明らかになれば中間判決によって彼は被告の地位を取得し、侵奪者が逆に権原を立証しなければならなくなるということは既に述べた通りであるが、ホイスラーやラーバントはこれを占有訴訟と類似のものだと主張したのであった。ヒュープナーはこれを観念的ゲヴェーレの防禦的効力の問題として扱うのであり、しかもこの点にこそ観念的ゲヴェーレの最も大きな意味があると主張するのである(184)。

ところでフーバーはこの不法侵奪の場合を観念的ゲヴェーレとすることに反対し、過去のゲヴェーレの効力によるものとしたことは前に紹介した通りである。このようなフーバーの論理に従えば、不法に侵奪された者が土地を取得しうるのは、過去のゲヴェーレのもつ攻撃的効力によるのであって、防禦的効力の問題とはなりえない性質のものである。このことは、ゲヴェーレを実質的物権の Legitimation とし、ゲヴェーレの訴訟を「物権の形式」をめぐる争いだと規定したフーバーの考え方と密接につながっていることはいうまでもない。何故ならば彼の考え方によれば右の場合の取戻訴訟は、現在の「形式」と過去の「形式」という、いわば等質のもの同士の争いであって、「実質的物権」はこれの勝敗を背後から操る存在に過ぎない。これに対して中間判決的構成に従えば、本権と占有という異質のものの間の争いである。中間判決という考え方は、終着駅としての本権訴訟を想定し、そこに到る過程で過渡的に行なわれるものという構成であり、まさにこの点がホイスラー等の準備手続としての占有訴訟という主張の最大の根拠であったことはくり返すまでもなかろう。

ヒュープナーはゲヴェーレの定義ないし要素についてばかりか、効力に関してもその訴訟の性質（占有訴訟か権利訴訟か）についても一般論としてはフーバーに拠りながら、右の点についてはホイスラー流の考え方に立っている。そしてヒュープナーはドイツにおいても占有訴訟成立の一歩手前まで来ていたというのである[185]。このような考え方はフーバーが最も排したものであったことはいうまでもない。ポッセシオと類似のものがドイツ法にもあったという、ホイスラー流の考え方では、結局のところそれが「完成」せず、「萎縮」してしまったことを嘆く他はないことをフーバーは見抜いていたからこそ、ゲヴェーレをポッセシオとは質の異なるものとして構成したのであり、そこにはゲヴェーレ訴訟が占有訴訟に自生的に発展する契機は求むべくもないし、また彼にとってはその必要もないことであった。ヒュープナーには、フーバー流の考え方と、それが乗り越えた筈のホイスラー流の考え方とが混在しているのである。

フーバーにおいては、ゲヴェーレの本質論もその効力についての考察も、ともに「物権の形式」という軸によって貫かれており、「実質的物権」はその背後にあるものに過ぎない。これに対してヒュープナーにおいては「実質的物権」がその叙述の前面に出て強調されているのであるが、それはホイスラー流の中間判決説をとり入れたことに基づくと考えられる。即ち中間判決説はホイスラーにとってはゲヴェーレの占有的性格を主張する根拠であったが、彼はその場合本権と占有という対概念を前提として、中間判決→終局判決というプロセスの前半を占有によって説明し、後半を本権によって説明したのである。これに対してヒュープナーはホイスラー流の中間判決説を採る以上、本権と占有という対概念は捨てることはできないが、他方で占有説を排しているから、ホイスラーの説明を真正面から踏襲するわけにはいかない。何故なら物権の「形式」と「実質的権利」というフーバーの対概念からは右のプロセスの前半も後半もともに前述の如く「形式」をめぐる争いと規定されざるをえず、中間判決と終局判決というような、異質のものとする構成は出てこないからである。そこでヒューブナーは本権と占有との対概念を前提としながら、前半、後半を通じて本権をライトモティーフとして強調し、その反面フーバーが行なったような、取戻訴訟の根拠としてゲヴェーレそのものを措定するということを全くしていないのである。先に述べたような、観念的ゲヴェーレを防禦的効力の問題として扱う態度も、「形式」としてのゲヴェーレそのものが彼にとってはもはや問題ではなく、不法に侵奪された者の本権が如何に訴訟上護られるか、ということがその主たる関心事だったことを物語っているのではなかろうか。

これに対応してヒューブナーの説く「ゲヴェーレの攻撃的効力」も、実はゲヴェーレそのもののそれでなく、本権のそれだといってよい。即ち彼はこれを説くのに、先ず被侵奪者の観念的ゲヴェーレの場合を論じ、後にこれを他の場合にも一般化するという方法を採っているのであるが、右の被侵奪者のゲヴェーレはヒューブナーの説に従えば——事実支配を欠くとはいえ——「現在のゲヴェーレ」なのだから、防禦的効力の問題であって、フーバーのいう「過去のゲヴェーレ」の攻撃的効力の問題ではない筈である。にもかかわらず「攻撃的効力」の項の冒頭にこれを述べるのは、ゲヴェーレそのものではなく、むしろ本権の効力が彼の関心事であるために、「攻撃的効力」と「防禦的効力」とが彼の頭の中で錯綜している結果ではないだろうか。

フーバーにおいては、前者は「過去のゲヴェーレ」という「形式」の、後者は「現在のゲヴェーレ」という「形式」の効力であって、混同されることはない筈のものである。ただフーバーにおいても、この両者の優劣をきめる規準として常に「実質的権利」が想定されているから、ヒューブナーの如き混同に陥る危険は内包されているのである[186]

が、フーバー自身は「形式」としてのゲヴェーレを前面に出し、「実質的権利」を背後に押し止めているから、この危険はほとんど現実化していない[187]。これに対してヒュープナーは本権を前面に出したために、「防禦的効力」と「攻撃的効力」とは「現在のゲヴェーレ」と「過去のゲヴェーレ」という相対立する二つのものに対応するものとして区別されず、本権という一つのものの有する効力の両側面として相互に錯綜した叙述に陥っているのだと考えられる。

以上ヒュープナーのゲヴェーレ論を簡単に検討したが、それによればそこには互いに相容れない筈のフーバー流の考え方とホイスラー流の考え方とが併存していることが明らかとなった。これを折衷説ということも可能であるが、しかし本質論と効力論との間の有機的連関の欠如、および後者の内容における錯綜、不透明性は覆うべくもない。

五　「知行」論再検討への手がかり
——結びにかえて——

前節までにおいてわれわれは、わが国に直接の影響を与えたドイツのゲヴェーレ論をいくつかとりあげ、学説史的検討を加えて来た。本稿の冒頭で述べたように、この作業は自己目的でなく、わが国における「知行」研究の再検討のための一つの手がかりを得ることを目的としている。しかしながら本稿で得られた成果が「知行」研究に如何なる意味をもつかは、これを前提とした今後の筆者自身の研究と、学界における討議を俟つほかない。ただここでは本稿の結びにかえて、これまで述べて来たところから直接に「知行」論再検討の手がかりになると思われる点をいくつか指摘しておこう。なお、わが国の「知行」論の内容紹介は前稿[188]で比較的くわしく行なったので、本稿では直接論点の指摘に入る。

まず中田博士の「知行」研究については、すでに指摘した通り、それが当初ホイスラーの描くゲヴェーレ像を、後にはフーバーの描くそれを分析道具として用いたものであることが注意されなければならない。ところが本稿の分析結果が示す通り、右の両者の間には根本的ともいえる発想の相違がみられるのであり、簡単に前者より後者の方が正しいといって片付けられないものがある。この点博士の主観とは別に、ホイスラーからフーバーへの「乗り換え」の過程で生じた問題点がないであろうか。その一例として、博士の「知行」論においては、「乗り換え」の後においても、「形式」の法的意味についての理解が、フーバーのそれとはかなり異なっているのではないか、ということを指摘しておきたい。また博士は「職」を物権を示す言葉として理解されるのであるが、この点における博士の発想はフーバーよりもむしろホイスラーに近いように思われる[189]。このことが右の「形式」の理解がフーバーと異なることと照応すると思われ、ヒュープナーの問題点として述べたところを考え合わせると、今後検討すべき課題といえよう。

次に石井博士の学説については、第一に中田博士に関して指摘したことがやはり問題となるように思われる。「知行」は「物権の表現形式」と博士がいわれる場合の内容は必ずしもフーバーのそれとは同一でないのではあるまいか。たしかにフーバーも、ゲヴェーレの本質は占有かも知れぬが、その意味は「物権の形式」だと主張したのであるが、その本意はその後段にあり、むしろローマ型占有とゲヴェーレとは異質のものだということが強調されていることはすでに述べた通りである。この点石井博士が「知行」の本質は占有、法的意味は「物権の表現形式」、と並列されていることは、「形式」の意味内容の相違を推測させるといえよう。

第二に右と関連して、石井博士はポッセシオ、「知行」、ゲヴェーレの三者を一本の発展系列上に並べられるのであるが、この考え方はフーバーでなく、ホイスラーの考え方に近づいている。現に博士は準備手続的な「知行保持の訴」の制度を、占有説の根拠とされているが、これは明らかにホイスラーの考え方と類似しており、「形式」と「実質的物権」という対概念でなく、占有と本権という対概念が前提となっているといえよう。「知行」の構成要素や法的意味についてはフーバー的で、効力についてはホイスラー的、という点において、石井博士の学説の論理構造はヒユープナーのそれと共通するものをもつといえるのではないだろうか。

第三に、論理構造の問題は措き、ホイスラー的発想の部分に視野を限るとしても、ホイスラーによれば、不法侵奪の場合の観念的ゲヴェーレは、既述の如く準備手続としてではあるが、「占有回収訴訟」に相当するものである。ところが石井博士は「保持の訴」を有する「知行」を、「回収の訴」はもちろんのこと、「保持の訴」さえ有しないゲヴェーレより発展したものとされるのであり、この点にも検討の余地があるように思われる。

第四に石井博士は「知行」の構成要素の一つとして、フーバーの場合と同様、「権利の主張」を挙げておられるが、この点フーバー説の問題点として述べたことが、ここでも問題とならないであろうか。たしかに博士は、フーバーとちがって、史料的根拠を挙げておられるが、それが「知行の構成要素」を意味するかどうかは未だ決定的ではないように感ぜられる(190)。

第五に、前述の如くホイスラーは占有説を主張しながら、中世の「萎縮」・「衰退」現象を嘆かざるをえなかったが、石井博士によっても「占有としての知行」が中世後期に「衰頽」することが指摘されている。これが偶然の一致か、それともまた論理構造における類似性のもたらすものか、検討に価することのように思われる。

以上十分な準備のないまま、予測される問題点をいくつか指摘することを行なった。これは、批判する場合にはその対象の著者と同等の素養を前提とすべきだというモラルからは批難されるべきことかもしれない。しかしゲヴェーレ論の学説史的検討の成果から直接生じた疑問を学界に呈示して、その討議を仰ぐことは意味のないことではないであろう。もちろん筆者自身もこの問題を一層深く検討し、第一節に述べたような意味で石井博士の学説に対決することができる日を念願しつつ、博士の御海容をお願いする次第である。

（1）　石井紫郎『日本国制史研究Ⅰ・権力と土地所有』（東京大学出版会、一九六六年）。

(2) 「知行」論争の学説史的意義」（本書第六章）。

(3) 前注所引拙稿一三二頁以下及び一四八頁参照。

(4) 前注参照。

(5) 中田薫『法制史論集第二巻』（岩波書店、一九三八年）二三七頁。

(6) vgl. Eugen Huber, Die Bedeutung der Gewere im deutschen Sachenrecht, 1894, SS. 5, 6.

(7) 中田前掲書二三七頁及び本書一六八頁参照。

(8) Andreas Heusler, Die Beschränkung der Eigentumsverfolgung bei Fahrhabe und ihr Motiv im deutschen Recht, 1871.

(9) Andreas Heusler, Institutionen des deutschen Privatrechts, 1885.

(10) ホイスラーは、ラーバント説が学界の常識を覆しえていないのは、そのゲヴェーレ論が荒けずりで体系的に完成したものになっていないことによると見ているからである。

(11) ホイスラー以前の諸学説については、さし当り Heusler, a.a.O., S. 25 ff., S. 66. ff., O.v. Gierke, Die Bedeutung des Fahrnisbesitzes für streitiges Recht nach dem Bürgerlichen Gesetzbuch für das Deutsche Reich, S. 2ff. 等を参照されたい。

(12) Andreas Heusler, Die Gewere, S. 49.

(13) dieselbe.

(14) a. a. O., S. 50.

(15) vgl. dieselbe.

(16) vgl. a. a. O., S. 59.

(17) dieselbe.

(18) dieselbe.

(19) vgl. a. a. O., S. 60 f.

(20) a. a. O., S. 64.

(21) vgl. a. a. O., S. 65.

(22) a. a. O., S. 65. Anm. 1.

(23) a. a. O., S. 70.

(24)　a. a. O., S. 71 f.
(25)　a. a. O., S. 72.
(26)　vgl. a. a. O., S. 73.
(27)　a. a. O., S. 74.
(28)　a. a. O., S. 87.
(29)　dieselbe.
(30)　a. a. O., S. 72.
(31)　a. a. O., S. 92.
(32)　vgl. a. a. O., S. 93.
(33)　vgl. dieselbe.
(34)　a. a. O., S. 95, vgl. auch S. 96 f.
(35)　a. a. O., S. 95.
(36)　vgl. dieselbe.
(37)　vgl. a. a. O., S. 106.
(38)　dieselbe.
(39)　vgl. a. a. O., S. 107 f.
(40)　ローマ法における占有訴権制度成立については、さし当り法務官による占有妨害禁止告示がその端緒として挙げられている。ただホイスラーは、これによって直ちに占有保持の特示命令と回復のそれとが必然的に分離するわけでない、けだし被侵奪者は、依然として観念的乃至理論的な占有（juristischer Besitz）を有していると看做されるので、単にその占有が妨害されている者として扱えばよいからである、とする。彼によれば、法務官の告示制度の基礎の上に占有そのものの法的保護が制度的に発展するに及んで、いわばその論理的帰結として、占有回復の特示命令が保持のそれから分離・独立したのである（vgl. a. a. O., S. 108）。
(41)　a. a. O., S. 110.
(42)　dieselbe.
(43)　a. a. O., S. 111.

(44)　vgl. a. a. O., S. 254 f.
(45)　vgl. a. a. O., S. 144 ff.
(46)　vgl. a. a. O., S. 148, auch S. 113.
(47)　vgl. a. a. O., S. 150.
(48)　vgl. a. a. O., S. 151.
(49)　従って前述のような、ゲヴェーレを「占有すべき権利」とするゲルバーの説、「ドイツ物権法の基礎」とするアルブレヒトの説、その他占有以外のものに比定する諸説を誤りだときめつけるのである。
(50)　つまりポッセシオにおいては物に対する現実的支配を失えばポッセシオも喪失するのだから、観念的ゲヴェーレはこの点で明らかにちがい、むしろ例えば「占有すべき権利」に似た性格、あるいは物権そのものではないにせよ、一種の観念的な権利としての性格をもつというように解された。
(51)　本書一七四頁参照。
(52)　vgl. a. a. O., S. 209.
(53)　dieselbe.
(54)　この点ホイスラーはヴィントシャイトの占有論に拠っている。
(55)　a. a. O., S. 208.
(56)　なおこの他に通常「観念的ゲヴェーレ」として挙げられるものに、Auflassung によるゲヴェーレ取得と判決によるそれとがあるが、ホイスラーはこれを否定し、それをみとめるのは「ゲヴェーレが占有すべき権利を意味するという偏見」に基づくという（a. a. O., S. 205 f.）。しかし後の Institutionen II, S. 37 はこれをみとめている。
(57)　前注参照。
(58)　つまりたとえば相続人は中世法上被相続人の死亡と同時にゲヴェーレを取得するとされたから、その後に相続人の意思と無関係に現実的支配を取得した第三者との間で争訟が生じた場合、ホイスラーの論理に従えば、予備手続の段階で相続人は現実的支配をもたなくてもゲヴェーレがあると判定され、それに続く本権訴訟で被告という挙証上有利な立場に立ち、相手方は現実的支配を行使していながら原告として相続人のゲヴェーレを破るべく何らかの権原の証明をしなくてはならなくなった。
(59)　いうまでもなく西洋史の専門家でない筆者には、史料操作に関しては全く発言権がないので、ここではホイスラーの事実認識を正しいとした上での論理的問題、ないし事実認識の判断枠組に関する問題をとりあげるにすぎない。

(60) 本書一七一頁参照。

(61) 周知のごとく当時のローマ法研究は、いわゆるロマニステンの手によって、(当時の) 現代的関心からなされ、法実証主義の体系樹立と表裏一体をなしていたといってよい。そのためそれは古代ローマ法を近代法的諸概念で分析し、近代法的体系になぞらえて理論構成した。

(62) vgl. E. Huber, a. a. O., S. 5 f.

(63) vgl. Otto Brunner, Land und Herrschaft, auch Ernst-Wolfgang Böckenförde, Die deutsche verfassungsrechtliche Forschung im 19. Jahrhundert.

(64) vgl. a. a. O., Vorwort, auch SS. 457 ff.

(65) この可能性の再発見をしたのがフーバーである。

(66) vorläufig vgl. O.v. Gierke, Die Bedeutung des Fahrnisbesitzes für streitiges Recht nach dem Bürgerlichen Gesetzbuch für das Deutsche Reich, 1897, S. 3. Anm. 1.

(67) 例えばブルンチュリは、ドイツ中世の法観念は、ゲヴェーレの如く死滅してしまったわけではない、という趣旨のことを強調している (vgl. Heusler, a. a. O., S. 458)。

(68) vgl. Heusler, a. a. O., S. 109.

(69) 堀米庸三『中世国家の構造』(日本評論社、一九四九年) 一七頁参照。

(70) vgl. Böckenförde, a. a. O., S. 182 f., auch S. 197.

(71) 「古典学説」については、さし当り久保正幡編『中世の自由と国家』上巻 (創文社、一九六三年) の「序論」参照。

(72) 後に彼のゲヴェーレ論に関連して若干触れる。

(73) 「成功した」といっても今日の学界で通用しているという意味ではない (注(71)所引書参照)。

(74) 堀米前掲書二六頁参照。

(75) Geong. v. Below, Der deutsche Staat des Mittelalters.

(76) ホイスラーとゾームとの理論的親近性およびこの両者とギールケとの対立性について、vgl. Below, a. a. O., S. 89 f.

(77) a. a. O., S. 5.

(78)　a. a. O., S. 6.
(79)　dieselbe.
(80)　dieselbe.
(81)　a. a. O., S. 7.
(82)　dieselbe.
(83)　vgl. a. a. O., S. 7 f.
(84)　これについてはわが国においても何人かの先学達によって、紹介されているので、ここでは学説史的に特徴的なフーバーの論理的展開を中心に通説との比較においてみていく。
(85)　vgl. a. a. O., S. 8.
(86)　Heusler, Institutionen II., S. 42.
(87)　Huber, a. a. O., S. 9.
(88)　vgl. a. a. O., S. 10 f.
(89)　vgl. a. a. O., S. 11.
(90)　共同体の外から物を入手した場合については、直接の相手を信用した第三者に責任があるからやはり返還義務がある、というのがフーバーの考えである（vgl. a. a. O., S. 13 f.）。
(91)　フーバーももちろん「占有が奪われてもゲヴェーレは失わない」という原則を示す史料があったことは否定しないが、これを被侵奪者が「過去のゲヴェーレを根拠として現在の所持者を攻撃する権限」をもつという趣旨を述べたものだと説明する（a. a. O., S. 19. Anm. 39）。
(92)　ここでは「譲渡」という言葉に、相続等による移転も含めてこれを用いる。
(93)　a. a. O., S. 20.
(94)　a. a. O., S. 21.
(95)　a. a. O., S. 22.
(96)　vgl. dieselbe.
(97)　a. a. O., S. 22.

(98) 本書一七二頁参照。
(99) フーバーは、ドイツ中世法はこの Nutzung の中に「物権の事実的表現」を認めたのであって、そこでは事実支配そのものが問題になっているのではない、と述べている (vgl. a. a. O., S. 25)。なお vgl. a. a. O., R. 41.
(100) vgl. a. a. O., SS. 22, 44.
(101) a. a. O., S. 41.
(102) a. a. O., S. 22.
(103) a. a. O., S. 42.
(104) dieselbe.
(105) vgl. dieselbe.
(106) a. a. O., S. 41.
(107) vgl. a. a. O., S. 44.
(108) a. a. O., S. 45.
(109) フーバーは「主張」で足りるという場合にも、同時に「たしかにさし当っては主張によって基礎づけられる必要はない」(a. a. O., S. 42) とか「相手方の主張によって権原を引き合いに出すことが必要にならない限り、……主張で十分である」(a. a. O., S. 43) とか述べている。このような「さし当っては」、「……限りは」という限定詞が付されるのも、「第二の要素、すなわち権利の要素」とする彼の概念規定と無関係ではあるまい。
(110) なお「主張」がゲヴェーレの「構成要素」たることを直接に示す史料はフーバー自身によっても示されていない。本文はもとより、これに最も密接な関係があると思われる註にも見あたらない。例えばS. 42. Anm. 98所掲の諸史料は、裁判上の攻撃、防禦に際して当事者が「この物は自分のものである」と主張し、立証に努める、という事実を示すにすぎない。つまりこの史料から直接わかることは、原告の場合には、彼が現在ゲヴェーレをもたない物を取戻すために右の「主張」をし、被告の場合には、現在彼がもっているゲヴェーレを防衛するためには、それが権利に基づくこと、不法なものではないことを「主張」しなければならないこと、そして裁判所は双方のこのような「主張」のどちらに根拠があるかを判断する、という事実にすぎず、ゲヴェーレそのものが成立するために「権利の主張」が不可欠だということを示しているわけではない。
(111) 前注のような現象も、ゲヴェーレの構成要素とそれが「権利を表現する」ための要素とが混同されていることから生じたのではあるまいか。

(112) a. a. O., S. 45.

(113) vgl. a. a. O., 46. なお Anm. 108 で、ホイスラーも同意見だとしているが、これはフーバーの読みこみではないかと思われる。

(114) vgl. a. a. O., S. 46 f.

(115) a. a. O., S. 48.

(116) dieselbe.

(117) vgl. dieselbe.

(118) vgl. a. a. O., S. 48 f.

(119) vgl. a. a. O., S. 49.

(120) vgl. a. a. O., S. 50 f.

(121) vgl. a. a. O., 50.

(122) vgl. a. a. O., S. 52 f.

(123) a. a. O., S. 66.

(124) vgl. a. a. O., S. 68.

(125) vgl. a. a. O., S. 71 f. auch S. 45 f.

(126) vgl. a. a. O., S. 73. なお動産については比較的中世的ゲヴェーレの特徴が維持されたとされる（vgl. a. a. O., S. 76)。

(127) vgl. a. a. O., SS. 77 ff.

(128) a. a. O., S. 84.

(129) Ulrich Stutz, „Eugen Huber", Zeitschrift der Savigny-Stiftung für Rechtsgeschichte, Bd. 44, 1924, Ger. Abt. XXI.

(130) Herbert Meyer, Entwerung und Eigentum im deutschen Fahrnisrecht, 1902, S. 1 も、ゲヴェーレをめぐる長い論争はフーバーによって終止符を打たれ、所有権あるいは占有等にゲヴェーレをなぞらえる学説は排除されたと述べている。なお H. Meyer, Das Publizitätsprinzip, 1909, S. 1, O.v. Gierke, Die Bedeutung des Fahrnisbesitzes für streitiges Recht nach dem BGB für das Deutsche Reich, 1897, S. 2. Anm. 1.

(131) Meyer, Publizitätsprinzip, S. 1.

(132) dieselbe.
(133) vgl. Meyer, Entwerung, S. 1.
(134) vgl. Meyer, Publizitätsprinzip, S. 3. 従来は登記制度、有価証券制度など人為的な制度と Publizitätsprinzip とを結びつけていたにとどまる。またそれ迄は Publizitätsprinzip は物権法のうちでは専ら不動産について問題になっていたにすぎないが、フーバーのゲヴェーレ論を契機として、動産についても問題にされるようになった（vgl. Gierke, Die Bedeutung des Fahrnisbesitzes, S. 4. Anm. 2)。
(135) vgl. Hübner, Grundzüge des Deutschen Privatrechts, 5. Aufl. S. 198 f.
(136) vgl. Gierke, a. a. O.
(137) J.W. Hedemann, Die Fortschritte des Zivilrechts im 19. Jahrhundert, 2. Teil.
(138) vgl. Meyer, Publizitätsprinzip, S. 5 f.
(139) この Publizitätsprinzip という言葉は、わが国でいう公示の原則だけでなく、公信の原則をも含めた概念である（vgl. Meyer, a. a. O., S. 6）から、原語のまま示しておく。
(140) Karl Crome, System des Deutschen Bürgerlichen Rechts III（1905）S. 83 f.
(141) その意味で Publizitätsprinzip を明確に打出した世界最初の民法典が、フーバーによって編纂されたスイス民法典であることは偶然ではない（Meyer, a. a. O., S. 3)。
(142) Meyer, a. a. O., S. 3.
(143) Meyer, a. a. O., S. 5.
(144) dieselbe.
(145) dieselbe.
(146) vgl. dieselbe.
(147) dieselbe. vgl. auch O.v. Gierke, Deutsches Privatrecht II S. 190.
(148) ＢＧＢ第二草案の占有にフーバー説がどのような影響を与えたかも興味ある問題であるが、現在の筆者の能力を越えている。
(149) O.v. Gierke, Die Bedeutung des Fahrnisbesitzes.
(150) vgl. a. a. O., S. 2 ff., besonders Anm. 1.

(151) vgl. die Bedeutung des Fahrnisbesitzes, S. 9, DPR II S. 187 ff.
(152) DPR II S. 188, vgl. auch S. 190.
(153) vgl. die Bedeutung des Fahrnisbesitzes, S. 19, DPR II S. 208.
(154) vgl. die Bedeutung des Fahrnisbesitzes, S. 14. ff., DPR II S. 209 ff.
(155) Die Bedeutung des Fahrnisbesitzes S. 20.
(156) DPR II S. 190.
(157) Die Bedeutung des Fahrnisbesitzes, S. 20.
(158) a. a. O., S. 21.
(159) Meyer, Publizitätsprinzip, S. 5.
(160) Das Deutsche Genossenschaftsrecht II, 1873, S. 136 ff.
(161) Die soziale Aufgabe des Privatrechts, 1889, S. 13.
(162) vgl. Meyer, Publizitätsprinzip, S. 2.
(163) フーバーはギールケに師事したことがある（vgl. Ulrich Stutz, a. a. O., S. XIII)。
(164) vgl. O.v. Gierke, Die Bedeutung des Fahrnisbesitzes, S. 2, Anm. 1.
(165) vgl. DPR II S. 287. なおマイヤーはこれを評して、「ギールケはドイツ団体法論の中で振り出した手形を、これ（Die Bedeutung des Fahrnisbesitzes を指す）によって支払った」と述べている（a. a. O., S. 5)。
(166) vgl. Ernst-Wolfgang Böckenförde, Die deutsche verfassungsrechtliche Forschung im 19. Jahrhundert, S. 149.
(167) vgl. Böckenförde, a. a. O., S. 152, Anm 12.
(168) vgl. das Deutsche Genossenschaftsrecht II, Vorwort.
(169) vgl. das Deutsche Genossenschaftsrecht IV, Vorwort.
(170) vgl. G.v. Below, Der deutsche Staat des Mittelalters, 2. Aufl., Ergänzungen zur ersten Auflage.
(171) 例えば代表的なものだけでも、すでに本稿で参照したようなものがある。
(172) 村上淳一「ドイツの協同組合運動とギールケ」（『ドイツの近代法学』東京大学出版会、一九六四年所収）二四七頁。
(173) 注(165)参照。

(174) オットー・ブルンナーは国制史的観点からゲヴェーレに触れているが、ドイツ私法（史）学上のゲヴェーレ論争に対しては敬遠する態度をとっている（vgl. O. Brunner, Land und Herrschaft)。なお本書第三章「補論」参照。

(175) DPR II, S. 189.

(176) なおこの点については川島武宜『近代社会と法』（岩波書店、一九五九年）一三三頁に別の角度からの批判がある。

(177) vgl. a. a. O., S. 51.

(178) vgl. a. a. O., S. 73.

(179) 林毅「中世都市ケルンの新質について」（『法制史研究』19）五九頁参照。

(180) vgl. a. a. O., S. 44.

(181) a. a. O., S. 50.

(182) 注(110)および(111)参照。

(182a) むろんこれは本稿発表当時（一九七六年）の状態である。その後の展開については本書一五九頁以下の第四章への「追記」を参照されたい。

(183) vgl. R. Hübner, Grundzüge des Deutschen Privatrechts, 4. Aufl., S. 184 f.

(184) vgl. a. a. O., S. 193.

(185) vgl. a. a. O., S. 195.

(186) 前節注(96)所引部分にわずかにこの「混同」が露呈されている。即ちゲヴェーレの効力を論じた直後に、「ゲヴェーレが右の如き諸効力をもつ物権を表現するためには」としているのがそれである。

(187) 本権に重点をおく者からみると、フーバーのいうゲヴェーレの「攻撃的効力」は本権の効力ではないか、という批判が出るのは論理的に自然のことである（石井良助『日本不動産占有論』創文社、一九五二年、六二頁参照）。

(188) 本稿注(2)参照。

(189) 「職」が物権だという中田博士による規定は、律令国家的「公権」の中世における「私権化」というシェーマから出て来たものであり、占有に対する権原、「形式」に対する「実質的権利」とは異なる次元のものではなかろうか。

(190) 本稿注(110)参照。なおフーバーが「主張」を構成要素とすることの「理論的要請」（本書一九五頁参照）は、「知行」の占有説的性格に力点をおく石井博士にはあまり縁がない。この点も検討する必要があろう。

第六章　「知行」論争の学説史的意義

一

昭和二七年に発行された『日本不動産占有論——中世における知行の研究』における我国中世の「知行」の法的性格に関する石井良助博士の学説をめぐって展開されたいわゆる「知行」論争は、日本法制史学研究の一世紀余りにわたる歴史の中で、ほとんど唯一の論争らしい論争といって差支えあるまい。即ち前掲書に対しては牧健二博士は『法制史研究5』（以下単に牧Ⅰと称する。以下同じ）に、高柳真三博士は『国家学会雑誌』六七巻七・八合併号（高柳Ⅰ）に、それぞれ書評を寄せられ、これらに対しては、石井博士が同誌七〇巻八号に「高柳、牧両博士の教えに接して」（石井Ⅰ）と題する反論を書かれた。しかし論争はこれを以て終ったのではない。牧博士が同誌七一巻一号に「再び石井教授の『知行』占有説について」（牧Ⅱ）と題して、また高柳博士は同三号に「職・知行および進止について——石井教授にこたえる」（高柳Ⅱ）と題して、それぞれ再反論を書かれ、石井博士が更に同誌七一巻八、一〇、一一号に「再び牧、高柳両博士の教えに接して」㈠㈡㈢（石井Ⅱ1・2・3）という委細を尽くした再々反論を発表されて、この論争にようやく終止符が打たれたのである。論争に参加した学者の数、顔ぶれからいっても、その応酬の回数からいっても、また論調の激しさ、争われた問題点の重大性からいっても日本法制史学界はもとより、「紳士的」な雰囲気の支配する我国の学界一般においても、稀にみる大論争であったといえよう。

もちろん、論争一般がしばしばそうであるように、後述の如く右の過程でいくつかの論点において学問的収穫があったと同時に、またいくつかの点で相互の誤解と感情的ともいえるような対立などに基づく無用の混乱が生まれたのであり、この意味で本論争そのものから直接得られた収穫は、論争過程のはなばなしさに比べると、それ程大きかったとはいえないかもしれない。しかしながら、現在の時点から振り返って、日本法制史学の研究史的発展の流れの中にこの論争を置いてみるとき、これのもつ客観的な意味は決して小さくないし、またこれは我々に対して極めて重要な問題を投げかけているように思われる。この意味で本稿では、論争をできる限り客観的に整理し、そこから今後の我々の研究に対する教訓と指針とをひき出そうというものであり、論争当事者の所説の批判なり、いずれが正しいかという判定なりを目的とするものではない。また本稿の叙述の過程で明らかになるように、この論争では「知行」とドイツ中世のGewereとの比較が最も大きい争点の一つをなしている。従って本来ならば、ドイツ私法史学におけるGewere論の検討をすることが、本論争の整理にとって非常に有効な手段となるわけであるが、紙幅の関係上、これは別稿（石井博士の還暦記念論文集に掲載。本書五章）に譲り、本稿では我国の学界で従来理解されていたGewere論をそのまま前提する他ない。

以下本稿では、まず論争までの「知行」に関する研究史を概観した上で、石井博士の前掲書『日本不動産占有論』における「知行」論を本稿の目的にとって必要な限度で紹介し、次いで本論ともいうべき本論争の整理を試みる。その際、争点別に整理することも一方法であるが、ここでは石井—牧、石井—高柳というように、当事者別に整理することにしたい。これは直接には、石井博士自身相手別に分けて反論をしておられること、及びその反論の仕方から、対牧博士論争と対高柳博士論争とを博士が異質のものと考えられたことがうかがえる（後述参照）こと、とに基づくものであるが、また右の両論争の相違そのものが「知行」論争の歴史的性格を図らずも示していると思われるので、当事者別の整理の方が本稿の目的にとって適切だと考える。

ところで「知行」論争の立役者である右の三博士は、いずれも健在というよりは、今なお学界の一線に立つ指導者的存在であり、私のごとき未熟な者が、その交通整理をすること自体僭越の極みであると共に、私にとってまことにやりにくい仕事である。しかし前述のごとくこの論争の整理は現在及び将来の学界にとって不可欠のものであり、また国家学会創立八十周年を記念するのに、法制史の分野では最もふさわしい問題でもあるので、その機会を借りて、あえて筆をとる次第である。それぞれの論述に対して、思わぬ誤解を重ねているかも知れず、この点三博士の御海容を予めお願いしておきたい。

二

中世の「知行」の法的性格をはじめて研究されたのはいうまでもなく、故中田薫博士である。即ちはじめ『国家学会雑誌』二〇巻三号から一二号にかけて掲載された「王朝時代の庄園に関する研究」（後に『法制史論集』第二巻に収められた。以下はこれによる）[1]の特に第四章で、次いで『法学協会雑誌』二五巻二号所掲の「知行論」（同じく『法制史論集』第二巻所収）で、「知行」の法的性格、効力等が論じられている。以下これを本稿の目的にとって必要な限度で紹介しよう。

そもそも右の「王朝時代の庄園に関する研究」全体が、「我国有法の『システム』や法理が、羅馬法や同法の分子を含むこと多き現代法と一致する所少なきに反し、不思議にも、欧州のフランク時代の法制と酷似する点多き」[2]が故に「往々彼我の法制を比較対論する」[3]という方法、即ちヨーロッパ中世とのアナロジーにおいて我国の庄園をとらえたものである。「知行」についてもその例外ではなく、結論として、「知行」は基本的に「独逸の Gewere と同じ」[4]ものとされる。即ち博士によれば「我知行も亦、自己が法律に従って物[5]〔権〕を有すとの主張に基づく不動産物権の行使事実なることに於て、独逸の Gewere と其根本観念を一にするもの[6]」である。[7]

ところで博士によれば、「知行」は右の如く、「不動産物権の行使事実」という一つの「事実」であり、この点ではローマ法の possessio と同様であるが、後者の「特質は其事実なるに拘はらず法律上権利と同一の保護を受くる」[8]（傍点原著。以下ことわりなき限り同じ）に反し、前者はこの点において後者の域に達していない。即ち鎌倉時代の「知行」の場合には「年紀」=時効による不動産取得の制度が有するのみで、「知行」を「知行」として、本権と関係なく独立に保護する制度は存在しない。室町時代に至ってはじめて、「年紀」に加えて、「知行」の「権利推定的効力」と「知行不可侵の原則が成立し、possessio に近づいた、というのが中田博士の主張である。[9]

このような学説を承けて、石井博士は昭和一二年に「中世知行考」[10]を発表されたが、その序言で、「本稿は……立論の過程に於て差違があるにしても、結論に於ては、（中田）先生が三十余年前に発表せられた学説、即ち知行を以て、『我ガ固有法ノ占有ナリト断ジ、且ツ独逸固有法ノ Gewere トソノ根本観念ヲ一ニス』とせられた学説と同一に帰すものである」[11]と述べておられる。たしかにここでは一面において中田博士によっては利用されなかった史料を駆使しながら、中田説の補強、訂正等が行われているし、結論としてもこれの「正当なる所以が確実に立証[12]」された、と書かれている。しかしながら他面、石井博士自身の言葉通り「立論の過程」が中田博士のそれと異なり、本論は「知行制の成立」、「知行の構成要素」、「知行の本質及び法律上の意味」、「知行の効力」、「知行の保護」という、いわば法律学的に極めて整理された構成をとっている。

しかし両博士の相違はこの点だけにとどまるものでなく、中田博士によってはほとんどなされなかった訴訟制度への着目が、石井博士の場合になされている、という点で大きな相違がみられる。もちろんくり返し述べるように、結論としては、この点についても「知行」と Gewere との間の共通性が強調され、中田説を正面から批判する形をとっていない。しかし後年の『日本不動産占有論』において展開される石井博士独自の考え方は、すでにこの論文に、いわば萌芽的に現れており、新しいアイディアはほぼ出そろっている、といって差支えないであろう。現に本論文末尾の註[13]では「Gewere と知行とが全然同一であるという訳ではない。両者を厳密に比較して見ると、知行の方が羅馬法の占有即ち possessio により近い性質を有している。即ち取得時効や知行保持の訴の制度等を有する事は知行と possessio との一致する点である」と述べられている。従って本論文と後年の著書との間には、結論の表現はともかく、その内容に着目する限り、根本的な相違はなく、むしろ前者は後者の為の準備作業的性格をもっている。[14]従ってここでは「中世知行考」を独立にとりあげて紹介することをせず、以下直ちに『日本不動産占有論』の内容の紹介に移り、必要な限度で前者を参照するにとどめる。

三

本書において石井博士は、まず中田博士の学説を紹介（序説）した後で、「知行制の成立」（第二章）と題して、中世の「知行」の前史、即ち古代における土地支配制度を主として用語法の角度から考察されているが、本稿では紙幅の関係でその内容紹介を割愛する。[15]

さて第三章「知行の構成要素」の論述によれば、「知行が成立するためには、主観的、客観的両要素の結合[16]」が必要であり、その場合「主観的要素とは、当該不動産の上に物権を有すとの主張であり、客観的要素とは、右主張に基づく、その物権の行使事実である[17]」。そして「この両要素の結合があってはじめて、知行は完全に、その機能を発揮することができた[18]」とされるのである。

右の点を詳説すると、まず「ある所領を知行すべき『由緒』を有する者は、裁判所に訴えてこれを知行すべき旨の『裁断』を受けることができた[19]」。しかしながら「知行」が「有効に成立」するためには、「知行の由緒が客観的に存在することは必要ではない[20]」。このことは「知行の由緒が（客観的に）存しなくても、判決により破られるまでは知行が存するものとされたことによって知ることができる[21]」。そして博士によれば「知行の由緒」は「知行の成立を主張する者において、知行の由緒ありと『称』し、または『号』さねばならないという[22]」限りにおいて「知行の成立要素を構成[23]」するのである。いいかえれば「知行の由緒ありとの主張」が「知行の主観的要素」に他ならない[24]。ところで右の「知行の由緒」とは、買得、相続、交換その他「知行取得の原因[25]」であるが、これは同時に「所領の取得原因[26]」でもある。しかるに「所領はこれを法律的に定義すれば（中世の意味における）不動産物権である[27]」から「知行の由緒とは不動産物権の取得原因[28]」を意味するといわねばならない。

このような論理の筋道を追って来た博士は、ここで一転して、「さて、しからば、知行は、なぜ、知行の由緒、すなわち不動産物権の取得原因の有無（客観的有無ではない）によって、その成立が左右されるのであろうか[29]」という疑問を提起した上で、それは「知行の成立には、不動産物権の存在が必要であり、そして、不動産物権の有無は、これが取得原因の有無によってのみ決せられるからである[30]」とされ、このような論理的前提に立って、「しかりとすれば、知行の由緒の存在が知行成立の要件をなすということは、不動産物権の存在がその要件をなすということと同一に帰着する[31]」とされる。要するに以上のような論証過程を踏んで、前述のような「不動産物権を有すとの主張をもって、知行成立の主観的要素となす[32]」博士の主張がなされるわけである。

次に「客観的要素」であるが、これは博士によれば、右の如くして「主張」されている「物権を事実上行使していること[33]」、即ち「その物権に基づき、事実上、その不動産を用益していること[34]」である。ところで右の用益は、中世の史料では「所務」という言葉で表現されているが、「一つの土地に幾つかの所務があること[35]」が一般的であった。「中世における不動産物権すなわち職を、その性質によって分けてみると領主の有する本所的知行権、名主地主等の有する所有的知行権、庄官等の有する職務的知行権、作人等の有する小作的知行権に大別することができるのであるが、これらのおのおの物権に対応して、知行が成立した」のである。以上大よそ右のような論証過程で、博士は「知行」及び「職」即ち、「不動産物権」の重畳性を指摘しておられる。

次に第四章「知行の本質及び法律上の意味」で博士は「中世の知行の本質及びそれが権利（不動産物権）に対して、いかなる意味を有したかということ」[36]を論じておられるのであるが、まず、「本質」についての中心的論点は「不動産の直接支配としての知行は、単なる事実支配であったか、あるいは占有であったか」[37]という問題である。これについて博士は「後述（第五章）のように、知行は知行保持の効力を有している」[38]以上、「知行は正に占有であるといわねばならない」[39]。ただ、「ローマ法の possesio のごとく、占有保持の効力及び占有回収の効力の両効力を併せ有するわけではな……いから、possesio に比べれば知行は占有として不完全である」[40]が、「たとえ不完全ではあるにしても、保持の効力を有する以上、知行が単なる、事実上の支配、ではなく、法律上の支配、すなわち、占有であることは疑問の余地が」[41]ない、として、「知行の本質は、占有なる点に存する」[42]と結論される。

次に「知行の法律上の意味」即ち「知行と本権との関係」については、「知行は……不動産物権の行使事実（内容の実現）である」[43]とされる。このことは「職」（＝不動産物権）[44]を知行す、という史料上の用語例から知ることができるという。[45]他方「権利存在の認識方法に重点を置いて、両者（権利と知行）の関係を考察すれば、知行は不動産物権の表現形式である」[46]とされる。ところで博士によれば、Gewere もまたこのように言われるが、「両者の間には相当大きな隔りがある」[47]。何故なら、「Gewere と物権とは不可分の関係にあり、Gewere を離れた物権というものは考えられないのであって、極端にいえば Gewere すなわち物権とすらいうことができる」[48]のに対し、「知行と物権と間に、Gewere と物権との間に見られるほどの緊密な関係は認められない」[48]からである。即ち、第一に、「職の形において、不動産物権の観念が確立している以上、職を知行すという場合の知行が、不動産物権そのものであるはずはない」[49]。また第二に、「ドイツ中世においては、不動産物権の表現形式は Gewere だけだったのであり、さればこそ、Gewere と物権との不可分な関係が存したのであるが、日本中世においては……知行のほかに、証文も不動産物権の表現形式であった[50]」。このように二つの点で「知行と物権との関係は……Gewere と物権との関係ほどには緊密ではなかったのであり、ここに上記のごとき知行保持の効力の生じうる余地があった[51]」と結論される。

以上、博士は等しく「不動産物権の表現形式」ではあるが、Gewere と知行との間に大きな差異があることを指摘されるが、ここで一転して、知行と possessio との差異の考察に移られる。[52] 即ち、「知行が不動産の表現形式であるということ[53]」は、「第一に、不動産物権の侵害等に対する保護は、常にその表現形式たる知行の保護の形式で行われるということ[54]」、「第二に占有としての保護は、いちおうは、知行そのものの保護であっても、窮極には、その表現している物権の保護の結果をもたらす[55]」ということを意味する。従ってローマ法において「形式的手続的には、possessio の保護と所有権の保護とは全然切離されている[56]」のに比べて、「知行の保護と物権保護との関係は、かれより緊密である[57]」と主張されるのである。[58]

「以上に述べたことを綜合して[59]」博士は、「知行は占有たることにその本質があり、そしてその法律上の意味は不動産物権の表現形式たる点に存する[60]」のであって、この意味で「知行」は「possessio とも Gewere 異なる特殊性」をもち「ローマ法の possessio、ゲルマン法系の Gewere に対し、第三の新しい占有の型を示す[61]」というスケールの大きい結論に達するのである。

さてこのような「知行の本質及び法律上の意味」を前提として、博士は第五章で「知行の効力」を論じられる。その場合注目すべきは、前章における「知行」の「本質」＝「占有」と、「法律上の意味」＝「不動産物権の表現形式」との二元的考察に対応して、「知行の効力」も「占有的効力」と「権利推定的効力」とに分けて分析されることである。

まず「占有的効力」即ち「知行保持の効力」について史料を挙げつつ、次のように主張される。平安末期にすでに、

「知行保持の訴」が「存在し、そこでは、「裁判所は（知行すべき権利の有無に関係なく）、押妨人の妨害を中止せしめて、ひとまず被押妨人（当知行人）の知行を完全ならしめると同時に、これに不服な押妨者に対しては、別に訴（すなわち、物権に基づく訴）を提起すべき旨命じた」[62]。ただこの訴は「そのものとして、独立の存在であるよりか（ママ）、むしろ、物権に基づく訴の存在を予想し、権利訴訟において、有利な地位を取得するための、予備的手続たる」[63]性格をもつ。このことは、「中世においては、訴をなすものは、挙証の責任を負うという制であったから」[64]、本権の訴訟にとって「挙証責任の転換」をする意味をもち被押妨人は知行の由緒を証明する必要がなくなる、というわけである。[65]そしてこの効力は鎌倉中期になると更に明瞭になり、「知行保持の訴」は「権利訴訟に対して、ある程度の独立性を獲得した」[66]が、この変化はあくまで「重点の変化」であって、「知行が不動産物権の表現形式たる意味をも有した以上、この分離はローマ法におけるほど、徹底的たりえなかった」[67]と結論される。このように「保持の効力」が制度的にみとめられていない Gewere とも、「保持の訴」が「本権の訴」から独立している possessio とも異なる「知行保持の訴」の論証は、「知行」＝第三の占有という前章の結論と一致するものであることはいうまでもない。

　次に、「知行」の「不動産物権の表現形式としての効力」即ち「権利推定的効力」としては、「安堵を受ける効力」が挙げられている。即ち「当知行所領は（幕府から）安堵を受けることができる」という効力であるが、この点は論争ではほとんど問題になっていないので、[68]その紹介は割愛する。

　ところで博士によれば、「知行」そのものの効力は右の二つに限られるが、なおこの他、「知行」はこれと関連する「他の法律制度の反射的利益を受けることができた」[69]。それは第一に「挙証責任を負担しない利益」であり、前述の如く「わが中世の訴訟法においては、主張をなす者は挙証すべしという原則であったから」その反射として知行を有する者は挙証責任を負わなくてよかった、[70]というのである。第二には「本知行回復の利益」であり、これは「知行が侵奪された場合に、知行の効力としてではないが、他の制度の反射的利益として、知行が回復される利益をいう」[71]（傍点石井紫郎)。これには二種類あって、その一は「安堵外題法」、その二は「本知行守護沙汰付」である。前者は「安堵を受けた所領について、訴訟が起ったときは、訴の理非を閣いて、まず、安堵を受けた者の知行を完うせしめ[72]るもので、これは、「知行」が侵奪されてしまった場合（前述）の「知行保持の訴」を一歩すすめるものといえるが、「それが、知行そのものの効力ではなくして、安堵御下文ないし外題の効力とされたところに、占有としての知行の限界がある」[73]と主張されている。後者は室町時代の守護が「押領人を追い出し、『本知行人』にその土地を沙汰付〔占有還付〕ける」[74]「公法上の義務」[75]の「反射的利益」である。

以上で博士は、「知行」の広義での効力を考察された後、次に「不知行」即ち「客観的要素」（＝事実支配）の欠如した「知行」[76]の効力を略述される。第一は「年紀」（不動産物権の消滅時効）にみられる効力であって、それは「不知行」が二十年経過すれば、返還請求をみとめないという制度である。「年紀」はすでに中田博士が研究され当知行による取得時効と主張されたものであるが、石井博士は鋭い史料批判に基づいて、はじめてこれを「不知行」の効果、即ち消滅時効と主張されたものである。この点は牧博士との論争でも一つの大きな争点となっているので、石井博士の論証過程についても後に一括して述べることとする。

「不知行の効力」の第二は、「権利実現の効力」である。「知行人の意思に基づき、他日返付するべき契約のもとに、その所領の知行を他人に去り渡したが、約定期日になっても、その他人が知行をかれに還付しない場合[77]」には、その事実、「換言すれば、自分が不知行であることさえ証明しうれば[78]」旧「知行人」は「本知行を回復しえた」のであるが、この場合、博士によれば、返還請求がみとめられる根拠は「不知行」という事実そのものであって、「不動産物権」ではない。従って、「不知行がその背後に存する（と主張された）物権の内容を実現する」効力をもつ、というわけである。

「不知行」の効力の第三は、室町時代中期になってみとめられたもので「知行回収の効力」というべきものである。

これは前述鎌倉時代の「外題安堵法」にみられた趣旨が一層発展したもので「当知行人がその当知行を奪われたときは、不知行の効力として、これを回復しうる」[79]こととなった。ただしこの訴訟は先の「知行保持の訴」と同様に「物権に関する訴訟の予備的手続たる性質」[80]をもつものであるが、それにしても「室町時代に入るや、物権と知行とはさらに分離し、かくて……不知行の効力として、〔知行が〕保護されることが可能となった」[81]と結論されるのである。

さて第六章「知行の保護」では、まず総論的に、「知行の不可侵性」即ち「自力救済禁止」について述べられた後、「知行」の「回復的保護」を考察されているが、その内容の大部分は前章までに述べられたことを、訴訟制度的に再分類して改めて叙述されたものであり、この紹介は割愛する。

次の第七章「知行制の発展」の叙述もすでに述べられたことを、時代順に再構成されたものであり、「物権」と「知行」との分離過程がその主軸となっている。ただ最後のところで、「中世末期」＝室町時代における「職」＝「物権」の観念と「知行」の衰退について述べられているが、このことと、先の同時代における「物権と知行との分離が顕著になったこと」[82]との関係はどうなるか、という問題については、必ずしも明確に述べられていない。奇妙なことに論争においてもこの点は扱われていないが、非常に重要なことと思われるのであえて指摘だけしておきたい。

以上わが中世の「知行」を詳細に考察された博士は、その結果を前提としつつ、一転してドイツ中世の Gewere 及びローマ法の possessio と「知行」との綜合的比較を試みられる（第八章）。すでにこれまでの諸章において随所にこの比較はなされ、「知行」を「第三の占有」と規定されたが、本章はそれを確認しつつ、更に一層綜合的な考察を進めて「知行は Gewere と possessio との中間に位するものである」という命題を論証しようとする目的をもっている。

まず博士は Gewere をドイツの諸研究によって紹介される。最初に E. Huber によりつつ、Gewere が、「客観的要素」及び「主観的要素」の二つから成立する、といわれる。前者は「物の上の事実的支配」であり、後者は「この支配に相応する、法に依って附与された該物権上の物権の主張」である。しかしながら「ドイツ法では、古代より中世に至るまで、抽象的に物権を示す言葉は発達しなかったために、不動産法を物権を中心として組立てることはできないので、物権の行使事実であるGewereによって物権法が組立てられていたのである。そして、それは……具体的に、目及び耳によって知覚しうる物事にだけ、その存在を認める素朴《(ママ)》な幼稚な当時のゲルマン人にとって、ふさわしいものであった。このような意味において、不動産物権は、Gewereの形式において外部に表現されたといえるのであり、Gewereは不動産物権の表現形式なのであった。ギールケが『物権の外衣（das Kleid des Sachenrechts)』、『物権表現の一般的形式（die allgemeine Form, in der das Sachenrecht zur Erscheinung gelangt)』と呼び、フーバーが『物権の外形（die Form des Sachenrechts)』と呼んだのはこの意味である[83]」。

ところで右のような性質をもつGewereにはいかなる効力が与えられていたであろうか。石井博士はこれを「知行」の場合とパラレルに「物権の表現形式としての効力」と「占有（権利と独立した）としての効力[84]」とに分けて考察されるが、Gewereが前者を有したことは疑いないとして[85]、主たる関心を後者（の存否）に向けられる[86]。まずGewereが不可侵性を有したこと、即ち「何人も裁判所において奪われる場合を除き、自己の占有する財物の占有から排除されない」という原則が存在したが、これは「法律社会に当然附随するものであり、これをGewereの効力として挙げるのは不適当であろう[87]」とした後、Gewereの効力として、「自力救済の制」を挙げておられる。これには二つの場合があり、その一はGewereが妨害された場合で、Gewereinhaberは自力でその妨害を排除できる。その二は侵奪されてしまった場合で、この場合には侵奪者との関係に関する限り、依然としてGewereは失われない（近代ドイツ法学上いわゆるideelle Gewere）とされ、自力もしくは訴訟によって、その回復をすることができる[88]。その際重要なことは、右のideelle GewereのInhaberは——現実的支配を失っているにも拘わらず——被告の地位を占めることができ、従って（現実的支配を有する）侵奪者に対して挙証上有利な立場に立つことができた、ということである。しかも被侵奪者は、侵奪の事実のみを証明すれば、「中間判決」がなされて、それ以後Gewereinhaberとして扱われることになるのであるから、通常不動産の返還を請求せんとする者が、「物権」を証明せねばならなかったのに比べて、非常に有利であったといえる。ところで右のような、侵奪の事実のみの証明をめぐる手続は、「権利関係を定める本訴訟中の前段階をなすもの(89)」にすぎず、この意味でローマ法的な占有訴訟とは異なるが、しかし他方「物権の訴より占有の訴の分化する一つの過程を示すもの」であることにかわりない(90)、というのが石井博士の考え方である(91)。

次に博士は possessio について考察される。possessio が animus と corpus との二つの構成要素から成立することを述べた後(92)、その保護の考察に入り、「占有保持の特示命令」及び「占有回収の特示命令」が「所有権に全然関係なく、占有の事実のみについて下される(93)」こと、即ち「ローマ法では、本権の訴と占有の訴とは、全然区別されている(94)」ことを指摘される。と同時に「実際において、占有の特示命令の制が所有権に関する訴訟における挙証責任転換の作用を有したことは、Gewere におけると異ならない(95)」のであり、この意味で「ローマ法における占有保護は自己目的のものでなく、所有権のための、たんなる假保護（Aushilfsschutz）に過ぎない(96)」という Siber の説を援用されている。

博士は更に一歩進んで、右の如き possessio の起源について述べられる。それによるとこの問題については二つの学説が対立している。即ち、

「その第一説は、占有特示命令は、私所有権の客体とならず、したがってまた、私人の所有権返還の訴の対象とならない土地(97)のために創設されたとする(98)」のに対し、「第二説は、……元来、所有権訴訟の予備的手続として、両当事者中のいずれが原告となり、被告となるかという当事者役割を規整する制度だったのであり、後に予備的手続が独立した占有訴訟の制になったと解する(99)」。しかしながら「ゲルマン法において、明きらかに、後の方に相当する現象がみられ、日本法においても同様の現象が見られるところをもってみると、後説の方がよるべきもののように思われる(100)」と、石井博士はここで重大な態度決定をなされるのである(101)。

さて右のような Gewere と possessio との考察を前提として、博士はこれらの対比において「知行」の考察に移ら

れる。第一に、構成要素に関しては、「知行」は「possessio より Gewere 的なものである」[102]。しかし、ドイツ中世では、「物権を示す言葉がまだ現われてないのに対し……日本では職の観念がすでに一般化している」[103]から、物権との分化の点よりいえば、Gewere と possessio との中間にあるといえる。[104]

第二に、「本質及び物権に対する意味」についてみても、単に「物権の表現形式」にすぎない Gewere と、この性格を失い「占有」としての本質のみを有する possessio の双方と比べて、両方の性格を併有する「知行」は右両者の中間にある、といえる。[105]

第三に、「効力」についても、第二の点に対応して、「知行」は「保持の訴」を有する点で、これをもたない Gewere と、これと並んで「回収の訴」を併有する possessio との中間にある。[106]

第四に、「保護」の側面では、「不可侵性」を有する点では三者共通であるが、「自力救済」の点で大差がある。即ち「これをもっとも認めなかったのは知行であり、これをもっとも認めたのは Gewere であり、両者の中間に位するものは、possessio である」[107]。しかし他面「訴による保護」については、訴が常に「物権」に溯って判断される Gewere、常に「物権」ときりはなされている possessio とに比較するとき、「保持の訴」の場合のみ Gewere と類似する「知行」は、やはり右両者に中間に位する。[108]

以上、博士は「知行」を Gewere と possessio とを「基本的な面より比較[109]」して、殆どの点で「知行」が他二者の中間に位すると結論され、このあと「細部」について比較し、更に「進止」について中田博士の説を批判しておられるが、石井―高柳論争の整理をする時にふれるとして、ここでの紹介は割愛する。

最後に第九章「結言」において、博士は前章までの考察を基礎として「占有の発達」について次のような一般法則をうち立てられる。即ち、

第一期は「占有訴訟が物権訴訟の一部たるその準備手続として取扱われ、まだ独立の手続とならない時期[110]」である。

ドイツ中世の Gewere はこの段階に止っていた。possessio は Gaius の伝えるところにより、かかる段階を経たことは「推定しうる」。また「知行」も、平安時代の後半にはまだ同様のものであった。

第二期は「占有保持の訴が成立する時期」[111]であり、鎌倉時代の「知行」はこの域に達していた。Gewere は「その自然的発展においては、ついにこの段階にまで達することなく」[112]、「カノン法の継受により、自然的発展が妨げられ」[113]たが、「もし、カノン法の影響がなかったならば、中世以後、この段階にまで進んだのであろう」[114]。possessio については、直接の史料はないが「かならずや、この段階を経過したに違いないと推察される」[115]。

第三期は「占有回収の訴」の成立する時期で、possessio のみがこの段階に達しえた。

以上が博士の最終的結論であるが、ここで重要なのは「知行」が何故「第三期」にまで到達しなかったか、という点について博士自身「今の著者にはこれに答えることができない」[116]としておられることである。けだし、Gewere が「自然的発展としては」「第一期」で止った理由は、博士によってカノン法継受という現象を以て一応説明されたが、「知行」が「第二期」で止ったことは、日本中世末期に「法の継受」がみられない以上、説明困難だからである。この点は、本書二四〇頁に指摘した、「物権と知行との分離が顕著になったこと」と「職」＝物権と「知行」＝占有の衰退との関係をどう説明するか、という問題点と関連することであるが、本稿の目的を逸脱するので、これ以上立入らない。

それはともかくとして、博士によれば「これまで知られている自然的な発展の結果としての不動産の占有には、三つの継次的な発展の型があり、そして、それが、それぞれ、Gewere、知行、possessio によって代表されている」[117]というわけである。

以上やや立ち入って紹介した石井博士の所論に対して、牧、高柳両博士からどのような批判がなされ、石井博士はこれにどのような応酬をなされたか、その論争がどのような学説史的意味をもつのか、これらが次の課題である。

四

1　石井—牧論争

(1)　論争の具体的過程

牧I[118]は、まず石井博士の所論の内容を紹介した後、「知行に関する卑見はいささか本書と異なるものがある」(二一三頁)として批判を展開する。

その第一点は石井博士が「知行」には「事務の執行」を意味する場合があることを認め[119]つつ、本書では専ら「不動産物権」との関係でのみ「知行」を考察されている点を衝き、言葉の本来の意味からいうと、「職の内容たる事務を所務と云い、所務の執行を知行と云った」のであり、その意味で石井博士が考慮の対象外におかれた「知行」の用語例を逆に出発点に据えて、これを「無視することは出来ない」(同上頁)と主張される。もちろん牧博士も時代と共に「職」が「財産化」する現象がみられ、「之を不動産物権と視ることが」(同上頁)可能になったことはみとめられるが、その場合でも「職の内容たる事務」としての「所務」が「知行」の対象であることにかわりなく、従って「知行は石井教授が主張されるが如き不動産に対する事実的支配でもなければ、不動産物権の事実行使でもなく、従って占有を以て本質とするものでもな」(二一四頁)く、「不動産物権の行使」(同上頁)そのものである、と主張される。牧博士のこの主張は右の所論だけでは不明確であるが、後掲の如き別の論文で自説を積極的に展開されている。しかしこれは後に紹介するとして、この論稿だけに限っても、石井説批判の次の第二点をみるとその趣旨をやや具体的に捉えることができる。

即ち牧博士は、石井博士の「知行」=占有説を批判して、「石井氏は知行が……占有であったことを、知行保持の訴の成立によって立証しうる」というが、これに使われている史料は「権利の行使（私のいう知行）を全うするが為の妨害排除の訴」であることを示している。と述べておられる（同上頁）。これと関連して牧博士は「年紀」＝消滅時効説を批判される。まず、石井博士の消滅時効説であるが、「年紀（序）」制を定めた御成敗式目第八条は、

一　雖レ帯二御下文一、不レ令二知行一、経二年序一所領事、右当知行之後、過二二十箇年一者、任二右大将家之例一、不レ論二理非一、不レ能二改替一、而申二知行之由一、掠二給御下文一輩、雖レ帯二彼状一、不レ能二叙用一矣（傍点石井紫郎）

と書かれているが、石井博士によれば、表題と本文後段が「不知行」の効果として「年紀」を問題としているのに、本文前段だけが「当知行」としているのはおかしい、また式目制定後十一年後の史料は本文前段をも「不知行」としている、という理由で、伝写本の「当知行」は誤りであり、制定当時は「不知行」と書かれていた、と結論されている。これに対し[120]牧博士は式目制定後数年後の史料（嘉禎五年及び六年の幕府法令）が、式目第八条を「取得時効」と解していることなどから、石井説を斥け、いずれにせよ「式目の編纂者も亦幕府の司法職員も、不知行と当知行の文字の使用を、今日の法学者が要求するほど、それほど厳格には考えていなかった」（同上頁）とされ、その上で「知行」＝占有説が成立つかを問題とされる。即ち、石井博士は「知行」の成立に「由緒」の客観的存在は必要ない（存在するという主張で足りる）とするが、牧説によると客観的に存在しない場合は「押領」であって、「知行」ではない、従って式目第八条の「当知行」も「権利の認定を得ていた者」（二一六頁）、即ち「由緒」があるものというべきであるということになる。

ここまでは牧博士の主張を、文理上理解できるが、以下の所論になると些か不明確である。しかしとにかくそのまま紹介すると、博士は右の「権利の認定を得ていた者」を「別に権利の主張者があれば、訴訟において争い、何れの

主張する由緒が正当であるかを判決される立場に立ちうべき者」（同上頁）と言い換え、その上で「然るに権利訴訟において最も有力なものは幕府の御下文であったので、〔式目〕第八条は御下文所有者が訴訟当事者である場合について定め、当知行二十箇年を経過の上は、御下文ある権利者と雖も当知行者には対抗することが出来ない」（同上頁）ことを述べているのであり、「本条を……時効の制と同類視することは許されない」（同上頁）とされる。

以上要するに牧説は、「知行」は「占有」でなく、「物権の行使」そのもの、即ち権利に基づく支配（牧Ⅱ八九頁参照）であり、「権利の認定」を得ているものだとするのである。

これに対して石井博士から激しい反撃がなされたことはいうまでもない。石井Ⅰ[121]は、牧Ⅰの批判を（1）「知行」が「占有」か否か、（2）式目第八条前段の「当知行」が元来「不知行」であったか否か、（3）「知行」の語義、語源の三つに分けており、その後も石井―牧論争はこの分け方に沿って展開することになったが、本稿では紙幅の関係上、右の三点のうち最も基本的な問題たる（1）に限定して考察し、（2）、（3）はこれに関連する限りで言及するにとどめたい[122]。

さて、「知行」は「占有」か「権利の認定を得ていた者」か、という争点について、石井Ⅰは「この問題は押領もまた知行であったかどうかによって直ちに解決される」（四六頁）、換言すれば不法な「知行」が存在したか否かが決め手になるとして、次の二点で牧の所論を反ばくする。

（A）第一に、式目第八条前段が牧Ⅰのいう如く本来「当知行」であったとしても、同博士の主張のような解釈は成立たず、「同条は御下文を帯びていても、知行しないで年序を経た所領について」、「御下文」を無効とする旨を定めたものであり、従ってここにいう「当知行」が不法なものであることを予想している。逆にいえば、「当知行」を「権利の認定を得ていた者」に限定することは、これが同条の「不論㆓理非㆒」に「御下文」を有する者の主張を破る、という文言にそぐわず、牧博士の主張は成り立たない（四六頁）。

（B）第二に、「押領」も「知行」とよばれていたことを示す史料がある以上、両者を別のものとする牧説は成立たない（四八頁）。

これに対する牧Ⅱの再批判は次の通りである。

（a）石井ⅠのAに対しては、（aa）式目第八条が石井博士のいうように「御下文の効力に関する規定」か、牧Ⅰで主張したように「御下文所有者の訴権に関する規定」か、という問題と、（ab）「当知行」が「権利の認定を得ていた者」か否か、という問題に分ける。だが（aa）は余りに概念法学的な設問であり、またこの問題がどちらに転んでも（ab）の判定にさして関連するとは思えないので、これは省略する。[123]

（ab）まず式目第八条の「当知行」が「権利の認定を得ていた者」とすると「不論理非」という文言にそぐわない、という石井Ⅰに対し、牧Ⅱはこの「理非」は「訴人（この場合は『御下文』を有する者である――石井紫郎註）の主張の理非であって、当知行の理非ではない」（九一頁）から、同条が「当知行」が不法なものであることを予想しているという石井Ⅰの主張は当を得ていない。「当知行と云えば権利に基づくことは初から定まっているのだが、原告が被告の当知行は由緒のない知行であると主張し、その主張が正しいときが本条において『理』と称する場合である。そしてそのときに〔はじめて右の反射として〕被告の当知行は非なりと判決さるべき」（同上頁）ものとなる。右の所論を要するに《権利に基づく支配＝知行が訴訟の結果として無権利と判定されることもある》ということになろう。文理上明らかにこれは自己矛盾であるが、だからといってこれを無視してよいか、これは後に検討する問題の一つである。

（b）右のように牧博士は式目第八条が「知行」を「権利の認定を得ていた者」とする自説の妨げとならない、とされた後、（ba）積極的に自説の根拠となるべき史料を挙げ、（bb）更に石井Ⅰ（B）に対する答として、そこに挙げられた諸史料も自説の立場から説明できる、と主張される。

（ba）式目第十六条では「当知行之人」と「当時領主」とが全く同義に用いられており、後者は「土地に対する権利者を意味したことは今更云うまでもないこと」（九二頁）だから、「当知行は権利者として行う支配にほかなら」（同上頁）ない。換言すれば、「たとい立派な由緒を有っていても、所領が第三者の当知行に移れば〔その第三者が領主となって、由緒ある者も〕権利を失う」（九三頁）のである。しかしながらこの場合「当知行人」の権利とはどのようなものだろうか。この点について牧博士は「知行における権利は現実の支配者の有する権利を本にして認定された権利であったから、必ずしも客観的に正当な権利ではなかった。認定の時において権利ありと認定されることによって、領主としての権利が成立した。……その認定がいかなる由緒によりいかにして行われるかが具体的に定まったわけである。客観的に正当な権利であるとは限らなかったので、一層有力な由緒が現れると破られる可能性があった」（同上頁）と述べておられる。そして博士によれば、右のような「知行」の性質を示すのが「知行の号」という用語である。「号」は石井博士によれば「権利の主張」であったのに対し、牧博士は「公認」だとされるわけであるが、それにしても「知行における権利」を「必ずしも客観的に正当な権利ではなかった」という点をみれば——実質的に牧博士は、少なくとも部分的には石井博士の説に一歩近づかれたとみることも可能であろう。[124]

しかしながら牧博士自身は依然強硬に「知行」＝「権利に基づく支配」説を主張され、「知行と押領とは水と油の如く相容れない概念である」（九四頁）として、この立場から前述（bb）の問題に立向われる。

（bb）先述の如く石井博士の挙げられた諸史料が、牧説の妨げにならぬ、というのがここでの論点であるが、個々の史料についての解釈の相違をここで紹介するのは煩に過ぎるので、共通することだけを略述すると、石井博士は右の諸史料が「押領」もまた「知行」であったことを示す、といわれるのに対し、牧博士は、原告の立場からみて被告の支配が「押領」とされるにしても、被告は少なくとも判決が下るまでは何らかの「由緒」——たとえばそれが偽のものであろうと——に基づいて「認定」された権利を行使する（「知行」する）者である。換言すれば裁判所が判決において被告の「由緒」を認めなかった場合にはじめて「押領」と判定されるわけで、それまでは被告の「知行」は一応「権利の認定を得ていた者」に他ならず、原告がそれを「押領」と呼ぶにすぎない、と主張されるのである。この点は先の（ba）の「知行における権利」が「必ずしも客観的に正当な権利ではなかった」という博士の所論と対応するものであることはいうまでもない。

さてこれに対する石井Ⅱの再反論は、同Ⅰと同じく「中世において押領が知行とされていたかどうか」を中心論点とするが（石井Ⅱ1五八頁参照）、こまかくいうと次の通りである。

（A'）まず石井Ⅰ（A）、牧Ⅱ（a）と展開された、式目第八条前段にいう「当知行」の性格をめぐる問題であるが、石井博士は牧Ⅱ（a）に直接反論する前に、

（A'a）牧博士の主張の前提となっている、「安堵御下文」が権利訴訟でもっとも有力なものであった（牧Ⅱ八九頁）、という点を攻撃して、「御下文」は右の場合「大した意味をもっていなかった」（石井Ⅱ1六三頁）ことを指摘される。そしてその上で――

（A'b）牧Ⅱ（ab）に対して、「本条の理非は当知行の理非であるといっても訴の理非であるといっても同じことになるのである。そして、本条を立法する際に、立法者が念頭に置いたとすれば、それは非の当知行の場合であることは疑をいれない。けだし、当知行人に理がある場合これを改替すべきでないことは、この当知行が二十年以上（経過したもの）であろうと、それ以下（のもの）であろうとに違いはないからである」（同上六四頁）と一蹴し、更に本条は「二十カ年続いた押領が一つの権原すなわち『知行之由緒』たることを幕府が認めたことを意味するのであり、そして幕府判決によって『押領』と認定されたその押領が二十年続いた事実を示すために、御成敗式目は『当知行過㆓廿箇年㆒者』という表現を用いている」（傍点石井紫郎）のだから、この点でも「押領もまた知行だった」（同上頁）とする。即ち（ab）自身の論理からいっても（ab）の主張は成立たないことが主張されているのである。

（B'）次に牧Ⅱ（b）に対してであるが、石井Ⅱ1は（ba）に対応して（B'a）式目第十六条の解釈、（bb）に対応し

て（B′b）そこで問題になっている史料の解釈を争い、更に積極的に（B′c）「押領が知行であるとされていたこと」即ち「知行は『理非』すなわち権利の有無に関係なく成立するものであることを端的に示す史料を提示する」（五八頁）。

（B′a）牧博士は「領主なる称号は……土地に対する権利者を意味した」（牧Ⅱ九二頁）といわれるが、精密にいえば、領主という語は土地に対する権利者を意味しない」ことは将に問題となっている式目第十六条に「非分之領主」という言葉があることによって知られる（石井Ⅱ1六六頁）とした後、既に筆者も指摘しておいたような牧博士の文理上の矛盾を衝き、一方で「たとい正当な権利を有たず押領をはたらいていたにしても、領主にちがいなかった」といい、他方で「権利の存在を存在するのみで権利を有たない占有者は之を領主と云わなかった」と同一頁でいうのは、「全然矛盾している」（同上頁）。そして右の如く「領主についてすら『正当な権利を有たず押領をはたらいていたにしても、領主にちがいなかった』とするならば、知行はなおさら、『正当な権利を有たず押領をはたらいていた』にしても成立したに違いない」（同上頁）、と牧博士の論理を逆手にとっている。以上のように式目第十六条が牧説の根拠となりえないことを論証した後、石井博士は更に、牧博士が「認定」を云々されるに拘わらず、その手続の存在を示す史料が見あたらないではないか（同上六七頁）と逆襲されるのである。

（B′b）牧博士は諸史料にいう「押領」は原告の単なる主張乃至自称であるとされるが、史料はむしろ、裁判所はもとより原告自身も「押領」者の支配を「知行」と呼んでいることを示している（同上六八頁）。

（B′c）石井博士は更に「……是当国執行代右衛門尉宗平令押領当知行也」をはじめ「端的に」自説の根拠となる史料をいくつかあげて牧説にとどめをさしておかれる（同上六二頁）。

以上縷説したように「知行」は「占有」か否かの問題は、最後に牧博士が文理上論理的な矛盾に陥り、石井博士の鋭い論理の前に屈服された形となったのである。それでは我々はこれを以て石井博士の全面的勝利を片付け、本論争から汲みとるもの皆無と考えてよいのであろうか。それが次の課題である。

（２）　論争の学説史的意義

まず指摘しておかなければならないのは、石井博士が「この問題は、中世において押領が知行であるとされたかどうかによって解決される」（石井Ⅱ１五八頁）とされたことである。この態度は本論争を通じて終始貫かれたものであり（石井Ⅱ四六頁参照）、牧博士もまたそのペースにはまってしまわれたことは前述したところから明らかであろう。しかしながら果して右の設問は当をえたものだろうか。いいかえれば「押領」も「知行」といわれたとしても、それで「知行」が「占有」であることが立証されるのだろうか。たしかにpossessioは本権の有無に関係なく成立する。しかしGewereにも不法なGewereが存在することは疑いない。そして石井博士によれば前述の如く、Gewereは「占有」ではないのだから、「知行」にも不法なものがあったからといって（「押領」も「知行」に含まれたからといって）、「知行」が「占有」であるとは限らないのではなかろうか。石井博士自身の定義に従えば、既に紹介したように土地の現実的支配が、（本権とは無関係に）それ自体として制度上何らかの法的効力をもっている場合に、その現実的支配が、「占有」と呼ばれるのであるから、この点こそが論争の主たる対象とならねばならぬ筈である。この点牧Ｉ二一四頁は「石井氏は……知行が単なる事実的支配ではなく、占有であったことを、知行保持の訴の成立によって立証しうると説かれる」と正しい指摘をし、且つ右の「知行保持の訴」が「占有保持の訴」とはちがい「権利の行使を全うするが為〔の〕妨害排除の訴」とみるべきだと反論している。にも拘わらずこの点は右の如き石井Ｉの問題設定によって論争の枠外におかれ、牧博士も専ら「押領は知行でない」という点の根拠づけに大童となってしまい、「押領も知行である」ことを示す史料を前にして、明らかな論理的矛盾を犯す破目になってしまわれたのである。

しかしながらこのことは単に石井Ｉの責にのみ帰せらるべき問題ではない。牧Ｉ以来執拗に主張された「知行」＝「権利に基づく支配」説がこの迷路入りの発端である。即ち牧博士は、「知行」を右の如きものと主張された結果、すでに牧Ｉにおいて「知行」には不法なものはないことを立証しなければならなくなり、それが石井Ⅱにうけつがれて、

「押領は知行であるか否か」という、本来「知行が占有か否か」の直接のきめ手とならない問題が、天王山になってしまったのである。そしてくり返し述べるように牧博士は論理的矛盾に陥られてしまったのであるが、それでは一体「知行」＝「権利に基づく支配」という牧説は全く無価値なものなのだろうか。この説の当否を問うことは本来本稿の範囲外であり、また筆者にそれをするだけの用意もないが、本論争の過程に現れた問題点のみをここで指摘しておこう。

牧博士は右のように「知行」を「権利に基づく支配」とも、また「権利の認定を得ていた者」とも主張されるのであるが、これを石井博士の「占有」説的側面と対比せしめる限り——そしてまた現実にも論争はこれを重要な争点の一つとしたのであるが——両説は水と油の如く相容れないように見える。しかしながら、既に本稿でも紹介したように、牧博士は自説を敷衍して「知行」を以て「別に権利の主張者があれば、訴訟において争い、何れの主張する由緒が正当であるかを判決される立場」(牧I二一六頁)にあるものと規定されており、更に牧IIでは「知行における権利は現実の支配者の有する権利を本にして認定された権利であったから、必ずしも客観的に正当な権利ではなかった」(九三頁)、従って「一層有力な由緒が現れると破られる可能性があった」(同上頁)とされている。

要するにこの場合「権利の認定」といっても絶対的なものでないことが、牧博士自身によっても認められているわけであり、実質的には石井博士のいわゆる「知行の主観的要素」、即ち「知行」の成立にとって権利が客観的に存在することは必要でなく、権利を有するとの「主張」で足りる、という所説とそれ程異ならないのではなかろうか。ただ石井博士の場合、「知行」における相対性は「主張」という形で処理されている。換言すれば専ら「知行」人の主観の問題として構成されているのに対して、牧博士の場合は、「認定」と「判決」との二元性、即ち「判決」によって「認定」が破られることがありうるという意味での「認定」の相対性として構成されている。石井博士の場合は主観的な「主張」が「判決」によって破られることがある、という構成をとっているから、そこに論理的破綻を生じない。

これに反して牧博士の場合は、「認定」と「判決」という、共に制度的なものの間の二元性、「認定」という制度の効果の相対性が問題になっているので、論理的矛盾が生ずる可能性が本来含まれているのである。殊に同博士において「認定」とは、具体的に何を指すのか必ずしも明確でないが[127]、所論全体から察するに、幕府乃至朝廷の「安堵」その他の行為を念頭においておられるようである。例えば、牧Ⅱ九三頁で前掲の「知行における権利は……〔認定されたとはいっても〕客観的に正当な権利であるとは限らなかったので、一層有力な由緒が現れると破られる可能性があった」という文章にすぐ引続いて、「式目第八条はそのことの予想の下に為された宣言であった」と書かれている。そしてこの式目第八条は牧博士の解釈によれば、「〔安堵〕御下文所有者が訴訟当事者〔原告もしくは被告〕である場合について定め」〔牧Ⅰ二一六頁〕たものであり、「御下文ある権利者と雖も〔二十年以上の〕当知行者には対抗できない」〔同上頁〕という趣旨の規定である。この点からみて、この場合「認定」とは安堵を意味し、それが式目第八条を適用してなされた「判決」によって破られる、という論理が牧博士の念頭にあったとみて差支えあるまい。

また博士は、「原告が被告を由緒がないのに押して知行すと主張する場合でも、被告は由緒の認定をうけて当知行の号を有する者であり、原告は公認の由緒が正当な由緒でないことを主張しているのである」〔牧Ⅱ九四頁、傍点石井紫郎〕というように「認定」を「公認」とも言いかえておられ、この場合「公認」とは明らかに幕府乃至朝廷の、いわば政治的な承認行為を指している〔同上頁参照〕。従ってこのような政治的「認定」が「判決」という法的判断によって覆されうる、という論理は、両者が同一の者〔特にこの場合幕府〕によって——時間的前後はあるにせよ——なされる場合に、文理上矛盾撞着に陥る危険性を本来孕んでいるものといえよう。しかもこの場合牧博士は後に指摘する如く「権利」という概念をいわば不用意に用いられるので、既に指摘した如く、《権利に基づく支配＝知行が訴訟の結果として無権利と判定されることもある》ということになってしまうわけである。

それでは一体、何故牧博士が右のような論理的矛盾を犯し、更に「知行と押領とは水と油の如く相容れない」(牧Ⅱ九四頁)などと勇み足をしてまで、石井博士の「占有説」を強硬に批判しようとされたのであろうか。換言すれば知行を「権利に基づく支配」とされた動機は何であろうか。この問題はつきつめていくと、如上の整理から明らかなように石井博士の「権利の主張」という構成に対して、牧博士が「権利の認定」という構成をとられたのは何故か、という点に集約される。もとより私はここである学説の形成の主観的動機そのものを問おうというのではなく、「知行」研究の客観的意義との関連で右の如き設問をしているにすぎない。このような観点からして右の問いを解く鍵は、牧博士において「認定」が幕府その他の権力機構による政治的承認を意味している点にあるように思われる。そしてこれはとりもなおさず同博士がいわゆる封建制度の問題を念頭においておられることを示している。牧博士が日本封建制の法的研究において開拓的業績をされた学者であることは今更言う迄もない。このような問題関心が中世的土地所有分析の中にも一貫して流れていることは何ら怪しむに足りないが、この点を具体的に示すのが「知行の原始段階—律令的知行の成立及び本質[128]」という論考における牧博士自身の所論である。

博士はまず近世の「知行」が「封地」を意味することを太宰春台の定義に拠って示した後、「日本封建制の歴史の研究は、このような性質を有する知行制の起源、成立、完成、衰頽の過程を明らかにすることが、その主要なる内容を成すであろう[129]」(傍点石井紫郎)と主張される。そして牧博士によれば、右の如き「封地」としての「知行」——「封建関係に組入れられ[130]」た「知行」——に対して、「平安時代の庄園制において完全に成立してい[131]」た「土地支配の一般様式としての知行」が先行していた。逆にいえば後者即ち「庄園的知行[132]」が、前者即ち封建的知行に転化する過程を通じて、日本の封建制が完成していく、というのが博士の基本的な論理であり[133]、それ故「庄園的知行の体制が全国的に完成した後に、それを地盤として日本の最初の封建制が形成せられた[134]」(傍点石井紫郎)という結論が導き出されてくるわけである。そしてこのような一般的認識の上に立って、「封建制を理解するために我々は庄園的知行にさかのぼることを要する」[135]（傍点石井紫郎）という問題意識が出てくるのであり、これが「占有説」批判の出発点となっている。[136]

ところで牧博士はこの「封建制」に関する研究において次のような主張をなされている。封建制は「法的」には「主従関係」と「恩給制度」との結合によって成立するが、それが「歴史上の制度」となるには「国家権力」乃至「統治権」と「接触」することを要する。[137]この「接触」は日本の場合、源頼朝が朝廷から守護地頭補任権を勅許されるという形で実現した。従ってこれ以後「歴史上の制度」としての日本封建制の「恩給制度」は右の勅許に基づく守護職及び地頭職殊に後者の補任という形式をとることになった。[138]しかるにこの地頭職補任は「実質的には地頭としての土地的利益の獲得権の給与という意味を有し、更に之を吟味すれば、恩地の給与と私領知行の承認とを含んでいた」[139]。

以上が牧博士の日本封建制成立に関する所論の骨組であるが、本稿の分析にとって重要なのは最後の点、即ち「私領知行の承認」が日本封建制の基礎的モメントの一つとされていることである。

しからば「私領知行の承認」とは何を指しているかといえば「本領安堵」のことである。「本領安堵」とは、牧博士の定義に従えば「相伝所領の知行権の承認（recognition, Anerkennung）を意味する」[140]（傍点石井紫郎）。しかもこの「本領安堵」という制度は、鎌倉幕府御家人が「往昔以来、為二開発領主一賜二武家（安堵）御下文一人事也」[141]と定義されていることからわかるように幕府体制を支える大きな柱であり、「私領安堵の制度は、我国の封建制度の実際に於ては特に重要性を帯びたものである」[142]と牧博士自身述べておられる。まさにこの「本領安堵」こそが牧博士にとって「庄園的知行」を「封建関係に組入れ」るものであり、それの「封建的知行」への転化の第一段階とみなされるものである。「本領安堵」によって「承認」された「知行」が「占有」に過ぎないと言われることは——敢えて情緒的表現を用いるならば——牧博士にとって心情的に耐え難いことであったのではないだろうか。「安堵」を受けた「開発領主」が何の「権利」も持たない「占有者」だということになると、成立期日本封建制は何とも惨めなものになってしまう。学問的なレベルにひきなおしていえば、何故「開発領主」たちが自己の生命を賭けてまで幕府に忠誠を尽して「安堵」を獲得しようとしたのか、また何故「安堵」が「恩賞」・「家重代の恩」とされたのか、「占有説」では説明されないではないか、このような心理的動機が「知行」を「権利の認定を得ていた者」という主張を執拗になさせたのではなかろうか(143)。

もちろんここにはある種の誤解がある。「占有説」を採ったとしても、「知行」は「占有保持の訴」と構成された訴を提起する効力をもっているし、その他「権利の推定的効力」「他の法律制度の反射的利益」として構成された効力(特に「外題安堵法による利益(144)」)をもっているのだから、「知行」が何らの権利と関係をもたない(145)、ということにはならない。にも拘わらず、「知行」は、「占有」でなく、「押領とは水と油の如く相容れない」とまで牧博士がいわれたのは、既に指摘した如く、論争が「押領も知行か否か」というレベルで展開したことによるのである。かかる誤解に基づく勇み足は別としても、「安堵」による「承認」が「占有説」では「権利の主張」と構成され、何らの客観性も持たず、「領主」=「知行人」という概念が「押領」者をも含む、ということは封建制研究者としての牧博士には承服できぬものがあったのであろう。

このことは、殊に、前述の如く、博士が「歴史上の制度」としての封建制を関心の主たる対象としておられるので一層切実である。この「歴史上の制度」という概念は些か曖昧であるが、私なりに解釈すると次の如きものであろう。即ち、博士は「現代の文明国が成立するに、至る迄の歴史を、概観する古代の氏族制度と、中世の封建制度に近代の市民制度との三つを以て、共通なる歴史発展の段階として居る」と述べておられ(146)、発展段階説的シェーマを採っておられることは明らかである。従ってこの場合「歴史上の制度」としての封建制度とは、かかる歴史の発展段階の一つとして中世社会若しくは中世国家の形態を規定するものと考えられているわけである。ところで既に紹介したように、牧博士は「法的制度」としての封建制と「歴史上の制度」としてのそれを区別しておられるが、前者は「恩給制」と「主従制」との結合のみによって既に成立するものとされており、未だ社会若しくは国家の形態を規定するものではない。しかるにこれが「国家権力」と「結合」乃至「接触」することによって、はじめて「歴史上の制度」となる、というのが牧博士の論理であるから、「歴史上の制度」としての封建制は、社会というよりはむしろ国家の、即ち段階的発展をする国家形態の一つとしての中世国家の形態を規定する制度である、とみて大過あるまい。その意味で博士の「歴史上の制度」は「国家的制度」乃至は「国家を形成する制度」と置きかえても差支えないであろう(147)。

右のような私なりの解釈を前提にすることが許されるならば、地頭職補任という形式で行われた「本領安堵」は、牧博士にとって「知行権」の国家的「認定」、即ち博士自身の言葉を借りれば「公認」を意味するのは当然のことといってよかろう。従って「安堵」が若しこのような効力をもっていなかったとなると、鎌倉幕府と共に成立した封建制は「歴史上の制度」としての実を失ってしまうのである(148)。

筆者はこれ迄余りに牧博士の心情に同情しすぎたかも知れない。博士は封建制研究の結果を前提にしつつ、「占有説」を批判された。しかし「知行」についての研究は、逆に前提とされた封建制の分析にはね返っていくべきものである。まさに博士ご自身いみじくも書かれたように、「封建制を理解するために我々は庄園的知行にさかのぼる」のである。

「安堵」された「知行」ですら、訴訟において否定されることがあった、という事実そのものの中に、鎌倉時代の国制の特徴を解明する鍵があるのだし(149)、このような効果しか持たぬ「安堵」を求めて武士たちが「懸レ命」けたこと自体、鎌倉幕府を成立させた歴史のダイナミックスを示しているのではないだろうか。この点、牧博士が、封建制→知行制の一方通行に終ってしまわれたことは遺憾であるが、むしろこの欠陥を補っていくことは、我々後進に課せられた義務であろう。封建制との関連において「知行」を捉えるという牧博士の意図はそれ自体継承さるべきものである。いうまでもなく近代法においては、土地所有権は私法体系に組み込まれており、一応国家権力と切りはなしてその法的性格を理論構成することができる。しかしこのことは実体において所有権制度が国家権力と無関係に存在するということを意味しない。私法的秩序の自律性が認められていること自体、その維持を国家権力が独占的にひきうけていることを意味するのであり、「私的所有権」という表象そのものが、国家権力によって所有権が確定・保障されていることの反射に他ならない。(150)

換言すれば、近代的所有権でさえ、その純法律学的分析でなく、国制史的分析を加える場合には、国家権力との関係を視野の外に放置するわけにはいかないのである。いわんや、正統な強制権力を独占する国家権力の欠如した前近代社会における土地支配を考察するには、右のような国制史的分析が必要となるのは言を俟たない。その意味で牧博士の念頭にあった「知行」と封建制との統一的把握という着意は示唆に富むものといえよう。またこのような角度から「知行」研究をすることによって、隣接諸歴史学との連結も可能となってくるであろう。(151)

しかしながら繰り返し述べるように、牧博士は論理的矛盾に陥り、また明白な反証となる史料をつきつけられるに至ったが、このことは右の如き博士の意図が実現されなかったことを示している。その原因は、おそらく博士の分析方法の欠陥に求められるであろう。その点は特に権利概念にあらわれている。牧博士によると「権利に基づく支配」たる「知行」が訴訟の結果無権利と判定されることもある、ということになるが、この場合の「権利」とは一体如何なるものものだろうか。牧博士はこの点「公認された権利」と「客観的に正当な権利」とを区別することによって苦心の説明をしておられる。これを最大限好意的に解釈すれば。既に示したように前者を「政治的承認に基づく権利」、後者を「法的に承認された権利」として、両者を異なる次元の存在として構成することになるであろう。

しかしながら、このように「政治的」と「法的」とを中世社会において峻別すること自体大きな疑問を残すが、それは別としても、牧博士自身は、両者を別の次元のものとは考えられていない。即ち「知行」は「権利に基づく支配」だから「押領も亦知行であると云うが如きはありえない」（牧Ⅱ九四頁）という博士の論理に従えば、明らかに「押領」とは「法的承認」を受けないもの（「法的」無権利）であり、これと「水と油の如く相容れない」「知行」は「押領」と同一次元のものとして捉えられていると見ざるをえない。この点博士が「権利」といわれる場合、entweder-oder の論理の上に立つ近代法的絶対権概念が暗黙の中に前提されている、といってよいであろう。「たとい立派な由緒を有っていても、所領が第三者の当地行に移れば権利を失うた」（牧Ⅱ九四頁）という博士の文章も立派な由緒を有する「客観的に正当な権利」と「当知行」とが entweder-oder の関係として捉えられていることを示している。

しかしながら中世の史料は、「公認された権利に基づく支配」と「押領」とが決して「相容れない」概念ではないことを告げている。換言すれば両者は entweder-oder の関係にあるのではなく、共に相対的な概念である。また牧博士自身の主張に従っても「立派な由緒」を有する支配も相対的でしかない[152]。我々はこのような中世法体系にみられる諸事実を前にして、絶対権的概念を放棄せざるをえないであろう。筆者はかつて旧稿において中世土地所有法の分析に対する相対的所有権概念の有効性を主張したが[153]、本稿においてもこの点を再確認するのである。もとより牧博士自身中世的土地所有の相対性を感じとっておられることは、「公認された権利」と「客観的に正当な権利」との区別そのものから推察される。しかしこのような区別自体、近代法的発想を前提としており、しかも繰り返し述べるように、その場合、絶対的権利概念が用いられた[154]ために論理的・実証的な破綻が生じて来たのである。

これに対して石井博士の「知行」研究は、封建制との関連をほとんど抜きにして[155]、いわば私法学的関心からなされたものである。「知行」が――それ自身の「効力」をもつと同時に――いくつかの点で「他の法律制度の反射的利益」を受けた、という博士の構成[156]は、このことを如実に示しているといえよう。殊に「安堵外題法による利益」即ち「安堵を受けた所領について、……まず、安堵を受けた者の知行を完うせしめる」同法によって受ける「利益」は、前述の如き牧博士のような考え方からいけば、「知行」そのものの効力として構成される可能性をもつものであろうが、石井博士は「それが、知行そのものの効力ではなくして、安堵下文ないし外題の効力とされたところに、占有としての知行の限界があると共に、わが中世における証文尊重の精神がここにあらわれている」と理解されるのである。更に注目すべきは、「本知行守護沙汰付の利益」、即ち室町期守護が「押領人を追い出し、本知行人にその土地を沙汰付」ける結果として本知行人が享受する「利益」を、博士が守護の「公法上の義務」履行の「反射的利益」とされていることである。要するに石井博士は「知行」の法的性格の再構成をするに当って、「公法的」その他の要素を排除し、その純物権法的側面を対象として先に要約した如き完結的体系を打ち立てられた。そこには牧博士における如き研究の意図と方法との間の齟齬はみられず、論理的整合性が保たれている。この意味で本論争における牧博士の（率直にいって）敗北は当然出るべくして出た結果といって過言ではない。

しかしながら忘れてならぬことは、両博士ともその方法において、少なくとも後述の高柳博士との場合に比較して、共通的要素を多くもっておられることである。それ故にともかくも論争が具体的な実証のレベルで可能であり、その過程でお互いに部分的にせよ自己の見解の不十分な点を率直に認め合い、感謝の意すら表しておられる。「〔牧〕博士との論争の間において、またそれとの関連において、新史料を発見したり、また自分の考えを深化することができたことは、わたくしにとってまことに有益であり、有難いことであった。ここに厚く御礼申上げる次第である。わたくしは……〔対高柳博士論争において〕、批判も研究と同じ方法でなさるべきことを述べたが、この度の〔牧〕博士との論争において、実証的な論争が学問の発達にとって如何に有益であるかを身をもって体験することができ」（石井Ⅱ２九二頁、傍点石井紫郎）た、という感想は決して偶然ではない。この点は高柳博士との論争と対比すれば明らかである。論争の過程そのものから直接に稔り豊かな結果がでるか否かは、その意味で必ずしも論争当事者の心構えの問題のみに解消されるとは限らないのではなかろうか。この点を頭の片隅に置きながら、次の対象に移ろう。

2　石井—高柳論争

（1）　論争の具体的過程

高柳Ⅰ[157]は、まず石井博士の所説を紹介した後、「社会の組織や構造」といったような「背後的な問題を一応きり離し法律的な面で知行の意義や効力を把握して、その性質を明確にする」ことに傾注している。法制史的研究においてまず処理すべき課題として、かかる方法のとられたことはもとより首肯されることではあるが、土地が中世社会でいかなる意味をもち、いかなる人々によって利用され収益されたか等の点について、いくらかの見通しが与えられたならば、知行の特質を理解する便宜が大きかったであろう」（高柳Ⅰ八一頁）と述べてから、具体的な論点をいくつか指摘する。

第一に問題とされるのは、石井博士が「知行の根本的性格が不動産物権の表現であると同時に占有である」（同上頁）とされる点であり、右の所論の前提となっている「職」＝「不動産物権」説にまず批判の矢が向けられる。即ち高柳博士によれば「職という語は、観念的に物権として事実的支配である占有と対立させることのできるものであったか、換言すれば、事実的支配から抽象された観念としての物権が、それとしてみとめられ保護されたかということになると、問題がのこされているという感じがする」（同上八二頁、傍点石井紫郎）というのである。尤も右の引用文中、「換言すれば」の前と後とは論理的に異なる問題——後者はそもそも観念的・抽象的物権概念の有無の問題、前者はそれがあったとして「職」がそれに当るか否かの問題である——であるにも拘わらず、右の如く混同されたことは、高柳博士にとって後々まで祟るのであるが、これは後に検討すべき事柄である。それはともかく、右の疑問を提起した上で、博士は、「職という語の特徴は、何々職というふうに具体的に収益権の種類や態様を示す語と結合して用いられ、それに伴った実質的現実的収益が附着していることを示す語であった」（同上頁）から「職の語だけを切りはなし、これを抽象化し一般化した物権の観念がその中に含まれていたとみるのは、やや飛躍的」(同上頁)であり、それは「あたかも主人と下人という語があったからといって、人という抽象化された観念があったとはいえぬ、というのと同じ」(同上頁)である。その意味で、「何々職を知行するというのはいかなる種類の、或いはいかなる態様における知行が表現しているかを示すのであって、物的権利が行使されるという抽象概念の基礎の上に、特定の具体的限定を与えているものとはみられない」(同上頁)と結論された。

更に高柳博士は、右の問題点と表裏をなすこととして、「知行は物権から分離された純粋な事実である占有とみられる、という立言に対しても検討を要」(同上頁)すると主張される。そして博士はこの「検討」のために、「占有説」の根拠たる「知行保持の訴」を問題にされるのであり、この限りで正しい指摘といえよう。しかしながら、右の訴が「占有保持の訴」と異なると主張する根拠としては「観念的で絶対的な所有権が明確な存在をもつことが必要なのであり、前近代的社会においてはそのようなものを想定するのは困難といわざるをえない」(同八三頁)という極めて抽象的、一般的なものにすぎず、むしろその際石井博士の所説を、実際よりも極端化して捉え、それ(いわば仮想の石井説)を批判するのに石井博士自身の言葉を以てする(同八二、三頁参照)、という肌理の荒さが目立つ。まさにこの点で石井博士に逆襲されるスキがあるわけであるが、これは後に指摘すべきことである。

第二に高柳博士は、石井博士の「進止」論を批判の対象にとりあげられる。[158]「進止」という言葉は中田博士以来「知行」と同意義のものと解されていたが、石井博士はこれを「不動産の私法的処分権、宛行補任権と没収改易権及びこれに関する裁判権を内容」[159]とし、「知行」が「用益」の事実を意味するのに対し、「進止は、処分の権能を意味する」[160]と主張される。博士は更に進んで、「なぜこういう進止の観念が生れたか」と問い、それには「所有権が占有と分裂する過程において生じたもの」[161]と答えられる。そしてその理由として、「所有権には程度の差こそあれ、用益処分の権能が伴うものであるが、所有権の中より、用益の事実が知行として分化したように、処分の権能もまたこれより分化したのである。したがって、日本の中世においては、不動産物権法は、不動産物権というべき所領〔＝「職」――石井紫郎註〕と知行と進止とこの三つの基礎の上に成立した[162]」と述べられるのである。

高柳博士はこの「進止」が「所有権の中から分化した処分の権能を示すもの」という石井説に疑問を投げかけ、「進止」は「人的関係」にも用いられており、その意味で「人の物に対する関係は人と人との関係を反映したものであるということが、未分化のまま直接に進止の中に表明されている」（高柳Ｉ八四頁）。換言すれば「進止〔は〕……権利者の人的身分関係が物支配の権能に投影された語であり、知行が物権的関係として独自の存在をもつにいたらず、なお人的関係と結びついた相対的な支配関係であったことを語る」（同上頁）というのである。ここでも高柳博士は極めて一般的・抽象的な反ばくに終始し、実証的なレベルでの反対論をほとんど展開されていないが、これも後に詳細に検討する。

第三に博士は、「知行制の発展推移に関する」石井博士の説を批判して、「職」の体系の崩壊が、物権と知行が分離し、知行が物権の表現形式たる性格を失ってきたことを示すとみることには、多少の疑問」（同上八五頁）とし、その理由として、やはり一般的・抽象的に、「荘園的な構成による土地に対する支配体制は崩壊してきたが、武士の領土権の下におけるそれがこれに代って成立したのであり、そこではやはり物権と事実的支配が分離し、切れないままに江戸時代につながっていることを否定できないように思われる。したがって知行制が変容したのは事実であるが、知行制の本質をなしたもの、すなわち権利に事実支配が結合し、両者の峻別対立は行われなかったという事態は、なお日本の封建社会において、その後の道程をのこしていたと考える」（同上頁）と述べておられる。

高柳Ｉにはこの他いくつかの論点がつけ加えられているが、これは後に論争の意義を探る際に一括して取扱うこととし、右に紹介した論点を私なりに整理すると（Ａ）「職」と「知行」、即ち抽象的物権概念とそれに対立する占有の問題（右の第一点と第二点）、（Ｂ）「進止」における人的支配と物的支配の問題（右の第三点）、二つに集約されるであろう。以下これに従って論争の展開を追ってみよう。

（A）　具体的な「何々職というのではなく、これらの語から切りはなされ、これらを『抽象化し一般化した物権の観念』（石井Ⅱ三八頁）は中世に存在しない」という高柳博士の批判に対し、石井博士は「所職」という言葉がそれに当ると反論される。そしてこれと表裏をなす問題たる「知行」の占有的性格については、先に指摘した高柳博士の肌理の荒い批判を鋭く衝いて、「わたくしは、本書のどこでも『純粋な事実』〔である占有〕[163]などと書いたことはないし、また、中世の知行は物権から完全に分離したなどといっていない」（同上四〇頁）とし、このように「勝手な修飾詞を加えて批判」（同上頁）する高柳博士に対しては「わたくしは責任を負うことはできない」（同上頁）とも、「何等答弁の責任を感じない」（同上頁）とも述べて、突っぱなしておられる。そして更に、「〔高柳〕博士にとっては、物支配の秩序としては、『事実と権利とが未分の関係にある』Gewere的なそれと、『独立し抽象化された物権と具体的事実そのものとしての占有の対立する近代的な物支配秩序の法的構造との二つしかなく』、その中間のものはそのいずれかにはめこまなくてはならないかのように思われる。そしてそのいずれに入れるかについては、〔高柳〕博士は『知行の実際に成立していた社会の基盤には』、そのように分化しようとしても、分化しえない不明確な法的秩序が存したにすぎぬのではないか』という『感想』ないしは先入見に支配されて」（同上四四頁）いる、ときめつけてしまわれるのである。

（B）　高柳博士による、「進止」は「人的身分的関係が物支配の権能に投影された」もの、という批判に対しては、石井博士は、荘園における本所は「その土地にある種の物権を有したが故に、この土地を進退でき、またこれに関する裁判権を有したのである」（同上四三頁、傍点石井紫郎）として、いくつかの例を挙げられる。その主要な一つをここに紹介すると、「身分的には幕府の支配に服し、本所には属しない幕府御家人といえども、本所の進止に属する所職については、本所の補任改易権に服し、またこれに関する訴訟については、本所において対決し、またその裁判に従った」（同上頁）というのである。そして博士は（A）の場合と同様に、「〔高柳〕博士には『人の物に対する関係は人と人との関係の反映である』との先入見がある」（同上頁、傍点石井紫郎）と強硬な態度を崩されない。

さてこれに対し高柳Ⅱは次の如き再批判を展開する。

（a）まず（A）に関して高柳博士は、「職」が一応不動産物権を意味したとしても、「次の段階〔室町時代を指す――石井紫郎註〕で職がさらにいかに変ったかについては、中田博士の実証的な説述があるにもかかわらず、著者〔石井博士〕は何故か全く沈黙してふれるところがなく、わずかに室町時代となって職が次第に姿を消し、これに代って職の名を有しない田畑、山河等が知行されるようになったという叙述があるのみである」（高柳Ⅱ六三頁）とし、右の中田博士の所述に従って、「職は土地自体、年貢自体をよぶ語となっている」（同上頁、傍点石井紫郎）といわれる。そして石井博士が「抽象的物権」を示す言葉として提示された「所職」とは「要するに、各種の具体的な職を不特定的に、あるいは総括的に言い表わした言葉にすぎず」（同上六四頁）、これを「主人」「下人」から抽象された「人」に相当すると主張するのは「あまり皮相」（同上六六頁）だと反ばくし、更に「一体職という語のもつ意義を翻訳して不動産物権という概念をあてはめてみても、ただそれ切りで、進んでこの物権を中世的社会に照らし合せて、その素質や性格を分析するのでなければその意味はきわめて漠然とした曖昧さを免かれない。しかもその語義から物権であるという定義をひき出された職が、あたかも近代社会の物権と変らないものであるかのような感をあたえ、またそれが固定的観念にまで高められて、単独で各様の具体的法律関係をわり切るのに用いられているのは疑惑を起させるものがある。……中世の土地支配権……は人的な支配被支配関係と結合したものであり、しかも国家的権力を背後にもたぬ、当事者間だけの相対的関係に基礎づけられたものであるから、かかる土地に対する権利は物権であるといっても、権利としては当然に制約されたものである」（同上六五頁）、と再び一般的、抽象的な批判を強い調子でされるのである。

博士はここで一転して、石井博士の、日本中世と異なり「ドイツ中世ではGewereに対立すべき物権を示す言葉がまだ現われていない」という主張を、「ドイツ法に対する重大な無理解を示」(同上六六頁)すものとし、その根拠として eigen, erbe, dominium, proprietas, feudum などを挙げ、「これらの語の示す物権の意味と職との間に、どのような相違があるのであろうか」(同上頁)と述べておられる。右の如く高柳博士が、eigen 等の言葉が、物権の意味を示すとされた点は、後述の如く石井Ⅱによって「しっぽをおさえ」られるのであるが、思うに博士はこの反ばく文(高柳Ⅱ)で、「職」を物権とみる石井説に暗黙のうちに接近されているのではあるまいか。先の「物権という概念をあてはめてみても、ただそれ切り」とか、「物権であるといっても、……当然に制約されたもの」とかいう高柳博士の文章は、「物権という概念をあてはめ」ること自体に既に抗しえず、専らその有効性の限界を一般的、抽象的に主張するに過ぎなくなっていることを示している。そしてそれ故にこそ語調そのものは逆に強くなっている、とみるのは穿ち過ぎであろうか。それはともかくとして、物権の問題と表裏をなす占有の問題についての反ばくも、やや歯切れが悪くなっているのを否定できないように思われる。

もちろん石井Ⅰの「勝手な修飾詞」云々という批判に対しては、「純粋な事実というのは占有の本質を示す言葉であって、私の勝手な修飾語などといわれる筋のものではない」(同上六八頁)と強く反撥し、「物権が観念であるのに対し、占有は純粋な事実であるといって差支えない」(同上六七頁)し、また石井説を誤解したわけでもない、といわれるが、「ただ知行にふくまれる占有的性質が微弱だと考えるといおうとしたまでである」(同上六八頁)とか「職と知行が対立する部面に possessio との近似を見出しうるとしても、それは他面知行が Gewere との近似を示す部面と比較すれば、比重的に均衡するようなものでない」(同上頁)と、石井説と殆ど程度の差にすぎぬところまで接近しておられる。ただ前述の「職が土地自体、年貢自体をよぶ語」とする自説と関連して、このことを「考えに入れれば、職の知行という語法の中に、権利と事実の分離とか分化とかが認められるとはいえない」(同上頁)とあくまで主張されるが、如何にも根拠が薄弱の感は否めない。

（b）次に「進止」に関連して「人の物に対する関係は人と人との関係を反映したもの」とする高柳Ⅰの所説を石井Ⅰが「先入見」ときめつけたのに対し、これは「法の本質の理解に関する命題であると信ずるもの」（同上七〇頁）で「いかなる場合にもあてはまり、逆の命題と選択可能などということのありえないもの」（同上頁）と断じ、これを先入見とするのは「全く思いがけぬ意外なものであり、右の私の言葉の意味が通じていない」（同上六九頁）ことを示す、といわれる。そして石井Ⅰの主張が触れる本所裁判権に関して、本所は「私的な面のみならず不輸不入の特権により公的な権力をも身につけているものであるから」、「刑罰を加えることもできる」ものであり、従ってこれを「身分的な支配権の一つとみて差支えない」（同上七一頁）、とされる。しかし右の「身分的な支配権」の権原を石井Ⅰは本所の有する「職」すなわち「物権」だとするのであるから、[164] その意味でこの反駁は全く噛み合っていない。

次に御家人に対する本所の裁判権については、高柳博士によれば「御家人といえども、幕府の権力のおよばぬ不入の特権をもつ荘園内で所職の補任をうけていれば、これについての訴訟に本所の裁判をうけるのは自明である」（同上七一頁）。そして続いて「〔石井〕教授はあるいは、御家人に対して幕府という身分的支配権者がありそれ以外には支配者はありえないから、本所は支配者でないという風に考えられているかも知れない。しかし土地の収益に関して私が身分的支配被支配というのはそのような論理に服するものでは到底ありえない」（同上頁）と反論されるのであるが、石井博士は「荘園所職の補任」を以て所有権から「分化」した「進止」の効果とされるのであるから、これまた有効な批判とはなっていない。

高柳Ⅱはこの他にもいくつかの点で石井説を批判乃至批難しているが、次項でこれに対する石井Ⅱの反論と一括して取扱うこととし、直ちに石井Ⅱに目を転じよう。

（A'）高柳Ⅱの「職は土地そのもの、年貢そのもの」という主張については、仮にこれを正しいとすれば、「直ちにつぎのような疑問が出てくる」（石井Ⅱ3五九頁）。即ち、高柳説の如くとするなら、第一に何故わざわざ「職」という言葉が使われたか、第二に土地は一つしかないのだから、「職のバラィエティ」がなくなってしまうでないか、第三に土地そのもの、年貢そのものとは何か、という三つの疑問である。第一と第二の問題についての石井博士の答えは結局一つに帰し、中世には「一つの土地に各種の物権が重畳して所在しえた」(同上頁)から、「複雑な権利関係を表示するために、中世人は職の観念を利用したのであ」(同上六〇頁)り、「土地そのもの」「年貢そのもの」というような「単純な考え方ではわりきれない」(同上頁)のだ、という点にある。第三の問題については、高柳説を「早合点」とし、『田地』を知行するという場合には、その田地そのものを知行する場合とその田地からあがる所当を知行する場合とを含んでいる」(同上七一頁)のであり、また年貢そのものでなく、「これを徴収する(物権的)権利」を「職」という言葉で表現しているのだ、と主張される。

次に「所職」という言葉についての高柳Ⅱの反論に答えて、「抽象的な所職という観念を作り上げたことは、それなりに職の物権化史上において大きな意味を持つ」(同上六六頁)とし、「所職」を「主人」・「下人」における「人」に比定するのを「皮相」だといわれるのは心外であり、むしろ「高柳博士の比喩が不適当だったのにすべての原因がある」(同上六七頁)と鋭く切り返されている。

また占有の問題についても、前掲の「純粋な事実というのは占有の本質を示す言葉であ」るという高柳Ⅱの所論を、占有たるpossessioの成立には「純粋な事実的支配のみでは足りずなんらかの意思を必要とするのは学界の定説である」(同上六八頁)として斥けた後、前述の如く、高柳博士が実質的に石井博士の所説に接近されているにもかかわらず、強い語調の言葉を用いられたことから生じた論理的矛盾を指摘しておられる(同上六九、七〇頁参照)。

更に石井博士は高柳によって提示されたeigenその他の言葉についてドイツ法制史の諸家の文章をいくつか引用して、ドイツ中世において物権を示す言葉がなかったことは顕著な事実なのである」(同上七一頁)と一蹴し、返す刀で次掲高柳Ⅱの「これらの語〔eigenその他を指す〕の示す物権の意味と職との間に、どのような相違があるのであろうか」（傍点及び〔　〕内石井紫郎）という言葉を捉え、「これによれば職は『知行に対立すべき物権』であることを承認されている」（同上七五頁）ことになるではないか、と止めを刺されるのである。もちろん高柳博士は右の文章を書かれる際、「職を物権というなら、eigen 等も物権というべきものだろうし、後者を物権といわないなら、前者も物権といえないだろう」位の趣旨を念頭に置いておられたのではないか、とも推察されるが、とにかく現に右のように抜きさしならぬ表現をとられたのは、前述の如く博士が既に「職」に物権概念をあてはめることに、無意識のうちにではあるが抗しえなくなっていたことを示すのではあるまいか。

（B'）次に、「進止」について石井博士は、高柳Ⅱが再び「他人の文章を勝手に作り変えて批判する」（同上七七頁）ことをし、また曲解もしていると、批難した後、高柳Ⅱの「御家人といえども、……荘園内で所職の補任をうけていれば、これについての訴訟に本所の裁判をうけるのは自明である」[165]という箇所を捉え、「〔高柳〕博士は完全にわたくしと同じことをいっておられる」（同上七八頁）として、[166]これと「『人の物に対する関係は人と人との関係を反映したものである』という命題とは、一体どういう風に調和するのであろうか」（同上頁）と痛撃を加えられている。

以上縷説して来た石井―高柳論争は（A）、（B）両点において、高柳博士が石井博士に無意識のうちにもせよ接近され、しかも依然として表現の上では強い態度を持続されたため、論理的矛盾に陥る、という形で終止符が打たれた。しからば一体何故このような結果になったのであろうか。これは本論争の客観的意義に係わる問題である。

（2）　論争の客観的意義

この問題は前述した牧―石井論争の場合と対比することによって一層明白になると思われるが、[167]それについてまず注意しなければならないのは、本論争の過程で石井、高柳両博士が感情的ともいえる言辞をお互いにぶつけ合っておられることである。平常温厚な両博士をしてかくあらしめたのは一体何であろうか。また石井Ⅱ3はその末尾で、「高柳博士との論争において、これまでのところ、わたくしは得るところがあったとは考えない」（同上八三頁）としているが、牧博士との論争について前掲の如くその有益性をみとめられた石井博士が何故この場合には全く異なる感想をもたれたのだろうか。それには本書二六二頁所引の文章の如く、高柳博士が石井博士の所説を評して、「社会の組織や構造」のような「背後的な問題を一応きりはなし……法律的な面で知行の性質を明確にすることに傾注している」と述べておられることが、差当りの解決の鍵であるように思われる。何故ならば、この評語は同頁に引き続いて引用した文章からもうかがえるように、批判的趣旨で書かれており、しかも高柳Ⅰ・Ⅱを通ずる批判の伏線をなしているからである。この点を具体的に述べると――

まず「職＝物権」説に対して、前述の如く高柳Ⅰは「これを抽象化し一般化した物権の観念がその中に含まれていたとみるのは、やや飛躍的」（同上八三頁）だとし、「知行」＝占有説に対して、せつかくその根拠たる「知行保持の訴」を問題にすべきことを指摘しながら、具体的には何らみるべき反論をせず、「占有権が純粋なものであるためには、観念的で絶対的な所有権が明確な存在をもつことが必要なのであり前近代的社会においてはそのようなものを想定するのは困難といわざるをえない」（同上八三頁）としている。そして右の批判の上に立って、石井説を「近代的な物支配秩序の法的構造から、逆に帰納されたもの」（同上頁）と評するが、その際の根拠は川島教授の『所有権法の理論』における法社会学的な所説に求められている。この点は高柳博士自身の「川島教授の力作『所有権法の理論』や『所有権の観念性』があるのに、その所説に関説せられるところの全くなかったのは、物足りない」（同上頁）という文章からも明白に看取することができる。しかも高柳博士の論理が、川島教授に限らず戦後法社会学の共有した「封建遺制」論と密接なつながりをもっていることは、これまた本書二六四頁に引用した「権利に事実支配が結合し、両者の峻別対立は行われなかったという事態は、なお日本の封建社会（江戸時代も含む――石井註）において、その後の道程をのこしていた」（同上八五頁）という文章に示されている。更にこの点が高柳Ⅱにも一貫してみられることは本書二六六頁を読み返して頂ければ明らかである。

「進止」の問題についても同様である。前掲高柳博士の、人と物に対する関係は「人と人との関係を反映したもの」という言葉は、川島教授の「所有権は人と物との関係の側面において現われる人間と人間との関係である」[168]という言葉とぴったり符合している。また「近代社会の市民は法律的には均質化されているために、物に対する支配関係からこれが捨象されても、結果的に権利に変化を生じないが、中世社会では、同一物に対する同一名目の権利であっても、主体が如何なる人であるかによって、強弱さまざまな権利として変化を生ずる」（高柳Ⅱ七〇頁）とか、「人と土地との法律関係を、権利主体の強さ弱さその他種々の実際上の素質を無視して、たとえば大地主であろうと農奴であろうとその差違を洗い落したものとして、一様に同じ平面で考察する」（同上頁）ことはできない、という文章も、戦後法社会学の主張を反映しているといってよかろう。

ところでこのような主張は、土地支配に関する記録や古文書等の文言から直接に論証することが困難なものであり、むしろ歴史認識の根本問題に係わるものといってよかろう。その意味で方法論的に法社会学者とは全く異質な石井博士が、高柳博士の批判を「全く理解しえない」（石井Ⅰ四四頁）とされ、これを「先入見」と断じられる程感情的になられたのも、自然の成行きだったかも知れない。換言すれば、高柳博士の批判は内在的批判としての実を充分にもっておらず、実質的には、異なった方法論に基づく抽象的・超越的批判に殆ど終始したために、本論争は不幸なすれちがいとなってしまった。尤もこの点は両当事者によっても、多少感じとられていたようである。例えば「人の物に対する関係は人と人との関係を反映したもの」という命題について、石井Ⅱ3が「それはいわば窮局的においてそういえるのであって、この命題だけですべての問題が直ちに説明できるわけではない」（七五頁）といい、また高柳Ⅱが「私はこれは法の本質の理解に関する命題であると信ずるものであり、もちろんいかなる場合にもあてはまり、逆に命題と選択可能などということのありえないものなのである」（七〇頁）といっているところをみれば、両博士ともこの命題をめぐって内在的な批判―反批判が展開しにくいことを無意識にせよ感じておられたように思える。ところが論争の現実においてはこの命題の当否が主要な争点の一つとなり、しかもこれが古文書の文言のレベルで争われたことは、既に詳しく紹介した通りである。この点において、本論争は本来解決困難な問題を、解決困難なレベルで展開したため、前述のように両者の主張は殆ど噛み合っていないといってよいであろう。

更にこのことは、もう一つの争点たる「知行」及び「職」の本質論についてもあてはまる。前述の如き高柳博士による法社会学的な大前提からする抽象的・超越的批判はこの問題についても、少なくとも主観的には石井博士にとって何らの打撃をも与えない。これは同博士が「川島教授の『所有権法の理論』を引用して……〔の批判には〕何等答弁の責任を感じない」と突っぱねておられるところから推察できる。博士には、「いくら中世に抽象的物権の観念がありえないといわれても、現に『所職』という言葉があるではないか」という、実証主義的な反撥がある。これに対して高柳博士は「所職」とは土地乃至年貢そのものを指す、と反ばくされたが、いうまでもなく、この問題も古文書の文理的解釈だけで決着のつくものではなく、中世社会の全構造との関連においてはじめて解決されうべき事柄である。いわんや土地そのもの、年貢そのものというような単純な規定のし方で解決するものでなく、また石井博士の主張を破れるわけでもない。「領主職」・「地頭職」・「名主職」等々の言葉で表現されている地位乃至権能の性格が問題だからである⑯。要するに本論争では高柳博士が方法論的に全く異なる立場から超越的に批判されたのに対し、石井博士が実証主義的立場から具体的に反ばくされたのであるが、ここで高柳博士は相手のペースに乗って、専ら史料用語の文理的解釈の争いに大童となってしまわれ、これが先の方法論的相違とからみ合ったために、議論がますます混乱してしまったのである。

しかも、率直にいって高柳博士は中世的土地所有の専門的研究者でも、牧博士のように中世封建制の研究者でもないから、実証的な争いの土俵では石井博士の敵ではない⑰。また博士自身、前述の如く法社会的立場を一方で採られたものの、他方で古典的な法実証主義発想に近いものをもっておられる。例えば高柳Ⅰ八四頁が、御成敗式目第八条が取得時効でなく、消滅時効に関する規定であり、ドイツの rechte Gewere に相当する、とする石井説を「卓見」としているのは右のことを示している。何故ならば、Gewere—消滅時効、possessio—取得時効という問題の立て方自体、すぐれた法律学的発想に基づくものだからである。[171] この点牧博士が前述のように「式目の編纂者もまた幕府の司法職員も、〔式目第八条について〕不知行と当知行の文字の使用を、今日の法学者が要求するほどそれほど、厳格には考えていなかった[172]」と述べて、右の如き問題の立て方を原理的に承認しておられないのと比較すれば、高柳博士が牧博士より少なくともこの問題に関する限り石井博士に近い発想を持っておられることは、否定できないように思われる。このことが高柳博士をして他方における法社会学的批判にもかかわらず石井博士の反論のペースに乗らせ、結局は論理的に自縄自縛に陥らせたのではなかろうか。

五

以上、本稿で私は「知行」論争の過程（その前史を含めて）を整理しその客観的意義を私なりの角度から論じて来た。これを要約すれば、まず石井—牧論争は大きくいって同一次元の論争であり、具体的実証のレベルで展開されることが可能なものであった。それ故にこそ、この次元上の問題については論争の両当事者に、有益なものと言わしめたといってよいであろう。

しかしながら客観的にみれば、この次元では「封建制」を含めた全国制史的諸問題との関連で「知行」を解明すること、即ち伝統的な表現を用いれば、「公法史」・「私法史」を綜合的に把握し、「知行」をその中で分析することがもはや困難であることを、本論争を図らずも示しているのではないだろうか。何故ならば、牧博士は「公法史」的考察を前提として「知行」の「物権法」的性格を論じようとして、結局論理的矛盾に陥られたのであり、石井博士は公法史的問題からきりはなして、「知行」の「物権法」的分析をされ、それなりに完結的な体系を樹立されて、論争の上での勝利者となられた。古典的ドイツ法制史学が「公法史」と「私法史」とを峻別し、それぞれについて完結的体系を完成したことは周知の如くであるが、我国の中世法制史研究についてみれば、牧博士が前者を、石井博士が後者をうけついでおられることは衆目の認めるところであろう。しかしこれで「知行」の解明が完成したわけではなく、いわばその「公法史」的側面と「私法史」的側面とを綜合的に把握していかねばなるまい。牧―石井論争はこの意味で我々後学のものに貴重な指針となっている。「知行」研究に必要な作業のうち学説史的作業を例にとっても、最小限ドイツ法制史学の「封建制」論とゲヴェーレ論とを整理することから我々は出発しなければならないであろう。本稿でしばしば言及した「別稿」は、右のうち後者を行うことを予定したもの（本書第五章）であるが、いずれ前者の実現にも努力するつもりである。

これに対し、高柳―石井論争は、いわば次元を異にする論争であり、具体的、個別的実証のレベルで生産的に展開されるには余りに大きな問題を含んでいた。高柳博士は右に述べたような意味での「知行」の綜合的研究の必要性を感じておられながら、その意図を具体的な実証作業に結びつけることをほとんどなされず、論争の土俵においては石井博士に完敗されてしまった。しかし客観的には問題が全て解決されたわけではない(173)ことは繰り返す迄もない。論争の結果ではなく、過程に注目する限り、我々は今後の研究にとっていくつかの重要な問題点を発見できるのである。それは戦後法社会学の主張を批判的に検討することをも含めて、法史学研究方法の根本問題に係わっている。前途多難な日本法制史学が活路を見出すことができるか否かは、一つにはこの論争を如何に我々が受けとめるかにかかっているといって過言ではない。

（1）　本論文は『法制史論集』に収められる際、Gewere に関する部分が、Huber、Gierke の説によって書き改められている（それ迄は主として Heusler によっていた）が、本稿は前述の如く「知行」論とドイツ法史学の Gewere 論との関係を扱うものではないので、『法制史論集』における論述のみを参照する。この Heusler 説から Huber 説への乗りかえが、その後の「知行」研究に対して持つことになった意味等については前掲別稿（本書第五章）で扱いたい。

(2)『法制史論集』第二巻（岩波書店、一九三八年）七〇頁。

(3) 前掲の如く、中田博士自身は「フランク時代」との比較を云々しておられ、実際にも荘園制の「公法」的側面についてはたしかに終始フランク時代の庄園に関するドイツの業績を参照され、また「知行」についても当初は Heusler の Gewere 論のうちフランク時代に関する部分を主として利用されているが、前述の如く後に Gewere について書き改められた時、ドイツ中世のそれに関する Huber の業績（Eugen Huber, Die Bedeutung der Gewere im deutschen Sachenreeht, 1894）を参照されている。この意味において本文では中世という表現を用いた。なお本稿においては特にことわらぬ限り、ヨーロッパ乃至ドイツ中世の表現を、フランク時代を含めた意味に用いる。即ち本稿は後者と前者との間に基本的な性格の相違をあまりみとめない場に立っている。中田博士の参照されたドイツの古典学説は、両者を峻別するが、最近のドイツ史学はこれに対して否定的であり、本稿はそれに倣っている。かかるドイツ古典学説の崩壊については前掲別稿でふれることがあろう。また右に述べたような経緯で中田博士の論述は、古典学説の立場に立つ限り、一貫性を欠くことになったが、これについても別稿に譲る。

(4)『法制史論集』第二巻二五一頁。

(5) この箇所では博士は「物」と述べておられるが、その直前（同頁）では「法律上不動産物権を有すとの主張……」と述べておられ、「権」の字が脱落したものと考えざるをえない。

(6) 前掲書二五九頁。

(7)「物権を有すとの主張」は中田博士によれば史料において一般に、「可知行之由緒」と表現されたという。しかし同時に博士は「此の場合の『由緒』は権原を云うに等し、凡そ知行は法律上認められたる由緒（権原）に基づかざるものなし、由緒を欠く知行は実は知行にあらず……」（前掲書二九八頁）と述べておられ、ここには権利乃至権原そのものと、その主張との間に概念の混同がみられる。果して石井博士はこの点を鋭く衝いておられる（『日本不動産占有論』六二頁）。この点に関する限り石井博士による批判は全く正しいのであるが、中田博士にみられる右の混乱は単に博士の責に帰すべきものでなく、実は Huber の説そのものに由来するものである。他方石井博士はこの問題を解決された為に、それだけ Gewere、ひいては「知行」の認識について Huber から離れていかれる結果となった。「物権を有すとの主張」については右のような興味ある問題が孕まれているが、論争においてはこれは殆ど争点となっていない。

(8)　前掲書二六〇頁。
(9)　同右二九六頁以下参照。
(10)　『中田先生還暦祝賀法制史論集』（岩波書店、一九三七年）所収。
(11)　同右五二三頁。
(12)　同右六二一頁。
(13)　同右六二八頁註一四。
(14)　『日本不動産占有論』（以下単に『占有論』と略称する）序文に「わたくしは当時すでに、右の論文（「中世知行考」を指す——石井紫郎註）の註において述べたように、知行はGewereをpossessioとの中間形態の占有ではないか、という疑問を懐いていたのであるが、三者の関係を十分に説明することができなかったので、……結論では一おう、先生の知行Gewere説に従ったのである」とある。また構成の点でも、旧稿の本論が「知行制の成立」「知行の構成要素」「知行の本質及び法律上の意味」「知行の効力」「知行の保護」から成立つのに対し、新著では右と全く同一の構成の後に「知行制の発展」と「Gewereとpossessioと知行」とがつけ加えられたにすぎない。もちろん同一の標題の下であっても、旧稿と新著では、その内容の充実度その他の点で大きな相違があるが、両者の間に基本的な発想法の差異がない、ということは、この点からも推測できよう。
(15)　「知行」制の前史は牧博士との論争では一争点となっているが、これ自体独立には必ずしも重要な論点ではない。むしろ他のより重要な争点と絡んで問題とされている。従ってその点に関連する限りで前史に関する石井博士の見解について後にふれる。
(16)　『占有論』二一八頁。
(17)　同右。
(18)　同右。
(19)　同右。
(20)　同三二〇頁。
(21)　同右。
(22)　同三二一頁。
(23)　同右。

(24) 同三四頁。
(25) 同右。
(26) 同三五頁。
(27) 同三六頁。
(28) 同右。
(29) 同右。
(30) 同右。なおこの辺の推論過程に関しては前掲別稿で論ずるつもりである。
(31) 同右。なおこの引用部分にすぐ引続いて「されば知行の成立要素に関する限り、知行の由緒と不動産物権とはこれを同視してもさしつかえない」と、非常に興味あることを書かれているが、ここではその指摘のみに止める。
(32) 同三七頁。
(33) 同四二頁。
(34) 同右。
(35) 同四七頁。
(36) 同六四頁。
(37) 同六五頁。この場合「占有とは、自己に加えられた侵害を（権利とは、無関係に）、自己の効力として排除し、自己を完全な状態に復原しうる物の直接支配」（同上頁）を指している。
(38) 同六五頁。
(39) 同右。
(40) 同右。博士はこの知行の占有としての不完全性を、「その物権との分離が完全でなくして、知行の物権の表現形式として、権利推定性を有した」ことに基づく、とされる。
(41) 同六六頁。
(42) 同右。
(43) 同右。
(44) 「職」＝不動産物権という説は中田博士に由来する。

(45)　『占有論』六六頁参照。
(46)　同六七頁。
(47)　同六八頁。なおこの点に関連して、博士は前掲「中世知行考」では、「知行保持の効力に相当する効力は、……Gewere も亦之を有して居た」（五六六頁）とされていたが、新著では後述の如くこれを否定しておられる。尤も旧著でも、「Gewere 保持の訴」という制度存在は否定しておられるから、両著の差は重点の置き方にあるにすぎないといえよう。
(48)　同六八頁。
(49)　同六九頁。
(50)　同右。
(51)　同右。この引用文の最後の部分については、注(47)参照。
(52)　但し注(58)参照。
(53)　『占有論』六九頁。
(54)　同右。
(55)　同右。
(56)　同七一頁。
(57)　同右。
(58)　なお前述の二点で知行は possessio と異なるのに対し、Gewere に類似するが、他面我中世の場合通常「不動産物権すなわち、職の知行の保護の形をとる点で、直接、Gewere の保護の形をとる Gewere とは異なる」とされる（同七〇頁）。
(59)　『占有論』七一頁。
(60)　同右。従って「知行の根本概念」は「不動産物権の表現形式たる意味を有」する占有するということになる（同七二頁）。
(61)　同七二頁。
(62)　同七七頁。
(63)　同七八頁。
(64)　同右。
(65)　同八一頁以下参照。

(66) 同八三頁。
(67) 同八七頁。
(68) 「知行」をいわば私法学的に再構成する限り、「安堵を受ける効力」はそれ程大きい問題とはならない。しかし国制史的関心（石井紫郎『日本国制史研究Ⅰ　権力と土地所有』、東京大学出版会、一九六六年、序文参照）からすると、非常に重要なポイントといわざるをえない。何故なら「安堵」は幕府（将軍）と御家人との間の主従関係を成立させる最大のモメントだからである（往昔以来、為開発領主、〔知行した私領に対し〕賜武家御下文〔安堵御下文のこと〕人事也！——前掲拙著四八頁参照）。「安堵」の国制史分析、更にその結果と「知行」の私法学的分析とをつき合わせる作業は、今後の問題であるが、さしあたり本章二五三頁以下参照。
(69) 『占有論』九三頁。なお、ここで述べられている諸「利益」が、他の制度の「反射」として構成されていること自体、方法論上非常に興味ある問題であり、さしあたり本章二六〇頁以下参照。
(70) 同九四頁。
(71) 同九五頁。
(72) 同九七頁。
(73) 同九八頁。
(74) 同一〇三頁。
(75) 同右。
(76) 同右。
(77) 同一三〇頁。
(78) 同一二一頁。
(79) 同一三三頁。
(80) 同一三四頁。
(81) 同一三五頁。
(82) 同一八七頁。
(83) 同一九四頁。

(84) 同一九六頁。
(85) 同右。
(86) 同右頁以下二〇一頁まで、Gewere が「物権の表現形式として」もつ効力について記されている。
(87) 同二〇二頁。なおこの「不可侵性」とすぐ後に述べられている「自力救済の制」とを総合的に把握することは非常に興味ある問題であるが、ここではこれ以上立ち入らない。
(88) 同二〇二、三頁。
(89) 同二〇六頁。
(90) 同右。
(91) なお Gewere の妨害の場合についても同様の結論が下されている（同二〇八頁）。
(92) ここで Gewere の場合と同様、possessio が「不可侵性」（裁判によらずして奪われないこと）を有し、他方「自力救済」が今日を同程度に認められていたことが述べられている（同二一三頁参照）。この点についてはなお注(87)参照。
(93) 同二一四頁。
(94) 同二一五頁。
(95) 同右。
(96) 同二一六頁。
(97) 「公有地」（ager publicus）のことである。
(98) 『占有論』二一六頁。
(99) 同二一七頁。
(100) 同右。
(101) ゲルマン法において「明らかに」第二説のいうような現象がみられたのであろうか、この点は石井博士の論述だけでは必ずしも決められないように思われる。博士はこの点について Hübner, Grundzüge des deutschen Privatrechts, 5. Aufl. S. 211 を根拠とされるが、Gewere に関する学説史を背景とするとき、右の Hübner のコンストラクションに必ずしも全幅的な信頼をおいてよいものか、疑問なしとしない（本書第五章参照）。根本的にいえば、物権と占有との分離の問題と、本権訴訟制度と占有訴権制度の関係の問題との間柄は複雑・微妙であり、単純にパラレルなものとして扱うことは許されない（本書第九章参照）。

(102)『占有論』二一八頁。
(103) 同右。
(104) 同右。なおこの他、「possessio では所有権の概念が中心となっているのに対して、Gewere 及び知行においては、所有権が分裂して成立した物権の観念が中心となっている」こと、また前者は私法的、後二者は「公私混淆的」という差異があること、が指摘されている（同上頁以下参照）。この差異と、「物件との分化の点」で「知行」が他二者の「中間」的なものという主張とが石井博士において、どう結びつけられているかは、必ずしも明らかではない。
(105) 同二一九頁参照。
(106) 同二二〇頁参照。
(107) 同右。この点の指摘が他の点での「知行」中間形態論とどう結びつくかは論じられていない。
(108) 同二二一頁参照。
(109) 同右。
(110) 同二五八頁。
(111) 同二五九頁。
(112) 同右。
(113) 同二六〇頁。
(114) 同右。
(115) 同右。
(116) 同右。
(117) 同右。なおこれにすぐ続いて、「しかし、権利の面に着目すると、三者はかならずしも同様な過程を経て発達したものということはできない。それは、ローマ法では、占有は所有権の観念を中心として、これに対立する意味で発展したのに対し、ゲルマン法及び日本法では所有権分裂の現象を生じたからである」と指摘しておられる。この点については注(107)を参照されたい。
(118) 本書二三〇頁参照。
(119) 石井前掲書二六頁参照。
(120) なお牧博士は、仮に石井説の如く、「不知行」だったとしてもむしろ自説に好都合だといわれる。即ち「管見では知行は権利の行使であるから、権利を行使しないで二十箇年を経過するときは、権利を失うという規定……は、筋の通ったことだ」（二一五頁）というわけである。
(121)　本書二三〇頁参照。
(122)　特に注(148)参照。
(123)　現に石井Ⅱも「こういう形式の設問は無意味である」（六三頁）として、これに答えることを拒否しており、論争でもこの問題は展開していない。
(124)　ただ発想の点で両博士の間に相違がある。本節の最後にこの点について述べるところを参照されたい。
(125)　『占有論』二一九頁参照。
(126)　同六四頁参照。
(127)　従って石井Ⅱ（六七頁）において、「認定」というものの、それが存在したことを示す史料は見当らない、と批判されるわけである（本書二五一頁参照）。
(128)　高村象平等編『封建性と資本制』（野村博士還暦記念論文集、有斐閣、一九五六年）所収。
(129)　同三頁。
(130)　同六頁。
(131)　同四頁。
(132)　同三頁。
(133)　同三、四頁参照。
(134)　同四頁。
(135)　同六頁。
(136)　同七頁以下参照。なおここでの牧博士の所論には若干誤解がみられる。第一に「占有説」に中田博士を含めておられるが、これは適当とは思われない。本章および第五章でも指摘した如く、中田博士は旧稿においてはたしかにA. Heusler の Gewere 論（占有説といって差支えない）を基礎として「知行」を論じられたが、後に『法制史論集』に収める段階に到って、E. Huber の説（占有説を批判したもの）に乗換えられた。しかも牧博士はこの論稿で『法制史論集』所収論文を引用しておられるから、その意味で中田説を「占有説」に含めるのは誤解である。第二に Gewere を「占有を意味する法律語」とされているが、第一点に関して述べた如くHuber及びその影響をうけたGierkeその他はGewereを「占有」とはいっていない。その意味で右のGewere理解は適当でない。いずれにせよドイツにおけるGewere論のくわしい学説史は第五章を参照されたい。

(137) 牧健二『日本封建制度成立史』（弘文堂書房、一九三五年）二五、四八頁参照。

(138) 同四八頁参照。

(139) 同五〇頁。

(140) 同三三九頁。なお牧博士はここで「安堵」の中にも「承認」というより「確認（Feslstellung）」と見た方がよい場合もあるといわれているが、両者の実質的、内容的差異は必ずしも明確に述べられていない（同三四九頁参照）。

(141) 沙汰未練書。

(142) 牧前掲書三三七頁。

(143) 幕府自身がこの矛盾に悩んでおり、後に「安堵」の効力を既判力のレベルにも及ぼすための法的措置（「不易法」と「越訴禁止」）を講じている（笠松宏至「永仁徳政と越訴」『荘園制と武家社会』、吉川弘文館、一九六九年所収四四〇頁以下参照）。

(144) 前掲『占有論』第五章及びそれを整理した本書二三七頁参照。

(145) このような構成の仕方自体の問題は本稿の範囲外である。ただしこの期の判決自身、本来既判力の観念を強くもっていないこと（石井良助『中世武家不動産訴訟法の研究』、弘文堂、一九三八年、二三八頁参照）を考えると、「本権訴訟」と「占有訴訟」、更に「安堵」（注(143)参照）及びそれに基づく「安堵外題法」等を質的に区別することが難かしくなるのではなかろうか、いずれにせよ今後の課題である。なお前掲拙著一六八頁注四七参照。

(146) 牧前掲書「序」一頁。

(147) この点牧博士は、ヨーロッパの古典学説が封建制を以て「国家」を解体させるものとみているのと異なった封建制観をもっておられる。このことはきわめて興味ある事実であるが、本稿の範囲外であり、いずれ別の機会に詳論する。

(148) 因みに牧博士が「知行」についてその語義、語源の問題を重視されるのも、「歴史上の制度」としての封建制との関連が念頭にあるからであろう。「律令的知行」が「庄園的知行」に転化し、それが「封建関係」に組込まれて「封建的知行」になる、という図式に従って、各段階の語義の変化と相互関連を追究することは、「日本封建制度成立史」という問題関心に符合するといって過言でない。これに対して石井博士においては、中世の「知行」をいわばjuristischに再構成しよう、という傾向が強く、この点両博士の間には語源、語義についての関心の持ち方に微妙なズレがあるように思われる。これは、石井博士の場合博士独自の「波動史観」が大前提となっており、中世が一応古代からも、近世からもabgeschlossenな時代として捉えられていることによるのではあるまいか。

それともう一つ指摘しておきたいのは、式目第八条をめぐる両博士の論争についてである。牧博士が本条を「認定」との関連で問題にされていることは本書二四六頁に指摘した如くであり、これも「歴史上の制度」としての封建制に対する問題関心の一つのあらわれである。その意味で、同博士にとって、本条が「取得時効」の規定か否かはどちらでもよいことであった（牧Ⅱ一〇二頁参照）。これに対して石井博士は本条のテクスト・クリティックを「取得時効」の規定か「消滅時効」の規定か、という問題設定と絡ませておられ、しかもこれはGewere的かpossessio的かという、博士にとってキー・ポイントとなる問題と直接に関連しており（石井五〇頁参照）、その意味で、博士の場合、式目第八条は牧博士とはかなり異なった角度から問題になっているので本条をめぐる論争はほとんど嚙み合っていない。

(149)　石井紫郎『日本国制史研究Ⅰ　権力と土地所有』一九頁以下参照。

(150)　同右二〇〇頁以下参照。

(151)　永原慶二『日本の中世社会』（岩波書店、一九六八年）が「職」についての中田説（＝石井説）より牧説に親近感を示すのも、その意味で偶然ではない（同書一一〇頁参照）。「職」を「不動産物権」とし、「知行」をこの「物権」たる「職」の「行使事実」、或いは「占有」とする私法学的構成は、重層的な「職の体系」の歴史的意義（特に封建制成立との関連において）を探ろうとする歴史家にとって、「あまりに静態的であり、形式的である」（同上頁）、と感じられるのである。

(152)　鎌倉幕府の裁判の判決の効力も既判力の観念が薄く、相対的である（注(145)参照）。

(153)　前掲拙著一九九頁参照。

(154)　この点については、牧博士の国家概念も無関係ではない。博士は近代的主権国家概念を前提としておられるので「公認」の意義をいわば過大評価される結果となり、「押領も亦知行であると云ふが如きはありえない」という主張が生れてくるのである。

(155)　この関心が全くなかったとは言いきれない、この点本書二五一頁で引用した「領主についてすら『正当な権利を有たず押領をはたらいていたにしても、領主にちがいなかった』とするならば、知行はなおさら『正統な権利を有たず押領をはたらいていた』にしても成立したに違いない」（傍点石井紫郎）という博士の文章は興味深い。「領主」という言葉と「知行」という言葉とを若干ニュアンスを異にするものと、無意識のうちにせよ考えられているのは、封建制と「領主」との問題が全く度外視されていたわけでないことに基づくのではあるまいか。

(156) 本書二三八頁以下参照。
(157) 本書二三〇頁参照。
(158) なおこの前に高柳博士は、石井博士の「年紀」制に関する諸説に全面的に賛成しておられる。特に「不知行」→「消滅時効」→Gewere的という石井博士の図式を「卓見」とされていることは、高柳博士の思考のパターンを知る上に興味深く、後に若干触れることになろう（本書二七四頁参照）。
(159) 『占有論』二四六頁。
(160) 同右。
(161) 同二四七頁。
(162) 同右。
(163) 本書二六三頁所引高柳博士の文章参照。
(164) 本書二六五頁参照。
(165) 本書二六八頁参照。
(166) 本当に両博士の真意が同じかどうかは別の問題である。
(167) 本書二六一頁参照。
(168) 川島武宜『所有権法の理論』（岩波書店、一九四九年）六頁。
(169) この点「資本制と封建制」の見解は示唆に富む。
(170) 念のためことわっておくが、私はここで「素人」の発言を非難しているのではない。いわゆる専門的研究者が当然のこととして看過していることを「素人」が発見する可能性は決して小さくなく、この意味で異なる専門分野の学者相互の批判、討論は有益である。ここでは「素人」が専門家の土俵にひっぱり込まれたら不利であるという一般的事実を述べたにすぎない。
(171) 本章注(148)後段参照。
(172) 本書二四六頁所引。
(173) 法社会学か法実証主義か、あるいはそのどちらでもないかという方法論的な大問題が残されているばかりでなく、高柳博士の指摘されたいくつかの具体的論点のなかにも、右の方法論的問題とはさしあたり独立に追求していけるものも多少残っている。そのうち最も大きなものは、本書二六四頁に紹介した「知行制の発展推移に関する」石井説の当否をめぐる問題である。高柳博士はこれを封建遺制論との関連で抽象的に批判されたに止ったが、本来実質的、具体的な議論の対象となりうる筈のものである。この問題は石井博士の「波動史観」とも関連し、我々後学の者が博士の雄大な体系を如何にうけとめるか、という大問題にも係わってくる重要なポイントであろう。

第七章　「知行」小論

「知行」とは、中世—近世の用語であり、本来は仕事・事務・職務等を執り行うことを意味した。古語の「しる」（自分のものにする、自分のものとして取り扱う、という意味で、英語の master にほぼ相当する言葉）に漢字の「知」があてられたところから、「知り行う」→「知行」と展開したものと思われる。同じ「しる」に「領」の字もあてられており、そこから発生した「領掌《りようじよう》」も知行とほぼ同じ意味に用いられた。近代官僚制的職務とちがって、古代の職務は一般に、それに伴う特権や権益と一体視されていたから、職務を知行することは、それとともになんらかの利益を自分のものにする（「しる」）ことでもあったのである。郡司《ぐんじ》に任命することを「郡を給ふ」と表現した古記録があるのも、こうした官職的地位の私物視を表している。

古代末期から、国衙《こくが》の官職や庄園の庄官職《しき》の体系が整備されるにしたがって、これらを「知行」する、という言い方がさかんに用いられるようになった。これらの職には在地の者が補任《ぶにん》されることが多く、一種の請負的性格が濃厚で、当然それに伴う権益も大きかったから、知行する対象を所領とみなす意識が強くみられた。さらに、本来在地の者がみずから開発した所領も、その権益を保全するために国司《こくし》や権門《けんもん》に寄進して、寄進者（開発者ないしその子孫）が国衙や庄園の職（郡司職《ぐんじしき》、郷司職《ごうじしき》、下司職《げしき》、公文職《くもんしき》、等々）に補任される、という形をとることが一般化するにつれて、職=所領という観念はいっそう強化されるようになった。鎌倉幕府下の地頭職《じとうしき》はおおむねこれらの後身で、やはりこれを「知行」する地頭の所領と観念された。補任権者（国司、領家《りようけ》、幕府）の側でも、「相伝《そうでん》の所領たるによって、〇〇職に補任する」という趣旨の補任状《ぶにんじよう》を発給して、なんら怪しまなかったのである。

このように、「知行」は中世の所有法体系にとって中核的意味を持ったので、これまで法制史学上、その法的性質をめぐって論争がくりひろげられてきた。この時代には、近代法にあるような抽象的な所有権の観念がなく、人々は「○○職が何某の所有権に属する」とか「○○職について何某が所有権を持っている」とかいう言い方はせず、「何某が○○職を『知行』する」「何某が『知行』する○○職」と表現した。ある職の帰属をめぐって、現実の「知行」者＝「当知行《とうちぎょう》」者（A）と取り戻そうとする者＝「不知行《ふちぎょう》」者（B）との間に紛争が起きたとき、Bは「Aの『知行』には由緒がなく、自分に『知行すべき』由緒がある」という趣旨の請求をし、Aは「自分の『知行』には『由緒』がある」と反論して争い、裁判所は「A（またはB）が『知行』すべきである」という判決を下すのが一般的であった。ちなみに近代法においては、「Aは（占有しているが）所有権者ではない、自分Bこそが所有権者である」「いや、自分Aこそが所有権者である」という形の主張が対立することになる。このような場合の「知行すべき由緒」は、近代法の「占有すべき（占有を正当ならしめる）権利（本権ないし権原《けんげん》）」と似ているので、その限りで「知行」は占有possessio に類似の概念だとする学説が成り立ちそうにみえる。

しかし、「由緒」は知行の取得原因たる事実（売買、交換、相続、等々）であって、権利ではない。近代法では、本権をめぐる訴訟では、本権そのものの帰属・有無を争うのであって、わざわざ（その本権に基づく）占有に言及することはない。他方、占有をめぐる訴訟は、「本権ニ関スル理由ニ基《もとづ》キテ之《これ》ヲ裁判スルコトヲ得ス」（民法第二〇二条二項）という原則に従って、本権とまったく切り離して裁判所の判断が下される（本書第九章参照）。これに対して知行をめぐる裁判は、つねに、だれが正当な知行者か、に関するもので、本権と区別された占有を独自に問題にすることはないから、「知行」を占有になぞらえることはほとんど意味がない。ただ、まれに、知行者が他人に知行を妨害され、裁判所に訴え出たとき、直ちに（妨害者を召喚して、「由緒」をめぐる証拠調べをすることなく）「妨害をやめよ。自分に『知行すべき由緒』があるのなら、証拠を添えて訴えよ」という判決が下された例があるが、これは自力で知行の取戻しを行うことを原則上禁止して行こうとする志向の現われであって、上述した現行民法の占有訴訟が本権と切り離して扱われる趣旨と簡単に同視することはできない。

他方、「知行」は中世ドイツのゲヴェーレ Gewere（フランスではセジヌ saisine）に似たものとする学説もある。たしかに上述の「知行すべき由緒」という言い方からもわかるように、「知行」の場合にも権利と占有は密着しているから、Gewere の体系と共通のものがみられるが、Gewere という言葉そのものは、一定の条件を満たす者に認められる権利者的地位を表示するテクニカル・ターム（本書第四章参照）であって、裁判においても、だれがその地位を持っているか、が問題にされるのに対し、知行は、上述の「職」に伴う職務と権益を自分のものとして行使する、という事実上の行為ないし状態を指す言葉で、どちらかといえば、「Gewere を持つ」の「持つ haben」に相当すると言ってよい。しかし、「職」は前述のように国衙や庄園の秩序のなかで、一定のマネジメントの機能を果たすべき地位であるのに対し、Gewere は一定の法関係のなかで、その対象物（動産・不動産や特権）に関する正当な権利者たる地位を表示する言葉であり、庄園のような支配機構がうまく機能していくための職務とは関係がない（本書第四章参照）。したがって、職—Gewere、知行—haben という比定も用語法上の類似に着目しただけのものであり、その法的性質の相違を忘れてはならない。要するにヨーロッパと日本で、このように法や秩序のあり方が異なることをさしおいて、知行を Gewere ないし possessio と比較することは意味がないのである。

近世に入ると知行は武士の俸禄《ほうろく》を指すようになる。このように俸禄と知行が結びついたのは、武士の身分が近世になると私的権益と切り離され、請負的性格を失って、ほぼ純粋に職務ないし職分として観念され、「自分のものにする」対象ではなくなり、職務に対する報酬たる俸禄だけが「自分のものにする」対象として残ったことを示している。ただ大名の地位だけは、領地・領民を平穏に統治すべき職務とそこから徴収する権益とが結びついているという意味で、若干中世と似た構造が残っていたが、大名の領国《りょうごく》支配については領掌と知行が結びついた「領知《りょうち》」という言葉がもっぱら用いられた。中世までは支配秩序の上下を通じてみられた請負的性格のゆえに、どの職についても共通に知行もしくは領掌が用いられたのに対し、近世ではわずかにその性格を残す大名については「領知」、官職的性格を強くした一般武士の俸禄については「知行」、というように用語が分化し、さらに農民の土地支配についてはまったく別系統の「所持」が用いられるようになった。このように用語法は、物を支配するものの地位の性格によって変化するのである。

〔補注〕

本稿は、本書第四章に述べたようなゲヴェーレに関するコペルニクス的転回の起きる前、また、古代ローマの占有（possessio）についてもある種のコペルニクス的転回を予感させる木庭顕『法存立の歴史的基盤』（東京大学出版会、二〇〇九年）に接する前に書かれたものであり、本書収載に当っては、これに対応すべく、最低限の補正を行った。

第八章　西欧近代的所有権概念継受の一齣

——明治憲法第二七条成立過程を中心として——

一

いうまでもなく、近代初頭は日本の歴史において未曾有の激動の時代であり、思想史の側面においても、かつてない急激な転換を迫られた時代であった。もちろんそれ以前においても思想史上、転換がなかったわけではない。しかし中国という巨大な星をめぐる一つの惑星として、東アジア史全体の枠組のなかで発展してきた前近代日本においては、先進諸文化・諸思想の影響は多かれ少なかれなし崩し的であったといってよかろう。考古学的時代は別としても、歴史時代のはじめからわが国にとっては大陸文化は血肉となっていた。むろん大陸文化・思想とは別個の「固有」文化・思想が未成熟ながら存在しなかったわけではないし、両者を腑分けすることの学問的重要性は測り知れない。だがまさに緻密な学問的操作を駆使して腑分けしなければならないほど、両者が渾然一体となっていたことは、津田左右吉の古典研究がすでに示している。中国文化・思想の新たな展開は、あたかも放送局から発信された電波が、家庭の機械に受信されるようにわが国に流入し続けたのであって、少なくとも近代初頭におけるような急激な転換をもたらしたわけではないといってよかろう。いわんや先進文化の影響なしに、「内在的」に転換した場合があるとすれば、その場合の転換はさらにゆるやかなものであった筈である。

近代初頭の転換はこれに対して、それまでほとんど全く未知であり、しかもきわめて異質な文明との突然の接触によってもたらされたものであったこと、しかもそれが強制に近いものであったことによって、未曾有の深刻さを伴ったのである。むろんその場合西欧文化・思想の受容が唯一の道だったわけでないことは、清国や李朝朝鮮の例をみれば明らかである。しかし、列強のインパクトが伝統への固執か否か、裏からいえば西欧化か否かの、ぎりぎりの二者択一を迫るほど強烈なものであったという意味においては、強いられた転換という表現もあながち不適切ともいえまい。ことに法文化の面ではこのことは顕著であり、具体的な現実であった。いわゆる不平等条約の改正のためには、西欧法制度・法文化の継受が必須の条件であったことは周知の通りである。そもそも「権利」という言葉を創り出さなければならなかったほど、西欧法文化と異質なわが国の法文化は、この時深刻な転換に迫られたのである。(1) もとよりこの転換は、西欧法による伝統法の単純な置き換えではない。

誤訳・拙訳をいとわずという突貫作業でフランス民法をほとんどそのまま日本民法化しようとした江藤新平の試みは別として、その後の法・裁判制度の創設、法典の編纂は、ほとんどの場合多かれ少なかれ日本の現実を考慮してなされたものであるし、外国法文化そのままの受容であってはならないという建前論にいたっては、ボアソナードの起草にかかる「旧民法」を葬り去ったほど強烈であった。だが他方で西欧型法文化の枠組の導入は逃れ難い要請であったから、これと伝統的法思考との間に深刻な暗闘が展開されざるをえなかった。また外国法をほとんどそのまま受容れた場合でも、――それが外国人によって法典全体が起草された場合であれ（例えば民事訴訟法）、個別的に具体的な条文が継受された場合であれ（例えば本章の対象）――それを解釈し運営する者は、いかに西欧的な法学教育を受けようとも、伝統的法思考から自由でない日本人法律家であったから、同様な暗闘が――多くの場合目立たないかたちであるが――やはり不可避であった。こうした場での思想史的な転換――連続と断絶とがからみ合った複雑なものである――は、まことに興味ある問題であるが、これまでのところ研究はそれほど多くない。法学者たちは外国の法理論を参照しつつ自己の解釈論体系を構築するのに熱心であったから、右に述べたような近代初頭の状況は、彼らにとって分析の対象となるよりは、むしろ多かれ少なかれ彼らによって再生産され続けて来たといえるのではあるまいか。また歴史家、思想家にとっては、法や法学は針鼠のように近づきにくいものとみられたためであろうか(2)、ほとんど手をつけた形跡がない。ことに明治以後の歴史を、「絶対主義」、「近代化」、「帝国主義」というような普遍的な図式で把える場合には、前述の転換も互に異質なものの出遭いとしてでなく、たかだか「進んだもの」と「遅れたもの」との出遭い、前者による後者の「克服」過程として理解されるから、独自の研究対象にはなりえなかった。

本稿はこうした広大で未開拓の問題領域の極く一部である、近代西欧型所有権に対する憲法的保障条項が、大日本帝国憲法第二七条として日本に継受される際、どのような思想史的暗闘があり、またどのような経緯で宥和が成立したのかを対象とするものである。すなわち、近代初頭の西欧において、人間の人格的自由の流出物として承認され、国家ないし全体社会に対して――しばしば絶対的と称せられる――自由を保障された所有権(3)の観念とわが国の伝統的所有観念との出遭いの問題を、右の憲法条項の起草過程に即して検討するのが、ここでの課題である。もとよりこの問題は、明治維新以来の土地制度、租税制度の諸改革という広い背景の下にあり、また民法上の所有権概念といわば表裏の関係に立つという意味において、民法編纂やいわゆる民法典論争とも密接な関係にあるが、現在の筆者にはこれらを十分ふまえた綜合的な分析を提示する用意がない。さしあたり、本稿では、主要な起草者・井上毅が西欧近代的所有権概念をどう理解し、受容したか、そこにはどのようなズレがみられたか、の検出に目的を限定せざるをえない。

二

右に述べたような問題に本稿の課題を絞るにしても、西欧近代的所有観念と伝統的なそれとの接触は、いうまでもなく憲法制定時にはじめて生じたわけではない。維新後の制度的諸改革の過程で——当時の関係者たちが意識したとしなかったとにかかわらず——夙に起っていたことであるので、本論に必要な限度でこの点を簡単に述べておこう。

国家と所有権の関係について、明治初期の状況をみて特徴的なことは、第一に旧領主層の領地支配権の廃棄の問題が、基本的にもっぱら政治権力の集中、すなわち統一国家の形成の次元で意識され、とりあつかわれていたということ、従ってそれが所有の問題として意識されていなかったということである。大名支配権はもとより、家臣の家禄についても、既存の所有の否定として、廃藩置県や秩禄処分が考えられていない。この点はヨーロッパの場合と比較して顕著なちがいである。大名支配権が政治的諸権利を含むものだったから、所有と意識されなかったのは当然だ、と片付けてしまうのは事態をあまりに単純化するものである。西欧の近代初頭においては、政治的諸権利ないし「封建的諸権利」も、既得権 erworbene Rechte として、つまり所有の一種として、その不可侵性が主張されているのであり、それ故にこそその廃棄を理論的に正当化する努力が真剣になされたのであった。逆にわが国の家臣層の家禄が、既得権として主張されなかった点については別稿(4)で論証した通りであるが、この家禄が政治的権利をほとんど全く伴わないものであったことは周知の通りであり、政治的諸権利の有無が所有論の対象になるかならないかを分けることにならないことは、この点からも明らかである。むしろ政治的諸権利を伴わない家禄さえも、所有の次元の問題にならなかった点に、彼我の大きな差異を見ることができるというべきであろう。ただこの問題は次に述べることと表裏の関係にあることでもあり、また基本的には近世の国制、支配権についての意識にかかわることであるので、これらを述べる時に一括して論じよう。

第二の特徴は、農民・町人の土地にかかわりをもつ諸々の制度的改革を通じて、いわば断絶の意識がみられないということである。ある具体的な一筆一筆の土地を、ある人間の手からとりあげ、他の誰かにそれを再分配するとか、あるいは土地に付着する権益を廃業して、それまでとは異なった性質の土地所有を創り出すとかいうような自覚なしに、結果としては一物一権主義的で自由な「近代的所有権」を成立させることになる諸改革が一つ一つ積み重ねられていくのである。すなわち田畑勝手作の許可、田畑永代売買禁止の解除、金納許可、さらに地券発行から地租改正などがそれである。このような特徴がさきに述べた第一の特徴と裏腹の関係にあることはあらためて指摘するまでもなかろう。領主層の支配権が具体的な土地に対する所有として観念されなかったことは、とりもなおさず土地が誰に帰属すべきか、という政治的、社会的、経済的にきわめて深刻な問題に逢着することなく、従って土地所有者とは何か、という法学的、哲学的に困難な問題の解明を必要とせずに、従来からの農民・町人の「所持地」を連続的に——近代国家に適合的なものにするための若干の変形を加えて——そのまま彼らの「所有地」に移行させることを可能にしたからである。[5] 地券受給者を原則として検地帳名請人とする、という方針はこの間の事情を端的に物語っている。

このような連続性の意識は当然、前述のような制度的諸改革が土地問題に対する近世的な関心の持ち方の延長線上で行われていく、という結果をもたらした。それはこの改革が土地所有そのものの問題としてよりも、租税制度の合理化の問題として捉えられていたという点に表われている。たとえば永代売買の解禁に関連して、大蔵省の正院宛「伺」は「治国ノ枢要タル税法ニ於ケル均一ノ法則ヲ設ケサルヘカラス……断然従前ノ方法ヲ廃棄シ、一般ノ売買ヲ許シ、更ニ地代金分一ノ収税法ヲ施設スルニ如カス……先以永代売買ヲ許シ、各所持地ノ証券ヲ改メ、全国地所代金ノ総額ヲ実検シ而後、更ニ簡便ノ収税法ヲ設ケ……」と述べている。永代売買解禁、金納化、地券発行、地租改正が一貫して、租税制度確立の手段として考えられていることはこれに明らかである。如何にして合理的な税制（「簡便ノ収税法」！）を創るかという観点から土地問題が扱われており、所有の本質にかかわる画期的改革という意識なしに、従来から存在した土地所有の形態を、「治国ノ枢要タル」新しい税制に即応したものに変える、という域を出ていないのである。

むろん当時のわが国で土地問題に関して議論がなかったわけではない。否、ある意味では真向から対立する議論がたたかわされている。だが、それにもかかわらず改革の流れは止ることなく進んでいったのも周知の通りであるが、それはまさに右に述べた税制の立場からする問題関心に基づくものと考えられる。すなわち、「議案録」によれば明治二年の公議所において、一方で前述のような改革につながっていくような提案が、「租税之議」(森金之丞)、「税法改革ノ議」(神田孝平)、「田畑地面勝手ニ売買ノ議」(加藤弘蔵、のちの弘之)、「市廛ノ法ヲ設ケ、地租ヲ納メシムベキノ議」(帆足竜吉) などと題して出されているが、他方では「禁止田畑売買之議」(桜井藩議員近藤門造) と称するものも出されている。たしかに国家と土地所有の関係に関して両者は真向から対立するようにみえる。しかし売買禁止論の内容は「民ハ公田ヲ耕シ、租税ヲ収メ、其余粟ヲ以テ、吾口ニ給スルハ、本業ナリ。今ヤ民公田ヲ私ニシ、質地或ハ譲地ト号シ、全ク売地ニ致シタル分ハ、豪農富商ノ為メニ掠奪セラレ、小民ハ其田ヲ借作シテ、租税ヲ両端ニ収メ、生活ノ道益ゝ乏シキニ至ラン……」というものであって、「公田」という古めかしい表現を用いて一種の公有論を展開してはいるが、その意とするところは、地主―小作関係による中間搾取を排除して租税収入を確保しようという点にある。要するに右の二つの考え方は、租税徴収のための前提条件を如何にして整えるか、という点で対立しているのであって、土地所有そのものをめぐっての原理的な対立は見せていないのである。

たしかに「公有」と「私有」とは一見原理的に対立するものの如くである。だが法的にいって所有というものは一般に、具体的な複数の人間の対立関係に対応して、具体的な土地が誰に属するかという次元で問題になるものであって、「公」というような抽象的なものの「所有」は法的には無内容であり、私人の土地に対して何らかの制限・義務を課すことを正当化するための根拠として唱えられるに過ぎない。右の場合も売買を禁止することの根拠として「公田」概念が用いられているのであって、ヨーロッパの近代化に際して、領主と農民のいずれに土地が帰属するか、さらにどちらかに決めるにしても、土地を失うものに対する補償をどうするか、という問題が論じられた場合と比較すれば、「公有」論を神田孝平等に対する原理的反対論としてみるのが不適当であることは明白であろう。ことにその売買禁止論が前述のように租税収入確保の前提条件として唱えられているために、より合理的な他の前提条件の提案に対しては無力であった。神田等が収穫物でなく地価に応じた金納租税という、権力の経済にとって適合的な提案をしているのに対し、このような新しい展望を欠き、単に中間搾取排除のための手段としていわれている売買禁止論は歴史の一エピソードに過ぎなかったのである。

ところで、このような「所持」から「所有」への移行について、実質的には井上毅の執筆にかかる『帝国憲法義解』は、第二七条「①日本臣民ハ其ノ所有権ヲ侵サルルコトナシ。②公益ノ為必要ナル処分ハ法律ノ定ムル所ニ依ル」についての説明のなかで、「……徳川氏ノ時ニ至テ農民ハ概ネ領主ノ佃戸タルニ過ギサリシ、維新ノ初元年十二月大令ヲ発シテ村々ノ地面ハ総テ百姓ノ持地タルヘキコトヲ定メタリ。四年ニ各藩版籍ヲ奉還シテ私領ノ遺物始メテ跡ヲ絶チタリ、五年地所永代売買ノ禁ヲ解キ、又地券ヲ発行シ……八年ニ地券ニ所有ノ名称ヲ記載シタリ……皆欧州ニ在テ或ハ兵革ヲ用ヰテ領主ノ専権ヲ廃棄シ、或ハ巨大ノ金額ヲ用ヰテ以テ佃戸ノ為ニ権利ヲ償却シタル者ニシテ、而シテ我国ニ於テハ各藩ノ推譲ニ依テ容易ニ一般ノ統合ニ帰シ、以テ小民ニ恵賜スルコトヲ得タリ。此レ実ニ史籍アリテ以来、各国ニ其ノ例ヲ見サル所ニシテ、中興新政ノ紀念タル者ナリ」と述べている。

このような認識は、近世と近代との間の断絶の意識の欠如ということと矛盾するではないか、という疑問が出てくるかもしれない。しかし、まず第一に明治元年一二月の「大令」は、井上のいうように、従来と異なった新しいことを「定メタ」というのでなく、むしろ維新政府の統治下になっても従前とかわりないことを布告して庶民を鎮撫しようとしたものであることは「村々ノ地面ハ素ヨリ百姓持之地タルベキ……」という文面からして明らかである。一般的に当時の維新政府は、とくに税制に関して「維新政綱未タ全ク張ラス、人心尚未タ全ク鎮撫セス、此時ニ当リ遽然トシテ至大至重ノ関係アル税法ヲ釐革セントスルカ如キコトアルヘカラス。故ニ姑ク旧慣ニ依ルノ止ムヲ得サリシ所以ナリ」（「地租関係書類彙纂」一）というように慎重な態度をもっていた。

第二の問題は明治四年に「私領ノ遺物始メテ跡ヲ絶」ち、従来「佃戸タルニ過キサリシ」農民に土地を「恵賜」したという論理を井上が展開している点である。これについては歴史的背景を述べるところで論じるが、さしあたりここでは次のことを指摘しておこう。右の論理は引用文の後半に明らかなように「各国ニ例ヲ見サル……中興新政ノ紀念」を称揚するための伏線であり、それだけ前近代の土地所有関係を、ヨーロッパのそれと類似の、つまり廃棄困難なものとして捉えているのであって、根拠あっての叙述ではない。むしろ「各藩ノ推譲」がある前に、「村々ノ地面ハ総テ百姓ノ持地タルヘキコトヲ〔維新政府によって〕定メ」うるような「私領」とは何か、という疑問が井上の論理に対して生じてくるのであるが、いずれにせよ後述するところに譲ろう。このように井上の論理には疑問があるが、しかしヨーロッパとちがって革命や莫大な補償なしに、領主層の支配権が「容易ニ一般ノ統治ニ帰シ」た、つまりスムーズに土地制度の改革が進行したという認識そのものは正しいといわなければならない。

三

地租改正に至る一連の改革につづいて、地所質入書入規則（明治六年）、土地売買譲渡規則（一三年）、登記法（一九年）、土地台帳制（一七・二二年）などを通じて、国家によってタイトルを認証され、譲渡自由の「近代的所有権」が確立していくわけであるが、これらを通じて特徴的なことは、土地の所有者ないし将来所有者たる可能性を有する担保権者をできる限り正確に把握して、地租徴収の確実性を期しているということである。そもそも地租の額と納入義務者を確定する地券を請けないで「密売」するものは土地と代金を没収（地券渡方規則、明治五年）することになっていたし、売買の際、代金受領証があっても地券の引渡しをうけない者は所有の権利がないとされた（明治八年太政官布告一〇六号）。また同一五三号は生存者の隠居による相続の場合、地券手続が踏まれない限り、一〇六号布告の例によるとした。こうした原則は、前掲土地売買譲渡規則によって、地券面の名義変更でなく、戸長役場の奥書割印手続という形でうけつがれていく。担保権設定の場合には前記質入書入規則によって、やはり戸長役場の奥書割印が債権ないし担保権の効力発生要件となっている。登記法は登記を対抗要件としたため、右の原則は民事法上は修正されたが、すでに登記法以前に地券および地券台帳をもとにして土地台帳が作成され、それは明治二二年に土地台帳規則によって整備・改良をうけ「地券ヲ廃シ土地台帳ニ登録シタル地価ニヨリ其記名者ヨリ徴収ス」ることが宣明された。[6]

こうした制度的配慮は、もちろん土地の取引の安全を保障するという私法的な役割を果すものであるが、単にそのためだけなら公的機関による認証手続を強制する必要はないはずであって、これを強制的なものにしたことの背後には前述のような地租徴収確保の目的があったことは否定できないであろう。登記法はフランス法の影響で登記を物権変動の対抗要件にしたから、制度の建前としては当事者が登記の変更をするとは限らないことになったが、政府がまさにこれと並行して地租確保そのものを目的とする土地台帳制度を創出していくのは示唆的である。大隈重信、伊藤博文による「登記法取調ノ議」は「地券発行ノ目的タル、維新政府土地ノ所有権ヲ認許シタルノ確証ト為シ併セテ地租改正ノ大業ヲ挙行スルタメ一時ノ使用ニ供センカ為メニシテ、当時大ニ官民ヲ便益シタリト雖モ、改組竣功ヲ告ケ法律稍ゝ具備スルノ今日ニ至リテハ、敢テ其要用ヲ視サルノミナラス、反テ一種ノ財産ノ体ヲ現出シ、詐偽騙瞞ノ具トナルノ弊ヲ生シタリ。宜シク之ヲ廃止シテ地券ノ台帳ヲ整備シ登記法ヲ以テ其変更移転ヲ証スヘキナリ」（「梧蔭文庫」所蔵）と、土地台帳と登記制度とをセットにして考えているのである。[7]

四

右の簡単な叙述からだけでも、明治政府は当初から少なくとも明治憲法制定の時に至るまで、一貫して土地問題を租税制度の角度から捉えて来たことが明らかになったと思われる。「所持」から「所有権」への移行はこうして国家の下での私的所有権とは何かという根源的な問いをめぐる議論をほとんど経ることなく進行してきた。この間所有権者たちの側も――皆無とはいえないにせよ――基本的にこのような移行を甘受していたことは、少なからぬ地券廃止反対運動が起った(8)ことからもわかるであろう。「政府土地ノ所有権ヲ認許シタルノ確証」が、前頁引用の「登記法取調ノ議」に見るように、民間では「一種ノ財産」とみなしていたからである。

近代国家の諸憲法が――共和政のそれであれ、立憲君主政のそれであれ――所有権の不可侵性を保障する条項を含んでいることは周知の通りである。土地所有に対して右のような態度が支配的であったわが国も、近代的憲法を制定するという選択をした以上、この条項も好むと好まざるとにかかわらず継受の対象とせざるをえなかった。もちろん国内で激しい政治的対立のあった主権、君主制、議会制、行政権の権限等々の場合ほど起草過程で紆余曲折があったわけではないが、それでもこの継受が西欧法の全くの鵜呑みであったのでもない。説明の便宜上、管見の限りでの前掲第二七条に関する諸案をまず時間的順序に従って列挙しておこう。

A　所有権ハ侵スヘカラス
　所有ノ徴収（Expropriation の訳）ヲ許スベキ場合ハ法律ヲ以テ之ヲ定ム（レースラー試案、明治二〇・一・一一）

B　所有権ハ法律ニ定メタルノ外制限ヲ受クルコトナシ
　何人ニ対シテモ其所有物ノ全部又ハ一部ヲ法律ニ依ラズシテ強テ売却譲与セシムルコトヲ得ス（モッセ試案、明治二〇・四・一六）

C　公益処分ノ法律ニ定メタル場合ヲ除ク外、各人ノ所有財産ヲ侵サレルコトナシ（井上試草、明治二〇・四下旬）

D　所有権ハ侵スヘカラス

地所買上（Enteignung の訳）ノ許否及要件（Bedingungen の訳）ハ法律ヲ以之ヲ定ム（レースラー草案、明治二〇・四・三〇）

E　日本臣民タル者ハ公同ノ資益ノ為メ法律ニ定メタル場合ヲ除ク外、其所有権ヲ侵サル、コトナシ（夏島草案、明治二〇・八）

F　日本臣民タル者ハ公同ノ資益ノ為メ又ハ法律ニ定メタル場合ヲ除ク外、其所有権ヲ侵サルルコトナシ（同右明治二〇・一〇中旬）

G　日本臣民タル者ハ其所有権ヲ侵サルルコトナシ
　公同ノ資益ノ為メ必要ナル処分ハ法律ノ定ムル所ニ依ル（同右加筆訂正、同時期）

最後のものと憲法正文とは「公同ノ資益」が「公益」となっている以外はほとんど同一であり、すでに明治二〇年一〇月にはほぼかたまっていたと断じてよいのであるが、これはたとえば統治権に関する第四条「天皇ハ国ノ元首ニシテ統治権ヲ総攬シ此ノ憲法ノ条規ニ依リ之ヲ行フ」が翌二一年までいじくりまわされていたのと顕著なちがいである。また後に紹介するように、井上とレースラー、モッセ両ドイツ人顧問との間の質疑応答も第二七条関係のものは現在残っている限りでは四回だけあるのに対し、統治権関係のものはほとんど数え切れないほど多い。

このように第二七条が比較的簡単に条文がかたまっていった理由の一つとして、井上にとって参考となったA、B、Dというドイツ人草案の条文の書き方の問題が考えられる。それは、条文そのもののなかに「所有ノ徴収」Expropriation, Enteignung に対して「正当な補償」を要件として掲げていないことである。もっとも、「所有ノ徴収」の条件を法律で定めるという趣旨のことが書かれているのだから、その法律に補償という要件を譲っていると考えれば、大したちがいではないという反論があるかもしれない。しかしながら、たとえば現行憲法第二九条第三項は、「私有財産は、正当な補償の下に、これを公共の福祉のために用ひることができる」としているのであるが、これは偶然にそうなったのではない。一九世紀の近代的諸憲法の所有権不可侵保障条項はほぼ例外なしに「正当な補償」を謳っているのである。しかもそれは不可欠の条件と考えられていた。近代になって所有権が人間の自由によって基礎づけられ基本的人権の一つに数えられたとき、あらためてそれと国家権力との関係が問われざるをえなかったことはいうまでもなかろう。近代的所有権概念は、個人と国家とはそれぞれ別個の領域に属し、財物の所有は原理的に前者つまり個人の自律的な私的意思の領域の問題であるという観念を前提にしている。主権と所有権、公法と私法の峻別はこうして生じたのであり、所有権はあらゆる公法的権利を脱ぎすてると同時に、公法的な拘束から解放されたのである。

このようなところで私的所有権に対する国家の徴収を原理的に認めまいとする考え方が生じたのは不思議でない。だがもちろんこの原理が例外なしに貫徹しうる、ないし貫徹すべきだなどとは、いかなる自由主義者といえども主張できない。一定の例外的な場合のために国家による土地徴収の可能性を残しておかねばならないことは何人も否定できなかったのであり、フランス革命の人権宣言以来、徴収は所有権の保障と表裏をなして憲法上明文化されている。問題はこれと前述の私的所有権との関係をどう理論的に説明するかであった。唯一の答は、徴収に対する補償義務を徴収の本質的構成要素とすること、つまり「正当な補償」なしの徴収は所有権の概念上考えられない[9]、という要請を掲げつつ、完全な補償があれば所有権の本質 Substanz に触れないで済む、という意味で、「物の価値に対する所有権は徴収によって毀損されることはありえない[10]」とすることであった。このような立場からすれば、所有徴収に関する憲法条項は、国家の徴収権 Enteignungsbefugnis を認めたものというよりは、むしろ私的所有権を保障する規定の一種だということになるといっても過言ではなく、それ故にこそ徴収が「正当な補償」を条件とする旨が憲法上の明文として掲げられたのであった。

それでは何故にこれがレースラーやモッセの案に掲げられなかったのであろうか。遺憾ながらモッセについては現在の筆者の検討が及んでいないので、ここではレースラーについてのみ述べるにとどめるほかない。彼が強力な「社会王政」の主導の下に、「中間層」によって抑圧されている「下層」を救済すべしという「社会的行政法」の体系[11]の提起者であることは、Johannes Siemes, Die Gründung des modernen japanischen Staates und das deutsche Staatsrecht — Der Beitrag Hermann Roeslers —がすでに明らかにしているが、ここでの問題はこの体系のなかに位置づけられた物権法、つまりレースラーのいう「社会的物権法」das soziale Sachenrecht の内容である。彼によれば、物権ないし所有とは、人間の文化共同体からのおこぼれの如きものであって、その法関係は文化的理念の実現に資するようなものでなければならない。従って「社会的物権」は必ずしも私法上の持主によって行使されるべきものとは限らないのであり、総じて、物に対する絶対的支配という所有権観念は止揚されねばならない。土地所有は近代初頭において旧い封建的支配から解放されねばならなかったが、今や個人の利益の排他的主張から解放されねばならない。こうしてレースラーは所有権に諸々の義務づけが伴うと主張しているのであるが、この点で重要なのは Enteignung を義務の一つとして数えていることである。彼によれば、Enteignung の根拠は土地所有権がその本性上社会的諸要請に従うべきものであるという点に求められるし、従ってそれは所有権を損なうものでなく、むしろ反対に所有権を「補完」ergänzen するものなのである。

　このようなレースラーの考え方は、従来の絶対的所有権対国家権力という図式を拒否して、所有権そのものの本性を社会的存在として捉え、土地徴収をはじめとする義務を、権利の制限としてでなく、権利そのものにとって本質的なものとする点に特徴がある。蓋し、そうでなければ、義務によって所有権が完全なものとなる ergänzt werden という論理は出てくるはずがないからである。こうしてみると国家の土地徴収権はレースラーの考えによれば所有権の本質と何ら矛盾するものでないばかりか、むしろ「社会的物権」——彼は私法上の権利者によって行使されるとは限らないという——の一部をなすものであり、従って「正当な補償」を憲法の明文に掲げることは必ずしも必要でないことになるわけである。そして正当な補償がある限り、「物の価値に対する所有権は徴収によって毀損されることはありえない」という在来の考え方を用いた論理もここには登場する余地がない。前掲Aに補償の要件が欠けているのは、こうしたレースラーの考え方を前提にすれば何ら怪しむに足りないといえよう。

むろん日本側の憲法起草者たちも、補償なしに国家が土地徴収できるなどとは考えていなかった。すでに明治五年の「地券渡方規則」改正第二〇条は「総テ人民所持ノ地所後来御用ノ節ハ券面通リノ代金ヲ以テ御買上可相成事……尤世上一般ノ利益ノ為ニ御用相成節ハ券面通リノ代金及建物等ニ応シ相当ノ手当差遣ハシ上地可申付事」とあり、さらに八年の「公用土地買上規則」は補償についてかなり詳しい規定を設けている。「券面通リノ代金」や「相当ノ手当」が正当な補償といえるか否かは問題があるけれども、一応明治政府は補償を徴収の前提条件としてきたのである。また井上自身、枢密院に対する憲法の説明書で「公益共用ノ処分ニ付要件トスル所二ツアリ……第二、其ノ私産ニ対シ相当ノ賠償ヲ付ス。是レ立法上欠クヘカラサルノ標準ナリ」と述べている。しかしながら、ここで井上があくまでこれを法律事項として考えていることは「此レ（徴収のこと）即チ版土統治ノ主権ニ原因スルモノニシテ、憲法之ヲ認許シ、而シテ其ノ条則ノ制定ハ之ヲ法律ニ属シタリ」としている点から明らかである。統治権者の自己拘束としての憲法の中で徴収は法律に従って行なうことを明言するにとどめ、その法律に「相当ノ補償」が掲げられていなければならぬ、というのが井上の考え方であり、国家権力と私的所有権との間のギリギリの妥協線として「正当な補償」を憲法上明文化してきた西欧近代初頭の思想と遠く隔たっていることはたしかであろう。

従って、もしレースラーやモッセの草案に「正当な補償」の文言が含まれていたら、草案の条文が前述したようにすんなりとは固まらなかったと想像してもあながち無理ではあるまい[12]。ただ、右に紹介したところから明らかなように、レースラーは国家権力対私的所有権の図式そのものを拒否し、「文化共同体」からのおこぼれとして「社会的所有」を構成しているのに対し、井上は右の図式を前提にした上で、国家権力の優越性を説いている点で、無視できぬ相違がみられるのであるが、この問題は国家、社会、個人に関する根本的な思想のちがいにまでさかのぼる筈のものであり、現在の筆者の能力をはるかに越える。後に述べる問題に関連して若干触れるにとどめるほかない。

五

前述のように土地所有がわが国の近代化のプロセスでは諸国に比べてスムーズに解決したと井上が認識していたことは、当時一般に所有の本質をめぐる原理的な対立がほとんどみられなかったこととあいまって、はじめのうち井上自身の所有に対する関心を薄いものとしている。彼は憲法の起草にあたって、憲法上のあらゆる問題について文献によって研究をし、また前述の両ドイツ人やボアソナード等の外国人法律顧問におびただしい質問を送って回答を求め、知識の吸収をして、彼なりの見識をもつべく努力しているが、こと所有に関しては、彼が関心を示したのはごく遅い時期であり、しかも他の諸問題に比べれば勉強の程度は浅いといわねばならない。たとえば、主権ないし統治権をめぐる問題については、遅くとも明治一四年、いわゆる「岩倉綱領」を書く以前からすでにレースラーに向ってかなり高度な質問を発しており、こうした質疑応答は憲法草案が最終的に確定するまでくり返し行なわれている。

これに対して、所有権についての最初の質疑は管見のかぎり、明治二〇年五月一九日をあまりさかのぼらない時期のものである。日付のない「梧陰文庫」C19所収の「土地原有権」に関するレースラー向けの質問がそれであると考えられる。何故なら、五月一九日付で井上はほぼ同旨の質問をモッセ宛で発しているが、後にみるように内容からみてこれは、右のレースラー宛質問に対する答議に接した彼がそれに満足しきれず、すぐに出したものと思われるからである。この考証にあやまりがないとすれば、井上の所有権に対する関心は起草の作業に実際に入った段階にいたってはじめて出てきたということができる。井上は、A、Bを参考にしつつ、Cを一応起草した。これをたたき台に、

（Ｄをさらに参照しつつ）八月に金沢八景の夏島で、伊藤、井上、伊東、金子の四人が半ば合宿のような形で作業を進め、いわゆる「夏島草案」（Ｅ）が作られるわけである。このような過程を重ね合わせて考えると、およそ次のような推測が可能である。井上は両ドイツ人の試案（Ａ、Ｂ）をみて、所有権保障条項を憲法の一条文として設ける必要性を――この時はじめてこれに気付いたというわけではないであろうが――あらためて認識し、いわば泥縄式に質問を発した、というのではなかろうか。いずれにせよ、統治権等について少なくとも数年前から準備を周到に進めて来た井上としては、この所有権についてはかなり泥縄式であることを否めない。

こうした推測は法一般に関する井上の考え方によってもある程度裏書きされるのである。(13) そもそも明治七年の「治罪法備攷」のなかで、彼は「欧州ニ、成文民法アラザルノ国アリ、治罪法、刑法、アラザルノ国ナシ、何ソ耶、民法ハ私法ナリ、人民開化ノ度何如ト視ル、治罪法、刑法ハ国法ナリ、治罪法、刑法ナシ、是レ国ナキナリ」（『井上毅伝』史料篇第三、一一一頁）という法の二元主義論を展開している。これは一見近代的な私法と公法との二元主義を意味するかの如くであるが、実はそうではない。井上の民法＝「私法」は「人民開化ノ度」によって、あったりなかったりする「成文」の法、つまり国家制定法であるのに対して、刑法・治罪法＝「国法」はそれがなければ国家がない、といわれるほど不可欠のものである。

井上は民法の財産法に関しては、「局法」（ドロワ・ロカル）すなわち「慣習」が（同上四五頁以下参照）、家族法に関しては「倫理」が（同第一、七九頁以下参照）第一次的に通用せしめらるべきだという前提から、司法者等による民法典編纂事業に対して批判的な態度を表明している。彼ができる限り、「慣習」や「倫理」に国家法が介入しないことを是とする人であったことは右の参照部分を一読すれば明らかである。だが国家法とこれらが全く無関係かといえばそうではなく、「倫理」の維持を刑法によって行なうことの必要性を説いている（同上第一、二六七頁）。つまり「国法」の枠のなかで、いわばそれを副木として、「倫理」・「慣習」が健全に展開していく、という二元主義が井上のものであった。そして井上は所有権について、前掲枢密院向けの説明書で「所有権ノ釈義ハ民法ニ属シテ憲法ニ属セス。故ニ憲法ハ単ニ所有権ノ侵スヘカラサルノ主義ヲ掲グルヲ以テ足レリ」と述べており、民法上の「所有権ノ釈義」と無関係に憲法上の保障が存在しうるかの如く理解している。しかも彼は前述のように民法典編纂に慎重であったことを考え合わせれば、憲法上の保障という「国法」の枠のなかで、「慣習」上の所有関係が展開する、というイメージが井上の念頭にあったと考えてよかろう。こうしてみれば、彼の所有権に対する関心が、現実に保障条項の文章化にせまられてはじめて具体的なものとなったという推測は十分可能であるといえよう。

しかしながら、基本的に彼が右のようなイメージをもっていたにせよ、まさにこの文章化の過程で、しかもドイツ人との質疑応答をくり返していくうちに、彼も好むと好まざるとにかかわらず実質的には所有権論にのめり込まざるをえなかった。ただ、「夏島草案」（E）に対する「逐条意見」でも彼は「小生ハ素ヨリ民法ノ精義ニ昧シ」と逃げ腰であり、終始この問題に対して、主観的には消極的であることにかわりはない。それはともかくとして、彼が所有権論にのめり込んでいった契機は他ならぬ土地徴収の問題であった。

明治二〇年五月一九日より少し前のものと思われる前述したレースラー宛質問は「独逸ノ旧慣ニ従ヘハ〔私人の〕土地所有権ノ外ニ又、原有権《オリヂナルプロパチー》ナル者アリ。羅馬法ニ従ヘハ所有権ノ外ハ国土主権アルモ、原有権アルヿヲ認メサルカ如シ、如何」と徴収の法的根拠を問うている。次いで五月一九日のモッセ宛質問では「国土ハ国君ノ原有権ノ下ニ在リテ、各個人ノ所有ハ其ノ収入権ニ止マリ、決シテ専有権《アブソリユトライト》アルニ非……〔しかるに〕近時ノ法学者、殊ニ『ブロンチユリー』氏ノ如キハ断シテ国土主権ノ説ニ在祖シ、原有権ノ説ハ、僅ニ英国ニ其跡ヲ遺セルノミニシテ……大陸上ニ於テハ消滅ニ帰シ、此ヲ以テ法学上ノ一大進歩ト称フルニ至レルカ如シ。然ルニ或ル学者（レースラーを指す——前述の考証はこの点を根拠としている）ハ又此ノ説ヲ排斥シテ、『ルースー』ノ余派ニ出ル者トセリ……此ノ一大難問ハ欧州ニ於テ未タ十分ナル判決ヲ経ス、之ヲ東洋ノ憲法上ノ解釈ニ適用スルニ当テ、何等ノ説ヲ採用スルヿ、尤モ穏当ナルヤ」とある。井上が国家学、主権論においてブルンチュリーに傾倒し、ゲルマン流の立憲君主政説をとり、ローマ゠フランス的共和制やイギリス的議院内閣制を断固排斥したことは知られている通りであるが、彼は所有権に関してはブルンチュリーがゲルマン流の原有権論を前近代的だとして排斥することに奇異の感を抱き、まずレースラーにこれをめぐって質問し、その賛成をえて、ある程度勇気づけられてモッセに同じ質問をしたと考えられる。質疑の文面ではニュートラルであるが、周囲の状況を合わせ考えれば、この当時の井上が原有権論に傾いていたことは疑いない。

しかし右の質問に対してレースラーは、たしかに原有権論を支持しているものの、元来彼は著書で原有権論を否認している人であって、答議における議論はかなり雑駁であり、[14] また絶対主義的君主政の下にみられた、「貸与賞典」や「特権賜与」を日本に推賞している。そもそもレースラーは古典的な「君主政原理」を天皇制にあてはめようとしていた人であり、右のような手段のほか諸々の絶対主義的手段を以て君主が社会的諸利害の調整をする「社会王政」、そのアパラートとしての「社会行政」を日本に導入しようとしていたが、井上自身の君主制イメージはこれとかなり隔たったもので、種々の点で両者の意見は対立していた。[15] またフランスで法学を修めた井上にとって、レースラー答議の雑駁な議論は必ずしも満足なものではなかったと思われる。そのため彼は念のためモッセに原有権論の確認ないし、より強固な根拠づけを期待して質問を発したのではないだろうか。レースラーに対しては、簡単に質問事項を記しただけ（前掲文が全文である）なのに、モッセに対してはブルンチュリーと「或ル学者」（レースラーを指す）との意見のちがいに言及しているのは、このためであろう。

ところがモッセは六月一五日の答議で、原有権論を「封建制ノ国神権政ノ主義或ハ各個人ノ所有権ヲ擯斥スル一般ノ社会主義ニ基ク」ときめつけたし、イギリスにこれが残っているのについては「英国ニ於ケル此主義ハ維廉ノ領奪ニ基クモノ」と片付けてしまった。「封建制」、「神権政」、「社会主義」いずれも井上が嫌うものであったし、また彼は天皇制をヨーロッパや中国の君主制と異質のものと考えていたから、[16]「領奪ニ基ク」という原有権の所有者に天皇を擬するのは採りうべきことではなかった。それ故彼はこれ以後少なくとも表面的には原有権という概念を用いなくなる。

こうして彼ははじめて国家権力と私有権としての所有権との関係を深刻に考えざるをえなくなったのである。蓋しそれまでは君主の原有権と私人の「収入権」とのセットによって、つまり絶対的所有権概念を私人の所有に適用しないで、土地徴収の根拠づけをしようと考え、右のような深刻な問題をいわば回避していたからである。前掲Eに対する「逐条意見」（八月末）で、国家権力と私的所有権の不可侵性とをどう調和的に説明できるかという点について疑問が萌芽的にあらわれはじめている。すなわち「夏島草案」が「公同ノ資益ノ為メ法律ニ定メタル場合ヲ除ク外、其所有権ヲ侵サルルコトナシ」としたことに対して、井上は一方で「法律ニ定メタル公同資益ノ場合ハ所有権ヲ制限スト謂フヘクシテ所有権ヲ侵スト謂フヘカラス。何トナレハ所有権ハ不侵ノ権ニシテ法律モ亦所有権ヲ制限スルノ権アルモ、所有権ヲ侵スノ権ナケレハナリ」と、不可侵性を前提にした上で、「……ヲ除ク外侵サルルコトナシ」の用語を不適当とする。

しかし他方で「再按ニ……公同資益ノ場合ノ外ニ所有権ハ仍法律ノ制限ヲ受クル者ア」る筈だが、「本条……（ハ）公同資益ノ場合ノ外ハ所有権ヲ以テ完全絶対的ノ物トナスカ如シ、是レ或ハ仏国学説ノ窠臼ニ落ルノ嫌アラン歟」という理由で、モッセのBを推賞しているのである。要するにここでは実質的に全く異なる立場があいまって不可侵性の条文的言明を不適切と断じているのであるが、このうち前者の比重は小さいと考えられる。このことは前掲Fの「公同資益ノ為又ハ法律ニ定メタル場合ヲ除ク外……」には後者の立場、つまり「仏国学者」に対する批判的態度が露骨にあらわれている点に明白である。この段階の井上はフランスの法律学から学んだ所有権不可侵性を言葉としては尊重しつつ、内容的にはかなり疑問を抱いていたと思われるのである。ただ彼の考えが四人のなかで支配的なものとなならなかったことは、F自身が「侵サルルコトナシ」形式であり、しかもそれさえもすぐ「又ハ……」が削除されてGとなっていることから知られる。それだけに井上はいっそう釈然とせず、ちょうどF、Gができあがった直後（一〇月末）に、レースラーに対して「人民ノ権利ハ不可侵ノ物タリ、然ルニ公益ノ為ニ所有権ヲ譲与セシムルカ如キハ法律ヲ以テ権利ヲ制限スルヨリモ寧ロ権利ヲ奪フノ類ナルカ如シ。此ノ場合ニ於テ法律ハ権利ヲ侵スト云〆ヲ得ヘキカ、或ハ其事物ハ之ヲ奪フトモ其権利ハ仍不可侵ノ位置ヲ保ツトシテ解釈スヘキカ」と質問を発している。ここにおいて井上はヨーロッパ近代初頭においてみられた土地徴収に関する前述のような議論とレトリックの上では接点をもつにいたったといえよう。しかしながらここでもいぜんとして不可侵性に対する実質的疑問が比重を占め、所有の不可侵性と国家権力とのギリギリの妥協点を模索したヨーロッパ人とちがっていることは、次の質問から明らかである。すなわち右の質問に対してレースラーから「所有物ノ価格ニ相当スル賠償ヲ得ルトキハ之ヲ以テ所有権侵害セラレタリト謂フヲ得ス」という答が戻ってきたが、井上はこれで満足せず、さらに「所有権不可侵トノ主義ヲ憲法ニ掲クルハ羅馬制ノ絶対権利ヲ認ムル者ニシテ、制限的権利ノ主義ト矛盾スルコトナキ乎」と折り返し問うている。ここでは明白に、「制限的権利」として所有権を理解すべきだという考えが基本となっており、それには不可侵性が矛盾することになるのではないかという懸念が表明されているのである。そして井上は、元来「社会的物権」論者たるレースラーから不可侵主義とは「予メ十分ノ賠償ヲ給スルニ非サレハ人ノ所有権ヲ強取若クハ制限スルヲ得スト謂フノ意義ニ外ナラス。然リ而シテ此意義ハ絶対的ノ権利ト為ス羅馬制ト制限的ノ権利ト為ス独逸制トヲ問ハス所有権ノ各制ニ矛盾セサルヤ判然タリ……要スルニ法律ヲ以テ限定シタル所有権ハ国権タリトモ之ヲ侵スヘカラサルナリ」という答えを得て、右の懸念を一掃するわけである。これを最後に所有権をめぐる質疑応答が井上とドイツ人学者たちとの間にかわされた形跡はなく、井上はいわば安心して憲法第二七条の条文を所有権不可侵を謳う形で確定していけることになったのである。前述のようにGがその後ほとんどそのまま憲法の正文となったことは、これを証するものにほかならない。

六

実際、井上は枢密院に対する前掲説明で「所有権トハ法律又ハ規則ニ禁セサル所ノ限ハ、各人或ハ物件ヲ得有シ使用シ、又ハ処分スルノ自由アルヲ謂フ……所有権ハ不可侵ノ権タリ、而シテ無限ノ権ニ非サルナリ」と、レースラー答議で得た知識を利用している。ただすでに右の引用箇所でも、「法律又ハ規則ニ禁セサル……」と、所有権の法的制度を法律にかぎらず規則によっても可能と考えていたことは注目さるべきであって、前述のようにレースラーが「法律ヲ以テ限定シタル……」としているのと明らかに異なっている。井上はたしかに前掲のごとく土地徴収は憲法事項とはしないまでも、一応法律事項と考えていたが、所有の制限一般についてはそれさえ考えていないのである。

だが西欧近代の所有権概念と井上のそれの隔たりはこれだけにとどまらない。彼は右の文章につづけて、「各個人ノ所有ハ各個ノ身体ト同シク王土王民トシテ一国ノ主権ニ対シ服従ノ義務ヲ負フ」とする。西欧の近代初頭では、人間の自由の流出物として所有権を捉えたことはすでに述べたが、井上においては逆に、所有も人間もひとしく「王土王民」として国家権力の下に位置づけられているのである。

この「王土王民」という言葉は、井上自身によって、五月一九日付モッセ宛質問のなかで原有権の東洋におけるエクイヴァレントとして掲げられているものである。すなわち、前述のように原有権が「大陸上ニ於テハ消滅ニ帰シ」たというブルンチュリーの説を紹介した後で、「抑々東洋ニ於テハ西洋ノ往古ニ於ケルト均シク、従来全国王土ノ主義ヲ是認シタリ而シテ今ヲ距ルコト十四年前ニ我カ維新政府ハ各個人民ノ所有権ヲ附予シ其所有証券ヲ交付シタレハ土地ニ就テノ解釈ハ既ニ古今ノ変遷ヲ経タル者ト謂ハザルヲ得ス」と書いている。ただ、この部分は一旦書いたあとで消されており、モッセのための翻訳からははずされたと思われるが、井上自身の筆になる原稿であるから彼の考えを伝えていることはまちがいない。ちなみに何故消されたかという問題であるが、右の部分は、日本でも原有権＝「王土ノ主義」が維新後消滅したという結論をおのずから導き出す躰のものであって、前述のようにこの時むしろ原有権論支持の答を期待していた井上の気持にそぐわなかったからではなかろうか。この部分を消したことによって、ブルンチュリーと「或ル学者」＝レースラーとがいわば対等に対置され、「此ノ一大疑問ハ欧州ニ於テ未タ十分ナル判決ヲ経ズ……何等ノ説ヲ採用スルコ尤穏当ナルヤ」という疑問設定がいっそう鮮明に浮びあがったことはたしかである。

閑話休題、ここで重要なのは枢密院に対する説明で、一旦モッセの答議に従って棄てた筈の原有権論的思考が再び登場していることである。この説明は一般にはほとんどそのまま『憲法義解』となってのちに公刊されるわけであるが、もちろんかなり書き改められた部分もいくつかないではない。そして所有権保障の項はその一つに数えられるのである。すなわち、まず冒頭の「本条ハ所有権ノ安全ヲ保証ス」が「保明ス」に改められている。ついで前掲の「所有権トハ法律又ハ規則ニ禁セサル所ノ限ハ……」を「所有権ハ国家公権ノ下ニ存立スル者ナリ故ニ所有権ハ国権ニ服属シ法律ノ制限ヲ受ケサルヘカラス」という形にして、「王土王民」による所有権制限の根拠づけを、より直截的に「国家公権」によるものと変え、しかも前掲の冒頭「……保明ス」に続けている。このため説明では所有権の被制限性を説く前に置かれていた「所有権ハ不可侵ノ権タリ、而シテ無限ノ権ニ非サルナリ」が、右の「制限ヲ受ケサルヘカラス」のうしろに持ってこられ、しかも「固ヨリ不可侵ノ権ニシテ而シテ無限ノ権ニ非サルナリ」という認容文の形に改められたのである。

この「憲法義解」でさらに注目すべきは、「説明」におけると同様実質的に原有権論を維持しているということである。たしかに、右に掲げたように所有権制限を「王土王民」に代えて「国家公権」によって根拠づけているし、また「所有権ハ私法上ノ権利ニシテ全国統治ノ最高権ノ専ラ公法ニ属スル者ト牴触スル所ニ非サルナリ」としている。しかしそれに続いて、「欧州ニ於テ和蘭ノ『グロシユス』氏其ノ万国公法ニ於テ君主ハ其ノ国土ニ最高所有権ヲ有スルノ説ヲ唱ヘタリ近時ノ国法学者ハ其ノ意ヲ取リ而シテ国土主権ノ義ヲ以テ最高所有権ノ名ニ換ヘタリ」という割注をつけている。グロティウスは imperium と dominium とを区別した上で、imperium には dominium に介入する権利が含まれること、すなわち前者の後者に対する優越性を主張した学者として知られているが、ただ忘れてならないことは右の命題の根拠を説明する段になると彼が dominium eminens という概念を用い、一旦うち出した imperium と dominium の区別を不明確にしているという点である。この dominium eminens はプーフェンドルフやヴォルフにうけつがれ、さらに絶対王政側の理論家たちによって「国王は個人の財産に対しても dominum をもつ」という形で利用されたのである。(17)

ブルンチェリーやモッセが——著書でのレースラーも——原有権論を斥けたのは、まさにこのような事態が前近代に現存したからにほかならない。要するにグロティウスも、古い国制の現実を前にして、主権概念ですべてを割り切れず、いわば中世的な——重畳する複数の所有＝dominium のうち一番上に位置する——原有権＝dominium eminens という概念をもちだすことによってのみ、君主による臣民の私有への介入権を基礎づけることができたのである。むろんこの概念は一面では近代的主権概念の萌芽としての意味をもっているが、のちに社会契約説が国家論に導入された段階にいたると、「現実において個人の自由と財産の維持のために社会契約が結ばれる以上、国家ないし社会の側に所有権 dominium と類似のものが生じる筈がない」という議論が生じたし、また利用権でなく処分権が所有権の核心となるに従って、論理的に私人の所有権と dominium eminens は両立し難いものとなり、一八世紀後半以降 dominium eminens 概念は批判にさらされ、一九世紀に入って消滅してしまったのである。ブロイセンの一般ラント法典 Allgemeines Landrecht においてもすでに、Staatseigentum という言葉は Privateigentum と同次元で対立するもので、道路等の公有物（allgemeines Staatseigentum）と王権の直轄領（besonderes Staatseigentum）とを包括する概念にすぎない。

このように dominium eminens と近代的主権概念との間にはある種の断絶がみられるのであり、一八世紀後半以降 dominium はもっぱら私的所有に対してのみ用いられるようになった（いわゆる所有の Privatisierung ――後述）のである。ところが井上は、近代の国法学者がグロティウスの「最高所有権」の「意ヲ取リ……主権ノ義ヲ以テ最高所有権ノ名ニ換ヘタリ」というように――もちろん大筋においては誤りでないにせよ――実にあっさりと連続的に捉えている。このことはさきの枢密院に対する説明にあらわれた「王土王民」概念を媒介とする原有権論への回帰の延長線上においてよく理解しうるものといえよう。井上においては、原有権論と、公法・私法（統治権・所有権）の峻別とが混在し、両者の質的差異が十分認識されているとはいえないのである。

七

井上がこのような混在現象を残したまま枢密院に対する説明なり『憲法義解』なりを書いたのは、彼の無能によるものではなく――彼が書いたものをみれば、彼が当時第一級の憲法学者であったといって過言ではない――それなりの背景があった筈である。思うに直接的には彼にとって帝国憲法第二七条が所有権保障条項というよりも、所有権制限条項を意味したということが無関係ではなかろう。このことは、これまで記してきたようなドイツ人学者との質疑応答から枢密院のための説明、さらに『憲法義解』にかけて一貫してみられる彼の関心事から明らかである。また「逐条意見」のなかで彼がEにかえてBを推賞していることは前述したが、それに加えて彼はBの第二項よりも「公同資益ノ為ニ所有財産ヲ譲与セシムルハ法律ノ定ムル所ニ依ル」という「積極体（positive sentence の意）ノ文法」

の形を「優トスルニ似タリ」といっていることは注目されてよい。これをBの「何人ニ対シテモ法律ノ定ムル所ニ依ラスシテ強ヒテ其所有物ヲ譲予セシムルコトヲ得ス」と比べれば、土地徴収に対して文字通り「積極」的な姿勢を示すものに書きかえていることは明白である。彼にとって徴収に関する規定は、ヨーロッパにおけるごとき所有権保障規定の一部であった（前述）のでなく、国家の徴収権を根拠づける規定であったといえよう。このような井上の考え方を前提にすれば、国家権力による所有権制限の論拠こそが重要であり、私的所有権と国家権力をめぐる原理論は最終的にはあまり重要ではなかったといってもよかろう。所有権制限を正当化するものなら、原有権であれ、主権であれ、どちらでも足りたのではなかろうか。ヨーロッパにおいても「国民の財産が蕩尽されることを阻止するための方法として理解されえた限り」[18]では、原有権論も私的所有権と矛盾するとは意識されるに至らなかった、ということもこの点参考になろう。

ところでこのような井上の所有観は偶然に生じたものでなく、一定の歴史的背景の下に起るべくして起ったものといえるのである。これについてはヨーロッパとの対比において、さしあたり二つの問題が指摘できると考える。

第一の問題はさきに言及した土地所有権の Privatisierung（私権化）をめぐる論議との対比である。ヨーロッパ近代初頭において、国家権力と所有をめぐる問題としてクローズ・アップされたのは、一つは土地徴収の法的構成であるが、これと表裏をなすものにこの Privatisierung の問題があった。この内容を約言すれば、公権力に類似の支配権が私人の手にあってはならない、という原則の主張であり、そのコロラリーとして貴族であれ市民であれ農民であれ私人に属する所有権は同一の性質のものでなければならない、という原則の主張であった。

しかしながら当時のヨーロッパ社会（societas civilis）の現実はこの原則が実現するにはあまりに複雑であって、貴族のグルントヘルシャフトに基づく諸権利も、当時一般の観念によれば疑いなく私権（dominium directum）の一種であった。プロイセンにおいてはシュタイン・ハルデンベルクの改革後も貴族の所有地に対する免税の特権廃棄は当然補償を必要とすると誰もが考えていた。[19] また裁判権、警察権を含む封建的諸権利 droits féodaux を私権として保障する旨の規定が、一八一五年のヴィーン会議議定書（Bundesakte）に盛り込まれている。むろん長期的にみれば次第にこれらは、公法的権利であって私権ではない、という性格づけの下に止揚されていくのであるが、その道程はそれほど易しかったのではなく、たとえばプロイセンの貴族の封建的諸権利が全く廃棄されたのは一八六一年であった。しかしながら、否、まさにそれ故にいっそうこの過程で所有権の私権性あるいは公法と私法の峻別の問題が鮮明に意識され、論議されたのである。

ところが日本の場合は幸か不幸か dominium directum に類するような領主層の支配権は存在しなかった。廃藩置県で大名の支配権が全く補償の観念なしに止揚されたことを指摘するまでもなかろう。また秩禄処分についていえば、ヨーロッパにみられたような裁判権を含む封建的諸権利を全く含まないという点で――ヨーロッパ的常識でいえば――すでに私権化されて（privatisiert）いるといってよい筈の「家禄」が正当な補償という観念によってではなく、[20] もっぱら反乱をおそれるという治安対策上の配慮によって、しかも――禄高によって差はあるが――実質的にわずか数年分の額を公債という形で置きかえられたに過ぎない。このような社会に生きた井上が、土地所有の Privatisierung を背景とする公法と私法の峻別の論理を額面通り受容せず、原有権論と並存させ、また土地徴収に対する補償を私的所有権の本質にかかわるものと考えなかったことは、なんら怪しむに足りないといえよう。井上にとって公法と私法の区別よりも、「国法」と「倫理」・「慣習」の区別の方が身近であった。

第二の問題は、右の問題の根底にある「私」と Privat の相違である。これは、何故井上が所有権の国家的制限に固執したか、さらにまた、「国法」と「倫理」・「慣習」の二元主義の内容にかかわってくる問題である。わが国の伝統的な「私」という言葉は、多くの場合ネガティヴな意味で用いられるものであった。「私の法」は立てるべからざるもの、「私の争い」、「私闘」は「両成敗」に処せられるべきものであった。源平時代すでに追討の宣旨を奉ずる

「公戦」と「私戦」の区別があり、保元の乱の際、源義朝が「義朝イクサニアフコト何ヶ度ニナリ候ヌル。ミナ朝家ヲオソレテ、イカナルトガヲカ蒙候ハンズラント、ムネニ先コタヘテヲソレ候キ。ケフ追討ノ宣旨カウブリテ、只今敵ニアイ候ヌル心ノスズシサコソ候ハネ」（『愚管抄』）と勇んで出陣したことは有名である。「私戦」は「イカナルトガ」をうけるかも知れぬと「ヲソレ」ていなければならぬもの、「公戦」は「心ノスズシ」きものという対比は、「私」の観念の性格を示して余りある。

江戸時代において、前掲『憲法義解』の一節にもあったように「私領」という言葉が用いられた。だがこれは、ヨーロッパの Allod, Eigen, dominium など私有地を意味する言葉が封地 Lehn, feodum に対立するものであったのとちがい、「天領」に対するものに過ぎず、「公儀」のきびしい監督をうけるものであった[21]。「私領」は「領主」が「自由勝手」にすべきものでなく、「治世の御奉公」と裏腹のものである、という原理が存在し、それは「私領」を「預り物」として定式化されていた。そしてこれをさらに一般化、抽象化した理念として説かれたのが「職分」論であったが、これについてはすでに別稿[22]で詳論したので、結論のみを記そう。それは本来一定の土地なり利益なりを与えられていることに対応する義務（「職分」）の存在を強調するものであったが、やがてそれはその土地、利益を「職分」遂行の報酬、さらにその手段であるとする観念に展開していった。こうした考え方のもとでは「職分」を果すに適した「器量」が利益享受の条件とされることはいうまでもない。むろん「器量」と権利享受とを結びつけるのは近世にはじめて登場したのではなく、少なくとも鎌倉時代の徳政令には見出されるのであるが、「職分」という抽象的な観念との一般的な結合はやはり近世における特徴といってよかろう。このように「私領」は、ヨーロッパ的な私有地とはかなり性格を異にするものであった。

ヨーロッパの前近代においてもむろん封建的貴族の支配権に義務が伴うことが説かれなかったわけではない。とくに封建制について、最近の研究は——従来の古典的理解と反対に——これを「すべての公的機能、権力、すべての支配を上位の権力から委託された職務 Amt として包み込む国家観が、歴史上はじめてとった法形式[23]」だとみている。これによれば封は Amt たる性質をもっていたということになるわけである。しかしながらまずこの封建制の場合、封を受けた者は授封者の名においてでなく自己の名において権利を行使したのであって、「一国之人民歎候様仕、其一国の民の歎みな上様御一人に御蒙被成候得ば……第一の不忠無申計れ……我等国の仕置無沙汰に付、一国之民飢寒亡所に成様に仕置候はゞ、上様より御改易被仰付候はでは不叶事に候[24]」という「預り物」論とは大きな隔たりがある。また前述のように封 Lehn は私有地 Allod, Eigen, Erbe の原理的な反対概念であって、後者は「それ自身別種の拘束を受けたとはいえ、上位権力に対する自由をもって[25]」いるものであり、封建制的「法形式」とそれに伴って上位権力から主張された Amt の観念が及んでくるのを拒み続けたのである。そして結局のところこの「法形式」はドイツにおいて権力集中の機能を次第に失っていった。

それでは私有地に対する上位権力の拘束と異なる「別種の拘束」とは何であったろうか。エーベルはこの点に関して明示的に述べていないが、別のところで、キリスト教前のゲルマン的な観念によれば「私有地と同様に生命も父祖から享けたるものであって、神々から封として受けたものではなかった[26]」と述べているのは示唆的である。Eigen (自分のもの) と Erbe (相続財産) とが同じ意味で用いられるのも右のことの反映にほかならない。ゲルマン人は Eigen や Erbe を「管理し、維持し、(子孫へ) 伝えていく」べきものと考えていた。八二九年ヴァーラ大僧正はフランク国王に対して「王は王国を父祖からの Erbe としてでなく、神から委託されたものと考えるべきである」と戒めなければならなかった。もちろん後には国王自身がこうしたキリスト教的世界観を背景に、封建制的 Amt 論をもって、自己の王国の統一を試みるに至るのであるが、父祖に対する義務のみに拘束される Erbe の壁の前に挫折せざるをえなかった。私有地を「太陽の封」と称んだ事例は、Amt 論が世俗権力秩序の枠の外においてのみ私有地を包み込みえたことを如実に示している。

近世に入って神に対する義務の観念は改めて強調されたのであり、そしてルター、ツヴィングリ、カルヴァンなどに共通にみられる。ここでも所有は神の封であり、そこで説かれる Amt も世俗権力秩序のなかの官職ではない[27]。自律的なヘルシャフトたる Allod, Eigen, Erbe はたしかに封の観念で説明されたが、それは世俗の上位権力に対する具体的諸義務を直接に根拠づけるものでなく、神のみをおそれるいわば自己規律の領域での義務を説くものであったといえよう。むろんルターの場合には「神は個々人を全体社会に奉仕せしめるべく君主を置き給うた」という世俗権力の正当化の論理を媒介として、神の封論が世俗権力に奉仕することになる余地があったにせよ、「神がすべての物の最終的所有者である」という超越的論理の存在によって世俗権力が相対化される可能性が常に残されていたことの重要性は否定できないであろう[28]。

これに対してわが国近世の「職分」論は、世俗の支配秩序のなかのそれぞれの地位に付着する義務を説くものであった。むろん、これと並んで時には「天職」という概念が用いられたことも事実であるが、この「天職」論は世俗的「職分」論に奉仕するものであった[29]。「天からの預り物」の管理が適正であるか否かを世俗の上位権力が監督し、判断する権限をもつ、という形で「天職」論は世俗的「職分」論を補完していたのである。そもそも近世の「天」ないし「天道」なる概念は世俗権力に超越する具体的規範を内包するものではなかった。このことは、「御掟」を人間に課すキリスト教の「デウス」が「天道」に擬せられた時、これを徹底的に弾圧することを通じて近世の正統的思想が確立したことが裏から明らかにしている[30]。近世の「天」は「権は天に勝つことならぬと云は、たとへば国王ほど御権威つよきはなく、何事も覚しめすままにならずと云事はなし。然れども明日何時に雨をふらせよ、何時に日を出せよと被仰出ても、仰の通りにはならず、御寿命は千年たもちたもふべしと仰出されても、仰の通りにはならず……此類にて知るべし」(『伊勢貞丈家訓』)というように、規範的性質を失っている。「天命」、「天罰」という言葉は規範的性質をもっているかに見えるが、これらはほとんどの場合、権力の滅亡後にその所以を説明するためのものであって、本来それ自身に具体的な内容が盛り込まれているのでなく、融通無礙な、いわば文学的修辞として事後的に振りまわされるに過ぎない。日常的な場での「天」の規範内容は上位権力によって充塡され、「天職」に適う「器量」があるか否かも上位権力によって判断されたのである。

ところでこの「職分」論は、右のような性質の故に支配者層に限らず、庶民に対しても説かれるに至る。自律的へルシャフトに伴う義務を説くAmt論との相違がここにみられるわけである。農民の「所持地」はあくまでもその「職分」遂行の手段として捉えられていた。近世の農民を「佃戸」とみる井上の考え方はこの意味で本質からはずれている。「佃戸」という性格規定は、領主＝所有者、農民＝占有者という対比に基づくが、「職分」論においては、「職分」の内容のちがいこそあれ、領主の支配権も農民の所持地もともに「職分」遂行の手段という等質的なものだからである。

八

明治元年「素ヨリ百姓持之地」という「大令」が出されたのも、こうした「所持」の性質を考えれば全く自然のことであった。またその後税制改革の問題として土地所有問題が捉えられ続けたのもよく理解されよう。地券制度の構想それ自身も、租税納入義務の反射として所有をみとめるという趣旨において、「職分」論的所有観の延長線上にあることはいうまでもない。しかしながら一旦地券が発行されると事態は一変することとなった。地券はその所持人(名義人)が誰であろうと金納地租さえ納入する限り所有者とする、というものであるから、従来の耕作する「職分」から切りはなされることになった。地券に対応する義務は、いわば税金を払うことだけというものとなり、土地の利用、涵養に関しては全く拘束がなくなったといってよい。世俗的な秩序の中での「職分」論から解放されることによって、土地所有は「職分」論の内容を成していた具体的な義務からも解放されたのである。この点、ヨーロッパ一九世紀中頃からの所有権の社会化 Sozialisierung の思想が、キリスト教的 Amt 論に付随する“Eigentum verpflichtet”の観念の再生たる側面をもっていることを考えあわせるべきであろう[31]。所有権の制限を自己規律の領域の問題とする考え方が、所有権の Sozialisierung を支える一支柱となっているのである[32]。

これに対して日本の場合は、本来自己規律の要素に乏しく、上位権力の支配に対応する他律的・世俗的義務が所有に付着していたに過ぎないが、それさえ地券発行とともに消滅してしまった。しかもこれは、農業を「家職」とする観念が次第に薄れていったことにも大きく作用した。金納地租という制度は、農業を「家職」として代々継承することを制度的には全く要求しないからである。地券制度の実施後大量の土地集積がはじまり、寄生地主制の端緒となったことは周知の通りである。前に引用した「登記法取調ノ議」が、地券によって「当時大ニ良民ヲ便益シタリト雖モ、……反テ一種ノ財産ノ体ヲ現出シ、詐偽騙瞞ノ具トナルノ弊ヲ生シタリ」としているのを想起されたい。また明治七、八年ごろ政府は、「私有地」が所有者の勝手な扱いによって美観を失っていく現実を前にして、積極的な「公有地」化によって公園を造成し美観を維持する政策を表明している。

地券制度とともに急速に荒廃化が進行する現実を眼のあたりにして、井上も「私有」に対する不信感を抱いていたのではないだろうか。井上の「国法」と「倫理」・「慣習」の二元主義は、後者に対する前者の後見的機能を重視するものである。刑法・治罪法のような「国法」がなければ、国家でないという彼の議論はこのことを如実に示している。「倫理」・「慣習」を外側から保護する副木として刑法・治罪法＝「国法」が重視されているのである。井上が帝国憲法第二七条を所有権の保障でなく、制限のための条項として理解したのも、「私有」の展開によって「倫理」・「慣習」の体系の破壊が進行するのを「国法」によって枠づけようと考えていたからではないだろうか。「文化共同体」＝社会の自律性の問題として所有権の制度を把握したレースラーと、上位者の下位の者に対する監督・後見義務を説く

「職分」論の伝統をひく井上とは、所有観においても異邦人であった。

(1)　近世日本の法文化の特徴については、石井紫郎著『日本国制史研究Ⅱ・日本人の国家生活』(東京大学出版会、一九八六年)第五章参照。

(2)　法学教育を受けた政治思想史家や、比較法学者、法史学者のあいだに、わずかながらとはいえ研究があるのは、逆に法学教育を受けていない人々の法・法学敬遠を裏書きするのではなかろうか。

(3)　近代社会を資本主義的社会ととらえ、そういう全体社会の代表者たる資本家にとって有利な所有権概念が「近代的所有権」概念だ、という前提に立って、しかも最も典型的な資本主義的発展をみせたイギリスをモデルに、そこでは資本家は通常土地所有者でなく、土地利用権(賃借権など)者であるから、利用権の強化こそ近代的であり、従って絶対的所有権は「近代的」でない、という説がある(例えば水本浩『土地問題と所有権』、有斐閣、一九七三年)。しかしこの利用権と所有権との対抗関係の問題は本文にいう国家ないし全体社会に対する絶対的所有権の問題とは、次元を異にする問題である。土地所有権とは別の土地利用権に、所有権に近い効力(物権的効力)を与えて強化すれば、それ自身がいわば所有権に近いものとなり、反面所有権が名目化していき、経済的に投資の対象が名目的所有権から実質的所有権＝利用権に移るという現象が伴うであろうが、それによって国家ないし全体社会との関係での所有権の絶対性の問題がなくなるわけではない。この資本家による投資の対象となった実質的所有権＝利用権と国家ないし全体社会との間で、やはり絶対性の問題が生じてくるからである。この点についてはレースラーが「社会的物権法［の立場から］は社会の文化的諸関係の影響の下に占有者(利用権者を指す)もしくは所有権に諸々の義務を課すことができる」(Hermann Roesler, Das Soziale Verwaltungsrecht I. 1872. S. 311)と鋭く指摘している。従って筆者は所有権の絶対性の問題は、国家ないし全体社会との関係に限定した方がよいと考えている。

(4)　前掲拙著『日本人の国家生活』第七章。

(5)　この移行に際して混乱が全くなかったわけでないことはもちろんである。永小作地や入会地についてしばしば誰に地券を発行するかが問題になったことは周知の通りであるが、少なくとも旧領主層と庶民との間でこれが問題になった場合はほとんどなかったといってよかろう。かりにあったとしても本文に述べたような深刻な問題を一般的に提起するほどのものでは全くなかった。地租改正と秩禄処分とがそれぞれ別個のものとして決定・実施された過程が右のことをよく示している。

（6）以上の諸制度については北島正元編『土地制度史』Ⅱ（山川出版社、一九七五年）二六三頁以下（福島正夫氏執筆）にくわしい。

（7）ちなみに登記制度創出全体、登記税による歳入増加が直接の動機であった（前注所引福島論文二七一頁参照）。

（8）同右二六四頁参照。直接にはこの反対運動は登記料に対する拒絶反応とみられるが、その背後には「所有権ヲ認許シタルノ確証」たる地券が「一種ノ財産ノ体ヲ現出」して土地取引の道具となるような慣行がひろく行なわれていたという事実がある。

（9）所有権の社会性を強調するオットー・フォン・ギールケでさえこの考え方をとっている（Deutsches Privatrecht, Bd. 2., S. 465)。

（10）Lorenz von Stein, Verwaltungslehre, Bd. 7, S. 298.

（11）Hermann Roesler, Das Soziale Verwaltungsrecht, 2 Bde, 1872, Erlangen.

（12）明治三三年制定の「土地収用法」は、第一条で「公共ノ利益ト為ルヘキ事業ノ為之ニ要スル土地ヲ収用シ又ハ使用スルノ必要アルトキハ其ノ土地ハ本法ノ規定ニ依リ之ヲ収用又ハ使用スルコトヲ得」として補償に全く言及しておらず、補償はわずかに第六章「損失ノ補償」にはじめて登場するのである。これを現行の同法（昭和二六年制定）第一条が「この法律は、公共の利益となる事業に必要な土地等の収用又は使用に関し、その要件、手続及び効果並びにこれに伴う損失の補償等について規定し、公共の利益の増進と私有財産の調整を図り……」とするのと比較すれば相違は顕著であろう。井上的な発想は条文にも共通してみられるのである。

（13）以下述べる二元主義の指摘については未公刊の坂井雄吉『井上毅論』（仮題）がプライオリティーを有している。

（14）前述のようにレースラーは土地徴収を土地所有権そのものに内在する制限の一つと考えていたから、そもそも徴収の根拠は主権か原有権かという井上の二者択一は彼にとって問題にならないはずであり、現に彼は前掲書で dominium eminens（井上のいう原有権に当る）から徴収権を説明するのは正しくないといっている。だが他方もちろん彼は国家主権の優位を説く人でもなかった。所有が「文化共同体」たる「社会」のおこぼれではあるが、国家権力のそれではないことは彼の著書の強調する所である。彼は何故かこの答議でこうした問題に立入ることをせず、井上の二者択一の問に答える態度をとって、その場合どちらかといえば彼の考えは原有権論に近いと判断して答えを出したのではなかろうか。いずれにせよ彼本来の考えとはちがった次元で答えているので、議論が雑駁なものとなったと考えられている。

（15）これについてはいずれ別の機会に論ずるつもりである。

(16)『井上毅伝』史料篇第三（国学院大学図書館、一九六九年）所収「梧陰存稿」参照。
(17) vgl. Geschichtliche Grundbegriffe, hersg. Von O. Brunner, W. Conze, R. Koselleck, Bd. II S. 959.
(18) 村上淳一「近代的所有権概念の成立」（星野英一編『私法学の新たな展開』、有斐閣、一九七五年所収）二三一頁。
(19) vgl. W. Gembruch, Freiherr von Stein im Zeitalter der Restauration, S. 203 ff.
(20) 前掲拙著『日本人の国家生活』第七章参照。
(21) この対概念に似ているものを日本に求めれば中世の「恩領」と「私領」であるが、しかし彼我の間には大きな差異があり、おそらくそれが後に本文で述べる江戸時代の現象をもたらすのではなかろうか（拙著『日本人の国家生活』第二章「中世の法と国制に関する覚書」九二頁参照）。
(22) 拙稿「近世の武家と武士」（拙編著『近世武家思想』、岩波書店、一九七四年。後に『日本人の国家生活』第四章）参照。
(23) W. Ebel, Über den Leihegedanken in der deutschen Rechtsgeschichte, Vorträge und Forschungen V, hersg. vom Konstanzerarbeitskreis, S. 33.
(24) 池田光政遺書。
(25) Ebel, a. a. O. S. 35.
(26) ebenda S. 34.
(27) vgl. Fr. Kübler, »Eigentum verpflichtet«, Arch. f. d. civilistische Praxis 159, S. 242 ff.
(28) 世俗権力の官職さえ売買の対象となり、所領との区別が失われていったことについて、前掲「近世の武家と武士」（『日本人の国家生活』一九二頁以下）参照。
(29) 同右一八八頁以下参照。
(30) 水林彪「近世の法と国制研究序説」㈠（『国家学会雑誌』九〇巻一・二号掲載）参照。
(31) この他の論点として「職分」が「家職」の形をしばしばとったことが残されているが、この点も「家」とHausの相違に照応して西欧のErbeの場合とちがい上位権力を脅かすものでなかったといえる（前掲『近世武家思想』五一一頁以下、又は『日本人の国家生活』二〇〇頁以下参照）。
(32) 注(27)所引論文参照。

第九章　占有訴権と自力救済
——法制史から見た日本民法典編纂史の一齣——

一　はじめに

本日は今学期の講義（したがって、私にとっては本学部での最後の講義）を閉じるにあたって、いささか「よそ行き」ではあるが、法制史なる学問的・知的営為が、現在の法制度・法実務（法文化）の理解にとって、どのような意味をもちうるか、という点について、一つの例に即して、私なりの考えを述べてみたい。こうした事柄は、すでに講義の最初に、「講義のスタンス」、「どのような切り口で、日本法制史という広大で、しかも捉え所のない分野の講義をするつもりか」といった問題としてお話したことと重なる点が多いのであるが、日本法制史について一通り講じたあとで、いま一度この問題に立ち戻ることは無意味ではないと考える。

さて本題に入るにあたって、今学期の講義でたどってきた日本の裁判・紛争解決システムの発展過程を簡単に振り返ってみよう。すなわち——

① 古代における中国法継受、それによる法の早熟的な刑事化（Kriminalisierung）のプロセスが進行した。

② しかしその継受された律令制「断獄」手続は、双方糺問主義というべきもので、糺問主義の形はとっている（これがあるからこそ、「刑事化」といえるのだが）ものの、「告言」者＝告訴者に対し、実質的な訴訟当事者としての責任

を背負わせる（「誣告」の被疑者として）、実質的な意味では当事者訴訟的構造のものであって、その刑事化はなお未熟、ないし表面的なものに止まっており、律令制的裁判制度は社会の秩序と平和を維持するのに十分な積極性をもつに至っていない。

③ところがやがて、京師の秩序維持を任務とする、いわゆる令外の官として検非違使が設置され、それが展開した法実務は双方糺問主義を止揚し、「風聞」のみによって「検断」活動に着手する、いわば職権主義的司法の萌芽を生み出した。そしてこれが地方の国々へ広がっていく（国々の検非違使、押領使、追捕使設置→武士の発生）。

④しかしこの新しい司法といえども、その担い手の質という点で決定的な問題を抱えていたことにかわりはない。それは、規律化された（diszipliniert）スタッフの欠如という問題である。身の危険をも顧みず、また反対に、相手との取引（による目こぼしと私的利益の追求）にも目をくれず、職務に忠実に挺身するスタッフというものは、近代社会において初めて期待し得るにすぎない。つまり「検断」の担い手たちにおいて、正当な職務遂行からの逸脱・サボタージュは不可避であった。これを防ぎ、活発な「検断」活動を可能ならしめる方法としては、職務遂行に対する報奨制度しかない。「検断得分」のシステム（「検断」活動によって、取戻・没収等の形で取得された利益の一部を、その活動に従事した者に与える仕組み）はこうして必然化する。

⑤だが、この検断得分制度はそれ自体、病理的現象＝報奨目当ての権限濫用を惹き起こす。だからといって報奨制度をやめるわけにはいかないというディレンマから逃れられない。このディレンマを多少なりとも緩和する手立ては、スタッフの権限濫用＝違法行為をめぐるアピール（被害者の救済）の可能性を開くことである。平安後期の朝廷はそれなりにこの道を開いた。

⑥鎌倉幕府は、こうして発展した検断体制が行き着いた一つの形である。すなわち鎌倉幕府は国々の庄園・公領の検断を掌るべき地頭・守護を率いる日本国総追捕使の政府に他ならない。それまでの検断システムが局所的・臨時

的な色彩を色濃くもっていたのに対して、鎌倉幕府の守護・地頭体制は全国的・恒常的な検断体制を志向するものであった。

⑦それだけに、その病理現象の緩和の為の手当ても、より本格化しなければならない。鎌倉幕府成立初期に「事実者（事、実たらば）……」形式の命令書が多く見られるのは、一面では、こうした検断権者のサボタージュや権限濫用に対する無数のアピールを受理した幕府が、被告の抗弁を聴かぬまま、簡便・迅速に対応しようとしたことの表われと見ることが出来る。

⑧やがて幕府はそうした簡便・迅速な対応が真の解決には結びつかないことを悟る。被告の言い分を聴かないままの一方的な命令書は、「事実」であろうと、なかろうと、被告（命令の宛名人）に無視されても文句を言えない性質のものだからである。ここに、原告・被告双方の言い分を平等に聴く「沙汰」形式の司法が一般的な形となる契機がある。

⑨そして鎌倉幕府は、この「沙汰」を紛争解決の唯一正統な手段として押し出す一方、「沙汰」そのものの平和化を図る（悪口の咎、中間狼藉の咎等）。また幕府の諸命令や「沙汰」の結論＝判決の権威を高める努力（召文違背の咎、下知違背の咎等）を展開する――実力行使（自力救済）の禁止、紛争解決権能独占への志向――。

⑩むろんその志向がただちに実現するわけではない。こうした「咎」を実行し、あるいはそれを梃子に幕府の命令を実現する仕事を実際に執行するのは、当該地域の地頭・御家人であるが、彼ら自身在地における人間関係のネットワークの中で生活しており、その安全も危険もそのネットワークと無関係ではありえない。「咎」を受けるべき者として幕府から名指しされた者に対して、近隣の地頭・御家人が命令どおり素直に「咎」の実現に努力する蓋然性は一般的に言って高くはない。幕府の命令は、在地の人間関係にとっては、しばしば「雑音」である。

⑪だがこうした状況は、蒙古襲来という「国難」の出来を契機に変化を見せ始める。⑨で述べた志向が次第に現

実のものとなっていくのである。この過程のなかで「公方」が法の世界に浮上してくる。法に関して決定を下す者、罪科に処す権能をもつ者としての「公方」の登場である。もちろん誰が具体的な「公方」か、はこの時期においては未だ一義的ではない。このことを次のように表現することもできようか。すなわち「何が法か」を決めるルール（H・L・A・ハートのいう「第二次ルール」）は次第に確立の方向にあった。「公方」の命令・決定・承認したものが法である、というルールができ上がりつつあったのである（たとえば、徳政一揆は「私徳政」をやってのけたが、事後的に「公方」の徳政令の発布によって、いわばそれが追認されることを望むのが常であった）。しかし、その「公方」が誰か、については、未だ明確な方程式が成立するにいたらなかったのが、当時の状況である。

実際の権力構造や政治過程がその方程式の成立を不可能にしていたのである。中央権力について見ても、天皇といい、幕府の主といい、「公方」が誰かについて一義的な答えを可能にするものは現実に存在しない。地方に目を転ずれば、守護と国人の対立・抗争、しかもしばしば幕府が反守護勢力＝国人を背後から操る、といった政治過程からして、ここでも「公方」は誰か、判然としない。ましてや、郷村や庄園のような局地的な世界にとっては、それぞれの「公方」がその時々に存在するにすぎない、という状況がむしろ普通だったのではなかろうか（「時の公方」！）。

⑫ ただし室町幕府のプログラムは、ある意味で一義的であった。天皇―将軍―守護―守護被官というヒエラルヒーによって、「公方」検断体制が担われるべしというプログラムである。鎌倉幕府は、地方の秩序維持については上述のように、幕府が地頭・御家人を直接指揮命令して行うのを原則とし、守護を介在させていない。これに対して室町幕府は守護を国々の秩序維持の唯一正統な担い手とした。これはおそらく後醍醐天皇のいわゆる建武政権の国司・守護併置制を媒介とする、古代の国司制度の実質的な復活と見てよかろう（「守護は上古の吏務」という建武式目の表現！　実際、室町時代には朝廷から国々に向かって、かつての国司に対する命令書と同形式の命令書が、守護宛てに出された例がある）。

このオフィシャルなプログラムに従えば、国人は守護の被官となって「公方」検断体制の実働部隊を構成するか、国人としてその検断の対象として終わるか、という二者択一を迫られることになる（この延長線上に兵農分離があることはいうまでもない）。ただ、幕府は一方で守護の強大化を恐れていたので、国人勢力の糾合によって守護の掣肘を試みた時期がある（国人一揆の結合にとって果たした「公方」の役割参照）。

⑬ この国人一揆の契約によって取り結ばれた法は、こうした一揆の置かれた状況＝対守護関係における「公方」の尖兵的側面によって規定され、「公方の法」の原理を自らのものとして取り入れる（→喧嘩両成敗法の成立）。実力行使を禁止する「公方の法」が、喧嘩両成敗という徹底した形をとって、しかも武力をもつ人々の合意（契約）の形で実現したことの意味は大きい。実力行使禁止、《実力行使は「理非」を糺すことと相容れない》という観念は（検断体制の対象としてであれ、その実働部隊としてであれ）、実質的に検断体制の運命を左右する「中間層」の意識に内面化されたのである。

⑭ 一揆は瓦解し、戦国大名ごとの検断体制が確立してゆく。それは一見「権力拡散的」に見えるが、大名たちは自らを「公方」検断体制の一分肢であるとする意識から自由ではありえなかった。ここに、麻のごとく乱れているかに見えた戦国の世から、一気に統一国家が誕生した決定的な契機がある。この国家は早熟的に実力行使権を独占し、理非判断権も独占した。しかしながら、否、まさにそれ故に（というべきであろうが）、その判断権を実際に行使するのをできるだけ控える（控えても問題は生じない）、つまり当事者の合意（内済）によって出来るかぎり紛争解決させようとし、また余儀なく判断する場合にも、予めその内容を内示して、当事者の同意を取りつけることを怠らない、という志向の形成と一般化が現出したのである。ここでは判断の合理性・正当性を示す（リーズニング）必要もなく、諸々の判断相互間の整合性・体系性を誇示する必要もない。当事者の同意があったという事実によって、個々の判断の妥当性が保証されるからである。こうしてわが国では法律学的な知的営為は発達せず、「先例」は蓄積されても、

体系的な「判例法」へと加工されることはなかった。法や裁判の実務に精通する専門家集団はあっても、それは「法曹」という名に値しない。ここに「法曹法史」なるものを構想する向きもあるようだが、"Juristenrecht"と同じ意味において「法曹法」という概念を使うかぎり、それは無理ではなかろうか。

二　旧民法・フランス法・ドイツ法

さて、以上総括したような歴史的背景の中において見ると、現代の「和解判事」たちの「一刀両断」回避傾向（草野芳郎『和解技術論』参照）、あるいは判決文における厳密な三段論法的行論の希薄性（『UP』二六〇〜二六二号の村上論文参照）、といった特徴がよく理解されるのではないか、ということはかつて述べた。

しかし今日はその問題へさらに分け入ろうというのでなく、実力行使禁止の徹底という歴史的現象が照射するものについて話をしよう。もちろん、喧嘩両成敗そのものが直接近代の法実務に影を落としている例もある（喧嘩に正当防衛を認めない大審院判例）が、ここでは私法上の私人の実力行使に対する敵対意識が法典編纂で強く作用した結果、ある法制度の理解を困難にした、と思われる例について実証的な話をしたい。

それは、田中英夫・竹内昭夫『法の実現における私人の役割』第五章「自力救済」が指摘する、占有回復の自力救済をめぐる日本法と英米法の顕著な違い、すなわち、わが国の法実務における自力救済に対する消極的、ないし敵対的な態度にも関連する問題である。実は、この敵対的態度は、制定法上自力救済に関する明文が刑法の正当防衛と緊急避難を除くと、他にはほとんど存在しない、という事実と平仄が合っている。これは日本近代法典のもつ特徴の一つといってもよい現象である。たとえば、ドイツ民法は総則（二二九条以下）で自力救済を認めるほか、物権法で占有について特則（八五九条）を設け、より手厚く自力救済を認めているが、日本民法には総則にも物権法にもそれがない。そこで、その立法過程を瞥見し、立法者たちの法意識を探って見ようというわけである。

占有者の自力救済権はいうまでもなく、裁判所に占有の保護を求める占有訴権と密接な関係をもっている。ドイツ法については山田晟先生の教科書は、占有保護制度として「自力救済権」と「占有保護請求権」の二種類がある、という。しかしこの両者は如何なる関係に立つかについては同書は論じていない。一方、フランス法は占有者について特別の自力救済権を認める明文の規定は置いていない。それは自力救済を全く認めない趣旨なのか。さらに、それと日本占有法の原則とは同趣旨なのか。等々、自力救済と占有訴権の関係については比較法的に興味ある問題は尽きない。さらに一歩踏み込むと、占有をめぐる訴訟と本権をめぐる訴訟との関係の問題に関連しても、自力救済は重要な鍵を握っていることが見えてくるのであり、これが本日の講義の主題に取り上げた所以である。なお、これについては三ケ月章「占有訴訟の現代的意義——民法二〇二条一項の比較法的・系譜的考察」(『法学協会雑誌』七九巻二号、後に三ケ月『民事訴訟法研究』第三巻所収)があり、本講ももちろんそれに多くを負うとはいえ、認識に微妙な違いがないではないが、いちいちそれに触れている時間がないのを遺憾とする。

まず日本の現行法の内容から確認すると、前述のように自力救済権の規定はなく、一九七条以下で三種の占有訴権を定めるのみで、あと、本権の訴との関係について二〇二条がある。なお、編纂過程では二〇三、二〇四条として本権の訴との関係について、より具体的な規定を置く案が作られていた(後掲参照)が、法典調査会の議論で削除された。

これに対して、明治二三年に法律として公布されつつ、二五年の帝国議会の実施延期決議により棚上げになった「旧民法財産編」は、自力救済の規定は置かない点では現行法と共通だが、その二〇七条以下で次のように本権の訴との関係について詳細な規定を行っている。

第二〇七条　①占有ノ訴ハ本権ノ訴ト併行スルコトヲ得ス
②判事ハ当事者ノ権利ノ基本ヨリ出テタル理由ニシテ其権利ヲ予決ス可キモノニ基キテ占有ノ訴ヲ裁判スルコトヲ得ス
③又判事ハ本権ノ訴カ既ニ審理中ニ在ルモ占有ノ訴ノ判決ヲ猶予スルコトヲ得ス
第二〇八条　①占有ノ訴ヲ起シタル後当事者ノ一方カ其裁判所又ハ他ノ裁判所ニ本権ノ訴ヲ起シタルトキハ占有ノ訴ノ確定判決ニ至ルマテ本権ノ訴ノ訴訟手続ヲ中止スルコトヲ要ス
②本権ノ訴ノ被告カ第二百十条ニ定メタル如ク其訴訟中ニ占有ノ訴ノ原告ト為リタルトキモ亦同シ
第二〇九条　①本権ノ訴ノ原告ハ訴ヲ取下クルト雖モ其訴以前ノ事実ノ為メニ更ニ占有ノ訴ヲ起スコトヲ得ス然レトモ既ニ起シタル占有ノ訴ニ付テハ原告タルト被告タルトヲ問ハス之ヲ継続スルコトヲ得
②本権ノ訴ニ於テ確定ニ敗訴シタル者ハ占有ノ訴ヲ起スコトヲ得ス
第二一〇条　本権又ハ占有ノ訴ノ被告ハ其訴訟中反訴ニテ占有ノ訴ノ原告ト為ルコトヲ得
第二一二条　①占有ノ訴ニ於テ敗訴シタル原告ハ仍ホ本権ノ訴ヲ起スコトヲ得
②占有ノ訴ニ於テ敗訴シタル被告モ亦仍ホ本権ノ訴ヲ起スコトヲ得但既ニ受ケタル言渡ヲ履行セシ後ニ限ル若シ言渡ノ金額カ未定ナルトキハ其言渡ヲ履行スルニ相応ナル金額ヲ裁判所書記課ニ供託ス可シ

実はこの旧民法の占有訴権制度は全体がフランスの制度のほぼ忠実なコピーであるが、とくに二〇七条以下はフランス法の《non cumul du possessoire et du pétitoire》の原則をより鮮明に定式化したものである。フランス法においては、このノン・キュミュルの原則は、両訴は cumuler されるべからず、という民事訴訟法二五条に宣言されているが、この cumuler という動詞は、兼ねさせる・重ねるといった意味であり、要するに、両訴を一緒にしてはならない、というのが、ノン・キュミュルである（旧民法二〇七条は上掲のように「併行スルコトヲ得ス」と訳す）。

その趣旨を旧民法によって述べれば、（1）占有の訴が提起されたときは本権の訴はサスペンドされる（二〇八条一、二項）が、反対に本権の訴は占有の訴をサスペンドすることができない（二〇七条三項）、（2）占有の訴は本権に関する事柄に即して裁判してはならない（二〇七条二項）し、また占有の訴に対し本権の訴を反訴として提起できない（二一〇条。別訴ならよいが、その場合は二〇八条によってその訴はサスペンドされることは上述したとおり）が、占有の訴の既判力は、そのサスペンドされた本権の訴に及ばない（二一二条）、ということに集約される。

しかし（3）本権の訴のみを選択し、それで決着がついた後は、両当事者とも占有訴権を失う（二〇九条二項。同一項も同趣旨）という点を忘れてはならない。それは、本権の訴と占有の訴が「大は小を兼ねる」関係（本権の訴が占有の訴を吸収する関係）にあることを意味する。

尤も、本権の訴を挑まれた被告は、その本権の訴の土俵で争うことが可能であるのはもちろんであるが、他方、反訴として占有の訴を持ち出し、いわば違う土俵の勝負を挑むこともできる（二一〇条。なお、その結果、本権訴訟はノン・キュミュルの原則によりサスペンドされる――二〇八条二項）。これは、被告にとっては、占有の訴が本権の訴に吸収されないかの如くに見えるかもしれない。しかしそれは、原告が本権の訴に先立って、あるいはそれと並行して占有の訴を提起することができる（その場合は、本権の訴がノン・キュミュルでサスペンドされるのは言をまたない）のと同じ選択可能性を保障する趣旨、つまり相手の選択によって自分の選択肢が限定されず、本権の訴に先立って占有問題について審理してもらう利益を被告にも保障する趣旨であり、異とするに当たらない。

そうだとすると、本権の訴と占有の訴の関係について、ここに妥当している原理は何かといえば、それは、《原告・被告両者にとって、占有の訴が先決事項であり、本権の訴はその結果を待って審判される、しかし一旦原告が本権の訴のみを選択し（占有の訴提起の利益を放棄し）、且つ被告もその訴訟の過程で、占有の争訟という、本来先決さるべき問題を持ち出さないまま（原告と同様に、占有の訴提起の利益を放棄したまま）確定判決に至った場合には、「大は小を兼ねる」原則が働いて、占有訴権が失われる》、とフォーミュレイトされることになろう。

このことは、少なくとも本来は、占有訴権は本権の訴のための一種の準備手続としての役割を（も）果たしていたものではないか、という推測を導き出す（富井政章『民法原論』第二巻七三一頁参照）。三ケ月博士が、仮処分制度が完備しているわが国では、フランス型占有訴権制度に引っ張られた解釈をする必要はないと言われるのも、同趣旨の認識を前提にしているからであろう。

一応この推測が成り立つとしても、さらに、それは如何なる意味で準備手続か、本権の訴にとって如何なる効用をもつのか、ということが問題になるが、もちろんローマ法以来の歴史を持ち、中世以来ヨーロッパ各国でそれぞれ独自の発展を遂げた占有訴権制度について一朝一夕に答えが出せるものではない。ここでは旧民法の規定そのものから直接引き出しうるところに即して考察してみよう。

二〇四条を見ると、占有回収訴権は「暴行、脅迫又ハ詐術ヲ以テ」占有を侵奪された者に与えられる、しかし原告側に（被告との関係で）そうした瑕疵があってはならない、という。ここから、取った・取り返したという侵奪の応酬があったケースについて、最初に侵奪された者の奪還行為（自力救済）が認められている、ということがわかる。むろん奪還した者が真の権利者かどうかは未知であり、それは本権の訴で決着が付けられるのだが、本権の訴が仮に（どちらかの当事者から）提起されていても、それはサスペンドされて占有の争いが先決事項となり、その訴訟の結果によって、侵奪以前の状態に（侵奪の応酬があった場合には、初めの侵奪以前の状態に）占有状態を引き戻すというわけである（二一二条二項が、占有訴訟の敗訴者は本権の訴提起前に相手方に占有を引渡すことを要す、としていることを参照）。

ただ、どこまで遡って「最初の侵奪」とするかは本来一義的ではなく、論理的には限りなく遡って、どっちが先に手を出したかが争われる可能性がある。そこで法は、占有訴権の時効（正確には除斥期間）を一年として、一年以前の侵奪を不問にし、一年以内の「最初の侵奪」当時の占有状態を前提に本権の訴について審理することにしている（二〇六条）。何のために占有が先決事項とされるのかといえば、いうまでもなく、占有の権利推定効力の故に、本権の訴の挙証責任の帰属について決定的な意味をもつからである（「法定ノ占有者ハ反対ノ証拠アルニ非サレハ其行使スル権利ヲ適法ニ有スルモノト推定ヲ受ク其権利ニ関スル本権ノ訴ニ付テハ常ニ被告タルモノトス」という一九三条参照）。

こうした制度の趣旨は何かといえば、物の奪い合いという紛争を、本権の訴に関する裁判という平和的な紛争解決方法へと誘導するにあたって、実力行使の応酬について、先に手を出した者から占有を取り戻すという形で、実力行使の（本権訴訟に関する）意味を減殺する（実力行使をしても得にならないことにする）というものに他なるまい。しかしそれは実力行使を一切認めないというのでなく、上述のように、先に手を出した相手に対しては、回収の訴と並んで、自力の奪還を正当な行為としている（二〇四条但書）のである。

以上が旧民法、したがってフランス法が占有訴権と本権の訴・実力行使をどう制度的に関係付けているか、のあらましであるが、次に簡単にドイツの場合を見ておこう。関連条文を拙訳によって示せば次のとおりである。

第八五八条（禁止された自力行使）

①占有者の意思に反して占有を奪い、又は占有を妨害する行為は、法律がそれを許容する場合を除き、違法である。

②禁止された自力行使によって取得された占有は瑕疵あるものとする。この瑕疵は、相続により占有を承継した者及び占有に瑕疵あることを知って占有を承継した者に承継される。

第八五九条（占有者の自力救済）

①占有者は、禁止された自力行使に対し、実力を以て防禦することができる。
②動産の占有者が、禁止された自力行使によって占有を奪われた場合には、侵奪者から実力を以て、その犯行の場において又はその場から追跡して取り戻すことができる。
③不動産の占有者が、禁止された自力行使によって占有を奪われた場合には、侵奪後ただちに侵奪者を排除することによって、占有を回復することができる。

第八六一条（占有侵奪に対する請求権）

①禁止された自力行使によって占有を侵奪された者は、この瑕疵ある占有者に対して占有の返還を請求することができる。
②侵奪された占有が、現在の占有者又は現在の占有者が権利を譲り受けた者に対して瑕疵あるものであって、一年以内に取得されたものである場合には、前項の請求権は認められない。

第八六二条（占有妨害に対する請求権）

①禁止された自力行使によって占有を妨害されている者は、妨害者に対し妨害の排除を請求することができる。更なる妨害の恐れあるときは、不作為を請求することができる。
②占有者の占有が、妨害者又はその権利の被継承人に対して瑕疵あるものであって、妨害前一年以内に取得されたものである場合には、前項の請求権は認められない。

第八六三条（侵奪者又は妨害者の抗弁）

第八六一条及び第八六二条に規定された請求権に対しては、占有の侵奪又は妨害が禁止された自力行使に当たらない旨の主張の根拠としてのみ、占有すべき権利又は妨害行為を正当化する権利を以て対抗することができる。

第八六四条（占有請求権の消滅）

①第八六一条及び八六二条に基づく請求権は、禁止された自力行使があった後一年以内に訴訟を提起しなければ消滅する。

ドイツ法が占有者に占有訴権と並んで、明文により自力救済権を認めているということについては既に触れたが、それは右の八五八、八五九条においてである。すなわち「禁止された自力行使」＝「占有者の意思に反して占有を奪い、又は占有を妨害する行為」（八五八条）に対する奪還・防御は正当な自力救済として容認される（八五九条）。しかし、そこには重要な前提があるのであって、相手の侵奪・妨害行為が法律によって許容されたものであるときは「禁止された自力行為」ではない（八五八条）から、それに対しては自力救済が許されない（八五九条）。そしてこの法律によって許容された行為には、もちろん八五九条そのものによって認められた自力救済行為も含まれるわけだから、結局自力救済は、先に手を出した者に対して防禦・奪還しようとする者が行使するものに限って、正当なのである。

このプリンシプルは、占有訴権についても妥当するものとされている。すなわち、当の相手に対して自己の占有が瑕疵ある場合には、つまり「禁止された自力行使」による占有取得者は、その相手に対し占有訴権を行使できない（八六一条二項、八六二条二項）。ただし、この「禁止された自力行使」という瑕疵は一年荏苒経過すると消えてしまう（同上）。また占有訴権の時効（正確には除斥期間）もフランス法と同じく一年とされる（八六四条）から、結局、一年間は遡って、（どちらが先に手を出したかによって）正当な占有状態を確定するという趣旨においてはフランス法と違わないのである。

しかも八六三条が、占有訴訟の被告は占有侵奪・妨害行為の瑕疵に関して、つまり、自力行使の交通整理に関する次元でしか、本権を抗弁として主張しえないとしていることは、本権問題が占有訴訟の足枷となるのを避けるために（Westermann, Sachenrecht, 4. Aufl. S. 102 参照）両者を切り離す（フランス法のようにノン・キュミュルを鮮明に出してはいないが）趣旨であり、系譜的に独仏共通するものをもっていることが見て取れる。ドイツの通説が、占有の訴に対する反訴として本権の訴を提起することを認めていない（旧民法二一〇条と同じ）のも、その意味で偶然ではない。

いずれにせよ、ドイツにおける占有訴権は、自力救済権とあいまって、「先に手を出した者」に法的に有利な地位を与えない、という形で自力行使を整序し、本権の訴という平和的な解決手段へ紛争を誘導する役割を果たすものだ（少なくとも本来そういうものであった）ということが見て取れるのである。フランスの場合もニュアンスの差こそあれ、同じなのだが、（どちらの物かの決着は訴訟の場で付けられるべし、という原則があったとしても）占有者が権利の証明について訴訟上有利な地位を約束される限り（それは、権利の証明に関して登記その他、公的な仕組みが完備していない限り不可避である）、仮にこうした自力行使の整序がなかったら、その有利な地位を求めて奪い合いが止むことはない。要するに、実力行使の交通整理の仕組みを前提することによって、はじめて、物の帰属を争う紛争を平和的な紛争解決方法たる裁判へと誘導することが真に可能となるわけで、まさにその点に占有訴権制度の本来の機能があると考えられるのである。

三　日本民法編纂過程

さて、そこで現行民法の占有訴権制度や如何に、という問題に入るわけだが、周知のように我が判例は、占有の訴の被告は、（その訴に関する）防禦方法として本権の主張をすることは二〇二条二項により許されないが、本権に基づく反訴を提起することは妨げない（最判昭四〇・三・四）として、フランス法・旧民法的原則から大きな隔たりを見せている。この判例は、《二〇二条二項の明文は無視できないが、どうせ本権の訴でもう一度審理するなら反訴を認めて一度にやってしまった方が二度手間にならず、合理的だ》という趣旨から出たものであろうが、実はこのような考え方は、立法過程で、「占有ノ訴ノ被告ハ反訴ニテ占有ノ訴ヲ起スコトヲ得。但本権ノ訴ハ反訴トシテ之ヲ提起スルコトヲ得ス」という、本権の訴の反訴を禁じる趣旨の規定（草案二〇三条）を削除すべしとする議論の一つの根拠として主張されたものと一致しているものなのである。

尤も、民法典の三人の起草委員たち（穂積陳重、富井政章、梅謙次郎）、とくに占有の章の原案作成者穂積も、旧民法的占有（訴権）制度を踏襲しようと考えていたわけではなく、旧民法の占有、占有訴権制度と違うものを作ろうとする明確な意図をもっていた。現行民法一九七条の原案は「占有者ハ其占有ノ瑕疵アルト否トヲ問ハス……占有ノ訴ヲ提起スルコトヲ得。他人ノ為メニ占有ヲナス者亦同シ」となっており、これについて穂積は、「既成法典〔＝旧民法〕ノ一體ノ主義ハ此占有者ト云フモノハ物ノ上ニ瑕疵ガアリマスル時ニハ又占有訴権ニ付テモ幾ラカ夫レガ為メニ権利ヲ制限セラルルコトガアルト云フコトヲ認メテ」いるが、本案はそれを採らず、瑕疵の有無にかかわらず占有訴権を享受することにした旨説明している（『法典調査会・民法議事速記録』刊本第一巻六七八頁、以下頁数のみ表示）。これは、正権原の有無、瑕疵の有無の区別を立て（一八一条以下）、これと占有の保護をリンクさせている旧民法の「主義」を採らない、という草案の基本的な立場を一層明確にさせようという趣旨のものである。尤も審議の過程で、旧民法と違って、善意と悪意とを問わないということは既に明白であるから、「瑕疵アルト否トヲ問ハス」ということをここに繰り返すのは不要だという修正案（六八〇頁）が出て、削られてしまったとはいえ、この点は起草者の占有論の特徴を端的に示している。

すなわち、占有者が「自ラ力ヲ以テ之（占有）ヲ回復スルト云フヤウナコト」は一切認めない（六七九頁）というのがそれである。この点、穂積はまことに鋭敏にも、旧民法二〇四条第一項但書について、「占有者……ガ自ラ暴行ニ依リ……他人ノ占有ヲ奪ヒマシタ時ニハ自ラ回収ノ訴ヲ起スコトハ出来ヌトナツテ居リマス。併ナガラ此規定ハ甚ダ危険ナ規定デアラウト思ヒマス。即チ現ニ占有シテ居ル者ガ始メ暴行……等ヲ以テ其占有ヲ奪ヒマシタ時ニ於テハ、其奪ハレタ人ハ復タ暴行……ヲ以テ自ラ奪ウコトガ出来ル。斯ノ如キ暴ヲ以テ暴ニ代ヘルト云フコトヲ許ス規定ヲ設ケルノハ危険デアラウ……如何ナル原因ニ依テ現占有者ガ其物ヲ持ツテ居ツテモ訴ノ方法ニ依ラナケレバ之ヲ取戻スコトハ出来ヌ……方ガ宜シイ。斯ウ思ヒマシタカラシテ但書ハ之ヲ削リマシタ」（六八六―八七頁）と述べている。

自力救済を一切認めないという、この基本的態度から、占有保護の趣旨に対する独自の理解が導き出される。「兎ニ角自ラ之ヲ奪ウト云フコトハ許サナイ、現在ノ有様ヲ保護シテヤル」という点に「占有ノ保護ノ精神」がある（六八八頁）。「苟モ占有権保護ト云フモノハ之ヨリ勝ツタ権利ヲ以テ其占有権ヲ自ラ破ブルト云フコトヲ許シマシタナラバ非常ニ不都合ガアツテ占有ノ効ハ挙ガリマセヌカラ、夫故ニ二百二条の第二項ニ於テモ判事ハ本権ニ基キテ占有ノ訴ヲ裁判スルコトハ出来ヌト云フコトニナツテ居ル」（六八九頁）。

旧民法の二〇七条二項と同趣旨と我々には思われる二〇二条二項は、このように権利者の自力救済の禁止を保証するという観点から説明されるのである。これと平仄を合わせるように、草案は種々の面で旧民法・フランス法の占有訴権に付着する「正しい占有者保護」的色彩を消す方向にデヴィエイトする（たとえば占有保持の訴は一年以上継続した平穏・公然たる法定占有者のみに与えられるという条件の削除、回収の訴で暴行・脅迫・詐術による侵奪という限定の削除、等々）。

だが重要なのは、こうしたデヴィエイションが、占有訴権と本権の訴の関係について、旧民法・フランス法と基本的に異なった「主義」を採用したという明白な自覚を背景に置いていることである。

すなわち、二〇二条の趣旨説明（六九七―九八頁）において穂積は、旧民法は「本権ノ訴ハ占有ノ訴ヲ含ムモノデアルト云フノ一ツノ主義」を採っているが、本案は「占有ノ訴ト本権ノ訴トハ各独立ノ訴デアルト云フ主義」を採ったという。ここで「本権ノ訴ハ占有ノ訴ヲ含ム」と言われているのは、前に私が用いた表現でいえば「大は小を兼ねる」原則を指している。ただここで指摘しなければならないのは、穂積が、フランスでこの原則が立てられた所以を、本権の訴は権利に基づいて裁判するものであるのに対し、占有の訴は事実に基づいて裁判するものであるという点で、

「説明〔証明〕スルニ難易ガアル」（六九八頁）ことに求めていることである。穂積自身それ以上これに関して説明していないが、おそらく、本権の訴で難しい証明で審決された以上、より易しい占有の訴が別途存立し審理される余地は残っていない、だからフランス法は「本権ノ訴ハ占有ノ訴ヲ含ム」とする「主義」を採ったのだ、と考えたのであろう。

実際穂積は、説明〔証明〕の難易度の違いがあるからといって、占有の訴を軽んじてはならないという趣旨を縷々説明する。曰く「占有ハ一ツノ権利デアル、本権ヲ証明シナクモ是丈ケノ権利ハ出来ルモノデアル、……占有ハ本権ト並ビ行ハレテ、別ノ一ツノ大ヒナル権利デアル」とし、これが本案の「主義」であって、二〇二条一項「占有ノ訴ハ本権ノ訴ト互ニ相妨クルコト無シ」はその表現なのだ、と。要するに、本項は「双方トモ独立デアル」ことを宣言する趣旨、逆にいえば「大は小を兼ねる」を否定する趣旨のものだというのである。旧民法の「二百九条ニハ本権ノ原告ガ其訴ヲ取下ゲマシテ其訴以前ノ為メニ更ニ占有ノ訴ヲ起スコトハ出来ヌト云フ風ノ規定」になっているが、本案は「一旦本権ノ訴ヲ起シテ之ヲ取下ゲテモ其取下ガ他ニ占有ノ訴ヲ提起スルノ妨ゲトハ少シモナラヌ」とするものである（六九八頁）。

穂積によると、占有の訴と本権の訴とは、「双方トモ独立」である以上、ある範囲では「併行」しても差し支えない。本権の訴は占有の訴によってサスペンドされない（「本権ノ訴又ハ其判決ト云フモノハ決シテ占有ノ訴又ハ其判決ノ妨ゲトハナラヌ」——同上頁）。

しかしながら他面、穂積にとっても、占有の訴の迅速処理は、「大ヒナル権利」としての占有の保護そのものの見地からして重要である。旧民法の二〇八条以下の一連の規定（本来、ノン・キュミュルの原則の本質に係わるものであるが）でさえ、穂積の理解によれば「最モ迅速ヲ要スル所ノ占有ノ訴ガ滞フ」ることを防ぐための手続法的配慮から出たものだという（六九七頁）。そしてもちろん草案二〇四条（併合禁止——全文後掲）を以て、両訴が絡み合って扱われて占有の訴の審理が遅延することを防ぐ趣旨のものであると説明する。しかし大事なことは、この併合禁止は、どちらかの訴が他をサスペンドしたりすることなく、「双方トモ其裁判所ノ都合ニ依ツテ少シモ関係ナイモノトシテ裁判致シテ往ツテ宜シイト云フ主義」の表現として、あくまでもノン・キュミュルとは無縁に意味付けられている、ということである（六九八頁）。

さらに穂積は、こうした占有の訴の迅速処理の要請に二〇二条二項を結びつける。すなわち、本権に基づいて占有の訴を裁判しえぬということを書いて置かぬと、「〔二項で〕互ニ相妨ゲナクモ、本権ノ訴ノ方カラ出テ来タ事実デ占有ノ訴ヲ判決スルヤウナコトガアルカモ知レヌ」から、「夫レガ為メニ占有ノ訴ヲ滞ラセルト云フ憂ガアリマス。……全ク之〔占有ノ訴〕ハ独立ノモノデアルト云フコトヲ突キ透フシマスルニハ矢張リ此第二項ノ如キコトヲ規定スル必要ガアラウト思」（同上頁）うと言う。ノン・キュミュルからの訣別の当然の帰結として生じる、本権訴訟と占有訴訟の混線の恐れを穂積は見通しているのだが、それを単に占有訴訟の迅速処理という観点からのみ防止しようとする。しかしこれは、一方では彼自身、この項を旧民法の二〇七条二項と「同じ」とする議論と全く嚙み合わず、趣旨説明は全体として非常にわかりにくいものとなっている。さらに彼はこの第二項を「第一項カラ出タ結果ニ過ギヌ」（同上頁）とも口走るのであるが、それは所詮無理な議論であることは言をまたないであろう。

こうした不透明な内容の説明にもかかわらず、本条はわずかな字句の修正だけで比較的簡単に通ってしまったのは不思議な感もするが、それはノン・キュミュルからの訣別という原案の趣旨、つまり占有を、「〔私人が〕自ラ之ヲ奪ウト云フコトヲ許サナイ」「一ツノ大ヒナル権利」として保護するという考え方については全く反対がなかったからである。実際、自力救済禁止を「自ラ裁判スルト云フコトハ之ハ許サレナイ」（七〇一頁）と言い換えて、これに賛成する有力委員がいたのであるが、実はこの委員は後二条の審議では原案に最も激しく反対する立場に立つことになる。何故なのであろうか。思うに、二〇二条において穂積は、占有（訴）権を「独立ノ権利」・「別ノ権利」として強調した結果、前述のように、同二項の意味付けを占有訴訟の迅速処理保証という技術的理由に求める結果となった（ノン・キュミュルの原則に立てば、同項は技術的なものに止まらず、原理的な意味をもつにもかかわらず）わけで、それだけ、草案二〇三、二〇四条の趣旨ももっぱら技術的理由から説明されたため、その必要性についての懐疑を法典調査会の他の委員たちの間に生み出し、ある意味で実務家からの便宜論ないし現実論に成立の余地を与えることになったからではなかろうか。

実際、穂積が草案二〇三条（「占有ノ訴ノ被告ハ反訴ニテ占有ノ訴ヲ起スコトヲ得但本権ノ訴ハ反訴トシテ提起スルコトヲ得ス」）の但書の趣旨についても、それがないと「占有ノ訴ノ判決ヲ遅滞セシムルト云フヤウナ恐レ」があるからだという迅速処理論を繰り返した（七〇〇頁）とたん、これに対して、二つの方向から激しい反対が提起されたのである。一つは、《そういう技術的意味の規定なら民事訴訟法に送れ》という議論、他は、前に触れた、判例と同じ二度手間論である。

まず前者について見ると、これが上述のようなわれわれの分析結果からすれば当然出て来うるものだということは言をまたないであろう。これに対して起草委員はすでに原理的に反対することができない。《民訴法を改正しなければならないとすれば、ここ民法の編纂の一環として入れてもいいではないか》、という便宜論と、《そんなことを言うのなら、二〇二条二項も民訴法にまわす方が論理一貫する》、という言いがかり的反論（これは梅謙次郎の助け船）がなされたに過ぎず、少なくとも起草委員としては後向きの議論しかなしえない（七〇五頁）。

二度手間迂遠論（真の権利者が、一旦占有の訴で負けてから、はじめて本権の訴を起こし、それによってでなければ勝てないというのは迂遠である、という議論）に対しては、穂積は、本権の訴を反訴でなく別訴で起こせばよい、別訴でないと、かえって占有の訴の被告（本権の訴提起者）にとって不利益だ（二度手間の方がむしろ良いのだ）という反論を長々と展開する（七〇一頁）が、この辺の穂積の論理はかなり乱れており、その真意を推し量るのは難しい。しかしどうやら途中で、その議論が占有の訴＝「一ツノ大ヒナル権利」論と矛盾することに気が付いたらしく、最後は急旋回して「本権ノ訴デゆ《マ》っくり《マ》自分デヤル、斯ウ云フ風ニスルノガ占有ノ訴ノ方ニ取ツテモ利益デアル、便利デアル。互ニ相妨ゲヌ方ガ」（同上頁）と尻すぼみになってしまい、二度手間迂遠論に対抗しうる議論に成功していない。

要するに、別訴の本権の訴をサスペンドするというノン・キュミュルの重要な柱を抜いてしまった以上、反訴禁止をしてみても、占有の訴が「大ヒナル権利」であり続けることは難しい。「大は小を兼ねる」で占有が吸収されることを嫌ったあまり、「〔両訴〕互ニ相妨クルコト無シ」と宣言した結果の、一種の自縄自縛に他ならない。

だが、この「互ニ相妨クルコト無シ」という命題は、もっとはるかに深刻な矛盾撞着を孕んでいることが露呈される。こうした二度手間迂遠論とのやりとりに割って入るかたちで次のような質問が出た。起草委員の説明によると、この二〇三条は旧民法二一〇条と同趣旨だということであったが、「本権又ハ占有ノ訴ノ被告ハ……」という旧民法の規定から「本権又ハ」を削っても趣旨は変わらない、というつもりなのか、と。フランス法・旧民法の占有の訴が、本権における挙証責任の帰属を先決的に決める性質をもつことからして、本権の訴に対して、それをサスペンドすべき占有の訴を被告が反訴で持ち出すことは当然認められなければならないわけであり、それを否定する草案二〇三条はその意味で旧民法の趣旨から本質的に逸脱するものである。この質問は、まさにその点を鋭く衝いているのだが、穂積は一瞬たじろいだものの、同じだと強弁しつづける。

冷静に考えれば、フランス法・旧民法と異なる「主義」を採ると宣言した彼にとって、旧民法二一〇条と草案二〇三条が《同じ》だと強弁する必要はないはずなのだが、一旦《同じ》と言った（同じと思って起草した）以上、騎虎の勢いだったのかもしれない。しかし、いくら騎虎の勢いとはいえ、《同じ》と言い続けるのは、事の重大性に気が付いていないからに他なるまい。何故なら、本権の訴に対して占有の訴を反訴として提起するのを認めることこそ、占有の訴の本権の訴に対する独自性を主張する穂積にとって、客観的には最も重要なポイントだったはずだからである。

占有者の「大ヒナル権利」は、この反訴によってこそ護られる。およそ「反訴ト本訴ト〔いう形で〕本権ノ訴ト云フモノト占有ノ訴ト云フモノトヲ一所ニスルコトハ出来ヌ」（七〇二頁）という議論は、一見占有を尊重するかに見えるが、実は、本権の訴を食い止める効力を発揮する占有の訴を「一所ニ〔反訴として提起〕スルコト」を認めなければ、占有保護は空念仏に終わってしまうのである。「併行禁止」＝本権の訴をサスペンドする効果こそ、実は占有の訴に与えられた最大の力なのだから。

ところが穂積は念仏修行の如く「一所ニスルコトハ出来ヌ」と繰り返すばかりで、それは結局、煩瑣・迂遠ではないか、という印象を増幅し、ますます二度手間迂遠論を勢いづけるだけであった。「〔両訴を〕別々ニスルコトモ出来、別々ニ裁判スルコトガ出来ルト云フノハ宜シイ。乍併是程マデニ厳格ニスルニハ及バナイト思ヒマス。訴訟手続ハ可成便利ニスルガ宜シイ」（七〇二頁）という横田国臣の発言はこの間の雰囲気を最も端的に示している。

ここで議論の上手な梅が助け船を出し、横田は一瞬つまるというエピソードが挟まるのであるが、これに立ち入る余裕はない。ともかく横田は最後には次のように居直ることによって踏みとどまった。「自カラ裁判スルコト……人ガ私ノ物ヲ取ツテ往ツテ居ルノヲ私ガ往ツテ取返シテ来タト云フヤウナコトハ悪ルイコトカモ知レヌ……乍併……人ガ私ノ物ヲ占有シテ居ツタノニ私ガモウ一旦夫レヲ奪ヒ返シタナラバ最早私ハ其物ハ私ノ物ニスルコトハ出来ヌト云フノデモ何デモナイ」。要するに、奪還するのは悪いことかも知れぬが、だからといって奪還したという事実によって、所有権を失うわけではない、というのである。そして横田は続けて次のような趣旨の主張をする。《奪還行為について占有侵奪で訴えられるのは当然であるとしても、本権の訴を提起することは許されるわけであり、それを別訴でやらなければいけない、反訴としてやるのはダメというのはおかしいではないか》。

梅は「宜シウゴザイマス。夫レダケ慥メテ置ケバ」と答えて引き下がる。ここまで居直られたら、《民事訴訟に譲るべし》という理由からの削除論もあることだし、両説合体した削除論にはもはや抗すべくもないと観念したのではなかろうか。後日の問題だが、梅の『民法要義』がこうした審議を経て草案二〇三、二〇四条が削除されたことには全く触れず、恬淡とした行論に終始しているのは、富井政章の『民法原論』が「立法問題トシテハ議論ノ余地ナシトセス」と、未練たっぷりなのと比べて印象的である。

議論はあとしばらく続いたが、そのフォロウは省略する。採決の結果、削除説多数。

こうして二〇三条削除の結論が出た以上、二〇四条（「占有ノ訴ハ本権ノ訴ト併合スルコトヲ得ス」）の問題も実質的にすでに帰趨は決まっていた。穂積は「セメテハ此處丈ハ助ケテ御貰ヒ申シタイ」（七一一頁）といい、《二〇二条と本条とどこが違うのか》という反論をしたが、これは二〇三条の議論の蒸返しであり、会議の雰囲気を覆すことは到底無理であった。むしろ、《二〇二条まで削除するべきだ》という議論を誘発する効果しかもたず、あわてた西園寺議長が「兎ニ角夫レハ整理〔会〕ノトキノ争ヒトシテ置テ、此二〇四条ノ削除説ニ付テ決ヲ採リマス」と怱々に議事を進めた結果、いうまでもなく賛成多数で、削除に決した。

四　まとめ

フランス法に範を採った旧民法の占有訴権制度は、自力救済を頭から禁じるというよりは、正当な自力救済と不当なそれとの腑分け（交通整理）をし、不当な自力行使が本権訴訟での有利な地位を約束しないように整理する、そしてそれを通じて自力救済の連鎖的応酬を防ぎ、ひいては自力救済そのものの抑止をめざすという趣旨のものであった。その意味で、「併行禁止」すなわち占有訴訟の先決事項的取り扱いの確保（ノン・キュミュルの原則）は占有訴権制度にとって不可欠の本質的構成要素であった。他方、この、本権訴訟に先立て決せられるべき占有訴訟を提起する利益を、当事者双方とも放棄したまま、本権訴訟が決着を見た場合は、「大は小を兼ねる」という形で、占有訴権を喪失する。占有訴訟が本権訴訟に先立つ交通整理である以上、それは当然である。

これに対して穂積は、自力救済禁止を基本に据え、本権と並び立つ「一ツノ大ヒナル権利」としての占有保護を謳う。占有保護を自力救済禁止の梃子としようとするもの、といってよかろう。ここからして「双方トモ独立」論（「併行」許容）が出てくるのだが、ただ、両訴とも同一の物をめぐる争いであるから、混線の恐れがあり、混線すると占有訴訟が遅滞する（占有保護の精神に悖る）、ということから、二〇二条二項と反訴・併合禁止（草案二〇三、二〇四条）が起案されたのであった。

しかしながら、これはきわめて単純な分離論というべきものである。占有問題と本権問題の間に牽連関係があることを前提にしつつ、本権訴訟をサスペンドする効果を媒介に、占有の訴が本権の訴に牽制球を送るフランス法・旧民法的システムと違って、穂積の分離論では占有訴訟が自力救済の交通整理 ↓ 抑止の役割をかえって果たせないことになってしまう。言いかえれば、肝心の点で、占有の訴は本権の訴を食い止める力を失っているのである。本権の訴に対して占有の訴の反訴提起を認めない、という穂積案の客観的な意味はここにある。しかし、事の重大性に穂積は気付いていない。

これと表裏して、二〇二条二項、二〇三、二〇四条は占有の訴の遅延防止のための手当てとしか理解されていない。これでは、訴訟手続はなるべく便利にしよう、迂遠なことは避けよう、という便宜論や訴訟法に譲るべしという技術論に十分対抗することができなかったのも当然かもしれない。

皮肉なことに、便宜論の帰結の方が、反訴や併合を認めるが故に、実質的には占有問題を一つの訴訟の中での先決事項として扱う可能性を開くかも知れない、ということを最後に示唆しておきたい。もちろん、それが優れた職業的裁判官にのみ可能な、（自分の目の前で繰り広げられる占有問題と本権問題を区別し、前者を先に扱うという）観念的な操作を不可欠の前提にするものだ（Westermann 前掲書は、これが可能だということを前提に、通説と違って、占有の訴に対して本権の訴を反訴として提起するのを認めてよい、とする。）という、深刻な問題がそこには潜んでいるのだが。

いずれにせよ、日本民法典の占有訴権制度が難解なのは、占有訴権制度が本来自力救済の交通整理のためのものであったという出自から離れたところで起草され、審議された、ということと無関係ではなさそうだ、というのが、「法制史から見た」結果得られた、とりあえずの知見である。もちろん、現代においては、権利の証明はかつてのように困難なものではないから、本権の訴の被告の地位を争うという点での占有の訴の意義はもはや大きくはない。むしろ債権的本権に基づく占有の保護（たとえば、賃借権者の占有の第三者に対する保護）にこそ占有訴権が重要な役割を果たすであろうことは、民法学者がこぞって指摘するとおりである。その意味では穂積の占有＝「一ツノ大ナル権利」論は、（彼自身の意図とは別に）結果としては存外「現代的」な意味をもつことになるのかもしれないが、それは本講の守備範囲を越える問題である。いずれにしても、占有訴権の理論的研究はもはや法制史プロパーの課題と化している感を否めない。

このように立法過程や制度の系譜的分析が、今や実定法の解釈にとって余り意味がないと考えられ、解釈学者の関心を惹かなくなっているような類似の現象は他にもいろいろあるのではなかろうか。ローマ法学者の原田慶吉先生の偉業『日本民法典の史的素描』を、法制史研究者が引き継ぐ必要性がそれだけ一層高まっている、というべきであろう。ローマ法やヨーロッパ法の角度からだけでなく、日本の伝統的な法文化の角度からの視点も併せた、複眼的な《日本民法典の史的素描》が日本法史研究者の担うべき大きく、そして重い課題として認識されなければならないと考える。

〔追補〕　本稿は、一九九六年一月一九日に東京大学法学部における最終講義として行った講義の原稿に、最小限の補訂（配布資料の組み入れ等）を施したものである。細かな点での表現について改善の余地は限りないが、できるだけ原形に即して活字化するという基本方針を採った。

第三部　裁判に見る法生活

第一〇章　「かむやらひ」と「はらへ」

――井上光貞「古典における罪と制裁」をめぐって――

一　井上光貞説の概要

高天原でスサノヲの命が数々の悪行を働いて「はらへ」を科せられた後、「かむやらひ」に処せられたという記紀の譚は、古代日本の罪と罰の観念を探る最も重要な史料として、これまで少なからぬ学者の分析の対象とされてきた。たとえば井上光貞博士はこれを次のように理解しておられる。

まず、「はらへ」は、「罪」の「呪術宗教的解除」[1]にはちがいないとしても、その「本質」は、犯罪そのものというよりは、「人の犯した罪の災気や天災を解除する呪術宗教的儀礼」[2]にあるのであって、「祓はきわめて古い太古の時代における制裁そのものであるという見解」（傍点原文）は「まちがっている」[3]。「世俗的制裁と呪術宗教的祓とは別の次元のことであって」、「刑事上の罪の犯された時、その罪の災気の解除であるところの祓は、罪そのものの〔世俗的〕制裁に続いておこなわれ」[4]るものであることは、「スサノヲの命の神夜良比《かむやらひ》の物語にはっきりと示されている」[5]と。

このように、「刑法上の罪」に「世俗的制裁」が科せられても、その「罪の災気はなお残って人に災害を与える」[6]と古代人が考えて、これを天災とあわせて「解除」するのが「はらへ」であった、という井上博士の理解は、大和政権が主宰する「国之大祓」＝「毎年二期、しかも天下四方の罪……の災気を最後的に払拭しよう」[7]とする宮廷儀礼から、いわば逆推して得られたものである。すなわち、博士はまず「国之大祓」儀礼を支える観念を示す史料である「大祓祝詞」の分析から、「世俗的制裁」にもかかわらず「罪の災気はなお残」るという古代人一般の意識を抽出し、[8]「そこで、その集団は、私的な、かつ臨時的の祓をもおこなう」[9]（傍点引用者）のだというように、一転して地域的小集団の「はらへ」の問題を説き、さらに「それをおこなっても、より広い地域に災気が残るので、これを解除するために恒例の中央の大祓をする必要があり、大祓の祝詞に天下四方の種々の罪を解除するというのもその意味である」[10]と、中央権力の「国之大祓」に戻り、さらにいま一度、「とすると、最も範囲の狭い集団でも、その成員が祓によって災気を解除し、集団の生命を新たにしたことが考えられ」[11]（傍点引用者）る、と地域的集団の「はらへ」が類推されている。

このような方法のよってきたる所以については後に触れるとして、ここでは次のような博士の結論を紹介しておこう。曰く、「はらへ」が右のように「災気を解除し、集団の生命を新たに」するものである以上、「祓の料物、すなわち祓具を、小は家族、大は一国の人々が、それぞれ災気をはらうために平等に出しあうのも自然のことである。私は後に、刑法上の犯罪を犯したものに、祓具を罰としてださせる例をひくが、それは本来の姿ではなくて、集団員が祓具をだしあうのが元来の様態であり、ただそれを半ば報復の意味を含めて当該犯罪者に転嫁したものではなかろうか」[12]――つまり「はらへ」執行のための「祓具」供出は「本来」は刑罰ではない、というのが井上博士の結論である。

もっとも、博士はこれにすぐ続いて「あるいはまた、はじめから、祓具には、この二通りの形態（集団員による集団のための供出と刑罰――引用者注）があったか、いずれかであろう」[13]と留保をつけておられるが、次にみるように後者の可能性についての追究は博士の叙述のなかには全くみられず、博士の論旨の重点が、「はらへ」＝非刑罰にあることは明白である。ただし、この留保は私見によれば意外に重要なものであるが、いずれにせよ後に述べるべきことがらである。

しからばスサノヲの命に対する「世俗的制裁」はどのようなものであったか、井上博士の分析は次の通りである。[14]
高天原において「呪術宗教的・農耕的な社会集団の秩序に対する違反行為」を犯したスサノヲの命は「かむやらひ」に処せられた、というのがその結論であって、博士によれば、その譚は「三段からなっていた」。「第一段は、神々の判決」であり、神代記紀のいう「八百万神」ないし「諸神」(形式的には「国土の人々すべて」、記紀という著作の性質からいって、実質的には「日本国の支配者である大和朝廷の貴族たちを暗に形象」したもの)の「共議」による「科罪」がそれを示している。「注意すべきことは、この集団秩序を犯した重大犯人たるスサノヲの制裁は、決してその集団の支配者の恣意的な意志決定によってではなくて、集団員の全員の会議とその合議によって決定されていることである」が、それは「スサノヲの犯した犯罪が集団秩序の違反行為であるという事実と、全く対応的である」。

ところで古ゲルマン法について、ハインリヒ・ミッタイスは「直接に国家団体または人民団体の利益を害する如き行為、または不名誉な心情の発露たるごとき行為」を犯したものに対して「一切の共同体から排除」する「平和喪失 Friedlosigkeit」の刑を科すところの、「アハト事件 Achtfälle」を、フェーデないしそれに代る贖罪金によって解決される点で「フェーデ事件 Fehdefälle」とよばれるべき団体(ジッペ)間の紛争から区別しているが、前者については「民会が所属的管轄をも……(ち)、犯人は民会において平和を剝奪され、アハト刑に処せられた」ことが重要である。これと「比較対照を試みるならば、スサノヲの犯罪は、明らかに前者、すなわちアハト事件に該当」し、「スサノヲが天津罪(「呪術宗教的・農耕的な社会の秩序」破壊)を犯して神々の共議によって制裁されたことは、アハト事件の「民会による制裁」と「全く並行的である」。

「第二段[15]」は、右の「共議」の結果スサノヲの命に、その「罪の災気をはらうための、祓の行事に必要な祓具を……『促徴』(神代紀本文)」し、かつかれの「髪の毛や手足の爪を抜く」という記紀の叙述に示されているが、この後者は「祓の行事と結びついた叙述であって、犯罪者の肉体から発散するすべての罪の災気をはらう」という意味であって、「一括して祓に関するものである」。そしてこれらは「一種の財産刑にもなっている」が、あくまでもそれは「祓という行事の随伴物」であり、「祓そのもの」が「財産刑」であることを意味しない。「祓が本来的に財産刑であるとみたのでは、財産刑が何故に祓といわれたかを理解することができない」。さらに「祓具が同時に財産刑的なものであることにとらわれると、先の古ゲルマン法になぞらえていえば、これを、アハト事件でなく、フェーデ事件の、調停裁判所による贖罪金と同視するおそれ」がある。「スサノヲの犯行は、あくまでも、彼が己の属する集団の内部の秩序を犯したものであって、集団間の戦闘とは関係がなく、これはアハト事件であっても、フェーデ事件ではありえないから」、財産刑説は「概念の混同」をおかすことになる。

しからば「スサノヲの犯罪に本来的に対応する世俗的制裁は何であるか⑯」。それは第三段として叙述されている『神夜良比』であり共同体からの追放である」。これについて古事記は「神夜良比、夜良比き」、書紀本文は「つひに逐降《かむやら》ひき」と、簡単に記すが、書紀第二の「一書」は「つひに神逐《かむやらひ》の理を以て逐《はら》ふ」といい、さらに同第三の「一書」は最もくわしく「諸神、素戔嗚尊を嘖めて曰はく『汝が所行甚だ無頼し。故、天上に住むべからず。亦葦原中国にも居るべからず。急《すみやか》に底つ根の国に適《い》ね』といひて、乃《すなは》ちともに逐《や》降《ら》ひ去《や》りき」としている。「スサノヲの制裁は、神夜良比の話全体の構成からみて、この神夜良比であることは明らかであるが、これはミッタイスがアハト事件について、『かかる行為はジッペのきずなを絶ち、犯人は平和喪失に処せられ、一切の共同体から排除される』と述べているのと全く照応する」。

しかも井上博士が「強く心ひかれる」のは、ミッタイスが、「平和喪失者」は rechtlos な存在になったのだから、「彼の一切の法的関係は解消され、彼の妻は寡婦となり、彼の児は孤児となり、彼の財産は無主物となる。何人も、彼と人間的つながりをもつことは一切許されず、みずから平和を喪失することなしには、彼をその家にかくまうことができず、したがって彼は森の浮浪者・人間狼になる」と述べていることである。何故なら、書紀第三の「一書」は右の引用部分にすぐ続いて、「時に霖《ながめ》ふる。素戔鳴尊、青草を結束ひて、笠蓑として、宿を衆神に乞ふ。衆神の曰はく『汝はこれ躬の行、濁悪《けがらは》しくして、逐《やら》ひ謫《せ》めらるる者なり。如何にぞ宿を我に乞ふ』といひて、遂に同《とも》に距《ふせ》ぐ。是を以て、風雨甚だふきふるといへども、留り休むこと得ずして、辛苦みつつ降りき。それより以来、世、笠蓑を著て、他人の屋の内に入ることを諱む。また束草を負ひて、他人の家の内に入ることを諱む。此を犯すこと有る者をば、必ず解除《はらへ》を債《おほ》す」と述べており、ミッタイスの説くところと「全く符節を合している」からである。

こうして井上博士は、「スサノヲの犯罪に対する高天原の神々の処置」は、「祓の呪術儀礼」と「追放刑＝神夜良比」という、「次元を異にする」「二つの要素からなって」いるが、「罪と制裁という時の制裁とは、決して呪術儀礼たる祓ではなく、必ず世俗的刑罰たる追放であったはずである」と結論し、「従って私は、祓が制裁や刑罰の起源であるという考えには従い得ないし、また同時に、スサノヲの真の制裁は祓であり、彼はただ重大犯罪を犯したが故に特に種々の報復心を満足せしめず、遂に追放せられたという考えにも[17]……祓具の供進、すなわち財産刑が、この物語における主要な制裁であるという考えにも従えない」[18]とされるのである。このあと博士はさらに進んで、「諸学説の批判」を展開されるのであるが、ここでは立ち入らない。また「諸説」の紹介もこの際さしひかえておきたい。その理由の一端は後に述べるところにおのずから明らかになると思われるからで、ただちに井上説の検討に移ろう。

二 「かむやらひ」と追放刑——その一——

まず問題にしたいのは、「かむやらひ」が「神々の処置」・「神々の判決」によるものか、という点である。この認識は、井上博士にかぎらず、津田左右吉博士を含めて、少なくとも近代の歴史学者には、管見のかぎり、ほぼ例外なく共通してみられるものであるが、筆者は、疑問なしとしないのである。

たしかに、書紀（神代・第七段）本文は、スサノヲの悪行に怒ったアマテラスのいわゆる「岩戸がくれ」が解決した後に、「諸神」がスサノヲに祓具を科し（「科するに千座置戸《ちくらのおきど》を以てし」）、髪もしくは爪を抜いて贖罪させた、という件りにひき続いて「逐降《かむやら》ひ」を記している。また同段の第二の「一書」も同様の筋書きののち、「解除《はら》へ竟《をは》りて、遂に神逐《かむやらひ》の理を以て逐ふ」とするし、古事記も「千位置戸を負せ、亦鬚を切り、手足の爪も抜かしめて、神夜良比夜良比き」としており、一見「神々の判決」によって「かむやらひ」が処せられたかのようにみえる。

だが、スサノヲがアマテラスに会いに高天原にのぼる——その結果ウケヒに勝って悪行を働く——ことになった、そもそもの経緯を想起していただきたい。書紀（神代・第五段）本文はこう述べているのである。イザナギ・イザナミ、「共に議《はか》りて曰く、『吾すでに大八洲国及び山川草木を生めり。何ぞ天下の主《きみ》たる者を生まざらむ』と。ここに共に日の神を生みまつります。……此の子、光華明彩《ひかりうるは》しくして、六合《くに》の内に照り徹る。故《かれ》、二神喜びて曰く、『……早に天に送りて、授くるに天上の事を以てすべし』と。……故、天柱を以て、天上に挙《おくりあ》ぐ」。ついで二神は「月の神」と「蛭児」を生んだ後、「素戔嗚尊」を生んだが、「此の神、勇悍《いさみたけ》くして安忍《いぶり》（残忍）なること有り。また常に哭き泣《いさ》つるを以て行《わざ》とす。故、国内の人民をして多《さは》に以て夭折《あからさまにし》なしむ。また青山を枯に変す。故、その父母の二神、素戔嗚尊に勅したまはく、『汝、甚だ無道《あづきな》し。以て宇宙《あめのした》に君臨《きみ》たるべからず。固《まこと》に（必ず）当に遠く根の国に適《い》ね』とのたまひて、遂に逐ひき」。

多言は無用、スサノヲは父母たるイザナギ・イザナミによって放逐されたのである。そしてその結果かれは「吾、今、教《みことのり》を奉りて、根の国に就りなむとす。故、暫く高天原に向《まう》でて、姉と相見えて、後に永に退りなむと欲ふ」と二神に乞い、「許す」という「勅」をえて、すでに二神によって天上に送られていたアマテラスを「詣」でる（神代・第六段）。スサノヲ放逐の運命は高天原で悪行を働く前にきまっていたのであり、しかもその放逐は高天原からでなく、かれの生まれた「大八洲国」からのものであった。もっとも、アマテラスが「天下《あめのした》の主《きみ》たる者」として生まれ、しかも「天上《あめ》の事」を「授」けられて昇天した（前掲参照）、というところから、「天上」も「天下」もさしたる区別がなされておらず、ともにアマテラスの統治すべきところと考えられていたのであって、右のちがいは問題にならない、という反論があるかもしれない。しかし、スサノヲは「宇宙《あめのした》（古訓による）に君臨《きみ》たるべからず」として「根の国」に放逐された（前掲参照）のであり、「天下」から姉は「天上」へ、弟は「根の国」＝地下の世界へと、二神の意見で別々に送られたのは明らかである。津田左右吉博士が鋭く分析したように[19]、天皇の日本支配の淵源の叙述と、皇祖は日神であるという「根本思想」を結合させるのが「神代史の結構」だとするならば、「大八洲国」＝「天下」に、その「主たる者」たるべく生まれたアマテラスが、いったんは「天上」に昇って日にならねばならず、そしてその子孫がはじめて地上に降りて来るという構成にならざるをえないから、「天上」・「天下」・「地下」という、上・中・下、三重構造は、「神代史の結構」からいっても必然的なのである。

この三重構造は、神代・第五段のいくつかの「一書」も共有している。第一のそれは、イザナギが「御寓《あめのしたしら》すべき珍《うづ》の子を生まむ」として生まれた日月両神を「天地《あめのした》に照らし臨まし」め、他方スサノヲは「性、残《そこな》ひ害《やぶ》ることを好む」が「故」に、「下して根の国を治しむ」としている。また第二のそれによると、「日月既に生れたまひぬ」としたあと、スサノヲが「性、悪《さがな》くして、常に哭き恚むことを好む。国民多に死ぬ。青山を枯に為す」ので、「その父母」が「たとひ、汝此の国を治らば、必ず残ひ傷る所多けむ」といって、「極めて遠き根の国」に放逐した。さらに、第六の「一書」はある意味で三重構造を一層明瞭に示している。すなわち、イザナギが三神を生んだあと、「天照大神は、以て高天原を治すべし。月読命は、以て滄海原の潮の八百重を治すべし。素戔嗚尊は、以て天下を治すべし」と「勅任《ことよさ》」した。ところがスサノヲ自身が泣いてばかりいるので、その理由を問うと、「吾は母に根の国に従はむと欲ひて、只に泣くのみ」と答えたので、イザナギは「悪《にく》みて曰く、『情《こころ》の任《まま》に行ね』とのたまひて、乃ち逐りき」というのである。ここではアマテラス―「高天原」・スサノヲ―「天下」の分掌体制がイザナギによって構想されており、

「天上」・「天下」の区別は明白である。しかもその「天下」は「海原」とも区別された国土そのもの＝「大八洲国」（この「一書」の冒頭にイザナギ・イザナミが「共に大八洲国を生みたまふ」とある）に他ならない。

古事記と書紀の第十一の「一書」はこれらと若干異なり、「大八洲国」は表面にあらわれず、スサノヲは「海原」をしらすべくイザナギに命ぜられているが、いずれにしてもアマテラスは「高天原」をしらすべきものとされ、両者の分掌は明らかであり、スサノヲはやはり泣いてばかりいて「事依《ことよ》させし国を治ら」ざるのを咎められ、「此の国に住むべからず」とされて、その欲する「根の国」へ「神夜良比に夜良比」にあうのである。[20]

要するに、スサノヲは、父（もしくは父母）によって、アマテラスの支配下にある「高天原」とは別の場所（「大八洲」もしくは「此の国」）から、第三の場所（「根の国」）へと、——はじめから、もしくは一度は配当された地の——統治にふさわしくないものとして、「かむやらひ」された、という構成は——のちに述べる、ある「一書」を除いて——諸書に一致してみられるのである。このように、国土とその統治者を生み出す意図をもった神の、いわば政治的（家父長制支配的）判断によってスサノヲが、その国土から放逐される、という筋書は、考えてみれば、前述のような「神代史の結構」からいって当然のものであろう。津田博士によれば、日神の子孫の「降臨」譚に、日月国土の誕生が結合して「神代史」の基本的骨格がまずでき上り、ついで出雲と大和政権との間の対立と和解の譚を付合させる必要上、ヨミの国＝出雲の支配者オオナムチの祖を血縁原理で日神と結びつけるべく、「スサノヲの命の物語が案出せられた」[21]という。この見事な分析を前提にするならば、スサノヲは「神代史」の登場人物になった時から、自分を生んだ親によって、「大八洲国」から放逐されるべく運命づけられていた、といって過言ではない。

こうしてみれば、スサノヲの高天原行き、悪行、岩戸がくれ、「はらへ」といった、次に語られる一連の譚は挿話でしかない。つまり、書紀本文を例にとるならば、第五段の末尾の、「『宇宙に君臨たるべからず。固に当に遠く根の国に適ね』とのたまひて、遂に逐ひき」から、——第六・七段をとばして——第八段の「是の時に、素戔嗚尊、天より出雲国の簸の川上に降到《いた》り」、ヤマタノオロチを退治して、その地の娘を妻とする譚に続くのが、むしろ自然でさえある。もっとも、「天より……降到」るという表現は、高天原行きが（第六・七段がなくて）書かれていなければ不自然であるが、それは本質的な問題ではあるまい。両段を挿入した以上、こうした修辞上の微調整がなされるのは、むしろ当然だからである。私は第七段の末尾の、「はらへ」のあとの「已にして竟に逐降ひき」という文章も、このような挿入の結果必要となった、第八段へのつなぎのための微調整のひとつではないか、と考えるのである。このテキストの前段で、祓具を科し、「髪を抜きて、その罪を贖はしむるに至る。亦曰く、その手足の爪を抜きて贖ふといふ」と書いた後、すぐ続けて「已にして竟に逐降ひき」と記すのは、あまりに唐突ではあるまいか。

津田博士は、前述のように、スサノヲの譚全体があとから「案出」されたものとするが、ただ「日の神が天に上ぼられたこととホノニニギの命の天くだりが直ぐ続いてゐては、物語としてすぢが立たないから、原の形に於いても其の間に何か簡単な話があったかも知れず、さうしてそれは後にできたスサノヲの命の物語に結合吸収せられてしまったのではないか(22)」と「推測」し、その、「もとはスサノヲの命に関係なく語られてゐた(23)」ものとして、岩戸がくれの譚を想定する。私もそれを継承しつつ、ただし、スサノヲが「タカマノハラで乱暴した罪によって放逐された(24)」という見解、いいかえれば元来あった岩戸がくれ神話においても、その原因をつくった犯行者の「放逐もまた、落ちゆくさきはヨミの国と定められていたらしい(25)」という推測には与しないのである。

このような推測の結果、津田博士はスサノヲが「既に〔イザナギによる放逐によって〕ゆくはずになってゐるヨミの国へ、改めてまた放逐せられるといふのは、同じことが二重になってゐて、物語の筋が透徹を欠いてゐるやうであるが、それはともかくもとして、寧ろそれほどまでに、ヨミが幾重にもスサノヲの命に絡まってゐるということは、注意を要する(26)」（傍点引用者）というように論述を進めていくことになる。しかし、「神々の判決」が「はらへ」にのみかかわるもので、「かむやらひ」と切りはなして考えるべきだ、という立場に立てば、「同じことが二重になってゐて、物語の筋が透徹を欠いてゐる」という心配[27]をすること自体、不必要になるわけである。くり返しになるが、「神々の判決」による「はらへ」と、イザナギによるスサノヲのヨミ放逐とが結合した結果、第七段の末尾に、「かむやらひき」という完了形で、第八段の出雲下りへのつなぎの文章が書かれることになったのではなかろうか。いずれにせよ、この件りを以て追放刑を立証する根拠とするのは無理であろう。

三　「かむやらひ」と追放刑——その二——

そこで前（三六〇ページ）に、ある「一書」を除いて、と留保しておいた問題の検討に移ろう。その「一書」とは、井上博士がミッタイスの説く「平和喪失」と「全く符節を合している」ことに「強く心をひかれ」た、かの、「かむやらひ」に処せられた者に保護を与えることを禁ずる趣旨の叙述を含む「一書」にほかならない。すなわち——アマテラスへの暇乞いに高天原にのぼり、それとのウケヒに勝った譚の第六段につづいて——勝ちほこったスサノヲが悪行を犯して「ハラヘ」に処せられる、という第七段の書紀本文に付せられた諸異伝のうちの、第三の「一書」で、それは次のような筋立てになっている。

①スサノヲが、自分の田に比べてアマテラスの田が良いのを「妬みて姉の田」に害を与えた（本文や他の「一書」および古事記にみられる、アマテラスの神殿乱入がみられない）にもかかわらず、「日神、恤《とが》めたまはずして、恒に平恕《たひらかなるみこころ》を以て相容《ゆる》したまふこと、云々《しかじか》」。②岩戸がくれ（ただし他書のように、スサノヲの悪行との因果関係を示す、アマテラスが「これに由りて発慍り」というような表現がなく、右の「相容したまふこと、云々」から、一転、卒然として「日神の、天石窟に閉ります……」と説きはじめる）。③日神復活に「諸々の神大きに喜びて、即ち素戔嗚尊に千座置戸の解除《はらへ》を科《おほ》せて、手の爪を以ては吉爪棄物《よしきらひもの》、足の爪を以ては凶爪棄物《あしきらひもの》とす。乃ち天児屋命をして、其の解除の太諄辞《ふとのりと》を掌りて宣らしむ（ア

マノコヤネは、他書では日神を岩戸からよび出す儀礼に際してはたらく)。④「諸神、素戔嗚尊を嘖めて曰はく、『汝が所行甚だ無頼《たのもしげな》し。故、天上に住むべからず。亦葦原中国にも居るべからず。急に底つ根の国に適《い》ね』といひて、乃ち共に逐降《やら》ひ去《や》りき」。⑤スサノヲは「宿を衆神に乞ふ」たが、「逐ひ謫めらるる者……如何にぞ宿を我に乞ふ」といわれて、雨の中を「辛苦みつつ降」っていく。⑥「是の後に、素戔嗚尊の曰く『諸神、我を逐ふ。我、今当《まさ》に永に去りなむ。如何にぞ我が姉と相見えまつらずして、擅にみずから俓《ただ》に去らむや』とのたまひて、廼《すなは》ち復《また》天を扇《とよも》(さわが)し、国を扇して、天に上り詣い」でて、アマテラスとのウケヒに勝つ。

このように右の「一書」は、明白に「諸神」が、追放したというかたちをとっているので、井上博士が「集団員全体の会議による」「世俗的制裁」としての追放刑説を展開する際、「第三の一書は最も詳しく……」(28)と、これを最も頼りにしておられる(実はこれ以外の諸書に根拠を求められないことは前述の通りであるが)のは当然であり、また他の諸説も、悪行↓諸神による追放刑という点では一致しているのも、この「一書」に負うところが大きいと考えられる。だが、これを、少なくとも原初的な刑罰のあり方を探る素材として用いるのは適切ではない、というのが私見であり、それはこの「一書」の筋立てが著しい特異性をもっていることに基づいている。

この特異性はさまざまな点でみられるが、最も顕著なそれが、ウケヒと岩戸がくれ以下の譚の順序が他書と逆になっている点であることはいうまでもなかろう。この点はつとに津田博士の注目をひき、「これは後の変形であろう」(29)という結論が出されている。何故なら、「岩戸がくれの事件の原因として説かれてゐるスサノヲの命の乱暴は、此の命が既にタカマノハラに上ってゐた後の話としなくてはならぬに、其の上ってゆくことが説いてなく、さうしてタカマノハラを逐はれて後またそこに上ってゆくといふのも、不自然だからである。古事記や書紀の本文の如き順序には《ママ》れば、話の進行が自然である」(30)から。この「一書」が「後の変形」をうけている、という点については、津田博士の分析につけ加えるべき何ものもないであろう。問題はこの「変形」がどのような性質のものか、であるが、博士はこれには立ち入らず、ただちに「古事記や書紀の本文の如き順序」を前提に、前に紹介した、放逐の「二重」性・「物語の筋が透徹を欠いてゐる」ことの問題性の分析へと、論を進めていく。しかしこの「一書」の叙述から原初的刑罰のあり方をひき出すことの妥当性との関連では、右の問題を避けて通ることはできない。

そこで、順序逆転のほかにどのような「変形」がみられるか、筋立てに添って整理することからはじめよう。

(1)　スサノヲは「天上の住人」になっている。この点はかれが田をもっていること、「天上に住むべからず」と追放されたことなどにあらわれている。

(2)　これと関連して、ここでの世界は基本的に「天上」と「根の国」の二重構造になっている。「亦葦原中国にも居るべからず」とあるのは、基本的には他書の「原形」にみられる三重構造の名残りとみられるが、「変形」によって後にまわったウケヒの段で、同国が登場してくることへの伏線でもある。しかしここではスサノヲが「不善」ならば女子が生まれ同国に降す、「清き心」ならば男子が生まれ「天上を御《しら》」す、という条件のもとにウケヒがなされるわけで、「不善」の運命を負った子が赴く先として「葦原中国」が指定されている。(31) 前述のように、他の諸書で始祖以来天皇の治すべき「大八洲国」(「葦原中国」)とスサノヲの国たる「根の国」の対立国がまずあって、それに皇祖＝日神の「根本思想」の故に日神の国＝「天上」がつけ加わって、三重構造となったのに対し、この「一書」では「天上」と「根の国」の対立国が基本にあって、そこに「原形」の影響で「葦原中国」がいわば紛れ込んではいるが、それは諸書とはちがって、「不善」の子の放逐先という、ネガティヴな意味しかもっていない。筆者が「基本的に……二重構造」といった所以はここにある。

(3)　こうしてみると、この「一書」は津田博士のいう「神代史の結構」そのものに反する側面をみせている、ということになろう。アマテラスの田が自分の田より良いのを「妬」んで荒らしたと述べるのみで、神殿に乱入する悪行を記していないのも、右のことと関連があると思われる。他の諸書では、スサノヲはいわば外からの闖入者として描かれているが、それは「神代史の結構」からくる上・中・下、三重構造のなかの、「中」(「大八洲国」)→「上」(高天原)というスサノヲの空間移動と照応している。それに対してこの「一書」では、悪行に先立つ空間移動がなく、悪行に対する処罰として「上」から「下」へ放逐される、という二重構造に照応して、スサノヲは「上」の世界内部で、他の構成員の利益を侵害したものとされ、集団全体の、もしくはその指導者の祭祀を汚す所行は描かれないことになった。「原形」では、「神代史の結構」にそれなりに適合的な挿話となっていたスサノヲの悪行譚は、いわばひとり歩きをして、さまざまな「変形」が加えられ、悪行とその報いを主題とする、一つの独立した譚に発展して、この「一書」ができ上ったのではなかろうか。前掲⑤と⑥という、他書に全く類を見ない部分がつけ加わっているのはこのためにちがいない[32]。岩戸がくれとウケヒの順序逆転も、「結構」を忘れた「独立化」がもたらした「不自然」さであろう。

(4) ここで他の「変形」の内容が問題になる。まず「はらへ」の儀礼(Ritus)化が注目されなければならない。他書では、たとえば、「諸神、罪過《つみ》を素戔嗚尊に帰て、科するに千座置戸を以てし……」(書紀本文[33])というように、「つみ」の帰責として「はらへ」が科せられているのに対し、この「一書」では、「諸神、大きに喜びて、即ち素戔嗚尊に千座置戸を科せ……」となっており、これと対照的に「素戔嗚尊を嘖めて……根の国に適ね」と、「つみ」に対する処罰として放逐が描かれている。「災気」をはらう儀式と「制裁」としての追放、という井上説に、この「一書」はぴったりの構成をとっているが、その構成は他の諸書と比べると、ほとんど逆転といってよいほど、根本的な「変形」の結果であることは明白である。アマノコヤネが「はらへ」に際して「のりと」した、と「変形」(前述③参照)しているのも、後世この神の子孫とされる中臣連が大和政権の「はらへ」儀礼でその役目を負っていたことへの付会であって、この「一書」における「はらへ」が儀礼的なものになっているのと対応している。

(5) 「はらへ」の儀礼化の反面として、もっぱら放逐が悪行の報いとされてきていることは、もはやいうまでもあるまい。それと照応して、放逐の決定がイザナギ（・イザナミ）の政治的決定から、「諸神」の判決へと「変形」されている。そしてこれによって、前述⑥の挿入、いいかえれば「行、濁悪しくして、逐《やら》ひ謫《せ》めらるる者なり。如何ぞ宿を我に乞ふ」という、「平和喪失」の法理への接近も可能になった。けだし、悪行の報いとして放逐が決定された以上、その決定者に保護を求めるいわれがない（「如何ぞ宿を我に乞ふ」！）からである。

(6)　これと関連して忘れてならないのは、前述①の、「日神、慍めたまはずして、恒に平恕を以て相容したまふ」の一節である。被害者であるアマテラスが加害者の責任を追及しないのに、「諸神」はかれを追放している。他書ではどうか。書紀本文は、「これに由りて、発慍《いか》りまして、乃ち天石窟に入りま」すといい、第一の「一書」もほぼ同じ、第二の「一書」は「平なる心を以て容し」てきたが、重なる悪行に対し最後に「恚恨《いか》りまして」、こもってしまった、とする点で古事記と似ている。悪行→アマテラスの怒り→岩戸がくれ→「つみ」を帰して「はらへ」を科す、という、これらの構成に比べると、第三の「一書」の特異性は顕著である。被害者による責任追及の有無にかかわらず、集団全体の利害の観点から、「はらへ」ではなく追放を科す、というところに、偶然ではないものを感じるのは私だけであるまい。むろん、他の諸書が、被害者による「はらへ」の要求、というような、右と全く対蹠的な筋書きをとっているわけではないから、（私的な）賠償契約と（公的な）追放刑という対立を諸書とこの「一書」の間に見出そうとするのは無理である。しかしながら、前者の叙述にはみられなかった集団構成員に対する公的追放刑が、後者に登場する（その反面での「はらへ」の儀礼化）、という「変形」があったことはたしかであろう。そしてこれとともに、「平和喪失」に「全く符節を合」わす、保護供与禁止の説話がつけ加わった。[34]

以上、この「一書」が、悪行と報いを主題とする譚に独立化し、「変形」をうける過程で、追放刑思想が新しくつけ加わった、と私は考えるのであるが、これには次のような疑問の提起も不可能ではない。すなわち、「変形」によって盛りこまれたものが、内容的に新しいものとはかぎらない、いいかえれば、悪行と報いの譚になる際に、――朝廷支配の正統性の由来を説くための「神代史の結構」から解放されて——法説話として純化され、むしろ原初的な法慣習・法思考が復活することになったのではないか、という疑問である。むろん、このようなことは論理的には考えられないわけではないが、この疑問を否定（あるいは肯定）する決め手を——事の性質上——記紀神話のなかに求めることが困難である以上、おのずから間接的な方法を採らざるをえない。さしあたり、それとして考えられるのは、「平和喪失」的追放刑と「はらへ」が儀礼であることの原初性の再検討である。けだし、前述のところからうかがわれるように、井上博士は右の二つを前提にして、——実質的には——この「一書」のみから、「かむやらひ」＝世俗的追放刑の原初性をひき出しておられるからである。

四　「平和喪失」

「古ゲルマン法」の「平和喪失」は、たしかにハインリヒ・ミッタイスの概説書に集約されたように、Wilda, Das Strafrecht der Germanen (1842) 以来、一九世紀のドイツ法史学がほとんど例外なく説いてきたものである。しかし近年の研究が、これに対して根本的な疑問を投げかけていることを、ここに紹介しないわけにはいかない。

古典的学説が「古ゲルマン社会」や「古ゲルマン法」について、かなり鮮明な像を描いてきたことは周知の通りであるが、それは、同時代史料と一応はいえる、タキトゥスの『ゲルマーニア』[35]からひき出されたわずかな部分を除けば、ほとんど後世の諸史料からの「遡及的方法」[36]に頼って再構成されたものにすぎない。この点も一般的に知られたことであるが、とくに「平和喪失」の検討にあたっては、注意を喚起しておく必要がある。つまり、「平和喪失」に関する記事が『ゲルマーニア』にあるわけではなく、学者はこれまで、フランク時代の諸部族法典や中世中期の諸法、しかも北欧のそれを用い、その結果を「古ゲルマン」に逆投影していたのである。これに対して近年、ヒンリッヒ・

ジウツが先鞭をつけて以来、エッケハルト・カウフマンとヘルマン・ネールゼン、エースタ・アークウィスト、クラウス・フォン・セー等が両面について決定的な批判を行った(37)。

まずフランク時代の諸部族法典を用いた点については、古典的「平和喪失」像の形成に中心的役割を果たした『レークス・サリカ』第五五章四の読み方に対する再吟味が最も重要である。すなわちこの条文は、《埋葬された死体を発掘略奪したもの＝法廷用語で「墓荒らし」は、死者の親族との和解が成立し、賠償をなすまでは、wargus たるべし。その間にかれに保護を供与したものは――妻であれ、親族であれ――六〇〇デナリウス責あるべし》という趣旨のものであり、これは古典学説において、《「墓荒らし」は「平和喪失」に処せられたが、そのものは人殺し（Würger）・狼（Wolf）とみなされ、狼のように自由（wolfsfrei）で、これを殺しても贖罪金支払の必要がない、何人にも――殺人の罪なしに――殺される運命を免れるには、森の中をさまようしかないのだ》と解釈されたのである(38)。これが、井上博士の引用されたミッタイスの概説の基礎になったものであることはいうまでもない。

しかしながらネールゼン(39)によれば、『レークス・サリカ』における wargus は、少なくとも他の場所では、その動詞形 wargare の用法からわかるように、Würger（人殺し）の意味ではなく、plagiator(40) と同じ意味、つまり泥棒の意味で用いられている。『レークス・サリカ』より後の時代、カーロリング期に入っても、この言葉は狼の意味に用いられたことを示す痕跡はなにひとつない。北欧においても、wargus を狼と等置する用法は、せいぜい一一世紀までしか遡れない、というのである。

こうして「追放された者は、猛獣と同じく森の住人であり、何人もこれを狼と同じく、罰せられることなく殺害してよい」（ヤーコプ・グリム）という解釈がもはや成り立たないとすれば、『レークス・サリカ』第五五章四は、《「墓荒らし」は、被害者（死体）の親族に対して贖罪金を支払わない場合には、復讐を覚悟せねばならず、むろんその復讐行為は正当なものだから、それが罰せられることはない。その際復讐にさらされた者を第三者が保護・加勢することは許されない》⑷ということ——復讐と贖罪金の関係からいって、ほとんど当然のこと——を定めたものにすぎない、というほかかない。むろんこうなれば、事実上、「墓荒らし」は——復讐を避けるべく——復讐者の手のとどかないところへ逃げざるをえないだろう。しかしネールゼンが指摘するように、第三者が、「かれ〔墓荒し〕を殺してもよいとか、いわんや殺す義務がある、という〔通〕説を裏づけるものは、この条文はもちろん、『レークス・サリカ』全体を見渡しても、どこにもない」[42]のだから、逃げゆく先が森であるかどうかはわからない。だいいち、その犯人が墓の主と同じ「共同体」の構成員であるという保証はどこにあるだろう。少なくとも『レークス・サリカ』[43]の条文からそのようなことは読みとれないはずである。要するに、この条項は贖罪金支払を強制する趣旨のものであって、追放刑を規定したものとみることはできないのである。[44]

もちろん「平和喪失」という概念が、学者の想像にのみ出たものであるわけではない。しかし、それは中世中期の北欧、ことにスウェーデンの諸法にはじめて登場してくるものだということが指摘されている。[45]しかもそれは、キリスト教ないし教会によって唱導された「平和運動」の文脈のなかに位置づけられるべきもので、古ゲルマン法の遺産とは理解できないものである、という。そもそも、中世の北欧法が全体として、古ゲルマン法の面影を——ドイツ法より変化が少なかった（キリスト教ないし教会法の影響を受けるのがおくれた）が故に——より純粋に残している、という想定が、前述の「遡及的方法」を支える一つの前提であったのだが、「今日、北欧諸法は生粋のゲルマン的法観念の史料としては除外せざるをえない、という認識」[46]は、学界共通のものになりつつある。

こうしてみると、『レークス・サリカ』第五五章四が、当時の『贖罪書』(Bußbücher) の、ある条項に酷似する（後述）、という事実も偶然ではないのかもしれない。当時、教会において教区民に贖罪を課す場合の指針として『贖罪書』が用いられていたが、その内容はむろんキリスト教的法思想を盛りこんだものであった。聖職者たちは、これを基準に、教区民の告白した行為に、贖罪を課すか否か、どの程度課すか、を決めることを通じて「教化」していこうとしたのである。この意味で『贖罪書』は、教会の立場からする、一種の「犯罪のカタログ」であるといってもよい。そしてネールゼンによれば、教会は一貫して「墓荒らし」を重罪とみなしており、『贖罪書』もこれに殺人なみの贖罪を課している。(47) だとすれば、『レークス・サリカ』第五五章四の趣旨も、むしろ教会的起源のものではないか、という推測さえ可能だという。

実際、『贖罪書』のなかには、「墓荒らし」を対象とするのでなく、殺人を対象とする条項ではあるが、『レークス・サリカ』第五五章四に、構成・言いまわしの点にいたるまで酷似するものがあることが紹介されている。コルンバーンの『贖罪書』第十五章がそれで、ここには、《聖職者が殺人を犯した場合には、十年間異郷で贖罪した後、さらに被害者の親族に身を委ねることにより賠償することを約して、はじめて故地に戻ることができる。被害者側に対する賠償をしないかぎり、かれはカインのごとく流浪者として、地上をさまようべし》と規定されている。実はネールゼンやそれを引くクレッシェルは、この両者の間にもっぱら「顕著な類似(48)」を見出すのだが、本稿との関連では、見逃すことのできない相違点も潜んでいる。

それは、聖コルンバーン『贖罪書』では、異郷での贖罪生活と被害者側への賠償が併科されている、という点にほかならない。たしかに「言いまわしの果てにいたるまで(49)」両書は似ているが、内容の点で、異郷での贖罪生活が『レークス・サリカ』では落ちていることは注目されよう。もっとも、この贖罪生活は「パンと水（のみの極貧生活）による贖罪を、かれがその許で贖罪せしところの……司教の証言によりて、立派に証明せし場合には……」と記されているところから明らかなように、追放刑というより、流刑といった方が適当であるが、それはともかく、仮に追放刑と共通するものを含むと理解したとして議論を進めよう。教会は、殺人犯たる配下の聖職者（それは当然、「教会法」に服すべきものである）に、「追放」という「教会法」上の（神ないし教会に対する）贖罪を課した上に、さらに故地へ戻る条件として、被害者側への（世俗上の）賠償が必要だとしているのだが、それはおそらく右の「教会法」上の贖罪だけでは、当事者間の関係は修復されず、復讐の可能性が除去されない、という当然の事理を考慮しているからであろう。これに対して『レークス・サリカ』の立法者は、教会のこうした考え方を知悉しておりながら、[50]いわばそれを逆転させ、被害者側への賠償を中心に据え、それの強制手段として、賠償しない者への保護供与禁止（「追放」ではない）を定める、というように変えたのである。このズレは「言いまわしの果てにいたるまで……一致」していればいるほど、むしろ見逃せない点であろう。

これと関連して、『レークス・サリカ』の、右のような保護供与禁止が、『贖罪書』に書かれていない、という点は表面的な相違にすぎない。教会法上も、破門の法的効果の一つとしてVerkehrsverbot[51]が存在し、これが当然『贖罪書』の裏打ちになっている、と考えられるからである。従って、『レークス・サリカ』と『贖罪書』の実質的差異は、差し引き、「追放」の点だけ、ということになる。なお、「カイン……」は、旧約聖書創世記第四章第十二の敷き写しであり、同章十四、十五が「汝（エホバ）、今日この地の面より我（カイン）を逐出したまふ……我、地にさまよふ流離子《さすらいびと》とならん。凡そ我に遇ふ者、我を殺さん。エホバ、彼に言ひたまひけるは、然らず、凡そカインを殺す者は七倍の罰を受けん、と。エホバ、カインに遇ふ者の、彼を撃たざるため、印誌《しるし》を彼に与へたまへり」とするように、ここでも第三者が、被害者側への賠償をしない犯人を殺すことは許されていない。[52]『贖罪書』のカインであれ、『レークス・サリカ』のwargusであれ、古典学説のいう「平和喪失」とは何の関係もないことは、もはや明白であろう。しかも前述のように、『レークス・サリカ』は異郷での謹慎生活さえ、贖罪の条件からはずしたのである。「墓荒らし」を殺人に匹敵する重罪とみなした教会の考え方は、『レークス・サリカ』に影響を及ぼしてはいるが、そこにとり入れられるにあたって、贖罪の条件については、追放刑の有無を尺度にするかぎり、本質的ともいうべき軽減がなされていることを忘れてはならない。

もちろん、この影響を無視してはならない。当面は右のようなズレを免れなかったものの、教会の考え方は徐々に世俗世界に浸透していったことは大いに考えられることである。前述のように、中世中期の北欧における、文字通りの「平和喪失」の出現が教会的「平和運動」の高揚と密接な関係にあるとするならば、『贖罪書』から『レークス・サリカ』へのズレは、単なる後退ではなく、教会的法思考が世俗法へ浸透していく過程での「名誉ある一時撤退」なのかもしれない。それはともかくとして、「平和喪失」が登場する中世中期の北欧において、wargus を狼と等置する例がはじめて現われる、というのはおそらく偶然ではあるまい。

ドイツの古典学説によって、古ゲルマンに想定された「平和喪失」的追放刑なるものが、同時代の史料はおろか、フランク期の諸部族法典のなかにも根拠をもたないこと、フランク期に萌芽がみられるとしても、それはゲルマン的起源ではなく、キリスト教的起源のものと考えられることを確認すれば、前節末尾に立てた問題の検討にとっては十分であろう。かかる追放刑は原初的なものとは考えにくいのである。そして「追放」の思考は、『レークス・サリカ』より新しい時代に属する『レークス・バユワリオールム』が物語るように[53]、むしろ贖罪金支払の強制手段として、法システムのなかに入ってくる、ということさえ推測可能ではなかろうか。

前にも触れたように、いったん贖罪の約束（和解）が成立しても、それが果たされなければ、復讐に立ち戻るはずである。つまり原初的には贖罪の強制手段は復讐にほかならなかった。しかし「加害者」にも縁者がいるし、そもそも「加害者」が復讐を受けなければならないほど「悪い」のか、少なくともその味方にとっては自明ではないから、復讐は「加害者」側と「被害者」側の集団的闘争になりやすく、さらに「殺った」・「殺られた」の連鎖的闘争に発展する可能性を孕んでいる。そのコストを軽減するには、まず、その復讐的闘争を何らかの形で整序することが考えられるはずである。『レークス・サリカ』が、「加害者」に対する保護供与を禁じ、単独で復讐者に立ち向かうことを強制するのは、こうした整序方法の一つといってよかろう。しかし、秩序の維持を高度化するには、基本的にいって復讐に代る強制手段を案出しなければならない。そこに「追放」の思考が法システムに入りこむ契機があるのではなかろうか。『レークス・バユワリオールム』に、キリスト教的「追放」の思想が影を落しているのは、その意味で偶然ではないと思われる。そしてそれが、「カインに遇ふ者の、彼を撃たざる」保障とセットになっていることにも留意すべきであろう。「追放」は復讐に代る手段であり、「加害者」と「被害者」の隔離をはかるもの、という側面も、われわれは考えておく必要がありはしまいか。いずれにせよ、追放刑が原初的な法制度である、という考えに私は与しない。その点ではむしろ——本来は復讐とセットになった——贖罪契約にこそ目をむけねばなるまい。それはとりもなおさず、前節末尾に指摘した《「はらへ」＝儀礼》の原初性の再検討の問題でもある。

五　「はらへ」
——儀礼か賠償か——

(一)　はじめに

前節で述べたような復讐の整序への道が、第三者、しかも両当事者に対して一定程度超越する権威ないし権力をもつ第三者の存在によって、はじめて開けてくることはいうまでもなかろう。こうした第三者が、その圧力によって、「被害者」の復讐を——少なくとも当面は——抑止して、自己の許への「訴え」を強制し、紛争に関する一定の判断を下す、ということがあってはじめて、「加害者」に対する保護・支援の禁止も可能になるからである。「訴え」の強制と紛争に関する権威的判断がないところでは、「加害者」の「不法」も所詮は「藪の中」であって、縁者が「加害者」を支援することを抑えることはできないはずである。

この点、現行犯に対する——しばしば「被害」と均衡を失した、重い——復讐が正当視され、現行犯人側からの反復讐を禁ずる法理が、ドイツ諸部族法、ローマ法、ギリシア法、ユダヤ法など広く分布しているのは(54)、示唆的である。

窃盗や姦通の現行犯を殺害しても贖罪金支払を免れるのはその一例であるが、わが国中世の「密懐」についても、「寝所を去らず」、「当座の儀」で「姦夫」を「本夫」が殺しても「反報」されない、という法理がみられる。[55]『吉川氏法度』が「人之女密懐之儀、何方にても、寝所を去らず、これを討ち果すべし。大かた浮世の取り沙汰ばかりにて、証拠無き儀は、法度も如何」とするのは、その法理の趣旨をよく示しているではないか。現行犯ならぬ「証拠無き儀」は、「加害者」（「姦夫」）への復讐を正当化しないのである。裏からいえば、「証拠無き儀」については権威的判断があってはじめて、正当な復讐と然らざるものの区別と復讐それ自体の整序が可能になる、というわけである。

こうした権威的判断のないところでは、いうまでもなく「加害者」と「被害者」の対決になる。後者にとっての選択肢は、復讐か贖罪要求かであるが、基本的には復讐実行のもたらすさまざまなコストを考慮しつつ、「絶対に許せん」という気持とすり合わせることによって、選択は決まってくるであろう。当事者間の個別的事情（味方を含めてどちらが強いか、等々）だけでなく、社会的状況（たとえば周囲のものが平和的解決を好む）も当然ここに反映されるわけで、周囲の圧力も「コスト計算」に含まれてくるであろう。「加害者」にとっても選択の幅がないわけではない。現行犯のように「罪状」明白な場合はともかく、「言い分」もあるはずである。いずれにせよ贖罪要求を拒むさまざまなコストを考慮しつつ、「加害者」は「被害者」に対峙する。ここに第三者が仲介・調停者として介入してくる余地もあり、ひいては権威的第三者（裁判権）形成の端緒があるのだが、本稿はこうした法発展の一般理論の問題に立ち入る場ではない。

要するに、両当事者の選択が一致したとき贖罪（和解）の約束が成り立つわけで、少なくともこれが最も原初的な《法》の一つであることに異論はないだろう。ネールゼンが、「諸部族法典を特徴づける、いわゆる贖罪金制（Kompositionen- oder Bußsystem）は、教会の影響の下に、古ゲルマンの死刑・体刑・平和喪失処分にとって代っ〔て新しく出てき〕たものである、という今なお支配的な見解には、史料的根拠がない。事実は逆であって、贖罪金支払による解決は、つとにゲルマン時代から広汎に存在していたように思われる」[56]として、「殺人でさえ、牛または羊の一定の数によって償われ、被害者の一族はこの賠償（satisfactio）を満足して受納する」[57]という、『ゲルマーニア』第二一章を引いているのは、きわめて示唆的である。

(二)「はらへ」の諸形態

そこで「はらへ」という言葉で表現されたものの実態が問題になる。すでに第三節で述べたように、スサノヲの命に対して科せられた「はらへ」についても、第三の「一書」と他の諸書の間に差異がみられる。つまり「諸神、罪過《つみ》を素戔嗚尊に帰《よ》せて」するものと、「諸神、大きに喜びて」――「素戔嗚尊を嘖めて」ヨミの国へ追放することと別に――するものとの差である。ただ、このように「つみ」の報いというメルクマールからすれば、両者は著しく性格を異にするが、しかしマーギッシュな儀礼であるという点では両者共通である。これに対して、もはや儀礼とはほとんど関係のない「はらへ」もみられる。

これはすでに多くの学者はもちろん、井上博士も認めておられることで、「大化改新紀の政治改革に伴う風俗匡正の詔などに、解除という語を、端的に罰金そのものとして用いている」[58]例をひきつつ、「はらへ」が「一種の財産刑」[59]としての性格をもっていることが指摘されている。だが、博士は「アハト事件ではなく、フェーデ事件の、調停裁判所による贖罪金と同視するおそれがある」こと、「概念の混同を導くおそれがある」ことを理由に、この側面を「随伴物」ないし「転化」として処理されたことも前述した。しかしこれまでの作業によって、スサノヲの追放が「アハト事件」とは考えられないこと、そもそも「アハト事件」↓「平和喪失」というドイツ古典学説の主張が成り立ちにくいことが明らかになった以上、問題は白紙に戻ったといえよう。

大化改新紀にみられる「解除」を、古典学説的先入見をはなれて虚心にみるとき、私は「はらへ」が「賠償制を意味する言葉として使用されるようになる」[60]という文脈でこれを理解しようとする、石尾芳久氏の見解に親近感をおぼえるのである。もっとも、「……使用されるようになる」という表現は、本来「解除は、呪術的『刑事手続』と『復讐』すなわち『外部的刑罰』を意味[61]した、という氏の把握から出たもので、これには抵抗感を禁じえないが、ここでは実態の究明が先決である。

大化二年三月甲申の詔は、『諸々の愚俗』を廃し、薄葬を命じ（第一部）たあと、民間の種々の紛争において「強《あながち》に祓除《はらへ》せしむ」る風習を、「愚俗の染《なら》へる所」として禁止することを宣言（第二部）している。曰く――

(1)「妻妾有りて、夫の為に放《す》てら〔れ〕……前夫、三、四年の後に、後夫の財物を貪り求めて、己が利とする」こと。

(2)「浪《みだり》に他《ひと》の女に要《ことむす》びて、未だ納《むか》へざる際《あいだ》に、女、自らに人に適《とつ》げらば、其の浪に要びし者、嗔《いか》りて両つの家（女の実家と婚家）の財物を求めて、己が利とする」こと。

(3)「夫を失へる婦有りて、若しは十年、二十年を経て、人に適《とつ》ぎて婦となり、併て、未だ嫁がざる女、始めて人に適ぐ時に、是に斯の夫婦を妬みて、祓除せしむ」ること。

(4)「妻の為に、嫌われ離たれし者有りて、特《ひとり》悩まさるるを慚愧《は》づるに由りて、強に、事瑕《ことさか》（離縁）の婢とす」ること（嫌われたことをうらんで夫が妻を、自分から離縁したかのごとく、婢とすること）。

(5)使役に駆り出された民が「郷に還る日、忽然《にわか》に得疾《やまひ》して、路頭に臥死ぬ。是に路頭の家、乃ち謂て曰く、『何の故か人をして余路に死なしむる』といひて、困りて死にたる者の友伴《ともがき》を留めて、強に祓除せしむ」ること。

(6)「百姓有りて、河に溺れ死ぬ。逢へたる者、乃ち謂て曰く、『何の故か我に溺れたる人を遇《みあ》へしむる』といひて、因りて溺れたる者の友伴を留めて、強ちに祓除せしむ」ること。

(7)「役はるる民有りて、路頭に炊き飲む。是に路頭の家、乃ち謂て曰く、『何の故か情の任《まま》に余路に炊き飯む』といひて、強に祓除せしむ」ること。

(8)「他に就きて甑《かしき》を借りて炊き飯む。其の甑、物に触れて覆る。是に甑の主、乃ち祓除せしむ」ること。

(9)「京に向る日に臨《まうく》みて、乗る所の馬の、疲れ痩せて行かざらむことを恐りて、布二尋、麻二束を以て、〔馬を預け〕……郷に還る日に、鍬一口を送る。……〔ところが預った者が〕養飼ふこと能はずして、翻りて痩せ死なしむ。若し是細《よ》き馬ならば、貪り愛《おし》むことを生《な》して、工《たくみ》に謾語《いつはりごと》を作して、偸失《ぬす》まれたりと言ふ。若し是、牝馬、己が家に孕めば、便ち祓除せしめて、逐に其の馬を奪ふ」こと。

これらにおける「祓除」がすべて賠償かどうかは文面からではわからない。(3)、(9)は問題ないとしても、(5)、(6)、(7)、(8)は、呪術儀礼の「はらへ」を強制するとも解せるからである。しかしながら、(1)と(2)をみられたい。これらは「財物を貪」るとするのみで、「はらへ」の強制とは明示していないが、(3)と同種類の（女をめぐる）紛争についてのものであるから、実質的には「財物を貪」るのと「強に祓除せしむ」るのとは同じことを指している、と考えざるをえない。実は、この詔には右に引用しなかった項目も含まれているが、その一つは奴婢が本主の下を去って他家に託身した場合の紛争（その奴婢の返還に関する問題）に関するものであり、この詔の（薄葬に関する第一部につづく）第二部は、全体として財物（奴碑もその一つである）をめぐる諸々の紛争に際しての自力救済を対象としたものと考えられる。(4)の、妻を婢にする場合もその一つであることはいうまでもあるまい。さらに、(9)については特に、単に「祓除」強制（「馬を奪ふ」）の禁止にとどまらず、馬を寄託せんとする者は相手方とともに「村首」（律令制下の「里長」にあたる、その土地の「長《おさ》」）の下に行き、そこで寄託の対価を授受すること、寄託終了時にはそれ以上の報酬支払は不要であり、かつ馬が「痩れ損」っていた場合には、（前に受けた）対価を返還しなければならないこと、を定めている。

要するに本詔の第二部は、自力救済によって財物が強要ないし抑留される諸々の場合について、《不当》、と改新政権が考えたものを禁じ、かつ複雑な問題を生ずる馬の寄託については一定の準則を立て、しかも契約締結を「村首」

という在地の統率者の関与の下に行わせることにしたのであり、全体として自力救済の、公権力側からする制限ないしコントロールの立法とみることができる。[62] この意味で(5)以下四項目の「祓除」も——かりに呪術的儀礼のための経費調達であるとしても——財物の強要という側面で禁止の対象にされた、と解されるのである。

こうしてみれば、「諸神、罪過《つみ》を素戔嗚尊に帰せて、科するに千座置戸を以てして、遂に促《せ》め徴《はた》る」という場合の「はらへ」（の祓具）の強制徴収も、むしろその主旨は財物の強要という点にある、とみることもできよう。むろん、大化二年詔は《不当》なそれを禁じ、スサノヲ説話は悪行の報い（「罪過を……帰せて科す」！）としての《正当》なそれを伝えているのであるが、前者の諸ケースにおいても、「強に祓除せしむ」る側は、相手が悪いとして、これをするのだから、実体は同じことである。また、前者は自力救済的賠償要求であるのに対し、後者はどちらかといえば罰金刑的色彩が強い、という差異ももちろんあるが、両者の境界は流動的であり、ドイツの贖罪金の場合にも、一つの用語が双方にまたがっている例は無数にある。[63] 私的贖罪要求から罰金刑への発展が公権力の形成とともに一般的にみられることはいうまでもない。《神代に罰金刑、大化改新時に私的贖罪》では、時代が逆ではないか、というような無意味な反論を予想する必要はまさかあるまい。両者の対立は、「日本国の支配者である大和朝廷の貴族たち」（井上前掲）の裁判と、かれら[64]によって「愚俗の染へる所」とみなされた在地の自力救済的慣習との対立だからである。

要するに、右両者における「はらへ」は、悪行への報復としての財物の強制徴収という点で共通し、第三の「一書」の「諸神、大きに喜びて」なした「はらへ」に対立するといってもよかろう。[65] さらに、より端的に儀礼とは全く関係なく、「はらへ」が贖罪としての財物授受を指している用例がある。すなわち、雄略紀十三年三月条の伝える譚で、「歯田根命、竊に、釆女山辺小嶋子を姧」したのに対して、天皇が犯人を「物部目大連に収付けて、責譲《ころ》はしめ（責めさせ——殺す、ではない）たまふ」たところ、「歯田根命、馬八匹、大刀八口を以て、罪過《つみ》を祓除《はら》ふ」とあるのが、それである。私は、この「祓除」が、自己の支配下にある女（「釆女」）を「姧」された天皇が犯人に課した贖罪そのものであると解する。むろんこの場合、贖罪（賠償）契約か罰金刑か、という概念的議論に立ち入る必要はなく、呪術的儀礼的要素を全くもたない、財物によって「罪過」を償うことを「はらへ」と称している事実を確認すればよい。

ところで、この譚は石尾氏によって、「津田左右吉博士の指摘せられたように、……史料としての価値の低い」[66]ものので、「采女」ではなく、「物忌女を奸した罪に対する制裁という後世の科祓の事実を反映したもの」[67]とされている。しかし、ここでの問題関心からいえば[68]、「采女」か「物忌女」か、という問題を穿鑿する必要はなく、呪術的儀礼と無関係な物的償いが「はらへ」といわれていることさえわかればよいのである。もっとも、「史料としての価値が低い」という理由で、およそ分析の対象から除外すべきだというのなら話は別かもしれない。しかし、「はらへ」の用語法とその背後にある法慣習を右の限度で究明する史料としても、これを排除すべき謂われはないであろう。また、もしこれを排除するのなら、津田博士によって同様の評価をうけている説話すべてを、史料として退けなければならない。

そもそも津田博士は、右の説話をはじめ、いくつかを「後世に作られたもの[69]」、「書紀の編述者の造作[70]」とし、そこでは「シナ的道徳思想の影響[71]」を受けつつ、「両性間の関係が恋愛譚として語られず、綱紀問題として取扱はれ[72]」ている点に特徴があり、「悉に、采女奸せる者を劾へて、皆罪す」（舒明紀八年条）のような、「采女と通ずるものは罰せられるといふ思想[73]」が裏打ちになっている、というのである。恋愛の「綱紀問題」化にあらわれたような、体制の紀律化 Disziplinierung は一般に法の Kriminalisierung（刑事化、実刑化）を伴うが、古代日本においてはそれが、すでに律令制継受の前から、中国法の影響の下に進行したことは、井上博士も別の論稿で指摘しておられる通りである[74]。そしてここで重要なのは、右の歯田根命の「綱紀問題」が、このような Kriminalisierung の進行した時代の「書紀の編述者の造作」にもかかわらず、財物によって償われたという形をとっていること、いいかえればそうした慣行の根強さが、この説話から読みとれることである。それは、大化二年の詔が「愚俗の染へる所」と決めつけたものでもあった。

(三)「はらへ」の語義

ところで、このように「はらへ」が——しばしば財物による——償いの意味に用いられているのは、その本来の語義からして偶然ではないように思われるのである。この言葉は常識的には、けがれを払い落すことと関係づけて理解されているようであるが[75]、「ハラと合へとの複合語。ハラは晴と同根の語。アへは、状態に合わせ、応じる意。従って、ハラへは、罪過の状態に応じて、それを晴らすように、何かの物を差出すこと」という、『日本古典文学大系67・日本書紀・上』一一六頁の頭注[76]に注目したい。これによるかぎり、本来「はらへ」は物的賠償でしかないのだから、「財産刑が何故に祓といわれたかを理解することができない」(前掲四〇二頁)という、井上博士の疑問を一掃できるであろう。

もっとも、私は言語学者ではないので、この説が正しいか否かを判断する能力に欠ける。「はらへ」の実態に関する、これまでの分析結果に適合的なものとして、いわば補助的に紹介する、という域を出ないのであるが、しかし若干私なりに吟味してみることも不可能ではない。

常識的理解に従って「けがれをはらふ」と関係づけた場合、すぐ疑問に思うのは、「はらへ」という形との整合性である。何々(けがれ、災気)を「はらふ」は当然四段活用の他動詞であろうから、その名詞的用法たる連用形は「はらひ」でなければならない。現在「お祓《はら》い」と発音するのが、これにあたる[77]。「はらへ」という連用形ができる「はらふ」は下二段活用でなければならない。辞書にあたってみると、たしかに四段と下二段、二種類の「はらふ」が載っている。三省堂『時代別・国語大辞典・上代編』(以下Aとする)は、四段活用の「はらふ」に「払」の漢字をあて、他動詞とするのに対し、下二段活用のそれには「祓・解除」をあて、自動詞とし、さらに「はらへ」(祓・解除)はこれの名詞形だとする。小学館『日本国語大辞典』(以下Bとする)(見出しは現代語の「はらう」)は、「払・掃」

をあてた動詞と「祓」をあてた動詞を区別し、前者を四段活用とするが、後者には四段と下二段の二種類があるとし、しかもすべてを他動詞とする。これを整理すると左の通りである。

A①　払　他・四段
　②　祓　自・下二段
B①　払　他・四段
　②　祓 ㋑他・四段
　　　　 ㋺他・下二段

このように、「はらふ」に四段活用と下二段活用の二種類あるという点では、AとBは一致するのだが、それ以外のところでは、かなりの相違がみられるのである。これをどう理解するか、それぞれの説明内容を検討してみよう。まずA、Bとも「祓ふ」は「払ふ」と同語源だとする点では一致している。Bは明示的に「同語源」という言葉を使うのに対し、Aは「前項ハラフ（四段）に対する自動詞」、「次項ハラフ（下二段）に対する他動詞」と述べ、さらに「払ふ」（A①）の用法のひとつに「神に祈って、災いや罪・けがれを除き清める」、つまり――自、他動詞の区別を立ててはいるものの――実質的には「祓ふ」（A②）と同じ意味[78]をあげている点からみて、これも同語源説を前提にしていることは疑いない。

ところで、興味あることには、Aが右のようにA①のなかにA②的意味をあげたのに続けて、この「意のものは、下二段活用の仮名書き例がある」として、次項の「祓ふ」（A②）の参照を求めているのである。他動詞・四段活用の「はらふ」の「祓ふ」的用法のなかに、下二段活用をする例がある、とはどういうことなのか。後者が誤用でないかぎり、どこかに混同があるにちがいない。そこで、前者として引かれた例をみると、「鳥獣昆虫之災異《わざはひ》を攘はむが為」と「其の穢悪を濯ぎ除《はら》はむと欲し……払《はら》ひ濯ぎたまふ」の二つがあげられている。これらを卒然として読むかぎり、Aが①の第一の語義として掲げる「払いのける。塵などを除き去る」をここにあてはめて少しもおかしくないではないか。少なくとも「神に祈って、災いや罪・けがれを除き清める」という、特別の語義を設定する必要はないであろう。

他方、Aが「下二段活用の仮名書き例がある」として送ったA②の項（自・下二段）にあげられた「仮名書き例」には、「中臣の太祝詞《ふとのりご》言《と》言ひ、波良倍《はらへ》贖《あが》ふ命も誰が為に、汝」（『万葉集』）と「卜者《かむなぎ》を喚び集《つど》へて、祓（波良遍《はらへ》）祈禱《こひの》めども、また弥《いや》増しに病む」（『日本霊異記』）がある。[79] しかしこれらを、とくに、A①（他・四段）の変形（他・下二段）とみなければならぬ理由はなさそうで、「おはらいをする」と解釈が付されたA②一般に意味上含めて差支えないはずである。しかもA①の「神に祈って、災いや罪・けがれを除き清める」という語義は、A②（下二段）の名詞形とされた「はらへ」の「神に祈って、災いや罪・けがれを除き清めること」と寸分違わぬものであり、意味上の区別と活用上の区別・自、他動詞の区別が交錯している。もっとも、①と②を同語源とみる以上、意味の点で重なり合うことがあるのは当然だといわれるかもしれない。しかしそうなると、何故、「はらへ」であって、「はらひ」でないのか、つまり下二段活用の語からのみ派生してきたのか、という疑問に答えられないであろう。Aの①と②の区別は妥当なのか、下二段と四段の区別と整合的な意味上の区別はできないのか。この点Bの区別の方が妥当なのか。

Bは、Aのように語義上の区別と文法上の区別が交錯するのを避け、まず語義で①と②をわけ、①の本義を「有害・無益・不用のものを取り除く」、②を「神に祈って、災いや罪、けがれを払い除き、清める」とする。この②の文章がAのそれに、それこそ「言いまわしの果てにいたるまで」似ていることは興味深いが、閑話休題。Bはその上で②を、四段の㋑と下二段の㋺にわけた。しかし①、②を通じてすべてが他動詞だという。これによってBは、Aの前述のような難点を克服したかにみえる。しかし問題は記述の内容である。

そこで、B②㋑の例としてあげられたものをみると、まずAが①に用いた「其の穢悪を濯ぎ除《はら》はむと欲し……」

(前掲)であって、卒然として読めば、A①、従ってB①と、どこがちがうのか理解に苦しむものである。右は、イザナギがヨミの国から帰って水浴する場面で、とくに「神に祈って」いるわけではない。B①も、「有害・無益・不用のものを取り除く」という本義のなかに、「罪やけがれを除き去る」という一項を立てており、イザナギが「濯ぎ除はむ」とした「穢悪《けがらはしきもの》」がB②として別扱いされる理由は、B自身の説明からもでてこないのである。このほかには、「能く衆の罪を祓《はらふ》」、「物の怪などはらひて捨てける律師」など、平安期のものと、「とふ神恵み給へ、はらひ給へ、清め給ふと申す」という江戸期の歌舞伎台本、つまり記紀編纂時からはるかに下った時期のものがあげられているにすぎない。ただ、これらも(歌舞伎台本を除けば)、右のイザナギの「はらふ」と同じく、①から区別する理由に乏しいことは、いうまでもなかろう。要するに、B②㋑と①の間に意味上の区別を見出すのはかなり困難で、むしろ「好ましくないものをとりのぞく」という意味の四段活用の他動詞として一括し、——現に、Bが①の「有害……のものを取り除く」のなかに「罪やけがれを除き去る」をすべり込ませているように——そのなかの細分類として扱う方が妥当に思えるのである。

　他方、B②㋺の例としてあげられているのは、まず「身の濁穢《けがらはしきもの》を滌《あら》ひ去《う》てむとのたまひて……祓《みそ》ぎ除《はら》へたまふ」で、これは②㋑やA①に用いられたもの(第六)と並ぶ、書紀神代第五段の「一書」(第十)である。イザナギがヨミの国から帰って水浴する、同一の場面で、片や下二段、片や四段が用いられているのは何故か。双方の文章をくわしく比較してみると、前者は「伊奘諾尊、既に還りて、乃ち追ひて悔いて曰く『吾、前に不須也《いな》凶目《しこめ》き処に到る。故、吾が身の濁穢を滌ひ去てむ』とのたまひて、則ち往きて筑紫……に到りまして、祓ぎ除へたまふ」、後者は「伊奘諾尊……親ら泉国を見たり。此既に不祥し。故、其の穢悪を濯ぎ除はむと欲して、乃ち往きて……払ひ濯ぎたまふ」である。

　まず前者の「祓ぎ除へ」が自動詞的に用いられていることに注目したい。「吾が身の濁穢」を目的語とする動詞は、ここでは「滌《あら》ふ」である。これに対して後者の「濯ぎ除はむ」は明らかに「穢悪」を目的語とする他動詞である。ただ、末尾の「払ひ濯ぎ」は自動詞であるかにみえるが、文脈からみて、「濯ぎ除はむ」とした「穢悪」を（適当な場所に「往きて」）「払ひ濯」いだのであって、目的語のくり返しを避けただけで、これは他動詞である。

四段活用の「はらふ」は文字通り、何かを払う、という他動詞であるのに対し、下二段活用の「はらふ」は、「みそぐ」と連用される、それ自身のなかに一定の定型的行為内容を含んだ自動詞なのであった。いうまでもなく、「みそぐ」は「みそぎ」という一定の定型的内容をもった行為をするという、自動詞であるが、これと同じく、下二段の「はらふ」も「はらへする」という意味の自動詞として用いられている。実はB②㋺（下二段・他動詞）があげる他の例も、AがまさにA②（下二段・自動詞）に用いた『日本霊異記』の「卜者……祓へ祈禱る」と、『枕草子』の「みつしところのおもたなといふ物にくつおきて、はらへののしるをいとほしがりて……」とであり、これらも自動詞的に「はらふ」を用いていることは明白である。

以上、B②㋺は、そこにあげられた用例すべて[80]を検討した結果、Bが他動詞とするのに反して、自動詞であることがわかったが、他動詞的用法の「はらふ」を、下二段で訓ませている例が他にないではない。たとえば、「過犯しけむ雑雑の罪を、今年の六月の晦の大祓に祓《はら》へ給ひ、清め給ふ事を……」という「大祓祝詞」では、「雑雑の罪」という目的語をとって、かつ下二段の活用をしているようにみえる。しかし、「祓へ給ひ」の訓みは、実は『日本古典文学大系』の校註者が、《動詞ハラフは、下二段活用であるから、ハラヘタマヒだ》という、[81]単純な理由でつけたものにすぎず、原文は「祓給比」としかなく、大祓の儀式で「はらへたまひ」と訓んだか、「はらひたまひ」と訓んだかは、わからないのである。[82]またかりにこの訓みが当っていたとしても、それは「おおはらへ」という国家的行事の「のりと」が、まさにこの行事の名称に平仄をあわせて、いいかえればすぐ前の「六月の晦の大祓に」の発音にひきずられて、「はらへたまひ」と訓ませた結果である、とも解釈できる。いずれにせよ、《下二段活用の用法の場合は自動詞》という、これまでの筆者の分析結果に対する決定的反証にはならないと考えるが、この点はまた後にふれるであろう。

それでは、右の結果から、Aの説そのものに戻ることになるかといえば、そうではあるまい。Aは前述の通り、他動詞に下二段活用のものがあることを認めているからである。しかし子細にみるとこの点はむしろ同語源説という前提からもたらされた混乱ではないか、と思われるのである。他動詞で下二段の例がある、とAはするものの、それらの例は「おはらいをする」という語義の、A②一般に意味上含めて差支えないはずだ、ということは前に指摘しておいた。[83] つまり、他動詞で下二段はない、としてもよいはずなのに、何故Aが混乱したかといえば、A①（他動詞）の語義のなかに「神に祈って、災いや罪、けがれを除き清める」という、「はらへ」（名詞）と同一の語義を（むろん動詞形にして）入れてしまったからなのではなかろうか。「はらへ」と同じ意味のものを他動詞・四段活用の「はらふ」に含めれば、「はらへする」（Aは「おはらいをする」と表現する）という意味の「はらふ」（自動詞・下二段）との間に交錯が生じるのは、自然のなりゆきだからである。同語源説を一応措いて、「好ましくないものをとりのぞく」と「はらへする」とを別の言葉と理解してみると、交錯は生じない。こうしてAの説は、そのままの形では生き返らないにしても、それが指摘する例外は実は例外でない、という、いわば純化されて復活したともいえる。ただし、同語源説という、より根本的な問題はむしろ残っているのだが。

同じ問題は、Bにおいても——より深刻に——見出される。同語源説に立った故に、B①→②㋑への展開は無理なく説明できるが、それだけ一層、何故②のなかに㋑と㋺があるのか、あるいは㋑と㋺を含めうるのか、の説明は困難になっている。Bは②の「神に祈って、災いや罪・けがれを払い除き、清める」という語義の下に㋑と㋺を一括するのだが、これは、「はらへ」と全く同じ語義をここに持って来たために、「はらへする」（㋺）と、「好ましくないものをとりのぞく」の一用法である㋑との異質性に対する認識が薄められたからにほかなるまい。境界線は①と②との間ではなく、①および②㋑、と②㋺、との間に引かれるべきではなかったか。

そこで「はらへ」を見てみよう。Ａは「神に祈って、災いや罪・けがれを除き清めること」（前掲）のみを語義として掲げる。これこそ、せっかく文法上の異質性を二つの「はらふ」の間に見出しながら、語義との関係で混乱してしまった原因だと思われる。これに対してＢは「神に祈って、罪・けがれや災いなどを除き払うこと。また、その儀式。神社で行なったり、水辺でしたりした」、「特に……大祓えのこと」に続いて、「罪過を犯した者に、罪を贖わせるために物を出させること。また、その品物」を掲げ、例の大化二年三月詔を引いている。

ようやく『日本古典文学大系・日本書紀・上』頭注の前述「晴アへ」説を活用する地点に達した。まず、「はらふ」という動詞との関係であるが、Ａも「あふ」（下二段）を「合わせる。交える」語義のものとして掲げるし、Ｂも（「あえる」という現代語の見出しの下で）、「重ね合わせる。うちかわす」を第一義とする「あふ」（下二段）をあげているから、右頭注の「アへは状態に合わせ、応じる意」（前掲）が成り立ち、――「晴アへ」→「ハラへ」と同様に――「晴アフ」が「ハラフ」となったという可能性を確認できる。[84]

そこでこの可能性を前提にして、「晴アへ」説を「はらへ」の異なった二つの語義相互の関係にあてはめてみよう。いうまでもなく、「はらへ」の原義は⑴物的賠償、ないし（1′）それに用いられた物、ということになる。そして（1′）は、⑵「はらへつもの」ともいわれたであろう。ところでここに、「災いや罪・けがれ」を「はらふ」（四段）し⑵「はらへつもの」を授受する際に、「はらふ」儀礼が当事者間で（第三者の立会も十分考えられる）行われるという呪術的儀礼が別にあったとしよう。これと賠償が結びつくことは容易に推測できる。すなわち、（1′）「はらへ」ないしケースを想定すれば、「はらへつもの」はいぜんとして賠償物そのものをもっぱら指している。ただこの場合も、紛争の原因たる「加害行為」によって儀礼が必要になった、という認識の下に、「祓具」を「加害者」（賠償者）の負担とするのは自然であろう。こうして「はらへつもの」は賠償（の一部）という観念を媒介にして、（2′）儀礼のための

「祓具」を（も）指すことになる。これに対して、物の授受とは別にこの事件の「つみ」を「はらふ」べく儀礼が行われるケースでは、はじめから「はらへつもの」は（2′）「祓具」であるが、これも本来、前のケースと同様に賠償（の一部）として「加害者」が負担するのが自然で、(2)と結びついている。

しかし「はらふ」儀礼が紛争解決のための贖罪にかぎらず、さまざまな「災気」について行われるならば、「はらへつもの」が賠償者が出すものに限定されず、「祓具」そのものを単に指すことになる。儀礼のための用具、供進品が（2″）「はらへつもの」となれば、その儀礼そのものが(3)「はらへ」になるのは、もはや目の前である。こうして「はらへ」が儀礼を意味するようになると、「はらへする」（自動詞）という意味で、(4)「はらふ」が用いられるようになるが、「はらへ」から出た以上、それは――すでにあった「好ましくないものを払う」意味での、四段活用の「はらふ」とちがって――下二段活用である。ただ、もしかすると、この「はらふ」（下二段）が儀礼としての(3)「はらへ」に結びついているために、「おおはらへ」で「雑雑の罪」を「はらふ」という場合――本来は四段活用であるべきところ――下二段活用になったのかもしれない。あるいは、罪を賠う意味での「晴アフ」→「はらふ」（下二段）の記憶が、ここに作用しているとも考えられる。前掲「大祓祝詞」の『日本古典文学大系』の「はらへたまひ」という訓みが、かりに誤りでなかったとしたら、それはこのように説明できるであろう。しかし、次第に「はらふ」（下二段）は、(1)「はらへ」との関係が忘れ去られて、罪を賠う・賠償する（「晴アフ」）意味を失ってしまう。

A、Bの辞書は、右のような過程の終着点の状態、つまり、もっぱら「はらへする」＝「罪・けがれや災いをはらふ」意味で「はらふ」（下二段）が用いられる状態を見て、同語源説をとったのではないだろうか。井上説の逆推的方法（三五三頁以下）にも同じことがあてはまる。

こうした考え方は、推論の積み重ねにすぎないではないか、といわれるかもしれない。たしかにその通りであろう。しかしながら、逆に井上説（それはA、Bの同語源説と結局同じである）の立場から、「はらへ」と「はらふ」の関係が無理なく説明できるだろうか。呪術的儀礼としての⑶「はらへ」の始源性を主張するのが井上説であった。この点においてすでに井上説は、「罪・けがれや災気」を「はらふ」場合の「はらふ」は、圧倒的に四段活用であるという、大きな障害につきあたるのである。次に、この⑶から（2″）「はらへつもの」が出てくるのは当然だとしても、（2′）はどうして出てくるのか。井上博士は、本来「制裁」は追放刑であり、物的賠償（＝一種の財産刑）はその「随伴物」・「転化」とされた。（2″）から（2′）への「転化」を論理的に（井上説の論理の上で）容易に説明できるであろうか。「集団員が祓具をだしあうのが元来の態様」（井上前掲）であった以上、（2″）は――スサノヲ神話が伝えるように――（2′）にとって代られることは困難なのではなかろうか。人間の悪行にもとづく「災気」を「はらふ」儀礼も、天災の「災気」を「はらふ」儀礼も、基本的に同一のものだ（従って「大祓」の儀式で両者が「祓」われる）[85]というならば、その儀礼によって恩恵をうける人びと（＝「集団員」）が、「それぞれの災気をはらうために（祓具を）平等に出しあうのが自然」[86]であり、かりに前者の場合「半ば報復の意味を含めて当該犯罪者に」[87]出させることがあっても、それが全く「転嫁」[88]される（＝「集団員」は出さない）、というのは理解しにくい論理である。

私はさきに、「あるいはまた、はじめから、祓具には、この二通り（集団員の供出と刑罰）の形態があったか」という留保を井上博士がつけておられ、これこそが重要だと指摘しておいた[89]。博士は「転嫁」の論理に、いまひとつ釈然としないものをみずから感じておられたのではないだろうか。ミッタイスにひきつけられて、「祓具が同時に財産刑的なものであることにとらわれると……概念の混同を導く」[90]と、祓具の賠償物的性格を断固はねつけたものの、井上博士は優れた歴史学者であった。「諸神、罪過を素戔嗚尊に帰せて、科するに千座置戸を以てして、遂に促め徴る」（前掲）という、史料そのものの語るニュアンスに忠実だったのである。「はじめから……二通り」祓具があった、という留保が、前述の私見に一致することは言をまたない。ただし、呪術的儀礼の祓具がはじめから「はらへつもの」と称されたか、は私見からすると疑問なことは、もはやことわるまでもなかろう[91]。

六 おわりに

以上、本稿で述べてきたことをいささかSchlagwort風にまとめるならば、《はじめに「かむやらひ」と「はらへ」(祓) ありき》ではなく、《はじめに「はらへ」(晴アヘ) と「はらふ」儀礼ありき》であったろう、というのが私見である。これは、さまざまな推論を介在させての立論ではあるが、史料的制約のある、古い時代の分析においては、それはある意味で不可避的であり、問題は、どちらの説に立って説明した方が無理が少ないか、であろう。愚考するかぎり、ほとんど井上説とは逆、つまり追放刑と「祓」儀礼を始源的とみるのではなく、復讐の代替としての賠償(「はらへ」) と「はらふ」儀礼を始源的とみる方が、記紀などにみられる歴史的事象や言葉の使い方を、無理がより少なく、説明できるのではなかろうか。

ところで、こうした私見はある部分で石尾芳久氏の所論[92]に接近し、またある部分では遠くはなれたものとなっている。当然、石尾説を忠実に紹介し、それに対して私見をきちんと位置づけしなければならないのであるが、現在の私にはそれをする用意がない。何故なら、氏の説は、「つみ」に関するカテゴーリッシュな分類と「外部的刑罰」・「内部的刑罰」という、これまたカテゴーリッシュな区別とを組み合わせた、壮大な理論的枠組みを駆使して、中国型刑罰体系と西欧型刑罰体系の相違を説き、かつ日本のそれを後者に含める、雄大なスケールをもつもので、とくに「つみ」について十分な識見をもたない私には、この説に立ち向かう資格がないからである[93]。

(1) 「古典における罪と制裁」(井上光貞『日本古代国家の研究』、岩波書店、一九六五年所収) 二五五頁。

(2) 同右二六六頁。

(3)　同右。
(4)　同右二六七頁。
(5)　同右。
(6)　同右二六四頁。
(7)　同右。
(8)　同右二六三頁以下参照。
(9)　同右二六四頁。
(10)　同右二六六頁。
(11)　同右。
(12)　同右。
(13)　同右。
(14)　以下、同右二六七頁乃至二六八頁による。
(15)　以下、第二段に関する部分は、同右二六九頁乃至二七一頁による。
(16)　以下、同右二七一頁乃至二七二頁による。
(17)　井上博士は明示していないが、この考えは石井良助説（『刑罰の歴史』、明石書店、一九九二年）を指しているものと思われる。
(18)　同じく、後に述べる石尾氏の説を念頭においているものと思われる。
(19)　『日本古典の研究』・上（『津田左右吉全集』第一巻、岩波書店、一九六三年）五八七頁以下参照。
(20)　これは古事記の場合であって、書紀第十一の「一書」はスサノヲの放逐のことを記していない。しかしこれは、本文に紹介した諸「一書」以外の「一書」にも登場していないのであって、異とするに当らない。「一書」は異伝を伝えるために本文に添えられたもので、本文ないしは他の「一書」と同じもの（部分）は重複を避けてカットされているからである。次段に内容的につながらない「一書」の引用は随所にみられ、カットがないとは考えられないのである。
(21)　注（19）所引、津田前掲書五九〇頁。
(22)　同右五九三頁。

(23)　同右。

(24)　同右四二三頁。

(25)　同右。

(26)　同右。

(27)　もっとも、さすがに津田博士は「二重になって」いる問題をなげ出してしまっているわけではなく、前述のような「神代史の結構」の再構成をした上で、「ヨミ放逐が二重になってゐる……理由」をまさにスサノヲ神話があとから挿入されたことに求めるかたちで、答を出している。つまり、イザナギによるスサノヲ放逐が、本来あった岩戸がくれの責任追及による放逐に結合したからだ、というのであるが（同右書五九三頁参照）、そうだとすると、本文に引用した「それほどまでに、ヨミが幾重にもスサノヲの命に絡まってゐる」という認識と不整合が生ずるであろう。

(28)　井上前掲論文二七一頁。

(29)　津田前掲書四二三頁。

(30)　同右。

(31)　他の諸書では、「不善」の子が生まれた場合の追放先は指定されていない。

(32)　さらに、「笠蓑」・「束草」をつけて他人の家に入るのを諱む、という習慣の由来を「太古の遺法」として説明する㈥の末尾の叙述も、「独立化」をよく示している。

(33)　他の「一書」や古事記も同様である。

(34)　外からの闖入者に、追放刑とそれに伴う保護供与禁止ということが、そもそも無意味であろう。

(35)　時間的にはたしかに時代は同じであると一応はいえる（もっとも、タキトゥスが見たゲルマン人が果たして「古ゲルマン」なのか、という問題は残る）が、そこに描かれている諸事実は、タキトゥスのもつローマ人的思考・概念によってとらえられ、構成されたものである、という外国人の見聞記に一般的な問題のほかに、かれが、いわば良き旧きローマ＝素朴で正直で勇敢な自由戦士からなる邦の姿をゲルマン人社会に見出し、自国人にそれをつきつける意図で『ゲルマーニア』を著したという事情も十分に考慮しないかぎり、単純な同時代史料として安易に用いることはできない。

(36)　カール・クレッシェル（石川武監訳）『ゲルマン法の虚像と実像』（創文社、一九八九年）六頁。原文は、同教授が日本で行った講演である。

(37) Hinrich Siuts, Bann und Acht und Ihre Grundlagen im Totenglauben (Schriften zur Volksforschung, Bd. 1), Berlin, 1959. それ以下の学者の業績については、クレッシェル前掲書一三、一九頁参照。以下、部族法典の贖罪金制をめぐる問題については、西川洋一教授にさまざまなご教示を頂いた。

(38) クレッシェル前掲書二二頁参照。

(39) H. Nehlsen, Der Grabfrevel in den germanischen Rechtsaufzeichnungen, in: Zum Grabfrevel in und vor frühgeschichtlicher Zeit (Abhandl. d. Akad. d. Wiss. In Göttingen, phil.-hist, Kl. 3. Folge, Nr. 113, 1978) S. 155f.

(40) ちなみに今日ドイツ語で Plagiator とは、剽窃者を意味する。

(41) vgl. Nehlsen, ebd. S. 146.

(42) ebd.

(43) ebd.

(44) ネールゼンは「贖罪金支払義務者（犯人）は義務を履行するまで、共同体（Gemeinschaft）から締め出される」（ebd.）という表現を用いているが、これを追放刑にひきつけて読むことはできないであろう。あるいは、Gemeinschaft の意味内容にもよるが、ネールゼン自身「追放」という点でまだ通説に無意識にひっぱられているとも考えられる。いずれにせよ、かれ自身——本文に紹介したように——第三者が犯人を殺す権利・義務を負う、と思える根拠は皆無だとする点を考えあわせれば、贖罪金を支払わないかぎり、犯人と被害者側との間で敵対関係が続く、ということのみがこの条項から知れるのである。

(45) クレッシェル前掲書一三頁以下参照。

(46) 同右一四頁。

(47) vgl. Nehlsen, ebd. S. 146.

(48) ebd. S. 147.

(49) クレッシェル前掲書二四頁。

(50) 『レークス・サリカ』第五五章四は徹頭徹尾、教会の贖罪実務に基礎をおいていたことは疑いない。それどころか、……この規定は聖界人の起草にかかるものである、という推測も可能になってくる」（Nehlsen, ebd. S. 148f.）。

(51) vgl. Siuts, a. a. O. S. 11. und «Exkommunikation», in: Reallexikon für Antike und Christentum.

(52) もっとも『レークス・バユワリオールム』（バイエルン部族法典）第一章十一は、修道女の略奪者に、修道院に対する女の返還と賠償を命じ、「しかして、もし彼が賠償と返還を拒むときは、provincia（しばしば Herzogtum と独訳される）から追放せらるべし。けだし、使徒曰く『かの悪しきものを汝等の中より退けよ』と。さらに曰く『かくのごとき者をサタンに付さんとす。これ、その肉は亡ぼされて、その霊は主、イエス・キリストの日に救はれんがためなり』と」（原則として世良訳による）と、コリント前書第五章を引用しつつ、provincia からの「追放」を課している。たしかにこれはこの法典が『レークス・サリカ』より新しいものであるだけに、一歩、追放刑に近づいている。しかし基本的にはこの「追放」も、「返還と賠償」の強制手段とみるべきものであって、「アハト事件」――「平和喪失」、「フェーデ事件」――贖罪金という、ミッタイス―井上的図式に反することは明白である。

(53) 前注参照。

(54) クレッシェル前掲書一九頁以下参照。

(55) 勝俣鎮夫『戦国法成立史論』第一章参照。もっとも勝俣氏は、これを本夫の家の内部で起ったこととして、その家長権や、家支配の自主性の問題として説かれるが、本文で引く『吉川氏法度』や『板倉新式目』が「何方にても」としたり、室町期の裁判記録が「当座の儀」か否かを重要な論点としている点を考えると、少なくとも現行犯としての特別扱いという側面も見逃すべきではないであろう。

(56) Lexikon des Mittelalters, Bd. II S. 1146.

(57) 泉井久之助訳（『岩波文庫』）による。

(58) 井上前掲書二七〇頁。

(59) 同右。

(60) 石尾芳久『日本古代法の研究』（法律文化社、一九五九年）一七頁。

(61) 同右。

(62) この詔にはただ一つ、妻の不貞を疑って「官司」に「浪りに訴」えるのを禁ずる項目、つまり自力救済をめぐる紛争とは性質を異にするものが含まれている。しかしこれが詔第二部が全体として自力救済による財物授受を問題にしている、という私見を裏切るとは思えない。これは、(4)にすぐ続いて掲げられたもので、これと夫婦の不和から生じた紛争として共通するから、ひきずられて本詔で扱われた、と解する余地もあるし、「明なる三の証」を用意した上で、近隣において事実を「倶《とも》に顕《あらは》」すことを命じる点で、(9)に対して新たな準則を立てたのと同じ精神がみられるのである。実態としては、官司に訴える者ばかりでなく、

⑷のような復讐手段に出る者、⑴・⑵のように「おれの女を奪りやがって！　オトシマエをつけてもらおう」と、財物をせびりに行く者、近隣・縁者に触れて、その圧力を借りようとする者、等々さまざまであろう。だとすれば、自力救済による紛争解決に、コントロールを及ぼしていこうとする本詔の精神にかえって一致するとみるべきである。

(63) 注(56)所引書一一四五頁参照。

(64) むろん、記紀の前提にあった『旧辞』、『帝紀』の成立した時代と改新との間には一世紀以上のひらきがあるが、それは問題ではあるまい。

(65) むろん、第三の「一書」でも「千座置戸」が科され、爪を切っているが、これは、他の諸書の伝える「原形」の名残りと考えられるし、「素戔鳴尊を嘖めて」科した主たる報復としての追放に比べれば、付加刑的性格を覆い難い。なお、同書においても、末尾の、笠蓑や束草をつけて他人の家に入る者に「解除を債《おほ》す」「太古の遺法」は、贖罪的性格の「はらへ」を伝えている。

(66) 石尾前掲書一四〇頁。

(67) 同右一四一頁。

(68) 「采女」を姧すのは「宗教的違反」で、「賠償制を成立せしめないところの『神の制裁』を基本観念とする『内部的刑罰』が科せられ」る性質のもの、とする石尾説にとっては、この説話の真正性は深刻な問題である。

(69) 『日本古典の研究』・下（『津田左右吉全集』第二巻、岩波書店、一九六三年）五九頁。

(70) 同右七〇頁。

(71) 同右六三頁。

(72) 同右。

(73) 同右五七頁。

(74) 井上「隋書倭国伝と古代刑罰」（『季刊・日本思想史』創刊号所収）。

(75) 前に紹介したように井上博士も「災気をはらうために〔祓具を〕平等に出しあう」（本章三五四頁参照）とされる。

(76) 本書は坂本太郎、家永三郎、井上光貞、大野晋の共同校正注となっているが、本頭注はせっかくこの興味ある説によりながら、その「補注」はほとんど井上説である。

(77) 『日本国語大辞典』（小学館）の「はらひ」の項参照。ここでは「はらえ」と同義とされている。

(78) ちなみに、本文に引用した「神に祈って、災ひや罪・けがれを除き清める」は、Aの「はらへ」の語義説明と全く同一文である（後述本文参照）。

(79)　同項にはこのほか、「波羅閉都母能《はらへつもの》」という「仮名書き例」もあるが、これは直接には名詞形「はらへ」の用例である。

(80)　このほかにも、たまたま本章に引用したものにかぎっても、「悪解除、善解除を負せて、長渚崎に出して、祓へ禊がしむ」（履中紀五年条）、「罪を素戔嗚尊に科せて、其の祓具を責る。……是を用て解除《はらへ》竟《をは》りて」（神代紀・第七段「一書」）など、明らかに自動詞的用法がある。

(81)　『日本古典文学大系1・古事記祝詞』（岩波書店、一九五八年）四二三頁頭注。

(82)　なお、Aはこれを「はらへたまひ」のまま、②（自動詞・下二段）の用例として引くという杜撰さをみせている。

(83)　本章三八二頁参照。

(84)　ただし、私は「晴アフ」から、まず「はらふ」（下二段）が生じ、その連用形「はらへ」が名詞として用いられる前提になった、とのみ考える必要はないと思う。「晴」と「あふ」の連用形「あへ」が結びついて、「はらへ」が生じ、本章三八六頁以下に述べるプロセスで、「はらふ」（下二段）が生じた（ないし四段の「はらふ」の別用法として下二段に活用させることが生じた）と考えることも可能ではなかろうか。

(85)　井上前掲書二六四頁以下参照。

(86)　同右二六六頁。

(87)　同右。

(88)　同右。

(89)　本章三五四頁参照。

(90)　井上前掲書二七〇頁。

(91)　儀礼参加者が持参する祓具に、そもそもテクニカルタームがあったのか、ないし必要だったのか、ということも考えてみてよい問題である。むろん確証などほとんど存在するはずのない問題であるが、書紀「一書」（これは、スサノヲ制裁神話で、「はらへつもの」という言葉を用いる唯一の説話である）が、「祓具」にわざわざ「波羅閉部母能」と訓みを注記しているのも、当時極く少数であったにちがいない知識人（読者）にとっても、「祓具」という漢字から「はらへつもの」を連想しにくかったことを推測させる。

(92)　注(60)所引書および『古代の法と大王と神話』（木鐸社、一九七七年）所収の諸業績参照。

(93)　井上博士も「つみ」に対する分類をしておられるが、これとミッタイスに由来する追放刑・財産刑の区別とは有機的に結びついているわけではない。

第一一章　外から見た盟神探湯

一　はじめに

ハインリッヒ・ミッタイス著『ドイツ法制史概説』の世良晃志郎訳（改訂版）には、ゲルマン時代の訴訟に関して、「宣誓と並んで、補助的証拠方法として神判があった。……それはむしろ自然力審判 Elementordale であり、自然力をして被告の雪冤をおこなわせようとしたのである。（自然力としては）とりわけ火が広く用いられた。火審の形式としては、盟神探湯《くがたち》、鋤刃歩行、灼熱した鉄を手に持つ方法が用いられた」（七〇、七一頁）とある。この「盟神探湯」は Kesselfang にあてられた訳語であるが、わが国の古代に行われたと伝えられている盟神探湯という言葉を知る読者には、訳注なしにピンとくる、その意味ではなかなかスマートな訳ではある。

しかしそこから、（後述するように）盟神探湯が必ずしも熱湯を用いたものには限らないという点はさて措き、「釜のなかの熱湯から小石等を取り出させ、手・腕の火傷の具合を見て黒白を判定するもの」ということ以上の共通点が両者の間にある、と読み込んでよいか——端的にいえば、日本の盟神探湯が、Kesselfang のように「宣誓と並んで、補助的証拠方法として」「被告の雪冤をおこなわせよう」とする「神判」であった、と理解してよいか、となると、慎重な吟味を要する問題である。その結果によっては Kesselfang をもっと野暮に、たとえば「湯釜探り」とでも訳すほうが適切だったということになるかもしれない（本稿はとりあえずこの訳を用いてゆく）。

すでに「神判」という概念そのものをめぐっても、「神判」と「神証」を区別すべきだとか、Entscheidungsmittelとしての「神判」とBeweismittelとしてのそれとを区別すべきだとか、あるいは一方当事者にのみ課されるものか両当事者に課されるものかの区別が重要だという議論がかまびすしい。諸論者が説くところは区々であるが、結局こうした議論の指し示すところは、通常「神判」として一括されているものが、それをとりまく裁判制度の枠組みのなかで如何なる役割を果たしているのか、について慎重な腑分けが必要だ、という点に収斂するものである。

ただ、この裁判制度の枠組みを、ミッタイスの上掲文のように、もっぱら証拠法の次元で考えれば済むかどうかは問題であろう。当事者訴訟か糺問審判か、といった裁判の大きな枠組みとか、さらに、紛争解決や不法侵害への報復に関する他の方法・制度と裁判との関係、判決や裁判上の諸決定・判断一般が当事者に対してもっている拘束力・強制力の強さ、といった当該裁判制度を取り巻く「構造」までも視野に入れた検討が必要ではないか。否、むしろ重要なのは、盟神探湯とKesselfangが同じかどうか、といった単純な、あるいは好事家的問題設定ではなく、これらがそれぞれの裁判制度の枠組みのなかで果たしている役割の分析を通して、《法》と裁判の比較研究を行うことだとするならば、こうした「構造」こそが主題になって然るべきであろう(1)。

ただ現在の筆者のおかれた主観的・客観的条件のもとでは、こうした課題への本格的な接近は到底なしえない。たまたま、ヨーロッパ中世において神判が果たした役割とその消長について斬新な角度から分析した著書に接したので、これに触発されつつ、盟神探湯を通して古代日本の裁判制度の一端を探るのにとどめるほかない。「外から見た日本法」というコンセプトをめぐって、とりわけ藤倉教授とご縁の深い筆者として、かようなものしか献呈できないことに忸怩たるものがあるが、教授のご海容をお願いするのみである。

なお、以下単に「神判」という言葉を用いる場合には、「決闘」――それは、ヨーロッパ中世においてしばしば代表的な神判とされたものであるが――を除外している。その理由は第三節の叙述から自ずから明らかになるであろう。

二　R・バートレット『火と水による裁判――中世の神判――』[2]について

ヨーロッパ中世の神判（ordeal, Gottesurteil）についての研究史をここで振り返っている暇はない。一九五〇年代前半までの研究史については、データの収集に関しては今なお他の追随を許さぬヘルマン・ノッタルプ『神判研究』[3]、それ以後についてはこのバートレットの著書に譲るとして、その中世神判論の骨子は次のようなものである。

すなわち、まず神判の普及については西暦八〇〇年ごろが一つの境をなし、それ以前は神判に関する史料は極めて少なく、種類も「湯釜探り」に限られ、しかも元来は――孤立的なアイルランドの例を除くと――フランク族関係の法史料にのみ見られたが、カール大帝の時代から種類も増えて、ミッタイスの紹介するような灼熱した鉄を用いる火審や水審（手足を縛って水に入れた者が沈んだら白、浮いたら黒と見做す）が加わり、これらが用いられる地域も拡大してゆく（第二章）。これは王権と教会が神判を積極的に利用しようとした政策の結果にほかならない（第四章参照）。神判は「キリスト教的王権の随伴物」ともいうべきもので、「キリスト教によって自己の地位を確立し、補強するとともに、自己の力によってキリスト教を布教することに誇りを抱いた王たちの裁判にとって、神判は格好の道具であった」（三六頁）。

カーロリンガー朝の衰退後もこの傾向は変わらず、神判は各地域のキリスト教的王権とともにヨーロッパの四方へと広まっていった。「神の平和」や「ラント平和令」においても重要な役割を果たしている（五一頁以下参照）。こうした神判の社会的な機能や重要性に照らせば、「中世盛期において神判による裁判はキリスト教の道具であった。神判は、奇跡をおこなう神の力と意志への信仰を基礎とし、司祭の協力と司教の監理の下に、教会において、用具、用材［釜、鋤、水槽や火、水など――筆者補注］の聖別、……宣誓およびミサの後におこなわれた」ものである。決して従来説かれていたように、異教的・呪術的慣習の「生き残り」として片付けられるものではない（一五四、一五五頁）。

しかし神判は一二一五年の第四回ラテラン公会議の決議で禁止されるに至る。この点に関しては、神判の「異教的・非キリスト教」的非合理性を説く従来の学者たち（たとえばガンスホーフ）は、すでに一一、一二世紀において、キリスト教関係者の非難によって、神判はその正当性に疑義が生じ、衰退過程に入っていたと解してきた（第五章全体がこうした見解に対する批判にあてられている）。しかし、バートレットによれば「そうした懐疑は一二世紀と同様、九、一〇世紀にも働いていた」（六九頁）にもかかわらず、一二世紀に至っても神判は積極的に用いられていた。「神判の〔禁止の前に〕衰退があったわけではない。それは廃棄されたのである。教皇の決定は長い衰退過程を遅まきに追認したというものではない。それは神判の廃棄をもたらす政策的決断であった」（一〇〇頁）。

そして、こうした「政策的決断」の背景には、種々雑多な、時には相互に矛盾する諸々の教説や決議・決定、法規のような素材に「選択」と「解釈」を加えることによって、整合的な思想体系の樹立を模索しはじめる一二世紀の知的営為のなかで、[4]「罪 sin」と「犯罪 crime」の区別が明確化し、宗教的「告白」を聴くこととは無関係な（場合によっては矛盾さえしかねない）「神判」や世俗権力の裁判に教会が関与することの正当性が決定的に問われる（「世俗裁判の非聖化 desacralization」）に至ったという、ヨーロッパ思想史上の巨大な変化があった。

このようなバートレットの説は、神判を以て、中世の「フェイス・トウ・フェイスの小さなグループの世界においてコンセンサスを調達する道具」であって、それなりの「合理性」を見出しうるものであるが、一一、一二世紀を通じてこうした「小さなコミュニティー」的社会構造が変化し、「コンセンサスから権威への移行」が生じた結果衰退した、と見る「機能主義」的論者たちの見解に対する批判でもある（第四章）。もちろん、この「機能主義」的立場自体は、神判を異教的で野蛮な慣習と見てきた在来の考え方に対するアンチテーゼであったのだが、バートレットはその点での研究史的意義を認めつつも、彼らが「小さなコミュニティー」の「凝集性とオートノミーを過度に強調」

（三六頁）していることを批判するのである。

以上のようなバートレットの見解が正鵠を得たものか否かはしばらく措くとしよう。ここで重要なのは、ヨーロッパ中世において神判の果たした役割の考察において、伝統的な立場であれ、「機能主義」の立場であれ、いずれも「非政治化的傾向」（三六頁）を免れていないというバートレットの指摘である。前者は、単純化して言ってしまえば、神判を《蒙昧な時代の悪しき慣習》以上のものとは見ないわけだし、後者は、言うなれば「小さなコミュニティー」の《生活の知恵》と見る立場だからである。これに対して、バートレットの見方の斬新さの核心がどこにあるかといえば、それは、彼が「キリスト教的王権」の「支配（lordship）」を「決定的な契機」とする（同上）点にほかならない。

この「支配」の契機の導入によって、（ヨーロッパ史の素人である筆者の目から見ても）神判の伝播状況が無理なく説明できるようになったのをはじめ、種々の点で、より筋の通った、納得しやすい神判像が描かれるようになったが、なによりも際立っているのは、裁判制度を「支配」の次元でとらえた結果、その枠組みや強制力との関係において、神判の役割をダイナミックにとらえられる道を拓いたことである。もちろん細部における史料操作や史料解釈に関して問題がないわけではないだろう。しかし、そうした肌理の粗さのゆえに、バートレットが拓いた道を歩むのに躊躇すべきではあるまい。

以下、ヨーロッパ中世の神判について、基本的にバートレットに拠りながら本稿の目的に沿うかぎりで素描を試みる。ただ、本来バートレットの著書は、上の骨子紹介からも窺えるように、キリスト教関係者の教説や支配者の法政策の内在的な分析を通して（だから「支配」の契機が浮かび上がってくる）、在来の新・旧学説の批判を行う、一種の神判思想史研究なのであって、本稿が目的とするような裁判制度の枠組みとの関係そのものを正面から扱っているわけではない。そこで以下の素描は、裁判制度についての信頼できる業績によって枠組みを設定しつつ、バートレットを活用する形をとる。

三　ヨーロッパ中世の裁判における神判の役割

すでに常識に属することであるが、最初に確認しておかなければならないのは、(5) ヨーロッパ中世（ことに前半）においては、裁判と並んで、フェーデと呼ばれる実力闘争も、法によって認められた正当な権利実現方法であったということである。不法侵害を被ったと考えた者（X）は、その加害者（Y）に対して訴訟を提起することができるが、その道を選ばず、フェーデという手段に訴えることもできた。この選択権はもちろんYにもあるから、たとえXが訴訟提起しても、Yはそれに応ずるのを拒否し、実力で来いとばかり、フェーデを以て応ずることができた（「応訴強制」がない）。XはYを裁判の場に連れ出すことから自力で行わなければならなかったのである。Yは、かりに裁判に応じないからといって、不利な扱い（欠席裁判）を受けるおそれはない。自己の同意しない方法での紛争処理はそれ自体不法であり、拘束力がないからである。

このように実力で権利を実現したり、防衛したりすることを正当視する原理は、決闘によって裁判の決着をつける、という形で、裁判の中にも流れている。しかもこれは単に、決闘による決定が《許されている》といった程度のものではない。それは以下に述べるような意味で、必然的であった。

Xの訴えは「常に法侵害に対する非難」（ミッタイス前掲邦訳書六八頁）(6)、つまり《Yは法を破った者である》という人格的非難であったから、Yはこの「非難に対して、みずからを雪冤する権利を与えられなくてはならなかった」（同六九頁）。そしてその「雪冤手段は被告の宣誓である」（同上）。つまりYは宣誓によって、自分に対するXの人格的非難をはねかえすチャンスを与えられていたのである。この宣誓は、元来（偽誓であったら滅亡する、という呪術的信仰にもとづく）「自己に対する条件付の呪詛」で、「宣誓の真実性について彼の人格と財産とを賭する」（同七〇頁）ものであった。

雪冤はY単独の宣誓で足りる場合もあったが、一定数の宣誓補助者による補助的雪冤宣誓を必要とする場合もあった。この補助的宣誓も、（Yの無実を証明すべき事実について陳述する）証言ではなく、「被告の全人格に対してみずからの人格を賭し、かくして被告の信憑性を強化する」（同上）ものである。

この宣誓をXが嘉とすれば、Xの「請求放棄」となって問題は解決するが、そうなるのは稀であろう。Xがあくまで自己の主張（つまりYへの非難）に固執しようとするなら、Yの宣誓を様式に則って非難することができた。だが、この行為は上述のような「人格と財産を賭する」宣誓の非難つまり「意識的に法を枉げた」という「名誉の論難」だから只ではすまない。「非難者は、［Yのみならず、それの］すべての宣誓補助者を相手どって決闘しなくてはならなかった」（同上）。

さて、かりに平和的に裁判が進行し、判決に到達したとしても、Yが認諾しない限り（上述の宣誓をしないまでも、否認する限り）その判決は「［無実という］宣誓をするか、然らずんば［これこれの贖罪金を払って］罪を賠え」（iuret aut componat）というもの（「二枚舌の判決」）だから、この「宣誓」をめぐって話は元にもどってしまう。また判決に対する非難も可能であった（同六八頁）が、これも判決した者に対する「名誉の論難」だから、「こうなると決闘がおこなわれるよりほかない」（同上）。

さらに「訴えの提起にさいして予め決闘を申し込むこと（「決闘の訴え」Kampfklage）によって、原告は被告に雪冤宣誓の道を閉ざすこともできた。決闘の訴えは前もっておこなわれた宣誓非難にほかならない」（同七一頁）。

以上要するに、裁判上両当事者が自己の正当性を主張して譲らなかったら、こうして決闘に行き着かざるを得なかった、ということを指して、「必然的」と上述したのであるが、このように決闘を必然的に内包する裁判は、結局のところ、《同意なきところに拘束力なし》という原理に貫かれた社会の裁判に他ならない。高権的な判断が罷り通るという状況ではなく、自発的同意であれ、（フェーデにしろ裁判上の決闘にしろ）力ずくで強制された場合であれ、自ら「ウン」と言ったことだけが拘束力をもつ時代であった。

さて、このようなヨーロッパの裁判のプロトタイプにおいて、神判はいかなる位置を占めたのか。常に宣誓・宣誓非難・決闘、そしてフェーデで事が処理される限り、神判の出る幕はなさそうである。だが、宣誓というものは誰にでもできるものではなく、宣誓能力ないし宣誓適格は一種の特権であった。宣誓は決闘覚悟で行うものであるから、宣誓能力は武装能力（武装権）と裏腹の関係にあったであろうことは容易に想像できる。いずれにせよ、「自己の紛争を闘いによって解決する権利は、常に自由身分と結びついていた」（バートレット前掲書一二五頁）から、不自由人は宣誓（という様式行為）へのアクセスをカテゴリカルに認められない存在であっただろう。また、いくつかのカテゴリーの罪（姦通、偽誓、窃盗、密かな殺人等）は、その性質上、被疑者の人格そのものが疑われているため、宣誓に馴染みにくいと考えられていたようである。また宣誓能力をもつ者が正当に宣誓しても、宣誓補助者を必要な数だけ揃えられないという場合もあるだろう。

こうした場合、被訴追者はいかにして雪冤できるか。「フランク法においては、原告による被告の有責証明は、長い間、原則として認められなかった」(7)（逆に、無罪を証明するのは被告の責務であった）から、宣誓による雪冤が不可能な者にも代替的雪冤方法が与えられて然るべきである。ミッタイスが「神判が用いられたのは宣誓無能力者（女、非自由人）の場合や、宣誓補助者による証明が成功しなかった場合に限られていたであろう」（同上七〇頁）と述べているのは、こうした事情を念頭においていたからにちがいない。「これらの場合は、通常の手続によっては被告の責任の不在を証明する手だてがないので、神判により、それを証明する可能性を認めているわけである」(8)。

またバートレット前掲書も、宣誓を「中世の裁判手続の礎石であり」、「宣誓が認められる場合には、神判を用いることにはならない」(三〇頁、なお三六頁参照) とし、多くの例をひきながら、「神判は不自由人にのみ課せられたわけではない (自由人に課せられた例は沢山ある)」が、宣誓 (時には、決闘という表現もある) は自由人、神判は不自由人の証明方法と規定されるのが極く一般的であった」(三二、三三頁) と述べている。さらに、イングランドを含めたヨーロッパ諸国ではおおむね「身分と前歴」の組合せで「宣誓適格」のグラデイションが決まっていると指摘している (三一頁) のは、後述するように、神判発展史にとって極めて重要である。

このように、神判の本来的な役割を宣誓に代わる雪冤方法と見ることに諸家の意見はおおむね一致していると見てよい(9)。ただ、ここで気になるのは、神判は被告にのみ課せられる一方的な負担であるのに対し、宣誓が非難された場合に行われる決闘は原告・被告双方にリスクを負わせる双方的なものである、という違いである。宣誓能力者を訴追する場合には決闘に至るのを覚悟しておかなければならないのに対して、宣誓適格を欠く者を相手とする場合には原告は神判を受けなくてよい(10)。ただ被告が試練を受けるのを見ているだけなのだ。

もちろん、これはいわゆる高見の見物ではない。もし神判の結果が「白」と出れば、自動的に (「神の裁き」を非難するわけにはいかない(11)!) 原告は敗訴となり、無実の者を訴えたことについての贖罪をしなければならないのだから、原告は被告が神判にかけられるところを固唾を呑んで見守っていなければならないだろう。一方的な神判も、原告・被告が対峙する当事者訴訟のもとでは、その結果が「双方的」に作用する。この点は後述する盟神探湯との関係で銘記しておく必要がある。ちなみに、被告の宣誓と原告の非難が対峙したとき、双方に (どちらが嘘つきか、それぞれ神と向き合い、その裁きを受ける) 一方的神判 (火審・水審) を課すのでなく(12)、(神の御前で力を競う、双方的な) 決闘を課すという点も、同じく銘記しておきたい。

ところで、もしも神判が、実際「白」と出る可能性がないか、極めて少ないようなものなら、相手の立場は実質的には「高見の見物」になる。「身分と前歴」で宣誓適格のグラデイションが決まる (上述) ということは、こちらの可能性を示唆しているのかもしれないが、この点は後に触れるとして、ここでは、火審や水審の結果「白」となる可能性は果たしてどの程度であったのか、という疑問にこだわってみたい。

四　神判の実像と虚像

この疑問は、灼熱した鉄や熱湯に一定時間触れて火傷を負わないということが常人にとって果たして可能なのか、という素朴な疑問とも関係する。もし「奇跡」を期待しなければならないほど不可能に近いことを要求するものなら、制度としてまともな雪冤方法ではありえないはずである。実際、神聖ローマ帝国皇帝ハインリヒ二世の后クニグンダの物語（バートレット前掲書一七頁参照）をはじめ、そうした「奇跡物語」には事欠かない。本当に、「黒」と出るのが通常で、出ないのが「奇跡」なのか。もちろん、この点についての直接的な証拠など、神判の性質上ほとんど期待できないが、さまざまな状況的情報から探ってみよう。

まず、神判がどの程度実際に用いられたかが問題になろう。もし、ごく稀に、「伝家の宝刀」的に使われたとするなら、それは雪冤方法ではなく、自白・自認を引き出すための、（黒の判定しかほとんど予想されない）苛酷な糺問手段(13)だということになろう。だが、バートレットは、ハンガリーの一教会で、一三世紀のはじめの一四年間に少なくとも三四八回神判が行われた例や（同六二頁）、イングランドでも一二世紀後半盛んに用いられ、王権の重要な収入源になっていたことを紹介している（同六五頁）。

ところで、このイングランドの例では「火審・水審両方が用いられたが、水審の方がはるかに一般的であった」（同六六頁）という点に注目したい。水審は、バートレットも認めるように、火審（鉄火審、「湯釜探り」）とかなり性質を異にする（同七四頁参照）。鉄火や熱湯は火傷を負わせるのが自然であり、手足を縛られている人体は水に沈む（少なくとも「泳」がない）のが普通であろう。ところが前者ではこの自然に反する結果を得たものが「白」、後者では「黒」と見做される。[14] つまり、水審の方が本来雪冤しやすい性質のものなのである。それでは、水審が軽い罪、軽い嫌疑に関して用いられ、火審がその逆であったのか。神判に関する法規や実例を仔細に検討すれば、あるいはその種の対応関係が見出せるのかもしれないが、こうした角度からの研究も見当らないし、今のところ不詳としておくほかない。ただ、「マッカーシズムに似たムード」（同二三頁）が支配する、異端・魔女裁判で水審がしばしば用いられたことを考えれば、水審がとくに雪冤しやすい神判と見做されていたという想定は困難であろう。[15] だとすれば、火審も水審と雪冤の難易度においてさしたる違いはなかったのか。後に見る盟神探湯との比較の観点から、「湯釜探り」を中心に見てみよう。

まず道具立てであるが、一定数の小石が布につつんで釜に入れられるが、その布は釜の把手と一本の紐で結びつけられる。それは「それに沿って小石の方へ［素早く］手を下ろしてゆく」導きの糸であった（ノッタルプ前掲書二五五頁）。ぐらぐら煮立って底が見えない熱湯の中へ闇雲に手を突っ込むのではなかったのだ。しかも通常、被験者は小石を一個取り出せばよかった（同二五六頁）。この紐はまた石の位置を一定の深さに決める物差しの役目をもっていた。通常の罪なら（被験者の）手首の深さ、重罪なら肘の深さというように（同二四八頁）。いざ、湯が沸くと、被験者は、司祭から聖水を口に受け、また手にかけてもらってから右のようにしつらえられた釜に手を突っ込む。「石を取り出し、それ故火傷を負った手はその場で包帯され、封印される」。そして「三日目（あるいは……三夜の後つまり四日目）に包帯をといて、回復状態を確認する」（同二四九頁）。盟神探湯のイメージにつられた素朴な想像とは異なり、熱湯（鉄火審の場合は灼熱した鉄）によって火傷を負ったかどうかが問題なのではなくて、火傷からの回復の程度が問題なのである。つまり三、四日の間に「健康者と同じようにはかばかしく回復しない場合」（同二五六頁）にはじめて「黒」とされるのである。

もっとも、多くの法規が単に「火傷を負わなかったら（無罪）」という文言を用い、記録や文学作品が《無実なるが故に火傷しなかった》例を伝えているため、後世それを文字通り信じ込む者がないわけではないが、実際には「火審［による火傷］のあとが持続していないという意味にすぎない」のであった（同二五八、二五九頁）。そもそも、「マッカーシズムのようなムード」が支配する魔女裁判に水審が用いられたのは、それが「手の包帯を解くまでに三日の待機期間がある」まだるっこしい火審と違い、「即座に結果を出した」からであった（バートレット前掲書二三頁）。文字通り火傷の有無で判断した例がないわけではないが、それはごく例外的であった（ノッタルプ前掲書二五九頁参照）。

ところで、この後日の判定というものが曲者である。「健康者と同じような回復」の解釈に相当の幅がありうることはだれの目にも明らかである。現に、包帯を解いてもしばらく判定を下そうとしなかった司祭に業を煮やして、原告側が「ひどく火傷を負っているではないか」と主張したが、司祭はそれを退けた、という事例が伝えられている（バートレット前掲書四〇頁）。

この「解釈の幅」は水審の場合にもつきまとっていたようである（同三九頁参照）が、いずれにせよ、それは、もともと判断の基準がはっきりしないという、事柄の本性によるものとはいえ、判定者の主観的立場なり考慮によって活用されるものでもあった。例の「小さなコミュニティーのコンセンサス調達の道具」として神判を見る論者は、神判の主宰者がまさにその「コンセンサス調達」の目的に沿って「解釈の幅」を柔軟に活用した、という主張をしている。この論議が当たっているか否かは別として、論者がここで「神判にビルト・インされている、ある種のフレクシビリティーが、［主宰者に］一定程度のイニシァティヴを維持することを可能にした」と指摘しているのは重要である（同上所引）。

この「フレクシビリティー」（あるいはバートレットの表現でいえば「神判の本来的要素たる曖昧さ」——同四〇頁）が「イニシァティヴ」発揮を可能にしたのか、イニシァティヴを発揮できるように神判がデザインされたのかは問題であるが、いずれにせよ、さまざまな考慮から、いろいろな方向に「イニシァティヴ」が発揮されたことは間違いない。右の例では原告は司祭に向かって「賄賂を受け取ったかどで贖罪を要求するぞ」と捨て台詞を吐いたという。実際一二世紀、神判を主宰するイングランドの聖職者に対して、教皇がたびたび「火と水の神判において男女から金員をゆする」習慣を禁止する指令を送っているほどだが、まさにその時期、一回につき「羊七、八頭または牛一頭が買える額である三〇ペンス」を受け取っていた聖職者がいたという（同九四頁）。

もちろん、こうした腐敗に起因する「イニシァティヴ」ばかりではない。ある意味では宗教的に良心的なるが故のものもあった。それは、《懺悔し悔い改めた者は許さるべし》という考えにもとづくものである。こうした考慮は、むろん上述の「解釈の幅」について働いたであろうが、それ以前に、神判の「マイルドな執行」という形での「イニシァティヴ」としても現われた（ノッタルプ前掲書二六九頁参照）。「マイルドな執行」が具体的にどのような方法によったのかは、事の性質上確証を摑みにくいが、油や軟膏を塗る（同二六七頁参照）とか、直前の祈りを長くして熱湯や鉄火が冷めるのを待つ（同二五〇頁参照）とか、火傷しないことは期待できないまでも、その程度を低くする方法はいろいろ想像可能であり、主宰者がその気なら、「マイルドな執行」はそれほど難しくはなかったのではあるまいか。

「イニシァティヴ」は教会関係者によるものだけではなく、世俗の「支配」者によっても当然行われた。「国王たちは、利害関係をもつサポーターたちの群を遠ざけておこうとするのが常であり、かくして、……わずかな数の当局者で曖昧な神判の結果を判定したのである。彼らは、判定権をもっているのだから、欺く力だってもっていたのだ」（バートレット前掲書四一頁）。実際「国王は狡猾で嘘つきだ。……彼にとって神判でインチキをやることなど簡単なことだ」（同上）とうそぶく輩もいたという。「神判は八百長可能だ」という認識は当時かなり一般的であった（同七四頁参照）。いずれにせよ「［相手方や第三者から］『争われた神判』はめずらしくなかった」（同四一頁）のである。

もちろん、『白』の結果が出たことを、もっぱら被験者や神判主宰者の欺瞞になすりつけることは許されない。

『白』と出た神判の中には、まっとうな記録や文書という根拠があって、疑うことのできない例が少なからず存在する」（ノッタルプ前掲書二六六頁）。実際、少なくとも「湯釜探り」に関する限り、（とくに八百長を仕組まなくとも）「白」の判定を得る可能性が決して小さいものではなかったことは、上述した実施方法の具体相から見て容易に想像できることである。熱湯の中であれ、（重罪の嫌疑でなければ）手首の深さにある小石を一個、導きの糸を頼りに取り出す際に受けた火傷が、三、四日後に「健康者と同じように回復」していれば「白」なのだから。

これに「イニシァティヴ」が加わることを考慮すれば、「中世において神判に付された何千人かのうち、半数以上が釈放され、半数以下が処罰された」（バートレット前掲書一六一頁）というのも、あながち荒唐無稽な表現でもなさそうだ、という感想を抱くのは筆者だけであろうか。むろん、こうした数値がどこまで根拠があってのものかはわからないが、水審、火審を問わず、「白」と判定された実例は、バートレットやノッタルプの著書の随所に紹介されている。そして、「白」の結果が稀ではなかったことを何よりも雄弁に物語るのは、有罪者が「白」の判定を得ていることを（無実の者が「黒」の判定を受けることとともに）とらえて、神判を批判する議論が多数存在したことである（同書、とくに七五頁以下参照）。また「白」の場合の取り扱いに関する法規定の類にも事欠かない（たとえば同六七頁参照）。

この他、神判の実像に関連して若干のことを付け加えておこう。まず、神判はしばしば「請け戻す」（金品を払って免除してもらう）ことができた。相手方・訴追者の同意があればもちろん、裁判権者との関係でも可能であった（同六五頁、ノッタルプ前掲書二六五頁参照）。また、女性や聖職者については、自ら神判を受けず、代理をして受けさせることが認められた場合がある（同二六二頁、バートレット前掲書九五頁参照）。こうした局面において、（腐敗にもとづくものか否かは別として）「イニシァティヴ」が働きうることはいうまでもない。

ところで、このように神判が被験者にとって、単純に想像するほど苛酷なものではなかったらしいとなると、これと前に触れた「奇跡物語」の存在とは、どのように結びつくのか、が改めて問われよう。思うに、これは、前述した懺悔ないし告白をめぐる一二世紀のキリスト教関係者の態度決定――それはバートレットが強調するように、神判禁止に密接なつながりをもつものなのだが――とかかわることなのではなかろうか。たとえば、一三世紀初頭のシトー派修道僧の手になる『奇跡の対話』（Dialogus miraculorum）に、「鉄火審に付され火傷を負ったカンブレイの異端者たちのうちで、告白のおかげで救われた一人の者」の話が載っているが、彼は「告白を続けるうちに、自分の手の火傷の痕がゆっくりと消えて行くのを見た」（バートレット八〇頁）という。この書物にはまた、（有罪の告白を受けたのに対して）「告白の力があなたを自由にする」といった司祭の予言が、「みんなが驚いたことに」実現し、鉄火審をクリアーした話も見える（同上）。《懺悔し悔い改めた者は許さるべし》という思想は、現実の神判執行の際の「イニシァティヴ」の起動力としても作用したが、「奇跡物語」の形をとったキャンペインによって社会に浸透していったのである。

《悪人もて（告白によって）救わる》のなら、もともと信仰厚き人が（冤罪を蒙り、神判にかけられても）救われないはずはない。こうして、前に触れたクニグンダの受難劇をはじめ、（場合によっては自ら買って出て）神判をクリアーする、数々の聖人伝が「奇跡物語」の形で成立する。そして、いうまでもなく「奇跡物語」にとっては、神判は苛酷なものでなければならない。後世の人びとが、火審は火傷の有無で判断されるものと思い、水審の「黒白」が逆転する（浮いた方が「白」と見做されるようになる）例が出てくる（注(14)参照）のも、「白」と出るのは奇跡だ、というインドクトリネイションと無関係ではあるまい。

ところで、この「奇跡物語」キャンペインと（少なくとも理論的には）共同戦線を張れる存在があった。それは王権をはじめとする世俗の権力である。前節で述べたような《同意なきところに拘束力なし》という原理に貫かれ、その《同意》調達のための実力闘争（決闘・フェーデ）が行われる、という裁判制度の枠組みが続く限り、「平和」はありえない。この中世的原理が、フェーデの禁止（応訴強制）、宣誓―決闘に代わる「証拠」による判定、そして糺問主義的諸方策の浸透によって、徐々にではあるが克服されていくことは周知のとおりであるが、この過程の初めの段階で神判が（過渡的にせよ）果たした役割は小さくないように思われる。この点を詳細に論ずるには筆者の用意が欠けているし、何よりも紙幅が足りない。一つだけ指摘するなら、宣誓―決闘の克服のために、宣誓適格をできるだけ制限し、神判を受けるべき人間を増やしていくという道があった。[16]「雪冤宣誓の侵食が……神判をより一般的にしたといってよかろう」（同六四頁）。

前述のように、神判が課せられるべき「宣誓不適格者」には本来いくつかのカテゴリーがあった。さしあたっては、これらを手がかりにしてその範囲を拡大していくのである。自由人に対しても、一定の事由があれば（たとえば偽証や窃盗の前歴があれば）「［自由身分という］生得の権利」を喪失した（同三〇頁）と見做すことによって、あるいは一定の条件が揃った者には「札付きのワル」（同上）として宣誓を制度的に封じてしまう形で、また状況からして嫌疑濃厚にもかかわらず否認する被告には神判を強制する（同三二頁参照）形で、この拡大は進行した。「身分と前歴」の組合せによる宣誓適格のグラデイション（前述）の位相を、被告に不利な方向へと少しずつずらしていくのである。[17]

これと表裏をなすのが、訴追者なき職権主義的・糺問主義的「刑事裁判」の（緩慢ながらも）形成である。訴追者（それは、当事者訴訟の枠組みの中では、宣誓非難・決闘の引受人であった）がいない裁判は、雪冤宣誓という制度を無意味なものにしてしまう。一二世紀末のイングランドでは、決闘によって決着する在来の訴追型・当事者訴訟型手続も存続する一方、「特定の訴追者が登場せず、世間の悪い評判に基づいて」行われる手続が広まったが、そこでは糺問の結果疑いある場合には被告は神判にかけられた。一二世紀が「一〇、一一世紀と最も顕著なコントラストをなすのは、刑事裁判手続から宣誓が姿を消したことである」（同上）。

このように、宣誓適格を否定された者は、当然それまでの原則に従って神判に付せられる。だが、「犯罪に対抗する大々的な国王のキャンペイン」（同六五頁）のなかでは、その神判は曾てのそれと違って、宣誓不適格者にも適格者と同じような雪冤のチャンスを与えるという性格を薄め、嫌疑極めて濃厚な者や「札付きのワル」、あるいは何かにつけ「剣にかけて」主張を通そうとする連中を恐れ入らせる手段としての性格を強めていく。従って、それは当然「マイルド」であってはならない。「イニシァティヴ」を神判の苛酷化の方向で発揮することは十分ありうることだろう。先に引用した「国王……にとって神判でインチキをやることなど簡単なことだ」という非難は、たぶん苛酷化の「イニシァティヴ」を暗示しているものと想像できる。こう言われたところで、国王は困るどころか、有り難いくらいなものだ。本当はどうであれ、今や神判は恐ろしいイメージをまとっていなければならないのだから。実際、イングランドの「国王のキャンペイン」のさなか、一年間に約六〇〇人の「逃亡者及び水審で有罪とされた者」から財産没収がなされた（同六五頁）。このうち後者が何人だったかはわからないが、それは大した問題ではあるまい。《神判は恐ろしい》と思って逃げる、ということに既に意味があるのだから。キリスト教の「奇跡物語」キャンペインと世俗の裁判権との共同戦線といった所以はここにある。

しかしこの共同戦線は、「告白」の称揚が神判との矛盾を顕在化させ、やがて後者の禁止をもたらしたため、長くは続かなかった。その後の世俗の裁判権は、神判抜きで糾問主義を追求しなければならなくなったのである。そこに登場したのが拷問である。神判の代替物としての拷問、相互の類似性と相違性といった問題は、興味深い問題であるが、紙幅を費やす余裕はない(18)。

五　盟神探湯の虚像と実像？

盟神探湯(19)（誓湯《うけひゆ》という場合もある）に関する記事は、①応神紀九年、②允恭紀四年、③継体紀二四年に見られるほか、④隋書倭国伝にも含まれている。

①　武内宿禰が筑紫の監察を命ぜられて留守の間、その弟甘美内宿禰は兄を天皇に讒訴した。兄はかねてから天下を狙っておりましたが、いま筑紫にあるのを幸い、筑紫を割き取って三韓を従え、最後には天下を我がものにしようと、密かに謀っております、と。そこで天皇は、ただちに武内宿禰を殺させるべく兵を送った。これを知って武内宿禰が「吾、もとより弐心無くして、忠を以て君に事ふ。今何の禍そも、罪なくして死《みまか》らむや」と嘆いたところ、彼によく似た相貌の、真根子という部下が、「大臣、忠を以て君に事ふ、既に黒心無きことは天下共に知れり。願はくは、密かに避りて朝《みかど》に参赴《まう》でまして、親《みず》から罪無きことを弁《わきだ》めて、後に死らむこと晩《おそ》からじ」といって、身代わりに立ってくれた。そこで武内宿禰は包囲を抜け出し、ようやく朝廷に辿り着き、無実を訴えたので、天皇が武内・甘美内両人を「推問」（＝糺問）したところ、「二人、各、堅く執《とら》へて争ひ、是非《まこといつはり》決め難」かったので、「天皇勅して、神祇に請《まう》して探湯《くかたち》せしむ。是を以て、武内宿禰と甘美内宿禰と、共に磯城川のほとりに出て探湯す。武内宿禰勝ちぬ」。

②　允恭天皇のころ「上下相争ひ……或いは誤りて己が姓《かばね》を失ひ、或いは故《ことたへ》に高き氏を〔自分で勝手に〕認《と》む」ような状態が起きたので、「矢を挙げ枉がれるを正」すべく、「群卿百寮及び諸国造等」すなわち「諸氏姓の人等」に対して、「沐浴斎戒して、各、盟神探湯せよ」という詔が下った。そこで、「味橿《うまかし》丘……に探湯瓮《くかへ》を坐《す》ゑ」、「諸人、各……釜に赴きて、探湯」したところ、「実を得る者は自づからに全く、実を得ざる者は皆傷《やぶ》れぬ。是を以て、故に詐る者は愕然《お》ぢて、予め退きて進むことなし。是より後、氏姓自づから定まりて更に詐る人無」くなった。なお古事記には「天の下の氏氏名名の人等の氏姓の忤《たが》ひ過てるを愁ひたまひて、……玖訶瓮《くかへ》を居《す》ゑて、天の下の八十友緒《やそとものを》の氏姓を定めたまひき」とある。

③　毛野臣なる人物の数々の圧政・失政の一つとして、盟神探湯濫用を伝える。彼は任那に赴任以来二年経つが、その間「政を聴く」ことに怠慢であり、ことに日本人と任那人の間に生まれた子供の帰属を争う紛争について、「はじめより能判《ことわ》ること無し。毛野臣、楽《この》みて誓湯《うけひゆ》置きて曰く、『実ならむ者は爛れず。虚《いつはり》あらむ者は必ず爛れむ』とい

ふ。是を以て、湯に投《め》して爛れ死ぬる者衆《おお》し」。

④　倭国では、「獄訴を訊究する毎に、承引せざる者は、木を以て膝を圧し、或いは強弓を張り、弦を以て項を鋸す。或いは小石を沸湯の中に置き、競う所の者をしてこれを探らしめ、云う理曲なる者は即ち手爛ると。或いは蛇を瓮中に置きてこれを取らしめ」る。

以上のような素材を前に、石母田正[20]は次のように言う。すなわち、まず盟神探湯は基本的に「双方的神判の類型に属する」（一七七頁）ものであるが、この双方性は、②が示しているように、それが本来、天皇が「氏族＝族長間の競争を調停する」（同上）裁判において用いられたことと照応している。ところが、これが③の場合のように、「専制支配者と人民との関係」で用いられると、「形式は同じく双方的神判であるけれども、実体は……専制的な権威裁判である」（一七八頁）。「隋書倭国伝の記事にみえる双方的神判の習俗も、苛酷な拷問によって訊究される獄訟と結びつき、その本来の性質を失っている」（同上）。

そして石母田によれば、「神判のかかる性格変化を必然化した根源」は次のような構造にほかならない。すなわち、「周知のように、ゲルマン古法における神判制度が権威裁判に転化するのを防いだ保証は、そこでは、裁判が自由民の『民会』の裁判として存在したということであった」（同上）。それに対して古代日本では、「人民が民会その他の独自の共同体的制度に組織されていない」、つまり「人民が共同体とその法の主体になっていない」ため、裁判主宰者の「権威を制約する保証は神祇的習俗以外にはなく、双方的神判は、……その古来の形式を変えることなしに、一方的神判と本質を同じくする権威裁判に移行する可能性をはらんでいた」（同上）。

この議論は、《人民が「法の主体」でないから、権威的裁判が生み出される》という、論証を超越した、一種のグランド・セオリーに類するものであり、しかもそれを支えるべき「ゲルマン古法」に関する認識は恐ろしく「古典的」であって、今日、このままでは到底維持されるべくもない[21]。実際、バートレットの著書に接したわれわれは、ヨーロッパの神判が「民会」といったような「共同体」的裁判制度と結びついたものではなかったことを知っている。また、火審や水審が「双方的神判」でなかったことも確認した。

石母田の議論の前提には、《双方的神判は非専制的、一方的神判は専制的・権威的》という思い込みがあるように思われる。そして、この思い込みの背景には、(結局は当事者の「同意」に依存する)当事者訴訟↕(権威主義的な)糺問主義的審判の対比と、神判の双方性↕一方性の対比とを直結してしまった、という事情があるのではなかろうか。あるいは、一方当事者のみが神判を受けるという意味での「一方的」と、有無を言わせず裁判権者によって課せられる、という意味での「一方的」との無意識的混同があったのかもしれない。

いずれにせよ、ヨーロッパの当事者訴訟で課せられる神判は、(決闘と違って)一方当事者にのみ課せられるが、その結果によっては自動的に相手方の不利にも作用する、ということも前述したとおりである。つまり、神判の執行形態は一方的でも、効果は双方的に及ぶのである。そして、その裏には、その神判自体が(火審にせよ水審にせよ)本来は、「黒」・「白」の可能性が相半ばするものであった、という事情がある。当事者訴訟から権威主義的・糺問主義的審判への移行には、双方的神判から一方的神判へ、という変化ではなく、神判が、「黒」・「白」どちらに転ぶかわからないものから、「黒」としか出ないもの(少なくとも、そういうイメージをまとったもの)へ、と変化するプロセスが対応しているのである。判定の手段から糺問の手段へ、という神判の性格変化といってもよいであろう。

こうした観点から、数少ない、しかもイデオロギー色濃厚な日本書紀所載の記事を虚心に見るならば、盟神探湯は糺問の手段であり、しかもそれが双方的に課せられている、と考えられる。しかし、これには少しく説明が要ろう。

まず、糺問の手段という点であるが、④が率直にこうした性格を伝えていることは石母田も指摘するとおりである。また、③の「はじめより能判ること無」く(まともな審理をすることなく、はじめから)「楽みて誓湯置」いた(盟神探湯を濫用した)という表現から、われわれは、毛野臣がまともな判定手段としてこれを用いたわけではないことを知る。

すでに述べたように、[22]神判が常用されていることに（当事者や世間一般から）違和感を抱かれない限り、それは正当な判定手段としての性格を失っていないが、逆に濫用に対する非難が記録に登場するときは、もはや神判は権威主義的・糺問主義的審判の糺問手段になっている、と考えるのが自然である。

もちろん③の表現の背後には、盟神探湯は、本来は、一定の条件が調った場合に止むを得ざる判定手段として用いられるべきもの、という考え方がまったくなかったとも言いきれないであろう。しかしこの記事は、まさにそのような考え方が蹂躙されてゆくさまを示している。しかも「爛れ死ぬる者」が多数出た、と③が当然のように書いていることは、当時の人たちも、盟神探湯の結果「黒」「白」どちらかに転ぶかわからない、などとは信じていなかったこと、つまり現実の盟神探湯は、（少なくとも、もはや）まともな判定手段とは考えられていなかったことを示している。

②と①については、問題はやや複雑である。②では「実を得る者」は「白」、「実を得ざる者」は「黒」と出たとされ、①では武内宿禰は「勝」ったとされているからである。まず②について。「氏姓」をもつ者＝「群卿百寮及び国造等」とは、石母田も指摘しているように、族長クラスに属する存在であるが、その「氏姓」とは基本的に、当該一族（ないし族長）の、天皇に対する奉仕者としての地位とそのランクの表示たる性格をもつもので、それに関する「上下」の紛争とは、ひとつには「僭称」、ひとつには族長の地位の「跡目争い」によって起きうるものである。「僭称」は天皇の側から見れば《与えていないものを与えられたと詐ること》に他ならないから、ことの性質上、審判は糺問形式になる。「跡目争い」は、かりに石母田のいうように、「族長間の競争を調停する」必要が生じる紛争だとしても、あるとき一斉に全「群卿百寮及び国造等」を呼び出し、その「調停」を行う、というのは理解できない。

ちなみに、ヴォルムス荘園法[23]（一〇二三年から一〇二五年までの間に成立）は、一般的には宣誓―決闘に代えて神判（「湯釜探り」）を導入しようとする意図が随所に見えるものであるが、それでも、「フィスカリーネン」（国王直属身分の出自をもち、ヴォルムスの司教座教会に寄進された後も、自由身分を維持していた階層）の身分が疑われたときは、宣誓を以て雪冤（つまり自由身分を証明）することを認めている。これと比較すると、「群卿百寮」といえども「氏姓」を証明するのに神判をくぐり抜けなければならない、という原理が唱われていること自体、「氏姓」をめぐる紛争解決に「調停」という概念が馴染みにくいことを示しているのではなかろうか。

ともあれ、もし、この②の伝承に何がしかの真実が含まれているとするならば、それは一般的に「氏姓」の乱れを正す意図から、関係者全員に対して厳重に注意を促した（もしかすると、その一環として、目に余るものについて糺問も行われた）という程度のことではなかろうか。もちろん、歴史的事実としては、このころ「氏姓」制度が（在来のものが乱れた、というのでなく）形を整えはじめた、と考える方がよほど自然なのだが。いずれにせよ、その糺問の際に本当に盟神探湯が用いられたか否かはわからないが、かりにそこまでは信じるとしても、「実を得る者は……全」しという内容まで信じるのは困難で、むしろ②全体を、「詐る者は愕ぢて、予め退きて進むことなし」という糺問手段的性格を暗示する部分に重点のある説話として理解するのが合理的であろう。

このような理解、つまり盟神探湯を「奇跡物語」の一種と見ることを正当化する直接の根拠はない。だが、①をあわせ見ることによって、この理解はより高い蓋然性を得ることができる。①で「勝」ったとされる武内宿禰という人物は、周知のように、記紀によると三〇〇歳前後生きて、数代にわたる天皇・皇后に「棟梁の臣」として忠実に仕え、大和政権の屋台骨を支え続けた人物だったというが、もちろん実在性は極めて疑わしく、伝説上の人物と見て差し支えない。しかもその説話は、（記紀に盛られた記事の多くが、一般的には、それらが参照した、六世紀前半成立の『旧辞』にすでに載っていたと考えられるのに対して）七世紀以降に、大和朝廷関係の有力豪族の利害関心から成立したものとするのが、学界の一致した見解である。

この点、津田左右吉以来、七世紀前半に中央政界で勢力を振るった蘇我氏の手になったと見るのが通説であるが、その後、むしろ「大化の改新」とその後の政界で活躍した中臣鎌足との関係を重視すべしとする説(24)も提起されている。

本稿の目的にとって、このどちらが正しいかを決める必要はないが、盟神探湯との関係では、「中臣連の祖、探湯主」という人物が、垂仁紀二五年に登場するのは興味をひくところである。神罰によって短命に終わった崇神天皇の轍を踏まないため、垂仁天皇はこの「探湯主」に「卜」を命じたというから、神託（英語やドイツ語では神判と同じ ordeal, Ordal）を聴く要衝の地位にあったものであろう。ここでの「卜」のために盟神探湯類似のことを行ったとは考えにくいが、「中臣の遠祖天児屋命」が、アマテラスの岩戸隠れのとき神事の執行や贖罪手続に関して重要な役割を果たした[25]（神代紀第七段）ことを考え合わせると、「探湯主」は盟神探湯を含めたマーギッシュな儀礼一般を司っていた人物と想定してよかろう。このように盟神探湯が中臣氏とは切っても切れない関係にあるものだとすると、武内宿禰が盟神探湯で「勝」ったという伝承は偶然ではありえない。

一方、蘇我氏のために武内宿禰説話が作られたとしても、この盟神探湯説話は意味深長である。②の「群卿百寮及び国造等」全員に強いられた盟神探湯が行われた「味橿丘」は「甘橿岡」、「甘檮岡」とも書くが、それは蘇我蝦夷・入鹿が「宮門」の甍を並べ、「城柵」を構えたところ（皇極紀三年参照）で、蘇我氏の本拠地といってもよい場所である。このように盟神探湯の「イニシァティヴ」を握っていたのが、武内宿禰の子孫とされる蘇我氏である、という筋書きは出来すぎるくらい、よく出来ているではないか。

しかも、武内宿禰自身、記紀においてしばしば神託に関連して登場する。仲哀記では彼自身が「沙庭《さには》に居て、神の命を請」けたとあり、神功紀（摂政前紀）では神功皇后の神懸かりを導くため琴を弾いたとある（なお、この際の「審《さ》神者《には》」は「中臣烏賊津使主」！）。「さには」とは、神懸かりした人物（この場合は神功皇后）のことばの意味を解く役割を果たす者とされており[26]、だとすれば、古事記においては武内宿禰は文字通り神託の媒介者だし、日本書紀においては「中臣」がその媒介者で、宿禰は神懸かりの仕掛け人だということになる。また、神功紀四七年には、互いに相手を非難する新羅の使者と百済の使者の「推問」（＝糺問）の役目を誰にすべきか神意を聴いたところ、武内宿禰が指名された、という記事がある。これによると、《神意と糺問の接点》に宿禰が立っているという解釈も、まんざら不可能ではない。

このように、武内宿禰は天皇に対する忠節のシンボルであるとともに、神託とも深い関係をもつ者として記紀に登場した人物である。蘇我氏によってであれ、中臣氏（藤原氏）によってであれ、武内宿禰は盟神探湯で負けるわけにはゆかない、否、勝つべき者として作り出されてきた人物なのである。「実ならむ者は爛れず、虚あらむ者は必ず爛れむ」という「神話」を体現する人物と言い換えてもよいであろう。①が「奇跡物語」でなくて、何であろう。しかもこの「奇跡物語」は、③の「恐怖の盟神探湯」像と表裏の関係にあることはいうまでもない。ヨーロッパでは、キリスト教的「奇跡物語」キャンペインと糺問主義化途上の世俗裁判権者とが共同戦線を張ったのであるが、わが国では、「奇跡物語」そのものが権力と結びついていた。その意味では、「奇跡物語」と「恐怖の盟神探湯」像は「共同戦線」どころか、一つであった[27]。

盟神探湯が、当事者双方に課せられるという意味で、すべて双方的であったことについては、もはや贅言を要しないであろう。上述のような石母田の思い込みを排除すれば、③を以て「形式は双方的、実体は専制的な〔一方的〕権威裁判」という必要はない。むしろ、石母田のように、「双方的神判」を神判（決闘や我慢比べを除く）[28]の本来的な形態として想定することに無理がある。双方に課して、結果が双方とも「黒」又は「白」だったらどうするのか。真に「黒白」の判定に役立つような、ヨーロッパの本来的な神判であったら、その可能性は十分あるはずである。この心配を免れるには、神判が糺問の手段で恐ろしい（イメージをもった）ものでなければならない。盟神探湯が双方的であった（ありえた）のは、それが判定手段でなく、糺問手段であったことと表裏をなしているのである[29]。

盟神探湯のこのような性格は、別稿[30]で論じた律令制の断獄手続に見られた「双方糺問主義」と如何なる関係に立つのか。まず、被告を糺問し、その自白が得られなければ原告を（誣告の疑いで）糺問する、という「双方糺問主義」

的手続を盟神探湯について確認することはできないので、後考を待つほかないが、②や③の、「双方的」と言わんより、「全面的」と言ってよいようなやり方を見ると、《関係者はみな潜在的被疑者》という扱いが読み取れること、④が「獄訴・訊究」において自白しない場合、「競う所の者」に盟神探湯を課すとしていること、を併せ考えると、律令制定以前から（おそらくは中国の影響の下に）「双方糺問主義」的なやり方が行われはじめていたのではないか、という憶測も可能である。むろん、律令制的な精緻なメカニズムを伴わずに。

日本において、盟神探湯が、ヨーロッパ中世のように、「黒」「白」どちらに転ぶかわからない判定手段としての（したがって当然、一方的な）神判として機能した時代があったのか否かは、現在知られている史料からはまったくわからない。知られる限り、それは（先学の説くところと違って）「双方的糺問手段」であったということが、「外から見た」ささやかな結果である。

（1）もちろん、わが学界にもこうした関心に基づく優れた先業がある（たとえば後に触れる石母田正『日本古代国家論・第一部』、岩波書店、一九七三年、Ⅳ「古代法小史」）。
（2）Robert Bartlett, Trial by Fire and Water—The Medieval Judicial Ordeal, Oxford, 1986. なお、本書には邦訳がある（竜崎喜助訳『中世の神判——水審・火審・決闘』、尚学社、一九九三年）が、残念ながら誤訳・不適訳が目立つ。
（3）Hermann Nottarp, Gottesurteilstudien, München, 1956.
（4）法学の分野におけるこうした知的営為につき、西川洋一「初期中世ヨーロッパの法の性格に関する覚書」（『北大法学論集』四一巻五・六合併号所収）第七節参照。
（5）すでに拙稿「財産と法——中世から現代へ」（本書第四章）で論じたことがある。
（6）この引用部分は、ミッタイスが「ゲルマン時代」について論じた箇所であり、これを初期中世を論ずる本稿に引用してよいか、という疑問が生じよう。だが、このミッタイスの叙述は「ゲルマン時代」そのものの史料的根拠はほとんどなく、初期中世の史料（たとえば諸々の部族法典）から得られた像を「遡及的」に「ゲルマン時代」に投影したものにすぎない（カール・クレッシェル、石川武監訳『ゲルマン法の虚像と実像』、創文社、一九八六年、六頁以下参照）。つまり「ゲルマン時代」の章の叙述は実質的には初期中世にこそあてはまるものである。実際、注(4)所引西川論文は部族法典を用いて「初期中世の法の性格」を論じている。

(7)　注(4)所引西川論文七四頁。

(8)　同右七五頁。

(9)　神判で「黒」とされ処刑された被告の親族が、訴追者に対して復讐を企てるのを禁じた法規の例がある（バートレット三九頁）。こうした企ては、宣誓―決闘による雪冤を認められて然るべきであったという、被告側の怨念ともいうべきものが（裁判権者ではなく）訴追者にむけられた結果生じる、一種の擬似決闘志向の現われと考えられ、ここからも神判が「特定身分・特定カテゴリー」（同三〇頁）の被告に適用された（しばしば被適用者には宣誓が認められない不満を伴う）代替的雪冤方法であることがわかる。また女性の場合、代闘者（いわゆるチャンピオン）が見つかれば決闘、見つけられなければ神判、という例がある（同一〇頁）のも、神判の代替物性を示す。本文に引用したミッタイスのように、女性が本来宣誓無能力なのか、宣誓は認められても決闘不能の場合に神判に移行するのかは後考を待ちたい。なお、女性同士の決闘はもちろん、男女間の決闘も（男にハンディキャップを付けて）行われた例がある（ノッタルプ前掲書二九五頁参照）。

(10)　ただし、「十字架神判」は両当事者が両腕を左右に広げて十字架の形をしたまま立ち続け、我慢比べをするというもので、双方的神判であるが、これは（暴力を禁じられた）聖職者用の一種の決闘ともいうべきものであり、しかもまもなく禁止された例外的制度である。

(11)　後述するように、神判の実施方法に八百長があった、といって不服を唱えることはあったが、これは、「神の裁き」を正しく反映していない、という非難であって「神の裁き」そのものへの非難ではない。

(12)　神判を双方的に課すシステムでは、双方とも「白」または「黒」と出たらどうするか、という困難な問題が起きうるが、これについては盟神探湯について論じるところに譲る。なお、ヨーロッパにも双方的に神判を課したように見える例（バートレット一八頁参照）があるが、これもその際に論じる。注(29)参照。

(13)　もちろん糺問手段が濫用されることはありうる。しかしその場合は滅多に記録に残らないし、残される場合は濫用に対する非難の形をとるはずである。それ故、神判が違和感なしに常用されている、と史料的に理解されるときは、糺問手段になってはいない、と想定すべきである。

(14)　稀に、沈む方を「黒」とする例がある（ノッタルプ前掲書二五四頁参照）が、これについては後述する。
(15)　鉄火審は自由人に、水審は隷農に適した神判だとする考え方もあった（バートレット六六頁参照）。これも火審の方が厳しいという想定を許さない。
(16)　一二世紀には、デーン人は裁判上の決闘の慣習を廃止し、さまざまな事件をこの種の（鉄火審を指す）神判で解決すべし、と定めるに至ったという（バートレット四四頁）。
(17)　一一世紀終わりに近づくと、宣誓を許しても、それが決闘につながらず、宣誓を補強させるために神判を課す、という例も出てくる（バートレット五〇頁参照）。このように宣誓の雪冤力を低くするという動きは、宣誓適格のグラデイションの位相移動と表裏をなして、決闘を認められる者の範囲を狭めてゆく。
(18)　拷問と糺問の手段化した神判との異同について一言だけいっておくと、前者が、犯行の自認のみならず、事実（たとえば、凶器の捨て場所等、とくに犯人しか知らないはずの事実）に関する陳述（状況証拠との突き合わせ、「裏をとる」作業のために重要である）を引き出すための強制手段であるのに対して、後者は建て前としては依然として「黒白」の判定手段である。したがって、前者においては、それを基礎にした「事実認定」を行い、「判決」を下す人間の作業が別途予定されているが、後者ではそれ自身が「判定」を下すわけで、ひきつづき「判決」が下されることはあっても、それは神判の「判定」を鸚鵡返しにするものにすぎない。前者は非公開で行われるのが普通だが、後者は公開の場で行われるのが普通だという違いも、以上の違いのコロラリーとして理解できる。こうした原理的な相違の故に、両者は糺問の手段としての共通性をもつものであるにもかかわらず、後者がそのまま拷問の手段として制度化されたり、常用されるものになったりすることは、稀であるといえよう。盟神探湯が続日本紀以降の公式の世界から姿を消すのは偶然ではない。
(19)　本文に②として挙げた条は、盟神探湯には熱湯を用いるもののほか、「或いは泥を釜に納れて煮沸かして、手を攘りて湯の泥を探る。或いは斧を火の色に焼きて掌に置く」ものがある、と注記しており、その意味では「くがたち」（有力説によると、「つみ」と同語である「けが（れ）」を「たつ」（断・裁）に由来するという）に盟神探湯をあてたのは若干不正確であるが、実質的な内容を伴う現存記事はすべて熱湯を用いたものであるので、本稿も盟神探湯をこの種のものに限定して用いる。
(20)　注(1)所引書。
(21)　注(6)所引クレッシェル書四頁以下参照。なお、ゲルマン古法の神判を双方的とする見解は石母田が最初ではなく、すでに中田薫「古代亜細亜諸邦に行われたる神判」（同『法制史研究』第三巻所収）や石尾芳久「神判と法の発見」（同『日本古代法の研究』、法律文化社、一九五九年所収）に見られる。

(22)　注(13)参照。

(23)　Lorenz Weinrich, Quellen zur deutschen Verfassungs-, Wirtschafts-und Sozialgeschichte bis 1250, S. 89 ff.

(24)　岸俊男「たまきはる内の朝臣——建内宿禰伝承成立試論」（一九六四年、同『日本古代政治史研究』、塙書房、一九六六年所収）。

(25)　本書第一〇章「『かむやらひ』と『はらへ』——井上光貞「古典における罪と制裁」をめぐって」参照。

(26)　注(24)所引岸論文一五一頁参照。

(27)　こうして見ると、②は、「奇跡物語」と「恐怖の盟神探湯」像との両要素を含む説話だという点で、日本の神判イデオロギーの典型ということもできよう。

(28)　注(10)の十字架神判参照。

(29)　バートレット前掲書一八頁には、不倫の廉で侍女ヘルキアの讒訴にあったグードルン妃が「湯釜探り」で潔白を証明したところ、王が「今こそヘルキアを湯釜へ。わが妻を傷つけんとせし、その女めを！」と命じたというエッダの詩が引かれている。これは一見両当事者に双方的に神判が課されたようにみえるが、グードルンの潔白がすでに明らかとなったのを前提に、讒訴に対する処罰としてヘルキアは「湯釜探り」をさせられた、と理解すべきであろう。

(30)　本書第一三章「古代国家の刑事『裁判』素描——日本裁判制度の通史的把握のために」参照。

第一二章　ウケヒについての覚書

一　はじめに

筆者は旧稿「外から見た盟神探湯」(本書一一章)において、通常学界では神判の一種として理解されてきた盟神探湯について、少なくとも記録(『記紀』と中国史書)に現われたかぎりでは、「権威主義的・糺問主義的審判の糺問手段」と化しているものと見るべきである、と論じた。

もちろん、この結論は今でも維持されるべきものと考えるが、それだからといって、わが国にはおよそ神判と見るべきものが存在しなかったか、と言えば、それは正確ではなかろう。そもそも中世には、明らかに神判の一種と見るべきものが存在した。鎌倉期の「参籠起請」は確実に神判としての特徴が見られるし、室町期の「湯起請」のいくつかの例にも神判の特徴が備わっている。

しかし、これらについてはいずれ機会を得て詳論するとして、ここでは、上掲旧稿(前章)に対する補論として、『記紀』の記述の中から、神判の記憶が潜んでいる可能性を探ってみたいと思う。その手がかりは、盟神探湯が「誓《ウケ》湯《ヒユ》」と呼ばれた例がある(応神紀九年条)ことにある。もちろん、このウケヒユも、旧稿(前章)で論じたように、もはや真正な意味での神判ではなく、糺問手段と化したものと見るべきであるが、このウケヒという言葉は、『記紀』をはじめ古代の文献で、超自然的なもの(仮に〈神〉としておこう)に問いかけ、はたらきかける行為に関する言葉としてしばしば登場するものであり、応神紀のウケヒユがもはや神判ではないからといって、ウケヒ全体をおよそ神判とは無関係なものと即断してしまうのは適切ではないであろう。本稿は、神判論の角度から古代日本におけるウケヒ、とりわけ高天原でアマテラスとスサノヲの間で交わされたウケヒに焦点をあわせて考察を試みたい。

二　ウケヒの諸用法

主題である高天原のウケヒの分析に入る前に、この言葉が他の文脈でいかなる意味に用いられたかを見ておくのが順序であろう。

まず、ウケヒユのように、ウケヒが他のことばと結合してできる複合語の例を見ておこう。

（A）ウケヒの方法・形態を表わすものとしては、「神功皇后摂政前紀」や『古事記・中』に見られるウケヒガリ（前者では「祈狩」、訓注「于気比餓利」、後者では「宇気比獦」）がある。

前者では「皇后西を征ちたまひ、併せて皇子（後の応神天皇）新たに生れませり、と聞きて」、カゴサカとオシクマ（仲哀天皇が大中姫という「妃」との間にもうけた兄弟）は「ひそかに謀りて曰く、『今皇后、子まします。群臣皆従へり。必ず共に議りて幼き主を立てむ。吾等何ぞ兄を以て弟に従はむ』」と、菟餓野（現在の大阪市北区兎我野町付近といわれている）に皇后一行邀撃の陣を敷いた。そして、戦いを前に「祈狩《ウケヒガリ》して曰く、『若し事を成すことあらば、必ず良き獣を獲む』」と。ところが「赤き猪忽ちに出でて」カゴサカノミコを食い殺してしまったので、「軍士悉に慄」ぢ、オシクマも「是の事、大きなる怪なり。此にして敵を待つべからず」と言って、「軍を引」き、住吉に陣を移した。皇后は難波を目指したが、船がうまく進まないので、「卜」ったところ、アマテラス以下、数神からの託宣があったので、「神の教のままに」したところ平安に海を渡ることができた。そこでオシクマは軍を菟道（＝宇治）に移した。皇后はこれを囲んだが苦戦したので、いったん弓弦を切り、刀と見せかけた木刀を捨てて和睦を申し出、油断させておいてから隙を見て、隠し持った弦を弓に張り、「真刀」を振りたてて攻撃し、ようやく勝利を得た。
後者すなわち『古事記』では譚の筋がやや異なり、カゴサカが猪に食い殺されても、オシクマは「其の態を畏ずして」なおも勇猛に邀撃戦を展開したとなっている。なお、それで皇后方は苦戦し、騙し討ちでようやく勝ちを得たという点では基本的に『日本書紀』と同じである。

次に、正確な意味で複合語と言えるか否かはいささか問題であるが、ウケヒオチ・ウケヒイキ等を挙げておく。これらは、ウケヒの結果、ないしウケヒによって訊ねられた〈神〉意の兆表と見られる現象をウケヒに結合させて作り出される言葉である。

（B）『古事記・中』によれば、垂仁天皇は、皇子ホムチワケが髭が長く伸びるまでものを言わないのに心を痛めていたところ、夢に《我が宮をそなたの宮のように立派に造営すれば、皇子は必ずものを言うであろう》というお告げを聞き、「ふとまにに（鹿の骨を灼いて）、占相《ウラ》」なったところ、「その祟りは、出雲の大神の御心」だということがわかった。そこでこの皇子を出雲へ詣でさせることにしたが、誰を随行者にすべきかを、また占ったところ、アケタツに白羽の矢が立った。
天皇は、そこでさらに「此の大神を拝むに因りて、誠に験」あるか否かを確かめるため、アケタツをして、「誠に験あらば、是の鷺巣池の樹に住む鷺」は「宇気比《ウケヒ》落ちよ！」と「宇気比白さしめ」たところ、「宇気比し其の鷺」は「地に堕ちて死」んだ。今度は「宇気比活きよ！」と言わせたところ、生き返った。そしてさらに、アマカシノオカの麓に立つ樫の木を、同じように「宇気比枯らし」、「宇気比生かし」た。もちろん、皇子の出雲参詣は霊験あらたかであったし、天皇は「歓喜」して、出雲の宮を立派に造営した。

ちなみに、『日本書紀』では、この皇子が三十歳になるまでものを言わなかったが、ある日白鳥の飛ぶのを見て、はじめて言葉を発したので、天皇は大いに喜び、その鳥を追わせ、ついに出雲（一説には、但馬）で捕らえ、皇子に献上したところ、皇子はそれを「弄びて、遂に言語ふことを得」たことになっており、ウケヒの要素は見られない。

ウケヒないし動詞形ウケフが単独で用いられた例に移ろう。『記紀』を通読して、誰もが最も印象的な譚と感じるのは、『日本書紀』「神代・下」第九段のニニギとコノハナサクヤの譚であろう。

(C)　同段本文によると、高千穂峯に「天降」ったニニギは「吾田の長屋の笠狭崎」（薩摩半島の西岸、現在の野間岬とされている）でカシツ、またの名をコノハナサクヤという「美女」に出会った。「汝は誰の子ぞ」との問いに、「天神の、大山祇神《オオヤマツミノカミ》を娶て生ましめる児なり」と答えたので、「幸《メ》し」たところ、「一夜にして」子を身ごもった。しかし彼は《いくら天神だとはいっても、一夜で妊娠させることなど出来ようはずがない。汝が身ごもったのは絶対に我が子ではない》と、まったく信じようとはしなかった。

そこで姫は「忿り恨み」て「無戸室《ウツムロ》」（四面壁で、戸口がない室）を作り、その中へ籠もって「妾が所娠《ハラ》める、若し天孫の胤に非ずは、かならず焼け滅びてむ。如し実に天孫の胤ならば、火も害ふこと能はじ」と「誓《ウケヒ》て」、「即ち火を放て室を焼」いた。結果は、三男子の無事誕生であった。

(D)　同段第二の「一書」は、上掲のコノハナサクヤのウケヒの点では本文とほとんど異ならない(**D1**)が、その前に、次のような人間（ないし天孫の子孫）の寿命の有限性に関わる説話(**D2**)を挿んでいる。すなわち、コノハナサクヤを乞うてきたニニギに、姫の父は姉イワナガを一緒に差し出したが、「醜」いからと、召されなかった。そこで彼女は《もし私をお召しになっていれば、磐石のようにとこしえの命をもつ子を生んだことでしょうに、妹だけをお召しになったのね。その産んだ子の命は必ず木の花のようにはかなく散り落ちますことよ》と「詛《トゴヒ》」言を吐いた。

本書は続けていう、《これが人間が短命であることの由縁だといわれている》。この説話自身にはウケヒという言葉は登場しないが、後掲『古事記』に登場する、姉妹の父のウケヒとの関係で見逃せないので、掲げておく。「詛」という言葉が、他書でウケヒと表現されているのと同じシチュエイションについて用いられていることは注目に値するからである。

（E）　これに対して、同段第五の「一書」は基本的に本文によく似ているが、多少筋立てが複雑である。すなわち、姫が一夜にして身ごもって産み落とした男児を見て、天孫は嘲笑い、《おやまあ、本当にわしの子が生まれたのなら、嬉しいことだがね》と言った。

姫が《なぜ嘲けられますの?》と問うたところ、《疑っているからよ。いくら天神の子だといっても、一夜で身ごもらせることなんかできるはずがないからな。わしの子なんて嘘だ》と言われたので、姫はますます恨み、子供たちをつれて「無戸室」に籠もり、「誓《ウケヒ》て」、「若し天神の胤にあらずは、必ず亡《ヤケウセ》よ。是若し天神の胤ならば、害はるること無けむ」と言いつつ火を放った。すると次々と男児たちが火の中から出てきて、それぞれ《われは天神の子、父上はいずこにまします》と言い、そしてそのあと、姫自身も焼け跡から出てきて、《わが子たちも私も、このとおりです。ご覧になりましたか》とコトアゲした。

これに対してニニギは「我、本より是吾が児なりと知りぬ。ただ、一夜にして有身《ハラ》めり。疑ふ者有らむと慮ひて、衆人をして皆是吾が児、ならびに亦、天神は能く一夜に有娠《ハラ》ましむることを知らしめむと欲ふ。亦汝霊《クシビ》に異《アヤ》しき威《カシコサ》有り、子等復倫《マタヒト》に超れたる気《イキ》有ることを明さむと欲ふ。故に、前日の嘲る辞有り」と答えた。これを単なる遁辞と見るか否かは後述する。

（F）　第六の「一書」は、姫が「一夜にして有身《ハラ》」んだことを「皇孫疑」った、と書いて、あとを「云々」で中略し、そのあと、三男児誕生を手短に述べ、「母の誓験《ウケヒイチシル》し、方に知りぬ、実に是、皇孫の胤なりと」としたあと、

「然れども、……姫、皇孫を恨みて與共言《ア》ひまつらず」と、ウケヒと呪詛の親近性を示唆するプロットを掲げる。

（G1）　一方、『古事記』におけるウケヒの主体は「甚凶醜き姉」を突っ返された父である。《姉を召せば、天神の子の命は、雪降り風吹くとも岩のごとく常盤に動かないものとなろう、妹を召せば、木の花の栄えるごとく栄えるものとなろうと、わしは「宇気比」て二人の娘を貢進したのだ。こうなったからには、天神の子の命は花のように、はかなきものとなろうぞ》という言葉どおり、「天皇命等《スメラミコトタチ》の御命は長くまさざりけ」ることとなった。このウケヒと全く同じ趣旨の行為（主体は「醜い」姉となっているが）が、**D2**では「詛《トゴヒ》」と表現されていることは上述したとおりである。

（G2）　『古事記』はこのあと、「一宿にや妊める。是我が子には非じ。必ず国つ神の子ならむ」と言われた姫が、「吾が妊みし子、若し国つ神の子ならば、産むこと幸からじ。若し天つ神の御子ならば、幸からむ」と「答へ白し」て、「戸無き八尋殿」に籠もり火を放って産んだ児たちが無事であったことを述べる。そこではウケヒという言葉こそ用いられていないが、姫がとった行動は『日本書紀』でウケヒと表現されたものとまったく同じであることには留意すべきであろう。

（H1）　次に挙げるべきは、『日本書紀』の「神武即位前紀」戊午年九月条のウケヒである。大和へ進攻しようとして「要害の地」に陣を張る敵の大軍にはばまれた天皇は、これを「悪《ニク》みて」ある夜「自ら祈《ウケ》ひて」床についた。すると夢に「天神」が現われ、次のように教示した。《天香山《アマノカグヤマ》の社の中の土を取り、天の平瓮《ヒラカ》（＝かわらけ）八十枚とお神酒を入れる瓶を作って天神地祇を祭れ。また、潔斎して呪詛《カシリ》せよ。さすれば敵はおのずから伏すべし》。

天皇はこの「夢の辞を以て、吉兆なり」と考えたが、この山は敵地の真っ只中にあるので、部下二人に汚らしい老男女に変装して潜入するよう命じて言った、「基業《アマツヒツギ》の成否は、當に汝を以て占はむ。ゆめ、ゆめ〔軽挙するな〕」。

（H2）　しかし二人の行く手には敵軍が充満して、到底行くことはできない。そこで彼らは「祈《ウケ》ひて曰く『まこと、我が君この国を平らげ給う定めなら、行く道、自ずから通れ。もし、能わずとならば、敵、防ぐべし』」。すると、敵兵は《なんと汚らしい爺婆だ》と、道をあけて二人を通した。こうして二人は山に着き、土を持ち帰ったので、天神地祇を祭ることができた。

（H3）　こののち、川に異変が起きたので、再び天皇は「祈《ウケ》ひて曰く、吾今當に八十瓮を以て、水無しに、飴造らむ。飴成らば、吾必ず鋒刃の威を假らずして、坐ながら天下を平らげむ」。すると「飴」ができた。

（H4）　さらに天皇は「祈《ウケ》ひて曰く」、《神酒の瓶を丹生川に沈めよう。もし魚が大小となく、悉く酔ってマキの葉のように漂い流れれば、吾、必ずこの国を平定することができよう》。そして、その通りとなって、「天皇は大きに喜びたまひて、……五百箇の真坂樹（＝さかき）を抜取にして、諸神を祭りたまふ」た。

（I）　次に「神功皇后摂政前紀」は同皇后の「祈《ウケヒ》」を伝えている。すなわち、彼女は「火前国松浦県」において、「針を勾げて鉤《チ》（つりばり）を為《ツク》り、粒（飯粒）を取りて餌にして、裳の縷を抽取りて緡（つりいと）にして、河の中の石の上に登りて、鉤を投げて祈ひて曰く『朕、西、財の国を求めむと欲す。若し事を成すこと有らば、河の魚、鉤飲へ』とのたまふ。乃ち細鱗魚《アユ》を獲つ。……既にして、皇后、則ち神の教の験有ることを識しめして、更に神祇を祭《イノ》り祀《マツ》りて、躬ら西を征したまはむと欲す」。

この記事には若干の説明が必要である。ここに「神の教」とは、皇后の亡夫仲哀天皇が存命中熊襲を討とうとしていたとき、皇后に神がかりして《天皇は何故熊襲を討とうとするのか。そこは何もないところで、征伐する価値もない。それより、海の向こうに財宝に富んだ新羅という国がある。私をよく祭れば、刃に血塗らずして、その国は必ず自ずから服従するであろう。熊襲もまちがいなくまつろうはずじゃ》という託宣があったことを指す。

周知のように、天皇はこの託宣を信じようとせず、なおも熊襲を討とうとして果たさなかったばかりか、命を失う結果となった。一ケ月後、皇后がみずから祭りして、先に託宣した神の名をたずねたところ、七日七夜後ようやく答えを得たので、託宣どおり祭りをしてから熊襲を攻撃したところ、自ずから降伏してきた。上掲ウケヒの魚釣りは、この熊襲征服のあと新羅遠征に乗り出すにあたって、先の神託をいわば確認しようとしてなされたものであり、結果はウケヒどおりとなって「神の教の験」を確認したというのである。

ここで、以上のようなウケヒの用語法に現われた語義を、本稿の主題であるアマテラスとスサノヲの間のウケヒを検討する前提として必要なかぎりで、確認しておこう。

小学館『日本国語大辞典』はウケヒの意味を「わからないことを神意によって知るために、誓いを立てたりして神に祈ること」とする。ウケヒガリについても「事の吉兆を獲物で知るために、神に祈って狩りをすること」という。たしかに、未知のこと・これから起きること、少なくとも一方当事者には計り知れないことの帰趨を〈神〉に訊く行為についてウケヒが多く用いられることはすでに見たとおりである。神功皇后邀撃の成否を占うべくオシクマ等が行ったウケヒガリ（**A**）、大和制圧の成否を占った、神武とその使者が行った一連のウケヒ、神功皇后が新羅遠征を前に行ったウケヒ（**I**）などが、この例である。

しかし、ウケヒが単純に「わからないことを神意によって知るために、誓いを立てたりして神に祈る」こと以上の意味、つまり通常の意味での卜占を超える含意をもつことは、コノハナサクヤとその姉や父の例（**C**～**G**）、神武とその使者のウケヒ（**H1**～**4**）等から明らかであろう。この点、角川『古語大辞典』がウケヒの語義の筆頭に、「ある事の実現を願って神前で『ことあげ』し、神の啓示を受ける呪儀」を挙げ、動詞ウケフについても、「神前で口に出して事の実現を祈る」を、「事の吉兆是非をあらかじめ知るために神意を問う」・「ある事が実現するならば、その兆しとして、ある現象が起ると神前で宣言して、その予兆が現れるか否かによって神意を知る」の前に挙げているのは注目に値する。

もっとも、同辞典が「神前で『ことあげ』し、神の啓示を受ける」としているのが適切か否かは問題である。この「ことあげ」という要素は、おそらく上掲『日本書紀』神代第九段第五の「一書」（**E**）や後掲第六段第三の「一書」④などが念頭にあって付け加えられたものと想像されるが、これらで用いられている「ことあげ」はコノハナサクヤやスサノヲの勝利宣言を指しているのであって、「ことあげ」をウケヒの構成要素に数えるのにはいささか無理がある。これに対して、「ある事の実現を願う（祈る）」こと及び「呪」が、ウケヒの要素として重要であることは上掲諸例に照らして容易に理解されよう。言うまでもないが、「呪」については、神代紀第九段第二の「一書」が、『古事記』でウケヒと表現されている言動（**G1**）を「詛《トゴヒ》」と表現している（**D2**）のを参照されたい。

問題は、角川『古語大辞典』が挙げる二つの語義、すなわち卜占と「願い事の実現のための呪儀」とは、単に並列的なものなのか、ということである。そこで、卜占と理解されるものを上掲の諸テキストから拾い出して見てみよう。

垂仁天皇が卜占によって知った「出雲の大神」を「拝むに因りて、誠に験」あるか否かを確かめるためにアケタツに行わせたウケヒ（**B**）や、神功皇后が神がかりして得た、《新羅を討つべし》という神託を確かめるために行った魚釣りのウケヒ（**I**）を見られたい。ことに後者については次のことに注目すべきである。皇后ははじめ受動的な神がかりによって下された（熊襲でなく新羅を討て、自分を祭れば新羅も熊襲も「刃に血塗らずして」服従してくる、という）神託が、それを無視した仲哀天皇の突然死という形で見事に的中したので、みずから祭りし、神がかって、さきに託宣した神の名を聞き出し、それをねんごろに祭ってから熊襲を攻撃したところ、短時日で降伏した。この託宣にはこのような確固たる実績があるにもかかわらず、皇后は熊襲攻撃よりはるかにリスクの大きい新羅遠征の段になると、託宣だけでは心もとなく思ったのか、ウケヒを行ったのである。

卜占や祭り・神がかり、あるいは夢を通じて得られた〈神〉意は、それだけで十分人々を信じさせる力を持つとは限らなかった。そして、信じ切れないとき、彼らはもちろんそれを確認したいと考えたが、その場合、卜占や祭りを繰り返すとは限らなかった。そうした方法は〈神〉意の一方通行路であり、繰り返してみたところで、受け手の確信の度を高める何かが付け加わることはあまり期待できないからである。

そこで彼らが選んだのがウケヒであった。これは消極的に（なんらかの）託宣が下されるのを期待して祈禱・祭祀を行うのではなく、「誠に験あらば……宇気比落ちよ」、「若し事を成すこと有らば、河の魚鉤食へ」というように、ウケヒする人間自らが吉凶を判断する兆表現象（以下、「判断基準」という）を設定した上で、望ましい兆表が出るべく強烈な念力を込めて祈る呪詛的行為である。

『記紀』の世界では、夢を通じて突然、しばしば誰ともわからぬ神の託宣がもたらされる例には事欠かないし、さらに積極的な神がかり・卜占（たとえば「ふとまにに占う」）を行うことによって神意を訊こうとした例も、この神功皇后の例だけでなく、枚挙に暇がない。しかし、それはウケヒとは区別されるべきものである。

同じ夢でも、上掲「神武即位前紀」の神武は大和入りを阻む敵の大軍を「悪《ニク》み」て、ある夜「みずから祈《ウケ》ひて寝」たところ、夢に「天神」が現われて、敵地の中心アマノカグヤマの土で作った容器で祭れば敵を屈服させることができると告げた（**H 1**）。この夢見は彼のウケヒ＝念力の賜物であったのである。しかも、彼はこの夢を「吉兆」と見たものの、それでも確信できず、部下に汚らしい翁婆に変装して敵軍の充満する敵地に潜入するよう命じ、その成否をもって勝敗の帰趨を占う兆表とした。これについてはウケヒという言葉は用いられず、「占」という文字が用いられているが、夢見のためのウケヒからひと続きの行動であり、一連のウケヒ譚の一齣と考えて間違いない。実際、吉凶の「判断基準」を彼は自ら設定しているし、彼らを送り出すにあたって、「ゆめ、ゆめ［軽挙するな］」と諭している（**H 1**）のであり、単純な卜占ではない。

この大和進攻作戦譚においては、ウケヒが（主体を異にしつつ）さらに続く。充満する敵兵を前に、その作り翁婆はここを無事通れるか否かを主君の国土平定成否の「判断基準」と定めてウケヒし、無事彼らがアマノカグヤマの土を持ち帰って神祇の祭りをした（**H2**）後、川に異変が起きたのを見て、再び天皇自ら、「飴」が出来るか否かを「鋒刃の威を假らずして坐ながらにして天下を平」定の成否の予兆としてウケヒし（**H3**）、最後に川の魚を神酒によって酔わせられるか否かを国土平定の成否の「判断基準」としてウケヒしたのである（**H4**）。「神武東征」は、言ってみれば、ウケヒの連続によって実現したようなものである。

要するに、ウケヒには単純な卜占と「願い事の実現のための呪儀」の両義があるのではなく、いずれの場合も、多かれ少なかれ強烈な念力に裏づけられた「呪儀」の要素を具えた行為を示す概念だと考えるべきである。

ちなみに、『日本書紀』神代第九段第一の「一書」と『古事記』は次のような譚を伝える。アマテラスが長子アマノオシホミミをアシハラノナカツクニの支配者として降そうとしたとき、そこがあまりに騒がしいので、何度か先発隊を遣わしたが、みなオオクニヌシに靡いて復命しなかった。ことにアマノワカヒコは国神（『古事記』ではオオクニヌシ）の娘と結婚までしてしまい、無沙汰のまま八年も過ぎた。そこで、雉（『古事記』ではナキメ）が使者として降り、アマテラスの伝言を伝えたところ、うるさい、とばかりに射殺してしまったが、その矢は勢い余って高天原まで飛び、「天神」（『古事記』ではアマテラスとタカギ）の足元に落ちた。天神はそれがアマノワカヒコに授けられた矢であることに気づき、《もし、アマノワカヒコが命令どおり悪神を射た矢なら、彼にはあたるな。もし、邪心あるなら、彼こそこの矢にて災いあれ》と「呪《ホ》きて」（『古事記』では単に「云ひて」）矢を投げ返すと、寝ていたアメノワカヒコの胸板を貫いた、と。『古事記』はウケヒという言葉は用いないが、実質的にはウケヒそのものである。ちなみに、他書でウケヒと表現する行為をとくにウケヒと言わない例としては前掲**G2**がある。

ただ、『記紀』の世界では、こうした念力が誰にでもあると考えられていたわけでもないのかもしれない。ウケヒの主体として登場してくるのは天神、大山祇神《オオヤマツミノカミ》、天皇やその親族、さらに彼らが見込んだ者たち（たとえば **B**、**H**

2）だからである。ちなみに、コノハナサクヤ姉妹は大山祇神の娘とも、天神と大山祇神の間に生まれた娘ともいうし、『古事記』はその父を「大山津見神」とする。いずれにしても、コノハナサクヤ姉妹が、他のウケヒした神や人たちに比べて、念力の点で、生まれからいっても全く遜色のない存在であったことだけは確かである。なお、コノハナサクヤについては、「母の誓い、験し」（F）とあるから、母の念力も忘れてはなるまい。Eが伝える《「汝霊に異しき威有り、子等復倫に超れたる気有ること」を周囲に明らかにするために、承知の上で疑って見せたのだ》という、ニニギの言い訳がましい言葉も、ウケヒ能力との関係で見れば、ある種の実質的な意味があるのかもしれない。

閑話休題。このコノハナサクヤのウケヒは、雪冤のためのものであったという点で、上掲諸例の中では異彩を放っている。この点は、本稿の主題の高天原のウケヒと共通する特徴であり、次節への橋渡しとして、ここで強調しておかなければならない。身に覚えのない疑いをかけられた者が、それを晴らすために、みずから黒白の兆表（判断基準）を設定・宣言し、強烈な念力をもって「呪儀」を行う、というのは、まさにウケヒの最もドラマティックな形態である。

この点に関連して、上掲のウケヒの諸例は全て本人の主体的意思によって（少なくとも、意を受けて）行われたものであり、他人から強要・強制されたものは一つもない、ということを念のため指摘しておきたい。コノハナサクヤがみずからの雪冤のために、ウケヒを選びとり、その方法もみずから設定したのと同様に、他の例においてもウケヒはみずからのイニシァティヴにおいてなされたのである。そもそも念力の世界とはそういうものなのではあるまいか。

三　高天原のウケヒ
――アマテラスvs.スサノヲ――

高天原でアマテラスとスサノヲの間に行われたウケヒの譚には、『記紀』の中にあわせて六種のテキストがある。まず、この第六段で高天原で両者がウケヒするに至る経緯（第五段）を見ておくと——

①『日本書紀』「神代」第六段・本文

《イザナギ・イザナミ夫妻が大八洲の主たるものを生もうとして生まれたのは、地上に置くにはもったいないほど、類なく「光華明彩《ヒカリウルワシ》」い児だったので、「天上の事」を授けるべく、日神として天上に送った。次の子も「光彩しきこと、日に亜《ツ》」ぐ出来であったので月神とした。次に生まれたのは「蛭児」だったので遺棄した。ようやく四番目としてスサノヲが生まれた。もちろん彼は「大八洲の主」となることが期待されたのだが、乱暴で残忍、しかも泣いてばかりいたので、国土人民に害悪が降りかかった。そこで父母は、お前は国の主にはできないから、根の国へ行ってしまえ、と言って放逐してしまった》。

これを受けて、第六段本文は次のようなことから書き始める。

《仰せのとおり根の国へ参りますが、その前に高天原の姉上に永のお別れをしてきたいのです、とスサノヲは申し出、両親の許しを得て、天に昇っていった。ところがアマテラスは、これはきっと私の国を奪いに来たに違いないと思い、男装し武器を携えて待ち構え、やってきた弟を詰問した。これに対して彼は、私にははじめから「黒《キタナ》き心」はありません。父母から根の国に行けと放逐されたのですが、一度姉上にお目にかかってからでないととても参れません。そのためはるばるとやってきたのです、と答える》。

ここからが、ウケヒのくだりである。

アマテラスは問う、「若し然らば、将に何を以てか、爾が赤《キヨ》き心を明《アカ》さむ」。

スサノヲ応えて曰く、「請ふ。姉と共に誓《ウケ》はむ。それ誓約之中（訓注：これをば、宇気譬能美儺箇＝ウケヒノミナカと云ふ）に、必ず當に子を生むべし。もし吾が所生《ウ》めらむ、是女ならば、濁き心有りと以為《オモホ》せ。もし是男ならば、清き心有りと以為せ」。

ウケヒの合意がかくて成立し、「ここに天照大神、すなわち素戔嗚尊の十握剱を索《コ》ひ取りて、打ち折りて三段に為して、天真名井《アマノマナイ》に濯ぎて、鮚然《サガミ》に（＝カリカリと）咀嚼《カ》みて吹き棄つる気噴《イフキ》の狭霧に生まるる神を號《ナツ》けて田心姫《タコリヒメ》、次に湍津姫《タギツヒメ》、次に市杵嶋姫《イツキシマヒメ》。凡て三の女ます」。

今度はスサノヲの番。「素戔嗚尊、天照大神の髻鬘《イナダキ》（みずらと髪飾り）及び腕に纏《マ》かせる、八坂瓊の五百箇の御統《スマル》（＝連珠）を乞ひ取りて、天真名井に濯ぎて、鮚然に咀嚼みて、吹き棄つる気噴の狭霧に生まるる神を、號けまつりて正哉吾勝勝速日天忍穂耳尊《マサカアカツカチハヤヒアマノオシホミミノミコト》と曰《マウ》す。次に天穂日命《アマノホヒノミコト》、……次に天津彦根命《アマツヒコネノミコト》、……活津彦根命《イクツヒコネノミコト》、次に熊野櫲樟日命《クマノクスビノミコト》、凡て五の男ます」。

ここまででウケヒが終われば、スサノヲが設定した判断基準は《男児：勝、女児：負》というものであったから、当然、彼の勝利ということになったはずである。ところが――

「是の時に、天照大神、勅《ミコトノリ》して曰《ノタマハ》く、『其の物根《モノザネ》を原《タツ》ぬれば、八坂瓊の五百箇の御統は、是吾が物なり。故、彼《ソ》の五男神は、悉に是吾が児なり』とのたまひて、乃ち取りて子養《ヒダ》したまふ。又勅して曰く、『其の十握剱は、是素戔嗚尊の物なり。故、此の三女神は、悉に是爾が児なり』とのたまひて、便《スナハ》ち素戔嗚尊に授けたまふ。

此則ち、筑紫の胸肩君《ムナカタノキミ》等が祭る神、是なり」。

このテキスト①は、これ以上ウケヒの場面については何も語らない。ちなみに、マサカアカツカチハヤアマノオシホミミは、第七段、第八段に続く「神代・下」の冒頭で「天照大神の子正哉吾勝勝速日天忍穂耳尊、高皇産霊尊の女……を娶きたまひて、天津彦彦火瓊瓊杵尊を生れます」という形で再登場する。

突然の逆転劇である。それも、アマテラスの《この〔男児たちの〕モノザネは何であったかと言えば、それは私の物、だからこの児たちは全部私の児よ》（以下、「原モノザネ論」と称する）という「勅」一言で。しかしこれは、言うまでもなく、あらかじめ設定された「判断基準」そのものをひっくり返すのではなく、概念（《児を生む》という概念）を操作する、という法律解釈学の奥義を思い起こさせるようなやり方なのである。しかもそれを可能にしたのは、さりげなく書かれた「素戔嗚尊の十握劔を索ひ取りて……咀嚼みて」（及びこれと対になった、「天照大神の髻鬘及び腕に纏かせる、八坂瓊の五百箇の御統を乞ひ取りて……咀嚼みて」）という文章であった。『記紀』の全テキストを見てからじっくり論ずべき興味ある問題である。

②『日本書紀』「神代」第六段・第一の「一書」

本文の叙述と同じく、弟がやってくるのは、「必ず當に我が天原を奪はむとならむ」と考えたアマテラスは男装・武装して――

「親ら迎へて防禦《フセ》きたまふ。是の時に素戔嗚尊告して曰く『吾元より悪《キタナ》き心なし。唯姉と相見えむと欲ひて、只《タダ》暫《アカラサマ》に来つらくのみ』とのたまふ。

是に日神、素戔嗚尊と共に、相對《アイムカ》ひて立たして、誓《ウケ》ひて曰く、『若し汝が心明浄くして、凌ぎ奪はむといふ意有らぬものならば、汝が生《ナ》さむ児は、必ず當に男ならむ』とのたまふ。言訖りて、先ず所帯せる十握劔を食して生す児を瀛津嶋姫《オキツシマヒメ》と號く。また九握劔を食して生す児を湍津姫と號く。又八握劔を食して生す児を田心姫と號く。凡て、三女神ます。

已にして素戔嗚尊、其の頸に嬰《ウナ》げる五百箇の御統の瓊《タマ》を以て、天渟名井、亦の名は去来之真名井《イザノマナイ》に濯ぎて食す。乃ち生す児を正哉吾勝勝速日《マサカアカツカチハヤヒ》天忍骨尊《アマノオシホネノミコト》と號す。次に天津彦根命、次に活津彦根命、次に天穂日命、次に熊野《クマノノ》忍蹈命《オシホミノミコト》。凡て、五の男神ます。

故、素戔嗚尊、既に勝つ験《シルシ》を得つ。是に、日神、方に素戔嗚尊の、固に悪しき意無きことを知しめして、乃ち日神の生せる三の女神を以て、筑紫洲に降《アマクダ》りまさしむ。因りて教へて曰く『汝三神、道の中に降り居《マ》して、天孫を助け奉り、天孫の為に祭られよ』とのたまふ」。

以上が②のテキストである。①に見られたモノザネの「勅」もなければ、逆転劇もない。それどころかスサノヲは「勝験」を得、アマテラスも潔く弟の潔白を認め、自分の生した娘たちを「天孫降臨」に備えるべく筑紫に降してさえいる。もう一つ、①との決定的な違いを指摘すると、それぞれ子を「生す」とき、自分の持ち物を「食し」ていることであり、①に見られた「原モノザネ論」が提起される余地がそもそもない、ということである。

③『日本書紀』「神代」第六段・第二の「一書」

スサノヲは天に昇る途中、羽明玉《ハカルタマ》という神に出会い、瑞《ミツノ》八坂瓊《ヤサカニ》の曲玉《マガタマ》をもらい、それを携えて天上に到った。

しかし、アマテラスは「弟の悪しき心有らむと疑ひたまひて、兵を起して詰問」する。

「素戔嗚尊對《コタ》へて曰く、『吾来る所以は、實に姉と相見えむとなり。亦珍寶たる瑞八坂瓊の曲玉を獻《タテマツ》らむと欲《オモ》はくのみ。敢て別に意有るにあらず』」。

「時に天照大神、復問ひて曰く『汝が言の虚實、将に何を以てか験とせむ』とのたまふ。對へて曰く『請ふ、吾と姉と、共に誓約《ウケヒ》立てむ。誓約の間に、女を生さば、黒き心ありと為《オモホ》せ。男を生さば、赤き心ありと為せ』とのたまふ」。

そこで「天真名井三處を掘りて、相與に對ひて立つ。是の時に、天照大神、素戔嗚尊に謂《カタ》りて曰く、『吾が所帯せる劔を以て、今當に汝に奉らむ。汝は汝が持たる八坂瓊の曲玉を、予に授《ク》れよ』とのたまふ。如此《カク》約束《チギリ》て、共に相換へて取りたまふ」。

「已にして天照大神、則ち八坂瓊の曲玉を以て、天真名井に浮《ウ》寄けて、瓊の端を囓ひ断ちて、吹き出つる気噴の中に化生《ナ》せる神を市杵嶋姫命と號く。……又瓊の中を囓ひ断ちて、吹き出つる気噴の中に化生る神を、田心姫命と號く。……又瓊の尾を囓ひ絶ちて、吹き出つる気噴の中に化生る神を、湍津姫命と號く。……凡て三の女神ます」。

「是に、素戔嗚尊、持たる劔を以て天真名井に浮寄けて、劔の末を囓ひ断ちて、吹き出つる気噴の中に化生る神を、天穂日命、次に正哉吾勝勝速日天忍骨尊、次に天津彦根命。次に活津彦根命。次に熊野橡樟日命。凡て五の神ますと、云爾《シカシカイフ》」。

このテキストに特有の要素は、スサノヲがアマテラスへの暇乞いだけでなく、瓊の献上の意思をもって高天原へ来たこと、及びウケヒを実施するに先立ってアマテラスから、(献上予定の) 瓊と劔の交換を申し出、それぞれが、その交換によって得た物を「齧ひ」て児生みをしたということである。『日本書紀』本文（テキスト①）の用語に引き寄せて言えば、モノザネをあらかじめ交換し、自分の物とした後で「齧ひ」ているのである。

しかしながら残念なことに、『日本書紀』はこのテキストについては、スサノヲによって五男神が「化生」ったところで、「シカシカイフ」と、それ以下を省略しているので、このあとどのように話が展開するか、とくにアマテラスの「勅」による逆転劇となるのか否かはわからない。これは後に論ずべき問題である。

④『日本書紀』「神代」第六段・第三の「一書」

このテキストは、いきなりウケヒの場面から始まる。

「日神、素戔嗚尊と、天安河を隔てて、相對ひて乃ち立ちて誓約《ウケヒ》て曰く、「汝、若し奸賊《アタナ》ふ（＝害をする）心有らざるものならば、汝が生めらむ子、必ず男ならむ。如《モ》し男を生まば、予以て子として、天原を治しめむ」とのたまふ。

是に日神、先ず其の十握劒を食して化生《ア》れます児、瀛津嶋姫命、亦の名は市杵嶋姫命。又九握劒を食して化生れます児、湍津姫命。又八握劒を食して化生れます児、田霧姫命。

已にして素戔嗚尊、其の左の髻に纏かせる五百箇の統の瓊を含みて、左の手の掌中に著《オ》きて、便ち男を化生《ナ》す。則ち稱《コトアゲ》して曰く、『正哉、吾勝ぬ』とのたまふ。故、因りて名つけて、勝速日天忍穂耳尊と曰す。復右の髻の瓊を含みて、右の手の掌中に著きて、天穂日命を化生す。復頸に嬰げる瓊を含みて、左の臂の中に著きて、天津彦根命を化生す。又右の臂の中より活津彦根命を化生す。［その後、左の足、右の足の中から、それぞれ男児が生まれ］其れ素戔嗚尊の生める児、皆已に男なり。

故、日神、方に素戔嗚尊の、元より赤き心有ることを知ろしめして、便ち其の六の男を取りて、日神の子として、天原を治しむ。即ち日神の生《ア》れませる三の女神を以ては、葦原中国の宇佐嶋に降り居さしむ。……」

一読してわかるように、この「一書」は第一の「一書」(②) に極めてよく似ている。違いといえば、スサノヲの「化生」した子の数が五と六の違いぐらいで、おそらく、もっぱらこの相違点ゆえに、このテキストが「一書」として『日本書紀』に収載され、後世に伝えられたとさえ言えるのではなかろうか。これは、ウケヒを分析しようとする者にとってはまことに幸運であった。

それは、②が孤立したテキストでなく、同一類型のものが他にある (実は後掲⑤もこれに含まれる) ことがわかり、後述するように、モノザネと「逆転劇」問題を (③の位置づけ問題とも関連して) 考える上で大きなヒントを与えてくれるからである。

また、④では「ウケヒ」契約の中で、あらかじめアマテラスが《もしそなたが男を生んだら、私の子として、天上世界の支配をさせよう》と宣言しているのも注目に値するが、いずれにせよ、これらは後述するところである。

⑤『日本書紀』「神代」第七段・第三の「一書」

第六段には本文のほか、以上②、③、④として掲げた三種の「一書」しか収載されていない。しかし、高天原のウケヒ譚は、実はもう一つ、第七段の第三の「一書」に登場する。それは、このテキストが本文の第六段と第七段との順序を入れ替えた構成をとっているからである。

すなわち、本文では、両親 (イザナギ・イザナミ) による、根の国へのスサノヲ放逐 (第五段) に続いて、アマテラスへの暇乞いのための高天原訪問→ウケヒ (以上、第六段)→(以下、第七段) スサノヲの乱暴狼藉→日神の岩屋入り・

復帰↓スサノヲの贖罪となっている（『古事記』も基本的に同じ）。

これに対してこのテキスト（⑤）は、スサノヲの乱暴狼藉↓日神の岩屋入り・復帰↓スサノヲの贖罪と諸神による追放↓アマテラスへの暇乞いのための高天原訪問↓ウケヒ、という構成をとっている。そのため、『書紀』はこれを、本文第七段の異伝として、内容的には第六段に相当する譚をも一括して、順序もそのまま（本文とは逆の形のまま）収載したというわけである。

そこで、⑤の内容紹介に当たっては、ウケヒに入る少し前の部分から見て行くのが適当であろう。

「是の後に、日神の田、三處有り。……此れ皆良き田なり。霖旱に經《ア》ふと雖も、損傷はるること無し。其《カ》の素戔嗚尊の田、亦三處有り。……此れ皆磽《ヤセ》地なり。雨降れば流れぬ。旱れば焦けぬ。故、素戔嗚尊妬みて、姉の田を害る。春は廃渠槽《ヒハガチ》、及び埋溝、毀畔《アハナチ》、又重播種子《シキマキ》す。秋は捶籤《クシザシ》し、馬伏《ウマフセ》す。凡て此の悪しき事、曾て息《ヤ》む時無し」。

このような乱暴狼藉と日神を岩屋入りさせた責任を問われ、天上世界から「底根の国」へのカムヤラヒ（追放）を宣告されたスサノヲは、折から「風雨甚だ」しいので、「青草を結束ひて笠蓑として、宿を衆神に乞ふ」たところ、「汝は逐降《ヤラ》ひ謫《セ》めらるる者なり。如何にぞ宿を我に乞ふ」と諸神一同から保護供与を拒否されて、「風雨甚だふきふると雖も、留り休むことを得ずして、辛苦みつつ降りき」。

このあと、「爾より以来、世、笠蓑を著て、……又束草を負ひて、他人の屋の内に入ることを諱む」ことになった、というタブーの起源伝承説話を展開するが、それが終わると、卒然として——

「是の後に、素戔嗚尊の曰く『諸神我を逐ふ。我今當に永に去りなむ。如何にぞ我が姉と相見えまつらずして、擅《ホシキママ》に自ら俓《タダ》に去らむや』とのたまひて、廼ち復《マタ》天を扇《トヨモ》し国を扇して、天に上り詣づ」

となる。

追放先の根の国に赴く途中で、あるいは一旦到着した後（後掲のように、姉とのウケヒの後の部分に「根国に帰りなむ」、「復還降り」という表現がある）、姉への暇乞いを思い立って、「復」天へ戻ってきた、ということであろうか。いずれにせよ、そこで待っていたのは「吾が弟の上来《キマ》す所以、復好き意に非じ。必ず我が国を奪はむとならむか」と思い込んで武装したアマテラスであった。

「是に、素戔嗚尊、誓《ウケヒ》て曰く『吾、若し不善を懐ひて、復上来らば、吾、今玉を嚙ひて生めらむ児、必ず當女ならむ。如此ば、女を葦原中国に降したまへ。如し清き心有らば、必ず當に男を生まむ。如此ば、男をして天上を御《シラ》しめたまへ。且姉の所生したまはむ、亦此の誓《ウケヒ》に同じからむ』とのたまふ。是に、日神、先づ十握劔を嚙みたまふこと、云々《シカシカ》。

素戔嗚尊、乃ち轠轤然《ヲモクルル》に、其の左の髻に纏かせる五百箇の統の瓊の綸を解き、瓊響《ヌナト》も瑲瑲《モユラ》に、天渟名井に濯ぎ浮く。其の瓊の端を嚙みて、左の掌に置きて、生す児を、正哉吾勝勝速日天忍穂根尊。復右の瓊を嚙みて、右の掌に置きて、生す児を天穂日命。……次に天津彦根命。……次に活目津彦根命。次に熯速日命。次に熊野大角命。凡て六の男ます。

是に、素戔嗚尊、日神に白して曰く、『吾更に昇来る所以は、衆神、我を根国に處《オ》く。今當に就去りなむとす。……今は観え奉ること已に訖りぬ。當に衆神の意の随に、此より永に根国に帰りなむ。請ふ、姉、天国に照臨みたまふこと、自づからに平安《サキ》くましませ。且吾が清き心を以て生せる児等をば、亦姉に奉る』とのたまふ。已にして復還降りたまひき。（訓注部分省略）」。

そしてこの後、『日本書紀』は「神代」第八段のスサノヲの出雲下り、ヤマタノオロチ退治、と続いて「上巻」を終わるのである。

さて、このテキスト⑤のウケヒは、モノザネの交換もなく、逆転劇もない点で、②、④と同類型に属する。ただ、④と反対に、スサノヲが自ら、男児を得てウケヒに勝った場合には、その男児をして「天上を御しめたまへ」という条件を突きつけている点、きわめて挑戦的であるが、勝った後では「平安くましませ。……児等を……奉る」と、一転して友好的な言動を示す。いずれにせよ、ハラへとカムヤラヒに関しては独特の性格を示した（本書第一〇章「『かむやらひ』と『はらへ』」参照）この『日本書紀』第七段第三の「一書」は、ウケヒに関しても非常に興味深いテキストである。しかし、これもすべてのテキストを見てから論ずべき問題である。

⑥『古事記』

スサノヲは、「海原を治《シ》らせ」という父イザナギの指示に従わず、泣いてばかりいたため「萬の物の妖《ワザハヒ》」となったので、「然らば汝は此の国に住むべからず」と放逐された。

そこで彼は姉アマテラスに暇乞いをするべく天上に向かったが、姉は弟が上がってくるのは「必ず善き心ならじ。我が国を奪はむと欲《オモ》ふにこそあれ」と、男装・武装して待ち構え、「何故《ナニシカモ》上り来つる」と詰問する。《私には「邪《キタナ》き心」はありません。父上に「この国に住むべからず」！と追い出されたので、そのことを申し上げに参ったまでで、「異心」はないのです》。

アマテラスは問う、「然らば汝の心の清く明きは何して知らむ」と。

スサノヲは「各宇気比《ウケヒ》て子生まむ」と答える。

「故、爾に各天安河を中に置きて宇気布《ウケフ》時に、天照大御神、先づ建速須佐之男命の佩ける十拳劔を乞ひ度して、三段に打ち折りて……天真名井に振り滌ぎて、佐賀美邇迦美《サガミニカミ》て吹き棄つる気吹の狭霧に成れる神の御名は、多紀理毘賣命《タキリビメノミコト》、亦の御名は奥津島比賣命《オキツシマヒメノミコト》……次に、……次に……。

速須佐之男命、天照大御神の左の御美豆良《ミヅラ》に纏かせる八尺の勾璁の五百津の美須麻流《ミスマル》の珠を乞ひ度して、……天真名井に振り滌ぎて、佐賀美邇迦美て、吹き棄つる気吹の狭霧に成れる神の御名は、正勝吾勝勝速日天之忍穂耳命、亦右の御美豆良に纏かせる珠を乞ひ度して、……狭霧に成れる神の御名は、天之《アメノ》菩卑《ヒ》能《ノ》命《ミコト》……。幷せて五柱なり。

是に天照御大神、速須佐之男命に告《ノ》りたまひしく、『是の、後に生れし五柱の男子は、物實《モノザネ》我が物に因りて成れり。故、自ら吾が子ぞ。先に生れし三柱の女子は、物實汝が物に因りて成れり。故、乃ち汝が子ぞ』。如此詔《ノ》り別《ワ》けたまひき」。

ここまでは、『書紀』本文（①）と内容的にはほとんど同じといってよい。ことに「原モノザネ論」を共有する点は重要であろう。ちなみに、これに続いて記された女神たちの行く先も、『書紀』と同じ筑紫の「胸形」（宗像）である。

しかし、たった一点、とはいえ、『書紀』本文のみならず、「一書」（②〜⑤）全てとの関係で、しかもウケヒ論にとっては決定的な意味をもつ点で異なっている。それは、ウケヒに先立って、黒白の「判断基準」（ここでは、スサノヲ

別　表

	テキスト	提案者	基準宣言者	判定基準	結　果	モノザネ論	備　考
①	書紀第六段 本文	スサノヲ	スサノヲ	男児：勝	ス：男児	○ 相手の物	ア：剱嚙む ス：瓊嚙む
②	書紀　同段 第一「一書」	アマテラス	アマテラス	同上	同上	× 自分の物を嚙む	ス：勝つ験を得
③	書紀　同段 第二「一書」	スサノヲ	スサノヲ	同上	同上	？ 物交換約束	ちぎりて相換える
④	書紀　同段 第三「一書」	アマテラス	アマテラス	同上（スの子男なら予子として天原を治しめむ，と宣言）	同上 ス勝利宣言 ア：スの潔白知り，宣言を実行	× 自分の物を嚙む	
⑤	書紀第七段 第三「一書」	スサノヲ	スサノヲ	同上（我子男なら天上御せしめよ）	同上→清き心以て生せる児を奉る	× 自分の物を嚙む	ス：姉の天国照臨の平安を祈る
⑥	古事記	スサノヲ	なし	？ ス：アのモノザネ論に対し【女：勝】宣言	同上	○ 相手の物	ア：剱嚙む ス：珠嚙む

の雪冤成立・不成立を決める基準となる、生まれた児の性別）が、いずれの側からも提示されていない、ということである。まさにこのことの故に『古事記』は、この後意外な展開を見せる。すなわち――

「爾に速須佐之男命、天照大御神に白しく、『我が心清く明し。故、我が生める子は手弱女を得つ。此れに因りて言《マヲ》さば、自ら我勝ちぬ』と云て、勝佐備《カチサビ》に、天照大御神の営田《ツクダ》の阿（ア＝畔）を離《ハナ》ち、其の溝を埋め、亦其の大嘗（オホニヘ）を聞看《キコシメ》す殿に屎麻理《クソマリ》散らしき。……猶其の悪しき態止まずして、轉《ウタテ》かりき（＝ますますひどかった）。天照大御神、忌服屋に坐して、神御衣織らしめたまひし時、其の服屋の頂を穿ち、天の斑馬を逆剝ぎに剝ぎて墮し入るる時に、天の服織女見驚きて、梭に陰上を衝きて死にき」。

この後は言うまでもなくアマテラスの岩屋入りである。

以上のような『古事記』の特徴は、なんと言っても、「判断基準」の事前提示がないことであり、それに乗じたスサノヲの一方的な勝利宣言である。ただ、スサノヲは勝利宣言こそしたが、その際用いた《女児だから勝》という論理は、いわばアマテラスの「原モノザネ論」の「詔り別け」に乗った形のものであり、男児たちがアマテラスの子であることを追認することになった。上に指摘したように、⑤のスサノヲが「吾が清き心を以て生せる児等をば、亦姉に奉る」と、男児が自分の子であることを再確認した上で、その「児等」を残して悠々と天原を去って行くのと対照的ではあるまいか。いずれにせよ、以下で①～⑥のテキストの異同を俯瞰的に見る（各テキストの内容を一覧できるように「別表」の形で摘記したので、適宜参照されたい）ことによって、ウケヒを雪冤神判の手段として見た場合に照射されるものを明らかにしよう。

四　雪冤神判としてのウケヒ

まず、全テキストに共通する要素を確認しよう。それは、ウケヒによる児生みを両当事者とも行っていることである。このウケヒは、話の筋からいって、スサノヲの雪冤手続であった。実際、（あらかじめ「判定基準」を明示しない『古事記』を別にすれば）すべてのテキストが《スサノヲが「清き心」なら男児が生まれる》という形で「判定基準」を定式化しており、スサノヲの一方的雪冤にふさわしい条件設定である。それならば、スサノヲのみが試練を受ければよいはずなのに、何故か全テキストがアマテラスもウケヒをしたように語っている。

この筋立ての、両当事者が同じく試練を受けるという点に着目する限り、第一一章「外から見た盟神探湯」で論じた双方的神判制との関連が問題になるであろう。しかし、この譚ではアマテラスとスサノヲ両者の上に立つ権力があるわけではなく、両者は実力と実力で対峙する関係に立っており、双方的神判の次元でこれを捉えることは適切ではない。

しかし双方的神判制の反映とみなさないで、別の答えを見出すことができるかといえば、今の筆者には不可能である。そもそもこの雪冤譚が、葦原中国の支配者として天降るべき男児の誕生譚と結びついていたか否か、またその男児が日神の生んだ児でなければならないか否か、等々、断定しにくい論点が多すぎるからである。後日の課題としたい。〔補注〕

そこで、次いで共通性の高い《スサノヲが「清き心」なら男児が生まれる》という「判断基準」の問題に移ろう。それはすでに指摘した、『古事記』のみがこの基準をあらかじめ明示していない点をどう位置づけるか、という問題に他ならない。具体的にいえば、例のアマテラスの「詔り別け」による逆転劇の後、スサノヲが《俺は潔白だから、女児を得たのだ》という勝利宣言をしたことから推して、『古事記』が『書紀』の全てのテキストと逆の《女―白》という「判断基準」を暗黙の前提にしていると考えてよいのか、という問いになる。

結論を先に言えば、それは誤りである。仮にそういう基準が前提されていたのなら、何故アマテラスは「原モノザネ論」を持ち出して逆転劇を演出しなければならなかったのか、全く説明ができないことになる。彼女は女児を生んだのだから、その基準に従えば、そのままで勝っていたのであり、彼女の「詔り別け」はわざわざ自ら墓穴を掘るようなものだからである。つまりアマテラスの行動は、明らかに『書紀』と同じ《男―白》という基準を前提にしていたとしか考えられないのである。アマテラスが《男―白》を前提に、逆転「詔り別け」をした（『書紀』本文とここまでは同じ展開である）のをスサノヲが逆手にとって、「判断基準」が明示されていないのを幸いに、基準を《女―白》にすりかえ、《だから俺の勝ち》と言い放った、というように考えるほかないのである。

この「判断基準」欠如は、およそ『古事記』及びその原テキストには「判断基準」が書かれていなかったか、あるいは、原テキストには書かれていたが、それが『古事記』として世に出るときに削除されたか、のどちらかによるものであるが、いずれにせよ、ウケヒ譚としては、この「欠如」は致命的欠陥である。何故なら、ウケヒは第二節で述べたように、本来みずから「判断基準」を設定し、「望ましい兆表が出るべく強烈な念力を込めて祈る呪詛行為」であるから、「判断基準」設定をしないまま行うウケヒは真のウケヒではない、少なくともウケヒの本質的要素を欠く行為でしかないからである。

従って、『古事記』又はその原テキストに「判断基準」が欠如していたとしても、本来のウケヒ譚であった古いヴァージョンまでさかのぼれば、そこには「判断基準」が述べられていたと考えざるをえない。そしてその基準は、『書紀』本文のスサノヲがアマテラスの「原モノザネ論」の「勅」一つで男児をとられたのと同じであったに違いない。上述のようにアマテラスが《男―白》を前提に「詔り別け」したとしか考えられない以上、削除された「判断基準」が《女―白》であったとは考えられないからである。

「判断基準」欠如、とくにその理由については、いろいろ論じられているが、少なくともこの削除の結果、スサノヲに《女―白》という勝利宣言をする余地が与えられ、一種の「水掛け論」に終わるストーリーが出来上がったことだけは確かである。おそらくこれは、アマテラス―スサノヲ関係を、『書紀』本文が説くものと異なったものとして『古事記』が書こうとしたことを示唆するのではあるまいか。それは、まさに「原モノザネ論」の「勅」・「詔り別け」の意味にかかわる問題である。

すでに『日本書紀』本文（①）のウケヒ譚の内容を要約したところで指摘したように、「原モノザネ論」を支えているのは、児生みに際して嚙む（「咀嚼」・「食」・「齧」、「含」等、諸テキスト間で表現に違いはあるが、便宜「嚙む」に統一する）物（これを『書紀』本文と『古事記』のアマテラスはモノザネと呼んだ）として、相手の持ち物を用いたことである。

これがあったからこそ、「其の（男児）の物根を原《タツ》ぬれば……吾が物なり」とか、「男子は物實我が物に因りて成れり。故、自から吾が子ぞ」と言うことができたのである。現にこれと裏腹に、嚙むべき物として自分の物を用いるヴァージョン（②、④、⑤）には「原モノザネ論」の「勅」・「詔り別け」による逆転劇は見られない。

しからば、相手の持ち物を用いるヴァージョンでは、すべて逆転劇になるのか。『書紀』本文と『古事記』以外で交換があったのは③だけであるが、このテキストは、アマテラスが三女児、スサノヲが五男児を生んだことを述べたところで、それ以下を「云爾《シカシカイフ》」といって省略しており、この後逆転劇があったか否かはわからない仕組みになっている。

しかし、このテキストが『書紀』本文や『古事記』と、すでに指摘したように、一点で決定的な違いを見せていることを見逃してはならない。その違いとは、アマテラスの申し出によって、ウケヒに先立って、モノザネ交換をしていることである。しかも、アマテラスが所望した玉は、すでにスサノヲが献上を申し出ていたものであった。これを、わざわざ自分の剱と引き換えにもらおうとしたのである。この経緯は、明らかにアマテラスがウケヒで嚙むべきものを自分の「帯」する剱でなく、スサノヲがもってきてくれた玉に換えたい、と望んだことを物語っている。『書紀』本文や『古事記』流に言えば、彼女は玉をモノザネにしたいと思ったのである。

むろん彼女が、結果が出た後で、「原モノザネ論」を持ち出して逆転を図る行動に出たという叙述が、このテキストにおいても続いて書かれていたが、そこが省略された、という可能性が絶対にないと言い切れるか、といわれれば、それはできないであろう。しかし、そうした行動にアマテラスが出たとしたら、それは明らかに著しく信義に悖ることである。

もちろん、『書紀』本文（①）や『古事記』（⑥）のアマテラスの「原モノザネ論」も、ウケヒという儀礼の本質からすれば、信義に悖るものではある。しかし、両当事者がそれぞれ児生みにとりかかるときに、そのつど相手の物を、

①は「索《コ》ひ取る」・「乞ひ取る」、⑥は「乞ひ度す」(不可解な表現であるが、普通には《こちらから所望し、相手が渡す》が短絡したもので、「乞ひ取る」と同じ意味だと解されている)、というように、別々の《贈与による物の授受》が前後して相互に行われたもの(「交換的贈与」の一種)として記述しており、両者がウケヒにとりかかる前に交換契約締結と占有移転が行われたようにはなっていない。その意味では、《相手の持ち物を受け取って嚙んだ》と言える余地があるのである。

これに対して、③(『書紀』第六段第二の「一書」)は、すでにウケヒに入る前にアマテラスが交換を申し込み、「かく約束《チギリ》て相換へて取りたまふ」というように、フォーマルな交換契約が結ばれ、かつ占有が移転したものとして叙述しているのであり、これをもなお、「其の物根を原ぬ」る＝「原モノザネ論」でひっくり返したとすれば、それは信義違反の程度がまったく異なる、いわば人間・社会関係の根本原則を無視した行為だというほかない。

「原モノザネ論」は、先に指摘したように、《児を生む》という概念に関する、法律解釈学者はだしの概念操作の鍵になる命題である。概念操作で結論をひっくり返すという技法は巧妙になされれば極めて有効だが、下手をすれば詭弁と言われてしまう。その隘路を、『日本書紀』本文や『古事記』は、さりげなく《相手の持ち物を受け取って嚙んだ》と解釈できる記述を仕込む形で突破しようとした。

これに対して「原モノザネ論」を、あらかじめ物を交換した③の文脈で持ち出すことは、交換によって受け取った物に対してクレームをつけることを意味し、《児生み》の概念操作にはまったく役に立たないのである。

要するに、③の下略部分では「原モノザネ論」は提起されなかった、と筆者は解する。そしてこう解した方が、おそらくウケヒ譚に関する『日本書紀』全体の構成を考えても自然であろう。何故か。「原モノザネ論」は②、④、⑤には登場せず、いわば『書紀』の中では本文(①)だけが孤立した形となっている。筆者が編纂者なら、③がもし「原モノザネ論」の「勅」が発せられたように書かれていたら、省略はしなかったであろう。本文に「原モノザネ論」

を含むテキストを採用した（あるいは、作り上げた）編纂者にとって、「原モノザネ論」を含むテキストがもし他に存在したとすれば、それは貴重であり、そこをわざわざ省略するはずはないからである。

以上、縷説したことをまとめれば、『書紀』においては「原モノザネ論」の「勅」による逆転劇は本文にしか見られない、ということが最大のポイントである。こうしてみると、本文（及び『古事記』）と他の四「一書」との間に境界線を引くことができる。

次なる論点は、どちらのグループが本来的なものか、ということであるが、これについては諸先学ほぼ一致して、後者であると考えているし、筆者もその結論にまったく異論はない。もっとも、通常その理由付けとしてはもっぱら、『書紀』本文・『古事記』が、アマテラスと「天孫」（及びその子孫）を実の血統関係として構成しようとしたからだと言われる。筆者もそれを否定しないが、しかしもう一つ、ウケヒなるものの本性の問題を考えて見る必要があるのではなかろうか。

繰り返しになるが、ウケヒは、本来みずから「判断基準」を設定し、「望ましい兆表が出るべく強烈な念力を込めて祈る呪詛行為」であるから、「原モノザネ論」という「判断基準」を実質的に逆転させるような命題を、事後に、しかも相手方（「判断基準」設定者と異なる者）が持ち出すことは、ウケヒの本来の形に反するものと言わざるをえない。ましてこのウケヒがスサノヲの雪冤のためのものであったことを考えれば、いっそうその感を強くするのである。

スサノヲの雪冤のためのウケヒという観点で見ると、さらに諸ヴァージョンの新旧関係に光が当てられる。あのコノハナサクヤの例を見れば、ウケヒの提案者は雪冤を求める者（高天原のウケヒの場合はスサノヲ）であるのが自然であり、それが本来の形であったであろう。③と⑤がそれである。

面白いことに、『書紀』本文と『古事記』もこの類型に属するが、それは、提案者の点ではより古い形であるテキストを使いつつ、しかも上述のように、「原モノザネ論」を用いた概念操作によって逆転劇に仕立てたということであろう。この点、③に見られる嚙む物の交換という要素が、本来的ヴァージョン（⑤）と『書紀』本文・『古事記』との橋渡し役を、結果として演じたという可能性も想定できなくはない。

それはともかく、ウケヒをもって雪冤しようとする被疑者は、雪冤成功の場合について条件を突きつけることができた、と理解できる。⑤のスサノヲが、《自分が勝ったら（男児を生んだら）その子を天原の支配者に据えよ》と要求していることを想起されたい。もちろん明示的に要求するか否かは自由であるが（③参照）。

逆に、アマテラスを提案者とするもの（②と④）は、おそらく、多少なりとも上下（支配―被支配）関係にある当事者間で、嫌疑をかけた支配者が糺問者的に振舞う形、すなわち、より新しいヴァージョンと考えてよいであろう。しかし、そのヴァージョンに特徴的なことがある。まず②では「素戔鳴尊、既に勝つ験《シルシ》を得つ。是に、日神、方に素戔鳴尊の、固に悪しき意無きことを知しめして、乃ち日神の生せる三女神を以て、［天孫を助ける任務を与えて］筑紫洲に降」している（前掲）。このように、アマテラスが当然のようにスサノヲの「生」した男児を「天孫」と（黙示的）認知していることは重要である。

④では、さらに積極的に、ウケヒに先立ちアマテラスが、もしスサノヲが潔白なら（男を生せ）ば、それを「予以て子として、天原を治しめむ」と約束している。そしてスサノヲが男児を「化生」したとき、「正哉、吾勝ぬ」と勝利宣言し、アマテラスも素直に相手の潔白を認め、その男児に「天原を治」しむ約束を果たしている。

②と④が、このように明示的にアマテラスの敗北自認・男児養子を記述していること、さらに④では、雪冤成功の場合の償いを糺問者の側から申し出ていることは注目に値する。

いずれの場合も、他者に嫌疑をかけた者は、それが誣告（被疑者が《白》であると判明したときには、その償いをしなければならない、という「誣告のタリオ」の法理が働いていると見ることもできるのではなかろうか。

アマテラスがウケヒを課したという点では、②や④が、一定の上下関係を反映する、より新しいヴァージョンであろうと上に述べたが、もし、まだ「誣告のタリオ」の法理がそこに妥当していると見てよいのならば、その上下関係はまだまだ緩やかなものであったということになる。

これに対して、①と⑥におけるアマテラス―スサノヲ関係はまったく事情を異にする。ここでは「誣告のタリオ」の法理が働く余地など存在しない。そもそも、上位者が神判による負けを認めないのだから。『日本書紀』本文と『古事記』は、雪冤を望む者がチャレンジするという雪冤神判の基本構造を備えた原テキストに、《相手の物を受け取って嚙んだ》というプロットを挟み込んで「児生み」の概念操作を可能にし、それによって逆転劇に仕立て上げたことによって、呪詛と念力の世界を「勅」＝支配の世界に変えてしまったのである。

この概念操作が十分な説得力をもつか否かは別として、日神の直系の子孫が「万世一系」で日本を統治する譚を作り上げるためならば、神判の約束事、神判を神判として成り立たせる基本的条件までをも無視する「勅」が考え出されたという事実は動かしがたい。

五　おわりに

前章「外から見た盟神探湯」で、洋の東西を問わず、かろうじて神判がまっとうなものとして存在し機能しうる条件は、歴史上限られていた、ということを述べたが、ウケヒについてもそのことを確認できたのではなかろうか。

支配の世界に神判が絡めとられた瞬間から、神判は支配の道具と化す。もっともその瞬間がいつなのかが問題なのであるが、本稿で確認しえたところでは、――権力の恣意から独立の法的判断を可能にする仕組みとして――神判が神判でありうるものとしては、おそらく、対等者間の雪冤神判、それもみずから申し出、みずから「判断基準」を提示し、相手の明示・黙示の合意（それは「誣告のタリオ」の法理を基礎付ける）のもとで行われるもの（⑤）と、相手方から雪冤してみよと迫られたものではあるにせよ、なお「誣告のタリオ」の法理が働きえた場合（②と④）に限られるのではなかろうか。それは、ある社会の歴史の中で、ほんの一瞬しか存在し得なかったものかもしれない。否、「法制度」としては、実は一度も存在しなかった幻であったのかもしれない。

いずれにせよ、われわれが知っている神判には、ほとんどの場合、多かれ少なかれ、いかがわしさがつきまとっているのではなかろうか。

〔補注〕本文に掲げた原著では、「全テキストがアマテラスもウケヒをしたように語っている」ことについて、この「両者の上に立つ権力があったわけでな」いので、これを「双方的神判の次元で捉えることは適切ではない」とした上で、「しかし双方的神判の反映とみなさないで、別の答えを見出すことができるかといえば、今の筆者には不可能」（四五〇頁以下）と述べているが、今にして思えば、これは次のようなことに起因する自縄自縛だった。すなわち、《当事者同士で神判を合意するとしたら、双方同じリスクを負う「双方的神判」になるのが、むしろ自然であろう》という単純なことを著者は見落としていたのである。

〔付記〕本稿で述べたことが誤解を招くのではないかという杞憂から、蛇足を加えておきたい。本稿は、アマテラスとスサノヲの間のウケヒやコノハナサクヤのウケヒとして『記紀』が伝えるようなものが、そのまま現実世界のある時代に行われた可能性を云々しているのではない。これらの内容は、およそ現実離れしたもので、文字通り「神話」の世界のフィクションである。しかし、疑われた者がみずから雪冤のために、〈神〉に「黒白」の判断を仰ぐ儀礼を申し出る、というケースは現実においても十分想定できるであろう。現に日本の中世後期にも、被疑者が「湯起請」（一応、ウケヒ湯類似のもの、と理解されたい）を申し出た例がある。

第一三章　古代国家の刑事「裁判」素描
——日本裁判制度の通史的把握のために——

一　はじめに——「裁判」の概念——

民事裁判が、その性質上、原告と被告が対決・争訟するという、弾劾主義的構造、裁判官をこれに加えれば、「三極」構造をとるのに対して、いわゆる刑事裁判——その意味内容、民事・刑事の区別、用語法の歴史的妥当性等の問題は、今は括弧に入れておくとして——は必ずしも「三極」構造をとるわけではない。

もちろん、近代国家の刑事裁判は「三極」構造をもって原則としており、わが国でも、裁判法、刑事訴訟法学者によれば、明治一五年の治罪法以来、「三極」構造の刑事裁判制度が行われてきた、とされている。ただ、そこでは、検察官が裁判官にかなり近い高みにあり、被告と対等な地位にあったとはいいがたく、戦後の、あるいは英米法的な「三極」構造とは、実質的内容がかなり異なっていたことは周知の通りである。その意味で、「三極」構造といっても、そのなかにはさまざまなものがあり[1]、なかには、実質的にみて、糺問主義的な「二極」構造と紙一重のものも存在するわけであるから、「三極」と「二極」の間の差異は、流動的・漸次移行的であるにすぎず、両者をカテゴーリッシュに峻別することは適当でない。

とはいえ、両者を理念型として捉えた場合、裁判の公平性、客観性という見地からみれば、われわれの常識に従えば、「三極」構造に軍配が上がることはいうまでもない。むろんこの場合、裁判官がどこまで「職権主義」的な訴訟指揮や証拠集め・取調べを行うか、いいかえれば、被告のための後見的活動をするか、という問題は捨象されている。つまり「実体的真実主義」との関係で問題になる、諸々の「職権主義」的方策は、一応別の次元のこととして、公平らしさ、客観的らしさという観点から、どちらの「構造」がそれにふさわしいか、といえば、糺問者と判決者が同一人、ないし「一つ穴の貉」である「二極」より、第三者が裁定する「三極」がそれであることに異論なかろう。その故にこそ、近代の刑事裁判制度が、——捜査段階や予審を含めて考えれば、実質的に「二極」的色彩を色濃くもつ制度をとる場合でも——審理手続の形式においては、「三極」構造をとるに至ったのだ、ということもいえよう。

しかしながら、他面、「三極」構造をとるもののみが「裁判」の名にふさわしい、とするならば、それはそれで、裁判の概念をあまりに狭くしてしまうにちがいない。実際、歴史上、とくに非西欧社会に存在した「二極」的な裁判制度を、「裁判」でない、と決めつけ、比較研究や発展史的考察の可能性を排除してしまっては、裁判史、広くは法制史の研究を著しく貧困なものにしてしまうおそれも出てこよう。

けれども、その反面、たとえば権力者、ないしその機関が、敵視するものを捕えてきて、酷しく糺問し、さらには拷問し、《罪あり》と断じて、何らかの不利益を課す行為を、すべて「裁判」とみなすならば、それも問題であろう。このようなものは「二極」構造でさえなく、糺問者＝処断者のみが主体として存在する（捕われた者は、折檻される動物か奴隷のように、制度上の主体として扱われない）「一極」構造に過ぎない、というべきだからである。

何故このような点にこだわるか、といえば、これが、「刑罰」なり、「刑法」なるものをどう考えるか、に直接かかわってくるからである。筆者は旧稿[2]において、原初的なスサノヲ神話を素材として、かれの「かむやらひ」を「追放刑」とみる通説に対して、疑問を提起した。その趣旨は、日本の統治者を生み出す意図をもって、アマテラス・スサノヲ姉弟を生んだイザナギによって、その統治者にふさわしくないとみなされ、根の国に放逐されたスサノヲについて、「追放刑」を云々するのは無理であろう、という点にあった。この場合は、悪事の報いとして放逐されたのでなく、統治者をきめるという、一種の「政治的行為」なのだから、事は単純で、「刑罰」概念になじまない、という私見に疑問が出る余地は、おそらくないはずである。

これに対して、悪事や父に対する反抗の故に、父が子を放逐する事態をとってみた場合、いささか微妙だと思われるかもしれない。だが、この放逐が、父の一方的判断と有無をいわせぬ実力行使によって行われたかぎりで、それは「刑罰」や「刑法」の歴史的発展への足がかりのない、単なる懲罰行為とみた方がよい。何をした場合、どのような不利益を蒙るか、について、客観性、定型性に欠ける、このような懲罰は、それ自身のなかに、われわれが通常考える「刑法」に進化する要素を含んでいないという意味で、「刑法」の原初的形態とは考え難いからである。

それでは、たとえば反逆者ないし反逆を企てた（とみなされた）者を、支配者が怒りにまかせて殺したり、放逐したりする場合はどうか。これも、相手を弁明・反論も反撃もできない状態にしておいて処断するのであれば、同じであろう。もっとも、さきの家父の懲罰とちがって、この場合は一種の復讐である点で、事は若干複雑である。「反逆者」が、相手の拘束下にあるか否かで事情はかわってくるであろう。拘束下になければ、かれは弁明や反論ができる（たとえば、相手こそ加害者で、自分は自衛手段に訴えようとしただけだ、と）。それは第三者に対してのアピールにもなるであろう。対等な戦闘者として、力ずくの対応もできる。同じく支配者（「反逆」された者）の復讐であっても、この場合には第三者をオーディエンスとするゲーム的要素があり、そこには客観性への足がかりと、和解・宥和（むろん、賠償支払をしばしば伴う）への可能性があるから、《法》[3]の原初的形態をこの中に見出すことも不可能ではない。

これに対して、拘束下にあるものを、相手のいうことに耳を借さずに、《罪あり》と断じるのは、「裁判」というべきものではなく、それによって課せられる不利益を「刑罰」とみることもできないであろう。むろん、筆者は、拘束された「反逆者」に対する加害すべてが「刑罰」でない、といっているのではない。広い意味での（その場に居あわせるか否かを問わず）オーディエンス（の評価）を意識し、客観性を志向する一定の手続によって処断されるなら、そこには《法》の萌芽を認め、「刑罰」を云々することができよう。この場合、拘束下にない「反逆者」がもっていた主体性に通ずるものが、——程度は異なるにせよ——「被告」にも保障されているからである。

「刑罰」を《法》の問題として論じようとするかぎり、処罰される者が、多少なりとも「社会」の耳目や手の及ぶところにある場合について「刑罰」という概念を用いた方がよいのではないか。もちろん、法史研究の対象をそれに限定せよ、というのではない。今日の「刑法」・「刑罰」に連なるものと、それとは異質のものとを区別しつつ、両者の関係を考えることによって、はじめて歴史的分析ができるのではないか、というのが真意である。筆者の基準によれば「刑罰」といえない歴史的事象が、しばしば「刑罰」史の素材として用いられ、場合によっては、それが「刑罰」の類型論と結びつくことによって、議論がいたずらに空転している現象がないではない。「裁判」という言葉にこだわり、「一極」構造をこれとは区別すべきだ、といった所以はここにある。

さて、右の立場を前提するとして、次に生ずる問題は、「一極」と「二極」を分けるメルクマールは何か、である。前述のように、社会の耳目や手の及ぶところに「被告」がいるか否か、裏からいえば、処断者が社会の影響力から遮断されたところで、「被告」の主体性（社会から良かれ悪かれ評価され、逆にそれに対しても働きかけうる社会的個体としての性格）を認めないで思うように処分するか否か、という点を基準にするとしても、歴史的に存在した諸々の処断事例を、制度の問題にひきなおして論ずるためには、制度関係的・具体的なメルクマールを必要とする。しかしながら、これを抽象的ないしア・プリオリに設定することは困難でもあり、また生産的であるとも思えないので、具体的な裁判制度の分析をしながら、その中で何が欠けたら、もはや「二極」といえないか、何が欠けても「二極」的構造は維持され、「被告」は社会の影響力下に多少なりともある、とみてよいか、という形で、このメルクマールを探り、それを裁判制度史の通史的把握のための準備作業としたい。

二　律令制的「断獄」手続

(一)　弾劾主義的構造――「双方糺問主義」――

右に述べたような観点から、「裁判」制度史考察の座標軸を求めるとするなら、律令制の「断獄」制度が最も適当と認めることに異論あるまいし、また、ことに日本のそれを考究するには不可欠の分析対象であろう。けだし、律令制的裁判制度は、古代のみならず、近世日本にとっても種々の意味で無縁でないし、とりわけ明治維新後に再び復活して、西洋法・裁判制度継受の過程での実定的制度の基層をなしていたからである。

この「断獄」制度については、諸先学のすぐれた業績の積み重ねがあり、旧稿[4]においても、これらに多くを負いながら、その特徴を論じたことがあるので、以下、本稿の目的にそった要約の形で、制度としての特徴を提示してみよう。

まず第一にあげるべきは、「断獄」にみられる、弾劾主義的色彩である。[5]すなわち、「断獄」手続は、私人にせよ官人にせよ、個人の「告言」によってはじめて開始されるものであり、しかもその「告言」は、犯人＝被告を特定・指名するものでなければならないし、同時に「告言」者の名前も明記されていなければならない。つまり、ここでは「告言」者と被告との対決の構造が基本になっているのである。

しかも、「告言」者は、その「告言」が立証されなかった場合（被告が真犯人であることが明らかにならなかった場合）、「誣告」者として、被告が――有罪の場合に――受くべかりしものと同じ刑（たとえば、謀殺の「告言」者は、謀殺罪相当の刑）を科せられる（「誣告のタリオ」）。被告が「告言」内容についての被疑者であるのはもちろんであるが、「告言」者も「誣告」の被疑者なのである。したがって、両者は同等の処遇をうけた。たとえば、被告が勾留されれば、

「告言」者も勾留され、被告が拷問にかけられても自白しない場合には、「告言」者が（一定の場合を除いて）拷問によって――「誣告」の廉で――糺問される（これを「反拷」という）。だからこそ、匿名の密告は禁じられたし、それのみによって手続は開始しない。「断獄」制度は、つねに「誣告」の被疑者を、いわば人質にとっておくのである。このことのもつ意味については、のちに述べるとして、ここに一種の「三極」構造をみてとることに異論あるまい。

ただ、注意すべきは、「三極」構造であるといっても、今日われわれが一般的に知っているそれとは異なって、当事者主義的に、両当事者の攻撃・防禦が交錯するというのではなく、双方とも官の糺問の対象となっている、という点である。こうした特徴を表現するために、「双方糺問主義」という言葉を使っておこう。いずれにせよ、二つの「二極」（もしくは「一極」）的関係が、同一手続内に並存するのであるが、「告言」者と被告は、弾劾と反論（罪状の否認）というレベルにおいて対決しているし、それぞれに対する糺問行為は、相互に裏腹の関係にあるから、両者の間も一種の（潜在的な）対極関係である（両者が対立する二つの極の関係にある）といえよう。つまり全体として「断獄」手続は、「三極」構造的色彩をもっているのである。要するに、「断獄」制度は、被害者その他が、だれかを加害者ないし犯人として訴えることを要件とする点で、弾劾主義的側面と、官が――当事者の立証活動をまたずに――被疑者（二人）を糺問するという、糺問主義的側面の双方をもち、この両側面が「双方糺問主義」という形で、統合的に制度化されているのである。

このように、「三極」構造の、両当事者を双方とも被疑者ないしほとんど罪人扱いする「双方糺問主義」は、一見残酷で強力な国家権力の裁判制度であるかのごとく思わせる。だが、それはおそらく逆なのではあるまいか。もちろん、「残酷」であることはたしかである。しかし、この「残酷」な制度は、不法侵害を受けた者の救済の制度として有効なものであろうか。おそらく被害者は、現行犯ないしそれに準ずる「贓状露験」（後述）なケースを除けば、「告言」の途を選ばないであろう。(6) 罪状が容易には明らかにならないような場合は、訴えた者自身が罪人扱いされるところへ、だれが行くものか。「私和」（私的和解）ないし自力救済という、別の途を選んだ方が賢明であろう。[7]「残酷」な制度は敬遠されるだけである。

それでは、なぜ敬遠されても仕方のないような制度がつくられたのか。それは前に触れた、「誣告」の被疑者を、いわば人質にとっておかなければ裁判をしない（できない）、という制度のあり方の問題でもある。思うに、このような原則をとった国家は、その領域内の安全と秩序を保障する責任を、十分みずからに課しているとはいえないのではなかろうか。犯罪（法制度上、何を犯罪とみなすか、という根本的な問題は、この際措くとして）を感知したとき、その犯人を国家自身が名ざして裁判にかけ、それが無実であった、つまり不当な訴追をした場合にも、その責任[8]をみずから引きうける、というほど、この国家は刑事司法について積極的ではなく、及び腰なのである。犯人の名ざしを個人（私人であれ、官人であれ）にさせ、それに「誣告」の嫌疑をかけておけば、国家は手を汚さないですむ。「告言」者を人質にとる、といったのはこの意味においてであり、国家はこれによって、どちらに転んでも、無罪のものを糺問手続にかけた責任を負うことを免れる[9]わけである。

このように、「告言」者に、いわば訴追の責任を転嫁している裁判制度は、ヨーロッパでは、――しばしば民・刑事未分離の――当事者訴訟（Parteiprozess）[10]の形態をとるのが普通であるが、そこでは原告が「誣告」の責任で刑罰その他の不利益を蒙るとしても、それはかれ自身の訴訟活動の不備・不足の結果である。これに対して「双方糺問主義」の「断獄」では、官の糺問に結果がゆだねられているわけで、両当事者の主体性の発揮は、（拷問されても自白しない）「がまんくらべ」にほぼ限定されるのであり、当事者としての役割は当事者訴訟にくらべて小さい。とはいえ、国家のイニシァティヴで訴追を開始するのでなく、これについて、かぎられた重罪を除けば、国家は受け身の姿勢でいる、という点では、「断獄」制は当事者訴訟と基本的に共通するもので、弾劾主義に糺問主義的外被がかぶっている、とみるべきであろう。さきに、「双方糺問主義」は当事者主義ないし弾劾主義的側面と糺問主義的側面の統合されたもの、と述べたが、より正確には、右のようにみるべきであり、前者が基本的要素であり、それ故に、「断獄」制は、——壮大な刑法典（律）の適用を目的とする手続でありながら——裁判の刑事化（Kriminalisierung）という点でいえば、なおアルカイックな段階に属するものといえよう。[11] ただ、双方的ではあれ、糺問によって審理手続が行われる、という特徴は、後に糺問主義が成長する過程で、ヨーロッパと決定的な相違を生み出し、「三極」構造的刑事裁判の自生的復活＝近代化の可能性の点でも大きな意味をもつことになるのであって、外被といえども決して無視できないのである。

ところで、この「双方糺問」の手続、つまり両被疑者に対する糺問手続そのものの構造は「二極」であろうか、「一極」であろうか。もし後者であったら、さきに「断獄」の基本的要素とみた弾劾主義的構造と「一極」的糺問との接合という、奇妙なとり合わせを想定することになり、新たな問題が生じてくるから、右の設問を避けて通ることはできない。この点の吟味は、とりもなおさず、次に述べる第二、第三以下の特徴の検証の問題である。

(二)　分掌関係

「断獄」制にみられる第二の特徴として、一つの裁判官司（Instanz）における糺問・審理・判決という一連の手続のなかで、糺問（取調べによる事実認定）にあたる者と判決作成者との間に、ある種の分掌関係がみられることがあげられる。すなわち、前者については——カミ・スケ・ジョウ・サカンの四等官のうち——ジョウ以下がこれにあたり、後者にはカミ（場合によってスケ）があたるように、法定されている。もっとも、これも截然たるものでなく、カミは下僚たるジョウ以下の事実認定に疑問をもてば、さし戻すことはもちろん、みずから事実調べをしうるし、逆に判決作成も、カミの独断によるものでなく、四等官による、一種の合議体の過半数が反対すれば、有罪判決は下せない仕組みになっていた。[12] この意味で、分掌関係というより、官職のヒエラルヒーに対応した一種の権限配分、つまり、より重大な事柄は主として上級官吏、より軽い事柄は主に下級官吏に、という職務の一応のわりふりとオーヴァーラップといった方が正確かもしれない。

しかし、事実認定のために被告や証人と実際に接するのは、もっぱらジョウ以下とされている。たとえば、律令制的裁判制度のなかで中核的役割を果たした刑部省に即してみれば、ここでのジョウが担当する筈の任務を負うものとして設けられた[13]「解部《ときべ》」の職掌は「争訟問ひ窮めむこと」と法定されており、スケないしカミに対応する職掌を負うものとして置かれた[14]「判事」が「鞫状（訊問調書）案覆せむこと、刑名断り定めむこと、諸の争訟判らむこと」[15]（職員令）を掌るのと、きわだった差異をみせている。また「親ら訊ふ司に非ずして、囚の所に至りて、消息聴く」ことを禁じた、獄令親訊司条に対する『令義解』が、「親ら訊ふ司」として想定しているのは「解部」であり、「判事」は単なる手続上の認証権者として登場するにすぎない。

この「解部」の起源については見解がわかれており、大化前代からの「いわゆる百八十部の一つ」で、モノノベのような特定のウジに統率されつつ、糺問を掌った一種の部民の後身とみる説[16]と、「これ（糺問）に携わる負名氏《なおひのうじ》がいた様子はな[17]」いとする説がある。ただ、後説も、持統紀四年正月条の「解部一百人を以て、刑部省に拝《め》す」を信ずれば、このころには、「判事」（同三年二月条）とともに、「解部」も、浄御原令制の整備の一環として設けられたとみることに異論はない。

私見によれば、「解部」という官が唐制にない、日本独特のものであること、利光氏が示されたように、奈良時代にみえる「解部」補任三例がいずれも、本来軍事・警察的職掌を名に負い、（これに類似の職掌をもつ被官が「物部」の名で、囚獄司、衛府など、他の令制官司にも設けられていることから知れるように）令制下でもその系譜をひく、モノノベに所縁の者であること[18]、などを考えると、持統朝の「解部」が前との脈絡なしに、全く新しく設けられたものではなかろう。大化前代からトキベなる名称でよばれていたか否かは別にして[19]、——むろん、古くは特化の程度が低かったであろうが――糺問・禁獄・処刑といった仕事が、軍事・警察的職掌を負うウジ・トモ集団の手で行われていた、と推測する方が自然である。この意味で、令制下の「解部」を、広義での専門家集団とみることが許されるのではなかろうか。

この推測が許されるとするなら、さきにみた「判事」と「解部」の間の分掌関係は、一種の社会的分業と身分的区別に対応するものでさえある、といえよう。このように、取調べの専門家たる身分集団が、最終裁断者とは別に存在することは、糺問手続の構造との関連で重要な意義をもつ。もちろん、両者が上下関係に立つかぎり、基本的に「一つ穴の狢」であることにかわりはないにしても、同一人が取調べ、裁断をする場合に比べて、分掌の制度がもたらすメリットに加え、事実上の分業関係がもたらすメリットは無視できないと思われる。これに、さらに「判事」グループが専門家集団化する[20]、という条件が加われば、取調官と裁判官の二元性に多少なりとも通ずる構造が、実際には生じてくるであろう。かりに、次に述べる重審制が律令官制になかったとして、一つの官司のなかで糺問手続が完結する形を想定しても、このような分掌・分業に支えられた、糺問の適正性のチェックをある程度可能にする体制があれば、それは重審制の欠如を補う最小限の役割を果たすことが期待できる。この意味で、「双方糺問」の手続が「一極」的に行われたとみる必要はない。

㈢　重審制（Instanzensystem）

Instanzensystem は通常、審級制（上訴を契機に上級審によるチェックが行われるシステム）と訳されるが、本来は、より広く、官司が上下に積み重なって設置され、下級官司のパフォーマンスを上級官司が自動的にチェックするという、官僚制のヒエラルヒー構造一般をも指すことはいうまでもない。ここでは、便宜この広い意味を示すために、重審制という言葉を用いよう。

「断獄」制の第三の特徴は、右に述べた、一官司内での分掌・分業による糺問のチェック可能性にとどまらず、重審制を、それなりに完成した形でもっている、という点に求められる。被告が不服を申し立てなくとも、のちに述べるように、重罪に関する裁判は自動的に上級官司でチェックされる（獄令郡決条）し、比較的軽い罪についても、被告の不服申立によって同じ道が開かれていたことは周知の通りである。[21] また、下級官司では疑義があって事を決しえない事案（「獄有所疑、処断難明者」・『令義解』）は、「疑〔わしき〕獄」として刑部省に移送され、さらにそこでも決しないときは太政官に「申」上される（獄令有疑獄条）、という形でも重審制が機能している。

こうした重審制は、さらに、誤った判決を下した下級官司の四等官が連座して刑事責任を負う制度によって裏打ちされていると同時に、それを可能にしている。すなわち、名例律同司犯公座条によれば、ある官司において公務上の誤失があったとき、一定の法則に従って四等官が連座することになっているが、『唐律疏義』が例を誤審にとって説明していることからも明らかなように、この規定は誤審にも当然適用されるべきものであった。同書は、原審の過程でジョウが誤判したのをせっかくスケが正したのに、カミがジョウに与して誤判を結果したことが——重審制のおかげで——上級官司で明らかにされたケースをあげて解説しており、[22] 重審制と「公座」連座制の関係が明瞭によみとれる。

ちなみに、右のような『唐律疏義』の論じ方をみると、同一官司内の四等官そのものが、それぞれ一つずつの Instanz を成すかの如き感さえする。近代的司法制度では下級審・上級審がそれぞれ一つのものであるが、律令制的官司制の下では、一つの Instanz のなかに（四等官という）ミニチュア版の Instanzensystem が「入れ子」になっている、という見方も可能である。[23] 第二の特徴としてあげた分掌・分業構造の重要性は、この点をみれば、一層鮮明となろう。

いずれにせよ、このような重審制は、両被疑者に対する、それぞれの糺問手続が、基本的には「二極」構造ではあるにせよ、各官司での糺問手続の結果が、それぞれの上級官司によってチェックされる点で、裁判機関と検察機関の分離に相通ずる効果をもたらすわけであり、その意味で、単純な「二極」構造を多少なりとも上まわる、客観的らしさ、公平らしさを与えるといえよう。

(四)　伏弁（服弁）

唐律の断獄律には、「獄ヲ結シオハレバ、徒以上ハ、各囚及ビソノ家属ヲ呼ビ、具サニ罪名ヲ告ゲ、仍ツテ囚ノ服弁ヲトレ。若シ服サザレバ、ソノ自ラ理スルコトヲユルシ、更ニ審詳ヲ為セ。違フ者ハ笞五十、死罪（の囚の場合）ハ杖一百」なる条文（獄結竟取服弁条）があり、散逸した日本律のなかにも、これと同趣旨の条文がふくまれていたことはまちがいなく、一般にも、それを前提にして立論がなされている。[24] これによれば、被告の「服弁」は、「断罪」（徒以上の刑の宣告）を確定させる条件であった。

一方、獄令には、「徒罪、国断じて伏弁得たらむ、及び贓状露験ならば、即ち役せよ（就役させよ）」（国断条）とあり、「断罪」のうち、「徒」にかぎっては、「贓状露験」とならんで、「伏弁」が国レベルの判決を確定させる効果をもっていたことがわかる。これらの前提が整っていないときは、「使を待（ち）……按覆」（同条）をうける（後述参照）。「徒」より重い「流以上」については、「皆、案を連写して、太政官に申せ」（獄令郡決条）とあり、いずれにせよ国レベルの判断だけで事が決するわけではない（重罪に対する重審制！）が、ここに「案を連写して、太政官に」送付する、とあるのを忘れてはならない。「鞫状」（獄令問囚条に従った訊問調書）と「伏弁」をもって「一案」とし、これに「断文」（獄令諸司断事条に従った判決書）を加えたものを「連写」して一件書類とするのが、律令裁判制度の建前なのである。[25] また刑部式には「凡そ囚に罪名を告ぐるは、……判事属判状を読示し、少判事以上、服するやいなやを覆問す」とあり、刑部省の法実務（重罪か「疑獄」[26] のような難件を扱う）でも「伏（服）弁」をとることになっていたことがわかる。

もちろん、「伏弁」がなければ、絶対に有罪判決の裁審に結着がつかないわけではない。国レベルで「伏弁」がなく、かつ「贓状露験」な場合でなくとも、「徒罪」は、当該国へ「按覆」のために派遣された「覆囚使」が国司の判断に「同」ずれば、有罪判決は確定して、刑の執行に移ることになっていた（獄令国断条）。だが、第一に、「伏弁」があれば簡略化された（前述）重審制が、「伏弁」がないばかりに、中央からの「覆囚使」の審査をうけるという形で、原則にもどって適用されていること、第二に、後述のように、この覆審に対しても「伏弁」を肯じない被告には太政官への途が認められていたことをみれば、「伏弁」のもつ意味は決して小さくない。

さらに、――「流以上」の重罪についてみれば「伏弁」の有無にかかわらず、重審制の原則に従って、太政官に申奏されるが――およそ「伏弁」のない（「案を連写」してない）案件は、太政官において特に慎重に扱われた。すなわち、「〔刑部省や諸国の〕断に経て、伏さずば」、「六議に非ずと雖も」、太政官を構成する高官の「衆議」によって「量り定め」るものとされている（獄令犯罪応入条）。「六議」とは、天皇の親族や三位以上の高官など、国家的な重要人物たちであり、これに対するのと同じ扱いを、「伏弁」せぬ者に法律が与えていることは、まことに印象的である。

また、「徒」の場合（本来、国で結審すべき場合）であれ、「流以上」の案件の「連写」一件書類が法の規定通りに太政官へ申奏されず、救済の途がとざされた場合であれ、国レベル（国司や「覆囚使」）の不当な裁判を太政官に審査してもらうための便宜を、法律は被告に与えている。すなわち衛禁律私度関条は、「凡そ私に関度《こ》えたらば、徒一年。……越度《おつど》（関門以外のところを通って抜けること）せらば、各一等加へよ」という罰則を、「徒罪以上に枉げられたらむ、抑屈《おくつ》して申さず（官司によって不服申立が抑えられ）、及び使人覆し訖りて与理せず（覆囚使の覆審も不当である）」と考えて、太政官にアクセスしようとする者に対しては適用せず、官がむしろ便宜を供与すべきことを定めている。「枉げられた」と主張するもの＝「伏弁」を肯じないものが関を越えるのは、「私に関度える」ものの範疇から除外されているのである。

さきの、「六議」に準じた特別扱いにせよ、この関所破りの公認にせよ、「伏弁」を肯じない者に対して与えられる恩恵は、「古代専制国家」の一般的イメージにははなはだそぐわない、異常な大きさではなかろうか。それればかりか、単に私人の冤罪を防ぐため、というより、むしろ律令制的裁判制度が、「伏弁」なき事件を公的利害の問題としてみているかの如き感を抱くのは筆者だけであろうか。私人の利益を考えるなら、われわれのいう上訴制度を用意しておけばよいはずである。ところが律令制は、「断獄」手続に関しては上訴の明文を欠いている。上訴制度的なものを律令制が知らないかといえば、そうではなく、公式令訴訟条は、「訴訟」手続について、「訴人（『令集解』穴説によれば両当事者）服せずして、上訴せむと欲《ねが》」うときの手続と受理すべき裁判機関について定めている。

(五)「伏弁」と上訴制

「断獄」に上訴の明文を欠くことについて、従来の説は次のように説明する。第一は、この公式令の「訴訟」の上訴に関する条文が、「当然断獄手続にも準用せらるべきものと考えて、あえて獄令に条文をもうけることを差し控えたのである[27]」という解釈、第二は、「覆囚使の再審が上訴と同じ効果をもったと考えられ、また衛禁（律私度関条）では徒罪以上に枉断された者が太政官に上申する手段を示している[28]」とする解釈である。

第一の解釈は、まず、「唐公式令にみえる上訴の条文には、登聞鼓や肺石の制度が規定せられているが、かような制度は、訴訟よりも、むしろ断獄の場合の非常上告の制度として、漢魏六朝以来発達しきたったものである。唐律令制の原則を継受したわが律令においても、公式令の上訴規定は、当然に断獄手続にも準用せられたものと推断してよい[29]」という根拠をあげる。いささか真意をはかりかねる文章であるが、本来「断獄の場合の非常上告の制度」であった登聞鼓や肺石が何故に唐に至って「辞訴」手続に関する公式令に書かれたのか、さらに日本の公式令が何故に、これらを除外した条文にしたのか、が明らかにならないかぎり、「推断」には慎重を期すべきではなかろうか。むろん、

「訴訟」と「断獄」との間に質的差異を認めない立場に立てば、「準用」論そのものが不要となり、「断獄」も当然上訴制度に服するとみることになるのであろうが、論者自身は「二系統」説、つまり「律令が何によって公式令の訴訟手続と獄令の訴訟（＝「断獄」）を区別したかの原理を明確にすること」の重要性を強調し、その「区分原理を原告に被告の有罪を求める意志が有るか無いかに求め」[30]る立場であるから、「準用」論で切り抜けるしかない。だが、「有罪を求め」られたものに、何故上訴制度の利益が明文によって与えられないのか。逆に、「断獄」の上訴制が「訴訟」に「準用」される、という推論であれば、まだ理解しやすいのだが。かりに「準用」説を承認するとしても、この問題はやはり残るであろう。

この説はまた、獄令贖死刑条が、実刑に代えて贖銅を科された者に関し、「被訴すること有りと雖も、理に拠るに前の断に移らずば（原審の判断が上級審で維持された場合は）」、上級審の継続中にたまたま恩赦があったことを奇貨として、納入期限を徒過した贖銅を免れようとしても認めない、とするのを、「断獄手続においても上訴が認められるということを前提として設けられた」[31]規定とみる。そして「これを要するに、断獄の場合においても、被告は当該官司より不理状を求め、下級官司に訴えを提起しえた」とされるのである。

たしかに、公式令訴訟条が準用されれば、「不理状」（当事者が判決に対し「伏弁」を肯じない旨を記す、原審官司の文書）の下付を受けて、被告は「次《ついで》を以て（重審制の階梯に従って）上陳」することができた。しかし、前述のように、「流以上」については、「伏弁」の有無を問わず、事案は太政官に申奏され、また「伏弁」なきものは、「六議」に属する重要人物が被告であるときと同じく、太政官は特別法廷を開いて審理すべきことになっていた。この規定通りに事が運ぶかぎり、被告自身が「不理状」を原審官司に申請し、それを携えて「次」を追って一歩一歩階梯を上る必要は、はじめから存在しない。

規定に反し、申奏されなかった場合については、たしかにこの訴訟条のいうように、「不理状を給はざる官司姓名を録し、以て（同じように階梯に従って）訴する」というのに似た運びになるであろう。しかし、そもそも太政官に申奏しないことが違法であるのだから、「三日を経るまでに給はずは」、「不理状」なしに上訴することを認める、という規定が準用される、というのは理解しにくい。「不理状」など、そもそも事案を申奏しなかった官司から給付されるはずもないのだから。むしろ、国もとを出奔して関所破りをしても、申奏なき事件の雪冤を目的とする者は処罰しない、という衛禁律私度関条（前述）の方が、これと平仄が合うのではなかろうか。逆に、「（不理状を）給はざる所由を（上級官司が原審官司に）下推（回答を求める）せよ。然うして後に断決す」（訴訟条）という方が平仄に合わない。申奏しないこと自身が違法である以上、何故「不理状」を与えなかったか、を問いただしてから「断決す」るというのは、何ともなまぬるいのではないだろうか。この点に関しても、関所を越えた雪冤希望者の訴えをきいた官司は、ただちに事件を太政官に送る（衛禁律私度関条）、という規定の方が、「伏弁」なきケースの取り扱い方として理解しやすい。

総じて、公式令訴訟条は、いわば制度上予想される事態が生じたときの、正常な対応を定めているのに対し、衛禁律私度関条は、制度の予想しない異常な事態が発生したときの、緊急避難的取り扱い（罰則免除）と官司の緊急な対応義務を定めている、という相違をしっかり押さえなければならない。前者は、「訴訟」という、自動的重審制を制度上とっていない手続に乗った者が、みずからのイニシァティヴにもとづいて救済を求める、制度的手段を法律上明示したものといえよう。また、「双方糺問主義」が「断獄」の本質であることを考えると、「訴人服せずして、上訴……」（前掲）、という規定の仕方をしている訴訟条が、これに準用されるというのも腑に落ちない。文字通り「訴人」＝原告（「告言」者）とすると、かれが「誣告」に問われ、有罪とされた場合がこれにあたることになろうが、このような返りうち的ケースが表面に出てしまう準用説には疑問を禁じえない。前述『令集解』穴説の「訴人」＝両当事者説は、同条が、訴訟の管轄官司を原則として「前人」（被告）の本貫とすることを定めるのに続いて、「訴人服せずして、上訴……」と書き加えている以上、あくまでも拡張解釈であって、何故このような解釈をしたかは別に問われるべき問題としても、この点についての疑問に答えてくれるわけではない。

立法者が、「訴訟」の上訴制度を、みずからの利益の維持・実現を求めて出訴したが、その主張を認められなかった者が救済を求める、という側からとらえて条文を書いた、と考えれば、「訴人」という文字を用いたことも理解しやすいし、さらに穴説の拡張解釈も、「訴訟」においては、被告にも同じ可能性があることを考慮した、一つの解釈として理解できる。しかし、くり返しになるが、「訴人」の側から上訴制度をみている本条を、「断獄」に当然準用されるものと立法者が考えていた、とみるのは無理であって、もし、「断獄」の被告に上訴の道を開くつもりであったなら、この訴訟条は、少なくとも一方、又は両当事者が上訴を欲する場合を想定した用語法をとったであろう。いずれにせよ、訴訟条は、当事者訴訟的・「三極」構造の「訴訟」において、当事者が自己のイニシァティヴで行うべきものとなっている上訴を規定したものである。

これに対して、後者すなわち衛禁律私度関条は、冤罪を主張する者がとった非常手段をめぐっての措置である。くり返し述べたように、「流以上」の重罪に関しては、「伏弁」なき事実が上級官司に報告されないことは、自動的重審制のおかげで、起りえない建前になっていた。「徒」については、国司の判決に被告が「伏弁」を肯じない場合、「覆囚使」の派遣を待つことになっていた（前掲、獄令国断条）から、やはりこの事実は太政官に知られていたといわざるをえない。また「覆囚使」は「覆し訖りなば、録して（太政官に）申せ」（同条）となっているから、覆審に対する「伏弁」の有無も当然報告される筈である（その結果「伏弁」なき事件は太政官特別法廷で、前掲犯罪応入条によって審理されることになる）。要するに、被告が「伏弁」を肯じないという事実は、国司や「覆囚使」が法に違反しないかぎり、必ず太政官に報告されることになっていたのである。だからこそ、冤罪申立は、出奔という非常手段に訴えることによってなされる、という想定のもとに、衛禁律私度関条がつくられているのではなかろうか。

さらに、同条が、「徒罪以上」について、ただちに太政官がこの種の事件を扱うものとし、獄令犯罪応入条が、太政官の特別法廷を開くことにしていた、という前述の破格の厚遇の意味も、こうしてみると理解しやすくなってくる。「伏弁」の有無が太政官に報告されないことが異常なだけでなく、被告が「伏弁」を肯じないのになされた断罪そのものが異常なものであり、裁判官司がそれを生ぜしめたこと自体を、きわめて重症の病理現象とみなして、その治癒について、被告を腫れものにでも触るように（「六議」に準ずる！）扱う、というのが律令制の態度ではないだろうか。冤罪に苦しむ者の利益を図るなら、上訴制度で足りるが、ここでは、官司制度の根幹にかかわる病理現象という、公的利害が問題になっているからこそ、いわばルーティンな不服処理方法としての上訴では足りず、太政官制度の総力をあげての修復活動が開始されるのだ、というのが私見である。

ここまでくれば、「断獄」手続について上訴の明文を欠くことについての、第二の解釈に対しても答えは出たことになる。「上訴と同じ効果をも」つ（前掲四七一頁）という見方をする必要はないのである。㈣の最初に引用した、「獄ヲ結シオハレバ、徒以上ハ……服弁ヲトレ。若シ服サザレバ……更ニ審詳ヲ為セ」（断獄律獄結竟取服弁条）という「断罪」の大原則に立ちもどってみよう。「伏弁」がないときは「更ニ審詳」すべし、というのは、審理手続が完結していない、と法律が考えていることを示している。「伏弁」をとるまで審理をつくせ、ということなのである。

むろん、「伏弁」がないかぎりいつまでも、その審級にとどまる、とすることは必ずしも合理的ではない。こうした難しい事件は、「強《こわ》く明らかに、法律に解《さと》れらむ者」（獄令国断条）のいる上級の官司で扱った方がよいだろう。こう考えて、律令は縷説したような仕組みをとったのである。それ故、被告がみずから不服を訴える、公式令に定める「訴訟」での上訴制度は、本来「断獄」手続にはなじまないものとみるべきではなかろうか。必要的「伏弁」制は自動的重審制と結びついて、上訴制を不要にしている、といってもよいであろう。しかし、こうして不要になったはずの上訴も、重審制が法の予定通りに機能しないときには、事実上必要になる。これが衛禁律私度関条にみられる関所破りの公認という形で姿を現わしているのである。

上訴制度は、原審の内容に瑕疵があることを、被告がみずからのイニシァティヴで申し立てるものである。これに対して「断獄」手続にとっては、被告が「伏弁」を肯じない、という事実そのものが、原審の手続が不完全ないし未完了であることを意味する、といってもよいだろう。手続が終結していない事件を、そっくりそのまま上級官司がひきとって審理する、というのが「断獄」制度の考え方なのである。

㈥「伏弁」と「断獄」

このように、「伏弁」を以て、基本的に「断獄」の手続を終了させる要件とするほど、律令制的裁判制度が「伏弁」にこだわるのは何故だろうか。それは、「被告も有罪を認めた」という事実に、これほどの重きがおかれているのは何故か、といいかえてもよい。思うに、「本人も認めた」ことを以て、「断罪」の正当性の証しにしよう、という動機がここに読みとられるのではあるまいか。そして、この正当性が、被告というよりは、第三者を意識したものであることはいうまでもない。「断」が冤罪でなく、罰せられるべきものが罰せられたのだ、という裁判の正しさを、第三者に対して示したいという、この志向は、まさに前述の、広義でのオーディエンスを意識し、少なくとも客観的らしさ、公平らしさを追求する態度にほかならず、その限りで、社会の耳目や手の及ぶところに被告がおかれているのである。「獄ヲ結シオハレバ、徒以上ハ……家属ヲ呼ビ、……囚ノ服弁ヲト」(前掲)る、という制度が、社会の影響力の下に被告をとどめておくことを保証しているのであって、実際に「家属」以外にまで「断獄」手続が公開されている必要はない。

これに関して注目すべき点は、ジョウ以下が行う取調べ・事実認定の過程で被告の自白があれば、「これのみで犯罪事実を認定することができた[32]」とはいえ、「伏弁」をとる手続が省略されたのではない、と考えられることである。

獄令問囚条は、「凡そ囚問はむ、辞《ことば》定まりなば、訊はむ司、口に依りて写せ。訖りなば囚に対うて読み示せ」とするが、この「訊はむ司」はジョウ以下の実務担当者を意味するし、供述書を「読み示せ」で、この条文が終わっていることを考えると、刑の宣告手続とは切りはなされた糺問について定めたものと解される。けだし、断獄律獄結竟条が「獄ヲ結シオハレバ……各囚及ビソノ家属ヲ呼ビ、具サニ罪名ヲ告ゲ、仍ツテ囚ノ服弁ヲトレ」と規律する手続こそ、その宣告手続であるから。ジョウの訊問によって、被告が自白したら（「辞定まりなば」）、供述書をとって、読み聞かせることで、糺問が終わり、事案はカミを中心とする判決作成手続に移る（前述した分掌制）、そしてそこで「刑名定」まると、右の宣告手続が行われるのである。それ故、自白と「伏弁」は別のもので、前者が後者を当然に省略させるものではない、と考えられるのである。だとするなら、「伏弁」をとることはある意味で儀式的・名目的なものにすぎない、とみられるかもしれないが、他面それだけ一層、「伏弁」のデモンストレーション効果が期待されているといえるのではなかろうか。公開法廷での宣告手続ではないにしても、宣告に対して、「家属」の前で、あらためて「伏」する旨の陳述をとるのは、裁判の客観的らしさ、公平らしさを示す制度的手だてなのである。

それでは、どこまでも被告が「伏弁」を肯じないときはどうなるか。理論的には、そのときは「断罪」しない、という制度もありうるであろう。現に、わが「断獄」制も、「死罪」については、「已に奏報せりと雖も、猶《なほ》し冤枉を訴して、事疑ふべきこと有らむ、推覆すべくは、状を以て奏聞せよ」（獄令冤枉条）とする。太政官で死刑を決め、天皇に裁可を求めて上奏したあとでも、なお被告が「冤枉を訴」するときは、太政官みずから「推覆」を申し出る、というのは、事件がそこに戻ることを意味する。少なくとも極刑に関しては、律令制ははなはだ慎重で、「伏弁」はほとんど必須条件といってよい。とはいえ、論理的には、「伏弁」がなくとも、「推覆」の結果、極刑に処することは皆無であるまい。この場合、「冤枉」を訴え続ける者を死刑にした責任をだれが負うのか。裁可を与えた天皇に責任が帰することを考えれば、あえて太政官が有罪の上奏をするか、また天皇が裁可するか、といった実際問題はこの際措いておこう。まして「流」の場合は、この「冤枉」条の保護をうけないから、「伏弁」がなければ絶対に有罪が確定しないというわけではない。このとき、客観的らしさ、公平らしさを装うことは、放棄されているのであろうか。この点を解明するために、便宜、補助線を引いてみよう。

㈦　自白・自認と刑事裁判——ドイツの場合——

G・クラインハイアー[33]によれば、中世後期以降諸都市を発祥の地として、ドイツの刑事裁判は糺問主義化の途をたどるが、実に一五三二年のカール五世刑事法典（Constitutio Criminalis Carolina）にいたるまで、中世的裁判の遺産が根強く生き残り、糺問主義の進行にもかかわらず、刑事裁判手続から、弾劾主義、当事者訴訟主義的要素が消滅することはなかった[34]。この中世的遺産は、「断決期日[35]」（endlicher Rechtstag）に凝集されて現われる[36]。

通常、取調べによって被告が自白したか、他の証拠方法によって立証されたと思料したとき、糺問官は「断決期日」の設定を請求する。当日、裁判官と陪審員たちが、「良き習わしに従って」（nach guter Gewohnheit）席につき、被告がその前に引き出されることによって、昔日の当事者訴訟を彷彿するこの手続は開始される。原告が被告の有罪を主張したのに対し、被告が自認すればよし、もし無罪を主張し、雪冤宣誓をすると、決闘ないし神判によって決着をつけることになる、という中世の当事者訴訟の大枠はここでも維持されているのである。すなわち、原告＝糺問官が、すでに自白ありとして（ときには他の証拠に拠って）被告の有罪を主張すると、被告の陳述すべき番である。被告が自白を翻さなければ（自認すれば）、もちろん陪審員はただちに有罪の判断を下すことになる。しかし、翻したときは、あらかじめかれが指名しておいた弁護人が弁護の陳述を行う（カール五世刑事法典八八、九〇条参照）。被告側の陳述に根拠あり、と認められるかぎり、釈放か糺問へのさし戻しが命ぜられる。

ここまでは中世とほとんど変らない。残る嫌疑の程度によって、釈放か再度の糺問か、運命のひらきは大きいにせよ、自認の拒否によって——すでに自白をしていても——有罪判決が阻止されたとすれば、それはかつての雪冤宣誓に似た効果をもったといえよう。この「断決期日」において、被告は——弁護人もつけてもらって——文字通り、一方の当事者（Partei）としての地位を法の下に尊重されたのである。

しかしながら、この時期の裁判所は、もはや中世のそれのように、受け身の姿勢に終始していない。裁判所が、被告の、この期に及んでの否認を単なる「法の妨げ」とみなした場合には、その訴訟指揮権を発動して、次のような有罪立証手続に導く。すなわち、陪審員のなかで、糺問中の自白を聴取した陪審員（通常二名）に質問し、かれらが宣誓とともにこれを確認すれば、「被告の否認はなかった」ことになるのである。ここには一種のカラクリがあるわけで、陪審員になるべき資格のある者を所定の数だけ（場合によっては裁判官も）あらかじめさし向け、自白が任意的か否かを被告に問い、肯ずれば書記役に調書をとらせる、という準備手続が先行しているのである。まさにこの点に、「断決期日」が「芝居」、「見せ物」、果ては「茶番劇」とまでも評される所以があるのだが[37]、その制度的意味については後に述べよう。このほか、取調べ中にも自白しなかった被告の有罪を立証する方法が、カール五世刑事法典には含まれているが、これについても後に触れる。要するに、自認しない被告に有罪を宣告し、処刑するための道具立てが、この「断決期日」なのである。

もっとも、こうした有罪立証手続も、前の時代との脈絡なく、この時代に新しく発生したものでなく、中世の「七人の証人による断罪手続」（Übersiebnungsverfahren）に淵源を求められる、というクラインハイアーの示唆[38]には留意しておく必要があろう。一方で、中世的当事者訴訟の殻を背負いつつ、他方で、無罪を主張する被告を断罪するための中世的手続を、糺問とたくみに結びつけながら、糺問主義的刑事裁判制度が形成されてくる、というかれの立論は、従来の学説に比べて、格段に興味深いだけでなく、比較法史的研究に多大の示唆を与えてくれる。本稿が、これを補助線に用いた理由はここにあるのだが、以上紹介したことのみを前提に比較論を展開するのは尚早である。

以上、もっぱら「断決期日」に着目して、糺問主義形成期の制度をみてきたのであるが、実はこれをもたない例も少なからずみられることも忘れてはならない。ヴォルムス、ティロール、ラードルフツェル等の裁判法がそれで、これらにおいては「断決期日」に代って、次のような仕組みで有罪判決の正当性の担保が試みられた[39]。

ティロールやラードルフツェルでは、拷問による自白か否かが、都市参事会ないし陪審員たちによって審査される手続は——「断決期日」とは称しないが——やはり存在した。そして拷問による自白の場合には、それに立ち会い、聴取した参事ないし陪審員が、書記役が読み上げた調書の内容を、みずからの宣誓とともに確認すると、「被告の自認は紛れなし」として、判決に移る点でも共通である。

ヴォルムスでも、市参事会か市長によって、任意の自白か否かが審査される。拷問による自白の場合は、「被告が自白を翻さず、再確認する」ときにかぎって、ただちに有罪判決に移る。さもないと、「犯行が、然るべき数の名誉ある証人の一致〔した証言〕によって証明される」ことが必要である。

最後に、「断決期日」制をもってはいるが、きわめて興味深い特徴をもつ、レーゲンスブルクについて見てみよう[40]。ここでは、被告が拷問によって自白したとしても、書記役はただちに調書をとるわけではない。「被告が元気を回復した時」あらためて自白を記録すべきものであって、この間被告はいつでも供述を翻すことができる。にもかかわらず、被告が翻さず、最終的に自認した調書が出来上がれば、市参事会は身体刑もしくは追放刑を限度として、みずからの権限で有罪宣告できる。しかしながら、死刑の場合には、「断決期日」の設定を、流血裁判権をもつシュルトハイス[41]の裁判所に申請しなければならない。これを受けたシュルトハイスは準備手続を開始し、かれとその参審員の前で、参事会側に、被告の自認調書を読み上げさせ、ついで被告に、これを自認するや否やを問う。否認すれば牢獄に逆もどりを宣し、自認すれば「公けになされた告白にもとづき」、「断決期日」を定める。あとはお定まりの「儀式[42]」が当日くりひろげられるわけで、とりわけくり返すまでもない。

以上を通観すると、総じて「断決期日」制をもつか否かを問わず、何らかの対審に似た手続において、取調べ中の自白を被告本人の口から最終的に確認させ、それにもとづいて有罪判決を下すのを原則としていることがまず注目をひく。もちろん、これらにおいて、被告によるこの最終的自認がなければ絶対に有罪判決が下せないわけではないが、その場合の立証手続が厳格な儀式的方法によって行われなければならないことにも留意しておく必要がある。

この点、レーゲンスブルクが、死刑の場合にかぎって「断決期日」制をとっていることはまことに示唆的である。文字通りとり返しのつかない極刑について、わざわざ「茶番劇」を演じるのはなぜか。いうまでもなく、被告の自認をとって見せること、あくまでも否認し続ける被告については、それに代る立証手続を見せることを、古式に則り（それ自体、人びとを納得させるものである）行うことによって、裁判の正当性を第三者に示す機能が、そこに期待されているからである。元来は拷問による自白であろうと、「断決期日」で——当事者訴訟における一方の当事者として——被告は主役のひとつを演ずる機会を与えられ、その上でかれは——否認し、オーディエンスに無実を訴えることもできたのに——自認した、という事実が天下に知れることは、糺問者側にとって何ものにも代えがたい証しであるにちがいない。また、もし被告が否認しても、やはり当事者訴訟の場で、糺問者側の立証に敗れた、という形が示されることによって、密室のなかでの糺問即断決の場合に比べて、格段に勝る正当性が保証されるのではなかろうか。

「断決期日」は、われわれの目からみれば「茶番劇」かもしれない。しかし、当事者訴訟の伝統が根強いなかで糺問主義が成長する過程では、こうした「儀式」が必要ではなかったか。とくに、死刑に処する場合には。自白が「実体的真実」を伝える、ないしそれに合致している、ということが問題ではなく、「儀式」は、「自白したこと」を再確認する手続なのだ、という点に着目して、クラインハイアーが「断決期日」を単純に「茶番劇」とする通説を退けている[43]ことは重要である。

(八) 総　括

「断獄」制度における「伏弁」の意味は、この補助線によって、もはや明らかになったということができよう。「伏弁」をとる、ということの、「断罪」者側にとっての必要性、重要性の理解については、補助線をまつまでもない。これが教えてくれたのは、「伏弁」のとり方ととれない場合の処理方法の重要性である。

もちろん、「断獄」制度は、ドイツ中世後期以降の糺問主義的刑事裁判制度とちがって、当事者訴訟制度の桎梏のなかから出てきたものではないから、その具体的方法は、「三極」構造的・対審構造的なものではない。しかし、「断獄」制度は、それに代るに、それなりに整った、壮大な官僚制機構とそれによる重審制をもっており、これらが「伏弁」と「断罪」の関係を具体的に性格づけているのである。[44]

「儀式」は、まず断獄律獄結竟取服弁条によって、「家属」のいる前で「囚ノ服弁ヲト」ることにはじまる。取調べ中の自白が、この「儀式」を省略するものでないことは前述した。さらに、重罪については、この一件書類の「連写」が太政官に送られる、という原則（獄令郡決条、国断条）が、この「儀式」に一層の重みを加える。すなわち、「流以上」については、この書類にもとづいて、当然に太政官が事件を審理することが有罪確定の条件である。「流」より軽い「徒」の場合には、国司ないし「覆囚使」の判決に対する「伏弁」が、さしあたり太政官との関係で、「断罪」の正当性の証しとなる。

「伏弁」がないときの「儀式」は、太政官の特別法廷である（獄令犯罪応入条）。「六議」に準じて、「大納言以上」つまり太政官の首脳すべての「衆議」による審理を、「流以上」の被告のために行うことは、律令制的政府の総力をこれに傾けていることを示すものであり、被告の言い分がここまで尊重された、という実績をもって、「伏弁」なき「断罪」の正当性の証しとしているのである。しかも「死」罪については、断決を天皇に上奏したのちでも、再審理になる可能性があった（獄令冤枉条）。

レーゲンスブルクの裁判法が、死刑のときにかぎって、市参事会＝糺問者の専決を認めず、シュルトハイスの裁判所の「断決期日」という「儀式」を経るものとしたのに似て、律令制も「死罪」については、「儀式」について屋上屋を重ねる手当てをしているのである。なお、法実務の詳細を調べてみなければならないことだが、天皇まで捲きこむ、この制度は、あくまでも「冤枉を訴」える被告に対しては「死罪」の確定を事実上ほとんど不可能にするのではないか、という推測をつけ加えておきたい。

また、冤罪を訴えるための関所破りの公認（衛禁律私度関条）も、以上のような「儀式」へのアクセスを可能にしている、という姿勢を国法が示したものと評価しうるであろう。

これらの「儀式」は、たしかに「断決期日」手続という「儀式」とちがって、社会的オーディエンスのなかでくり拡げられるものではなく、したがって「茶番劇」でさえない。しかし、「伏弁」のとり方ととれない場合の扱いについて、これだけの手続的配慮をすることが、制度化されていることは、「断獄」が完全に密室にとじこめられてはいない、ということ、つまり（「一極」でなく）「二極」的糺問主義の要素が具備されていることを物語っている。

弾劾（個人の責任においてなされる「告言」）をまってはじめて開始される、受け身の「断獄」手続は、その終局においても、意外なほどの慎重（臆病というべきか）な配慮という形で、やはり受け身の姿勢を示している。みずからのイニシァティヴで犯罪を捜査し、被疑者を逮捕し、被告が承伏しようとしまいと、客観的証拠からまちがいないと確信すれば、有罪宣告する、という制度を具えて、社会の秩序維持を自己の任務とするほど、古代国家は成熟していないのである。

自白・自認がなくとも有罪判決する（近代の）制度においても、まさにそのために「三極」構造の裁判手続と上訴・再審制を完備させている。「Legitimation としての手続」（ニクラス・ルーマン）という命題は、その意味で超歴史的妥当性を主張しうるであろう。もっとも、近代国家と古代国家においては、その手続のあり方、手続を通して発動される権力のあり方が著しく異なっている。後者においては、「伏弁」にLegitimationとしての手続的関心が集中し、権力の発動も、（訴追についても「断罪」についても）基本的に私人の納得ずくの場合にかぎってなされる。いいかえれば、システムが刑罰権の発動を正当化するのでなく、個別的同意が正当化するのである。

三　おわりに

右に述べた、「伏弁」という個別的同意の調達は、糺問主義が「裁判」であることを標榜しようとするかぎり、糺問主義一般にほぼ共通して、必要とされるであろう。それ故にこそ、「断獄」制度の理解のために、ドイツ中世後期の制度を補助線に用いたのであり、牽強付会の謗りも免れるはずである。現にわが国でも、明治維新後でさえ、『改定律例』によると、「口供結案」（自白）が断罪の要件になっている。

だとすると、古代から、近代初頭にいたるまで、糺問主義的「裁判」であるかぎり、「伏弁」の自認の「儀式」一色に塗りつぶされてしまうのであろうか。巨視的に見れば、答は肯定的にならざるをえないかもしれない。しかし、問題は、より肌理こまかく「儀式」の具体相、あるいはその制度的・実務的重さを分析していくことではなかろうか。

それとならんで、「断獄」制について指摘した、国家の受け身の姿勢の問題がある。この姿勢は、秩序の維持や紛争の解決に関して、――国家が明示的・制度的に公認するか否かを問わず――自力救済を《法》のなかに組み込んだ形にしておくことと同義である。(45) したがって、この姿勢が続くかぎり、《法》の進化はなく、その国家はやがて崩壊していくであろう。もしこの点、国家の姿勢が積極的なものへ変化したら、「伏弁」の「儀式」にどう影響するか、また逆に、「儀式」が国家の姿勢の変化にどのような作用を及ぼすか。これも重要な研究課題である。また、この変化が、裁判制度全体にどのようなインパクトを与えるのか。「伏弁」に裁判制度がこだわる点ではかわりないとしても、全体の構造変化につれて、有罪判決手続に何らかの変化が生じてくるのか。等々、本稿の考察を契機に、裁判制度の通史的把握を志すかぎり、課題はつきない。

(1) 予審制度を含めると、さらに複雑である。ヨーロッパの歴史をみると、予審制度は、「三極」的当事者訴訟(Parteiprozess)を前提にしながら、糺問主義的裁判が形成されてくる過程を暗示しているように思われ、まことに重要な問題を含んでいるが、本稿では扱わない。
(2) 本書第一〇章「『かむやらひ』と『はらへ』――井上光貞『古典における罪と制裁』をめぐって」。
(3) 石井紫郎『日本国制史研究Ⅱ・日本人の国家生活』(東京大学出版会、一九八六年)あとがき参照。
(4) 同右第一章。
(5) 以下、同右章、利光三津夫『裁判の歴史』(至文堂、一九六四年)をさしあたり参照。
(6) 石井前掲書三三頁参照。
(7) 「私和」が禁じられているのは、「祖父母・父母・外祖父・及び夫」が殺された場合(賊盗律、私和条)のみである。
(8) この場合、責任とは必ずしも国家賠償のような法的責任のみを指しているのではない。ひとびとの無言の非難であっても、積り積れば、国家やその支配者に対する怨嗟・離反心を生み出し、国家はそれ相応の報いをうけることになる。
(9) 両者とも自白しないときは、「疑罪」に準じて扱うという、いわば灰色判決をすることになろう(利光前掲書九二頁参照)から、この場合も、どちらかが嘘をついている、という形で、国家は責任を負わない。
(10) 当事者訴訟の概念については、さしあたり Gerd Kleinheyer, Zur Rolle des Geständnisses in Strafverfahren des späten Mittelalters und der frühen Neuzeit, in: Beiträge zur Rechtsgeschichte――Gedächtnisschrift für Hermann Conrad, hg. von G. Kleinheyer & Paul Mikat, 1979, Ferdinand Schöningh 参照。
(11) 母法たる中国法の「断獄」が同じ程度にアルカイックであるか否かは別問題で、比較法的に追究されるべきものである。さしあたり「隣伍」の者に「告言」義務が課せられているか否か(利光・前掲書八一頁以下)という差異などが手がかりとなろう。
(12) その場合は、「疑罪」判決――灰色という判断――か、「疑獄」に準ずるものとして刑部省へ移送かになる。この点につき利光前掲書七〇、九四頁参照。

(13) 刑部省は、その職掌が広くかつ専門的知識・技能を必要とする理由から、スケ・ジョウのほかに、専門家集団たる「判事」・「解部」を並置している（職員令30）。
(14) 前注参照。
(15) この職掌は、刑部卿《カミ》の「鞫獄、定刑名」という職掌と同じと解釈された（『令集解』朱説）。
(16) 利光前掲書二三頁以下参照。
(17) 『律令』（日本思想大系3）（岩波書店、一九七六年）五二一頁。
(18) 利光前掲書二九頁以下参照。
(19) 『筑後国風土記』逸文にある「解部」は決めてにはならない。中央政府の新しい制度の呼称にひきずられて『風土記』が記述したか、あるいは地方の伝承にそれがとりこまれた、という可能性があるから。
(20) 上杉和彦「摂関院政期の明法家と王朝国家」『史学雑誌』九五の一一（一九八六年）四二頁参照。
(21) 利光前掲書一一〇頁以下参照。
(22) 律令研究会編（滋賀秀三訳註）『訳註日本律令　五・唐律疏義訳註篇一』（一九七九年）二三五頁以下参照。
(23) ある官司全体の結論が誤っても、異をとなえておいた者は連座をまぬかれる（同右頁および利光前掲書九四頁参照）。
(24) たとえば、注(17)所引『律令』六八七頁参照。なお、日本の『令義解』獄令断罪条に、日本律からの部分的引用がある。
(25) 前注所引書四五四頁参照。
(26) 注(12)参照。
(27) 利光前掲書一一六頁。
(28) 前掲『律令』六八七頁。
(29) 利光前掲書一一七頁
(30) 同右五六頁以下。
(31) 同右頁。
(32) 同右八九頁。
(33) 注(10)所引論文。この論文を知る契機を与えてくれた、若曽根健治「中世後期・近世初期刑事手続における自白の一問題――ゲルト・クラインハイヤーの命題をめぐって」（『熊本法学』四九号・一九八六年所収）に感謝したい。ただ、若曽根論文が、クラインハイアーの立言の重要性について十分な理解を示していないのは残念である。

(34) vgl. G. Kleinheyer, a. a. O. S. 370.

(35) 若曽根前掲論文は、「最終開廷日」と訳しているが、endlich は definitivus の訳と思われる(グリム辞典)し、Rechtstag は単に「法廷が開かれる日」でなく、法廷集会ないしそこでの手続活動全体をも指すと思われるので、「終局判決期日」とでも訳すのが無難であろうが、ここでは意をとって「断決期日」としてみた。

(36) 以下「断決期日」についての記述は、Kleinheyer, S. 370 ff. と Wolfgang Schild, Der endliche Rechtstag als das Theater, in: Strafrecht, Strafprozess und Rezeption (Grundlagen, Entwicklung und Wirkung der Constitutio Criminalis Carolina), hg. von P. Landau und Friedrich-Christian Schroeder, 1984, Vittorio Klostermann, S. 121 ff. による。

(37) vgl. Schild, a. a. O..

(38) vgl. Kleinheyer, a. a. O. S. 370. この手続については、さしあたりH・ミッタイス(世良晃志郎訳)『ドイツ法制史概説』改訂版(創文社、一九七一年)四二五頁以下参照。

(39) vgl. ebenda, S. 372 ff..

(40) vgl. ebenda, S. 374.

(41) 都市のシュルトハイスについては、さしあたりミッタイス・前掲邦訳書三九三頁参照。

(42) vgl. Schild, a. a. O. S. 120.

(43) vgl. Kleinheyer, a. a. O. S. 380. この点、前掲若曽根論文二七八頁は、「断決期日」が「公衆のための見せ物裁判に過ぎ」ない、という従来の説を前提にして、「クラインハイヤー にはこの点の認識が必ずしも十分でな」い、と批判するのは的外れである。かれはこの論文で、縷々その前提を批判しているのだから。

(44) 前述レーゲンスブルクの場合、シュルトハイスの裁判所の「断決期日」は、市参事会の糺問手続の上におかれた一種の重審手続とみることもできる。つまり、重審制によって被告の自認徴取の「儀式」を壮重にする方法は、律令制以外のところにも見られるのである。

(45) 石井前掲書第一章参照。

附論　「儀礼か法か」または「儀礼と法」

――クレッシェル教授の講演をどう受け止めるか――

クレッシェル教授の講演は、ゲルト・アルトホフをはじめとする、近時のドイツ中世史家たちが、《ヨーロッパ中世の貴族社会においては、紛争解決にとって裁判はマージナルな意味しかもたず、むしろ全く別の、不文のゲーム・ルール（Spielregeln）ともいうべきものが支配的な役割を果たしており、この種のルールの遵守によって、出来事はそっくりそのまま一つの儀礼の相貌を呈することになる》と主張するのに対して、特別な性質をもつ法・裁判というものの固有の領域が存在することを、三つの事例に即して論証しようとするものであった。

これを受けて、私がなすべきことは、日本の学界がこれをどのように受け止め、どのように活かせば、我々の学問的営為をより活性化することができるか、を考え、さらに望むらくは、日独の学問的対話を稔り豊かなものにしていくための手がかりを提示することであろう。

この観点から、ヨーロッパないしドイツの中世史にあまり馴染みのないオーディエンスにとっては、クレッシェル教授が紹介された事例や裁判制度について多少の解説が必要ではないかと思われるので、この点から私の報告を始めたい。

まず、この時代の裁判と実力行使との関係において、おそらくは現代人の常識とは著しくかけはなれた状況が繰り広げられていたことについて――

第一の事例（ペールデ事件）において、皇帝暗殺計画の嫌疑で告訴された被告が雪冤宣誓をしようとしたところ、原告（告発人）が「決闘の訴え」を申し立て、実際にそれが実行された、とされていることに注目したい。クレッシェル教授が指摘されるように、自由人＝武装（決闘）能力を有する者同士の訴訟は、争点の証明に関して（相手の雪冤宣誓を拒否して）武闘でこれを決することが認められていた、という点が、まず重要である。

実はこのことと密接・表裏の関係にあるのが、クレッシェル教授の講演の中にも登場したFehdeという武闘・合戦である。ブラウンシュヴァイク公アルブレヒト一世が、Fehdeの際に捉えた相手方エーヴァーシュタイン伯コンラートを城中から見えるところで逆さづりにした、という出来事を想起していただきたい。

Fehdeは普通の独和辞典を引くと「復讐」という訳語をつけている例が珍しくないが、実はドイツ中世史における「Fehdeは裁判と並んで正しい〈法にかなった〉権利実現方法」であり、「法廷決闘をただ法廷外で行うにすぎない」（堀米庸三）ものと言われる、一つの法的な制度なのである。

以下、私のかつての論文（本書第四章「財産と法——中世から現代へ」）から引用する。実はこの論文は、今から四半世紀前、ゲラ刷りの段階で、ドイツ語に堪能な若手研究者のご尽力でクレッシェル教授に紹介され、同教授から「99%賛成する」と言っていただいたものである。閑話休題、引用開始——


「ヨーロッパ中世においては、訴訟によるほか、Fehdeとよばれる実力行使（自力救済）による権利実現がみとめられていた。……とられたものを武力を用いてでも自力で取り返す、ということは法＝正義にかなった行為であった。このような『自力救済と裁判の二元性』は近代の整序された合理的な裁判制度を考えると奇異に思われるであろう。だが、もともと中世の裁判自体が近代のそれと構造を全く異にしていたことを忘れてはならない。そもそも相手（被告）を裁判の場に連れ出すことからして原告の仕事であった。被告は裁判に応じないからといって、不利な扱い（欠席判決）を受けることはない。何故なら、自分の同意しない方法での紛争処理は、それ自体が不法であるから。……そればかりではない。被告は、原告の訴えに対して、自分が不法ではない、という宣誓〔これが法史学上「雪冤宣誓」というタームで呼ばれるもの〕をすることができた。」


以上が引用であるが、この最後の部分がまさに、我らのティートマーが選んだ道である。しかしもちろん、これで一件落着するわけではない。相手方にも「自分の同意しない方法での紛争処理」を拒否する権利があるから。実際クレッシェル教授によると、アルノルトは、ティートマーの雪冤宣誓を拒み、決闘を挑んだ（「決闘の訴え」）とされている。

再び私の論文から引用する——「ここに見られるのは、神の面前で、正しく（法にかなって）行為すべき対等の人びとの演ずるドラマであって、そこでの対立は各人の名誉と信仰心を賭けた争いなのである。裁判はまさにこのように決闘＝武力行使に発展する〔移行する〕契機に満」ちたものであった。

以上の引用から、ほぼ「Fehdeは裁判とならんで正しい権利実現方法」、あるいは「法廷決闘をただ法廷外で行うに過ぎない」

ものであった、と述べた含意が理解していただけたと思う。裁判手続を見ると、現在のように、当事者が提出する証拠を第三者が吟味して、それぞれの主張の正しさを検証し判断する、という要素が弱く、仮にその種の判断がなされたとしても、当事者がそれを受け入れなければ強制することはできない。それは一種の提案のようなものであり、結局は武闘によって結着を付けざるをえなくなる。クレッシェル講演で「決闘そのものが判決」すなわち「神判」であった、と述べられたのをここで想起されたい。

そこでFehdeという、専門家以外には馴染みのないものについて若干情報を提供したい。裁判と並ぶ適法な権利実現方法であること、すなわちFehdeの法的意味を最初に体系的な形で提示したのは、オーストリア出身の歴史家Otto Brunner（1898-19??）であった。BrunnerがFehdeの法的意味を明らかにするために論証したことは、それが単なる武闘ではなく、一定の形式を踏んで、換言すれば一定のルールに従って行われる武力行使であるという事実であった。Brunnerの“Land und Herrschaft”（初版一九三五年）に従って、その概略を紹介すると：

そのルールとしては、まず、不意打ちの禁止、すなわち相当の期間前（少なくとも三日とする例が多い）に相手方に対してFehdeを行う旨の通告（“Absage”＝絶縁宣告ないし宣戦布告と訳すべきか。通常、文書を以ってすべきものとされた。）をすることがほぼ確立したものとして挙げられる。なお、この通告の中に《和睦成立の時点で本状を返却さるべし》という文言を書き込んだ例も少なくないという。このことは、通常Fehdeが不倶戴天の仇を討ち滅ぼす為のものではないことを、既に暗示しているといえよう。Fehdeの際、武力行使が無限に拡大するのを防ぐ為、Fehde実行部隊の構成に限定を加える、すなわちそれぞれの側に加担する親族は一定範囲に限るという例もある。宣戦布告状手交の際に、味方の名簿やその味方各人自身の名による独立の宣戦布告状が添えられることも稀ではなかった。

実際の戦闘に用いられる手段も限定されていた。例えば、相手方の城砦周辺の所領に対する放火と略奪がかなり一般的に用いられた手法である。また、そこの農民に対して、「忠誠誓約」（Huldigung）を強要することも行われた。これは、《これまでの領主に納めてきた年貢に相当する分を当方へ差し出すと誓えば、保護して遣わす》という条件の下で誓約させるものである。いうまでもなく、これらはすべて、相手方に損害を与え、譲歩を引き出す、あるいは裁判や仲裁といった平和的解決方法へ引っ張り込む、または場合によって城砦に立てこもっている相手を、城外で雌雄を決する合戦（Schlacht）に引っ張り出す為の手段であった。

要するに、以上のような諸ルールは、Fehdeが最終的には和睦締結（強制による降参の結果であれ）とそれによって得られる権利の実現を目的とする限定的武闘であったことに照応するものであるといえよう。実際、Fehdeの過程で相手方の者を殺すことが直ちに不法であったわけではないが、当事者たちが、Fehde の目的に照らせば、殺戮が合目的的ではないと考え、極力それを避ける傾向にあったことは否定しがたい事実のようである。

しかし、ここで私たちは、クレッシェル教授が紹介された次のエピソードを想起しなければならない。Fehde の最中、エーヴァーシュタイン伯コンラートがブラウンシュヴァイク公アルブレヒト一世の命により逆さづりにされたのと同じ運命に、ジークフリート・フォン・メーレンベルクを遭わせたボヘミア王オットカールについて、「王はこれによって自らを辱めた」と評されたことを想起していただきたい。

このエピソードは明らかに、ルールからの逸脱が、それも、かなり激烈な形での逸脱が起きていたことを物語っている。しかし同時に、逸脱を犯した者に対して「これによって自らを辱めた」という筆誅が加えられたことも見逃すべきではなかろう。他方、かのペルデ事件で、父を法廷決闘で倒したアルノルトに対して逆さづりの復讐を加えたティトマーの子息は、皇帝に終身追放の刑に処せられた。法廷決闘の敗者側が勝者に対して復讐に出る事は、やはりルールからの逸脱であって、ことに皇帝の法廷での決闘に関するルール違反は、単なる「筆誅」では済まない重大な罪であって、文字通り処罰されたと考えられるのではないか。

おそらく皇帝の法廷のルールに比べれば、Fehde におけるルールの確立度、裏から言えば、逸脱・違反が起きる可能性はより大きく、サンクションも弱かったと言えるであろう。Brunner も Fehde の諸ルールについて述べるに際しては、非常に注意深い表現を選んでいるし、私もそれを紹介するに当たっては、その微妙なニュアンスを損なわないよう注意を怠らなかったつもりである。しかし、確立度が低いからといって、ルールが凡そなかった、ということはできないはずであり、まさにその存在故に Fehde が紛争解決機能を持ちえた、と考えるべきである。

以上のような、ドイツ中世に関する予備知識を前提に、日本中世を振り返ってみたい。これについても、私の埃にまみれた旧稿(「合戦と追捕」『日本国制史研究Ⅱ・日本人の国家生活』第一章)を引っ張り出すことをお許し願いたい。私は、こうした Fehde のルールに似たものが日本中世に見出せないかという問題設定をしてみたことがある。何故か――一一~一二世紀の文書群の中に、同一所領について、同一被告に対し、同一原告へ返還すべし、とする判決文書が繰り返し発せられている例が見出されることから、Fehde に似た紛争解決方法の存在を予想したからである。結論から申すと、遅くとも一〇世紀中葉以降の模様を伝える『今昔物語』、『将門記』等の叙述史料から、「田畑の事」すなわち所領の帰属を争うタイプの合戦に関する記述の中に、次のようないくつかの合戦のルールと言うべきものを見出すことができる。

①　合戦の日時・場所を合意によりあらかじめ決定する。

②　戦闘の開始に先立ち、「牒」を交換する。すなわち、両軍が「牒」を持たして軍使を派遣するのである。ちなみに「牒」とは本来対等の者同士の間で遣り取りされる公文書の呼称である。「牒」には何を書くのが例であったかは、今のところ詳らかにしないが、Fehde の際の Absage に相当するものはすでにルール①の段階で済んでいるはずなので、互いの戦意の確認か、両軍主要メンバーの名簿の交換といったところであろうか。

③　軍使の身の安全保障——②の「牒」を持参する軍使であれ、激しい戦闘の最中ないし一段落したところで、休戦ないし降伏申し入れのための軍使であれ、それには危害を与えないのが仕来たりであった。「その兵《つわもの》の返る時に、定まれる事にて、箭《や》を射懸る也。それに馬をも不□（「驅」?）ず（＝「かけず」か?）、不見返《みかえさず》して静に返《かえる》を以て、猛き事にはしける也」と『今昔物語』（同上）にある。

④　戦闘参加者は、合戦の場においては、自己の名前、身分を明らかにすることが作法であり、それが「名乗り」の形式として定着していた。甲冑等の武具についても身分相応のものを身につけるのが作法であった。

⑤　③で述べたように、緒戦においては集団的弓射が行われたが、それはほとんど開戦のデモンストレーションのようなものに過ぎず、本格的な合戦は、それぞれのメンバーが、相手軍の中から「よき敵」を見つけて一騎討ちをするのが普通であった。しかし、一〇～一一世紀の段階では、この一騎打ちは、「射組み」と呼ばれる、騎乗して駆け寄りざまに互いに矢を射合うのを繰り返すものであったようである。その際敵の馬を射ることはなかったという。

なお、合戦半ばで一時休戦とし、あとは大将同士の一騎打ちの結果で合戦の勝敗を決することにしようと合意し、ひとしきり双方技を尽くして戦った後、互いの武勇を讃え合い、和睦したという例もある（『今昔物語』）。

⑥　敵をむやみに殺さない、という配慮ないし自己抑制——ルールとまでいうのは難しいにしても——の存在を指摘できるのではないか。叙述史料、特に軍記物の随所で、大将の言葉として語られる「あたら侍殺すべからず」という命令ないし指示的言辞は、単なる文学的修辞と片付けるには、あまりにしばしば現れる。

こうした「殺し合い」の抑制の背後には、「袋の鼠」を殺せば「物の誹り遠近にあらんか」（『将門記』）とか、ルール⑤に関連して紹介した、相手の武勇を讃え合うとか、周囲の戦士社会の評価を強く意識した行動様式が見出されるのではないか。ボヘミア王オットカールがとったような「自らを辱める」行為は、結局は《自らを孤立させる》結果を招くことを彼らは知っていたのであろう。

⑦　非戦闘員の安全を保障することは、かなり確立度の高いルールであったと考えてよかろう。

⑧　最後に、「つわものの道、降人をなだむるは古今の例なり」（『奥州後三年記』）をあげることができる。ここでいう「降人」というのは、元来は、いわゆる白旗を掲げて降参を申し出た者だけでなく、一騎討ちで負けそうになって降参した者も含んでいたと考えられる。後者のタイプの実例は珍しくない。このことはルール⑥の「あたら侍殺すべからず」と平仄が合っているし、捕虜にしておけば取引の材料になる。

次なる問題は、これらがどの程度確立度をもっていたか、である。もちろんどのルールについても、逸脱の事例はいくらでも見出される。順守されやすいものと、されにくいものとの差も決して小さくはないが、この点の具体的な分析に立ち入ることは時間が許さない。結論だけを申せば、逸脱を犯した者は社会的に非難され、順守した者は賞賛された、ということだけは各ルールに共通していると言って差し支えないと思う。この点で、③で挙げた、戦闘開始の「牒」を届けた後、飛び交う矢の下を《馬を急がせることもせず、後ろを振り返ることもせず、静々と自軍に戻る者を勇敢な戦士と称賛した》という『今昔物語』の記述を想起していただきたい。

正確に言うと、この《勇敢な戦士》はルールを守った人ではなく、相手がルールを守ることに信頼を置いているかの如き振る舞いの出来た人である。周知のように、戦闘開始の合図は鏑矢を射ることであった。交互に飛びかう鏑矢の音が鳴り響く中、しかもその直後から雨あられと飛び交う両軍の矢の下を、敵に背を向けたまま悠然と馬を歩ませる。そして途中では、同じような振る舞いで戻ってくる相手の軍使とすれ違う。彼らは、きっと微笑み合ったか、少なくとも目礼は交わしたにちがいない。彼も相手も芝居の主役なのである。筋書きは出来ている。ただし、その通りに進行するという保障はない。ひとつ狂えば彼も相手の軍使も射殺されるであろう。それを知りつつ自分たちは筋書き通りに、その役を演じなければならない。演じ切れば「猛きこと」と称賛される。そのためにのみ、彼らは必死に耐える。最後の一歩まで、馬の足取りを乱してはならない。両軍の戦士たちも、矢を敵陣に向かって射続けながらも、主役たちの振る舞いに注目していたに違いない。

もしも、軍使が駒を速めて自軍に駆け戻ったとしよう。もちろん、直接には彼は臆病者と誹られるであろう。だが、もう一つ問題があるのを忘れてはならない。それは、敵軍がルールを破って（もしくは弓射が下手で）彼を射てしまう可能性がある、という不信と侮辱を表明したことにならないであろうか。それは本人の（臆病者としての）恥辱に止まらない。彼の仕出かしたことは、合戦のルールの存在と当事者たちによるその順守に対して信頼を抱いていないことの表明に他ならないのである。裏からいえば、軍使たちの「猛き」振る舞いは、確立したルールのRepräsentationとしての役割を担っているのではないか。それは単にルール③のRepräsentationたるに止まらず、確立度においては程度の差こそあれ、彼らの合戦に付きものの諸ルールのそれでもあり、今始った合戦は不倶戴天の敵の殺戮・殲滅を目指すものではなく、「田畑」をめぐる紛争を解決するための限定戦闘であり、和解を予定（expect）するものなのだ、という互いの了解を確認する意味をも持っていたのではないだろうか。

私は、この軍使交換の一部始終を一種の儀礼（Ritual）と見たい気持ちを抑えることができない。Franz Wieackerという著名なローマ法学者は、Römische Rechtsgeschichte I (S. 253) で、フランス人ローマ法学者R (?). Noavilleを引いて、「法形成の根底としての社会的行動の儀礼化」（"Ritualisierung sozialer Handlungen als Wurzel der Rechtsentstehung"）について論じているが、その際、「こうした社会的儀礼は、呪術的（magisch）ないし宗教的であるとは限らない」というように、「儀礼」（Ritual）という概念を広く解していることを申し添えたい。

儀礼と法に関する問題については、後の討論で諸先生のご教示をいただくことを期待して、ここでは合戦のルールそのものの歴史的推移を追って行こう。結論から言えば、合戦のルールは成長するどころか、逆にルールなき、殺戮と殲滅の合戦の時代がやってくるのである。

後に鎌倉幕府を設置し、全国の武士の棟梁になる源頼朝が、一一八〇年に京都を攻撃せんとして、鎌倉から大軍を西へ向かわせた。統治者はもちろん当時彼の政府を牛耳る平家一門の武士たちに、源氏追討の宣旨を与えて邀撃せしめた結果、源平両軍の軍勢は富士山麓を南流する富士川を挟んで対峙した。そこで源氏軍は平家軍に対して軍使を送ったところ、平家軍総司令官・平維盛はこの軍使を切り殺すよう命じた。それをきいた平家方の武士たちは、それを合戦のルール（前掲ルール③）違反であると言って諫めたが、維盛は、我々は追討の宣旨に従って派遣された軍勢であり、我々のこの戦いは「公戦《こうせん》」であるから、そのようなルールに従う必要はない、と言い放ち、命令を実行させた。

まさに軍使の身の安全保障という、もっとも確立度の高いルールの一つを、このように確信犯的に無視する振る舞いは、《朝敵は殲滅すべきもの》であり、自分はその命令を受けてこの合戦に臨むのだ、そのためには手段を選ばぬ、という意思の表明に他なるまい。この振る舞いは、その後京都を占領し、逆に平家追討の宣旨を得た源氏軍においても、同じであった。源平合戦において、如何に前掲の諸ルールが破られたかを詳述する暇はないが、ルール①（合戦の日時・場所の合意による決定）については「朝敵の追討使として暫時も逗留せば、その恐れあるべし」という考えを前提に、「おもひもよらぬ時におしよせてこそ、おもうかたきをば討たんずれ」という追討軍総司令官・源義経の言葉が象徴的である。

① が無視されれば、②（「牒」の交換）ももちろん順守さるべくもない。

ルール③については既に述べた。

ルール④（合戦の場で名前、身分を明示する）については総司令官・義経は、《甲冑を常に着換えるので、見分けがつきにくい》という理由から、平家方においてわざわざ《色白・出っ歯・小男》という人相風体の徹底が図られた、という『平家物語』の一節を紹介するだけで十分であろう。

ルール⑤（組討ち）については、一騎討ちが引き続き主要な戦闘形式であったが、その形態は全く変化し、弓射ではなく、刀剣での切り合いから、組みうちに移り、両者馬から転げ落ちても格闘し、組み敷いた者が相手を短剣で刺し殺し、手柄の証拠にその首を掻き切って持ち帰る、という形に変化していった。さらに、一騎打ちのはずが、横から本来非戦闘員である従者（乗り換えの馬を引いて戦場に出る）が武器を使って助勢するという、一騎打ちの原則そのものを否定する行動さえ横行するに至る。こうした振る舞いが一般化したのは、この合戦が相手の殲滅を目的とする「公戦」であることと無関係ではあるまい。

こうなれば、ルール⑥（敵をむやみに殺さない）も存続する余地がなくなることは言うまでもない。

ルール⑦（非戦闘員の安全保証・保護）については、次のことを挙げるだけで足りるであろう。京都を追われ、逆に賊軍として殲滅の対象となった平家軍には、彼らが擁立した幼帝とその母をはじめ、数多くの Hofdamen がつき従っており、最後の海戦で彼女らの多くが自ら入水した。これは自分たちの安全が保障されるとは信じていなかったことを物語っている。

ルール⑧（「降人をなだむるは古今の例」）については、『平家物語』が伝える次のエピソードが象徴的である。戦場で生け捕られ平重衡《しげひら》が、源氏の棟梁頼朝に出家の希望を述べたところ、「私のかたきならばこそ。朝敵としてあづかりたてまつった人なり。[出家を求めることなど]ゆめゆめあるべくもなし」と、拒絶された。

以上、だいぶ端折ったが、かつての合戦の諸ルールの、一二世紀後半における運命はおおよそこのようなものであった。

しかしここで、源平合戦当時の戦士たちの名誉のために、本来なら付け加えておかなければならないことがある。それは、頼朝や義経をはじめとする指導的メンバーと違って、一般の戦士たちの間には、合戦のルールを守ろうとするケースが稀ならず見られる、ということである。

しかし大勢としては「公戦」の要請に押し流された者、「公戦」に便乗してルールを破る者、程度はさまざまであれ、天皇（法皇）の命令によって賊軍追討戦に臨んだ戦士たちは、敵の殲滅という結果を出すためには手段を選ばない者たちへと堕して行った、と言わざるを得ない。

こうして合戦のルールについては、儀礼が法を生む途が閉ざされた。紛争当事者たちが個別に実力行使によって「田畑の事」を争うのではなく、「公戦」という日本国を二分する大規模戦争に勝った軍隊の構成員たちが、それぞれの立場、役割、戦功の大きさ等に応じて、それぞれ利益を獲得する、という仕組みがとって替わったのである。それは、すでにこの頃、日本国中の目ぼしい所領は、国の地方行政組織や権門の荘園の「職」の体系に取り込まれていたことと密接な関係がある。荘園を例にとって、その体系とは如何なるものか、最小限の説明をしよう：

荘園の最高所有者は本所・領家というタイトルで呼ばれた。元首たる天皇・法皇・上皇は、さすがに表向き荘園の最高所有者（「本家」、「領家」、あるいは「本所」などと称するのが一般的）のタイトルを帯びることはなかったが、彼らの妃・寵姫たちがその身代わりを果たした。超高級門閥に属する宮廷貴族や有力寺社、さらに一二世紀に入ってからは平家の主だったメンバーたちもこの地位を得た。中級宮廷貴族はこれらの領家・本所から「預所」などの荘官「職」に補任され、荘園現地には「下司」等の「職」があって、戦士たちはこれらの「職」に補任され、その職務遂行の報酬を得ていた。この時代になると、上から下まで、本来の意味における「私有地」・「私領」（ヨーロッパ中世の eigen, allodium に相当するもの）はペリフェラルな存在となっていた。こうした荘園（または「公領」の）上・下さまざまな管理職＝「職」に付随する利益が配分される体制が一二世紀中ごろまでにはほぼ出来上がっていたのである。

これこそが「公戦」を生みだした構造なのである。かつて合戦のルールを生み出した地域の小領主たちは、自己の所領を自力で守り、自己の判断で相互にやりとりした。「田畑の事」を争って武力闘争をした、ということは、彼らが財産の処分権能を自ら持っていたことの表れである。今や財産の主要部分を「職」の形でしか持ちえぬ彼らには、その処分権がないのだ。他方、「職」の体系から疎外された者は尾羽うち枯らし、羽振りのよい体制派に対するルサンティマンや憎悪を抱いて細々と暮らすか、場合によっては暗殺・テロ行為に走ることも稀ではなかった。源平合戦は、こうしたはみ出し者たちが体制派に挑んだ戦いであった。従って、はじめは平家が「公戦」の担い手であり、源氏方が追討される者であった。しかし源氏が京都を占拠し、平家追討の宣旨を自ずからの手に獲得するに及んで立場は逆転し、平家方は殲滅された。「賊」の名を着せられた敗者の「職」＝所領はもちろんすべて没収され、勝者たちがそれに補任された。こうした戦士たちに支えられて成立したのが鎌倉幕府である。

こうした成立の経緯からして当然のことに、鎌倉幕府にとっては自己の存立基盤である「職」の体系を乱すことなく、いわばそれと共生してゆくことが必要であった。このために頼朝が採った方策は、「職」の体系の番人になること、具体的には秩序の維持のための新たな「職」(「守護職」と「地頭職」)の設置とその補任権を京都の政権に認めさせる一方、従来からの実力行使による紛争解決に代わるシステムの構築を進めることであった。

このシンポジウムにとっては、言うまでもなく後者の問題がより重要であると考えるので、以下これについて簡潔に述べたい。このシステム構築は、まず紛争解決を幕府の主催する裁判手続へと誘導することから始められた。紛争が起きた場合、実力で争うのではなく、《とにかく幕府へ訴え出よ》と呼びかけ、不法侵害に対する訴え提起があった場合、被告に対して《訴えられた事が事実ならば、直ちにその侵害行為を中止せよ。言い分があるなら幕府へ訴え出よ》という命令を発したことが、幕府成立当初時期から、数多くの文書史料によって確認される。

もちろん当初は、こうした命令が簡単に効果を発したわけではなく、侵害の中止も反訴提起もしない輩が後を絶たなかった。そこで応訴強制の試みが始まる。すなわち被告召喚状の無視に対する罰則が設けられた。これも直ちに効果を発揮したとは言えないが、やがて召喚状を無視して出頭しない被告は訴訟上不利に取り扱う(＝最終的には敗訴とする)制度が始まり、さらに判決の強制力を保障するために《命令に従わない罪》(「下知違背の咎」)の制を設けた。また、法廷における秩序維持(例えば、「悪口の咎」制定)や、係争地を両当事者の「中に置く」(訴訟終結まで、どちらの占有にも属させない)措置とその担保のための「中間狼藉の咎」制定も行われた。要するに、さまざまな手段によって、応訴強制と訴訟当事者の規律化の試みが進行したのである。

このような裁判システムの実効性を高める努力は、前の時代の状況と比較してみれば、日本の裁判制度史上における、一つの大きな画期を成すものと言ってよいであろう。特に注目したいのは、これらの措置が、裁判所の命令に対する違反の「咎」すなわち罪として刑罰の対象とされた、ということである。私はこのような法・裁判に関する改革を見るとき、「命令が法を作る」時代が到来し、「儀礼」を踏まえ、「儀礼」に repräsentieren されてルールが機能する時代はもはや去った、という実感が湧くのを禁じ得ない。言うまでもなく、このような事態の進行は、鎌倉幕府という、唯一正統な軍事政権、換言すれば「公戦」の担い手が、「職」の体系の守護者としての役割を果たすという、新たな国制の成立に負うものである。

むろん、鎌倉幕府終焉の時から豊臣秀吉による天下統一までのほぼ二世紀半余りの間の裁判制度の歴史的展開は決して順調なものではなかった。しかし、すでに一四世紀中葉には《守護は嘗ての［律令制国家の］国司と同じような、任期が来ると次々に交替する地方官吏である》という言説が通用するようになる。「職」の官職性が前面に押し出されてくる時代がすぐ後に迫っているのである。そこから徳川幕府時代の集権的国制への距離はさほど遠くない。だがもはや、ここで一四世紀から一六世紀にかけての具体相に立ち入る暇はないので、たった一つの象徴的現象を指摘することで、事態の推移をご推察いただくほかない。

それは惣村相互間の争い、特に境界争いは、鎌倉幕府時代においては、その地域を管理する「職」（地頭職等）保有者又はその補任権者たる荘園領主が解決に当たり、他の荘園・公領との間の紛争であれば、自らその訴訟を遂行するのが通常であった。しかし、一五〜一六世紀に入ると、惣村自身の名において自己の利益の維持保全の努力が行われる例が急増する。その方法としては訴訟提起ももちろんなされたが、実力行使による場合も稀ではなかった。

このことは何を物語るのか。言うまでもなくそれは、荘園領主もその地域の管理者の「職」を稟けた武士たちも、こうした紛争解決にとっての当事者能力を失ってきたということ、換言すれば、彼らは地域から遊離した存在になったということに他ならない。彼らの関心の対象は、彼らが把握しえた限りでの米作田地とそこから徴収すべき年貢だけとなっていた。彼らは所領をマネージする「領主」ではもはやなく、単なる年貢徴収権者であった。

徳川幕府の時代の中ごろの学者・荻生徂徠は、当代の武士たちを「鉢植え」の植物に喩えた。大名は一年ごとに領国と将軍府の所在地江戸を往復しなければならず、その家臣たちは城下町に移住させられた状態は、まさに「鉢植え」であった。しかし、考えてみると、この「鉢植え」と一五〜一六世紀の「職」保有者たちの状態に本質的な差があるのだろうか。私にはすでにこの時期に「鉢植え」を可能にする「根切り」が始まっていたとみてよいと思われるのである。

ただ、この時代は、「職」の体系と秩序が崩壊する一方、それにとって替わるべき広領域支配が未だ十分成熟していなかった時代であり、一種の権力の空白期であったといえよう。前述した惣村相互間の争いも、実力行使への依存度が高かった。この現象は「法と実力行使ないし暴力」に関して、極めて興味ある研究対象であり、最近は新しい研究業績が少なからず生まれているが、この研究状況をきっちり整理して提示することは現在の私にとっては任に余ると申し上げるほかない。ただ一つ前述したこととの関係で興味ある事例をご紹介しておきたい。

一五世紀中葉における琵琶湖に面した二つの惣村（菅浦と大浦）の境界争い（それには、激しい実力行使の応酬もなされたが）

が、室町幕府へ訴訟として持ち込まれたとき、幕府の訴訟制度に通じた知己から、《訴訟中は実力行使を慎め》という「下知状」を受け取った、という記録（『菅浦惣荘置書』）がその一方当事者側に伝えられている。「中間狼藉」を禁じた鎌倉幕府の措置が、当時もなお一定の効力を持ち続け、しかもそのことが京都から在地へ教示されていることは興味深い。鎌倉幕府による訴訟当事者の規律化は、決して単なるエピソードではなかったのである。

収録論文初出一覧

第一部　日本人のアイデンティティーと法生活
一　章　日本人のアイデンティティーと歴史認識覚え書　（書き下ろし）
二　章　「イエ」と「家」　笠谷和比古編『公家と武家2　「家」の比較文明史的考察』（思文閣出版、一九九九年）
三　章　戦士身分と正統な支配者――「武家」の概念史的整理　笠谷和比古編『国際シンポジウム　公家と武家の比較文明史』（思文閣出版、二〇〇五年）

第二部　所有の法生活
四　章　財産と法――中世から現代へ　岩波講座『基本法学3　財産』（岩波書店、一九八三年）
五　章　ゲヴェーレの学説史に関する一試論――「知行」研究のための予備的作業として　滋賀秀三、平松義郎編『石井良助先生還暦祝賀法制史論集』（創文社、一九七六年）
六　章　「知行」論争の学説史的意義　国家学会編『国家学会雑誌』八二巻一一・一二号（一九六九年）
七　章　知行　『日本史大事典』第四巻（平凡社、一九九三年）
八　章　西欧近代的所有権概念継受の一齣――明治憲法第二七条成立過程を中心として　『季刊　日本思想史』創刊号（一九七六年）
九　章　占有訴権と自力救済――法制史から見た日本民法典編纂史の一齣　『法学協会雑誌』一一三巻四号（一九九六年）

第三部　裁判に見る法生活
一〇章　「かむやらひ」と「はらへ」――井上光貞「古典における罪と制裁」をめぐって　片岡輝夫他著『古代ローマ法研究と歴史諸科学』（創文社、一九八六年）
一一章　外から見た盟神探湯　石井紫郎・樋口範雄編『外から見た日本法』（東京大学出版会、一九九五年）
一二章　ウケヒについての覚え書　『国家学会雑誌』一一七巻一・二号（二〇〇四年）

一三章　古代国家の刑事「裁判」素描――日本裁判制度の通史的把握のために　国家学会編　国家学会百年記念『国家と市民』三巻（有斐閣、一九八七年）

附論　「儀礼か法か」または「儀礼と法」――クレッシェル教授の講演をどう受け止めるか　『日本學士院紀要』六三巻三号（二〇〇九年）

事項索引

あ 行

さ　行

た　行

な　行

は　行

ま　行

や　行

ら　行

わ　行

人名索引

あ 行

か 行

さ　行

た　行

な　行

は　行

ま　行

や・ら・わ　行

著者略歴
1935 年　東京に生れる
1959 年　東京大学法学部卒業
現　在　日本学士院会員，日本学術振興会学術システム研究センター相談役，東京大学名誉教授，国際日本文化研究センター名誉教授

著　書
日本国制史研究 I　権力と土地所有（1966 年，東京大学出版会）
日本近代法史講義（編，1972 年，青林書院新社）
近世武家思想（編，1974 年，岩波書店）
日本国制史研究 II　日本人の国家生活（1986 年，東京大学出版会）
外から見た日本法（共編，1995 年，東京大学出版会）
Beyond Paradoxology（2007 年，慈学社出版）

日本国制史研究 Ⅲ　日本人の法生活

2012 年 3 月 30 日　初　版

［検印廃止］

著　者　石《いし》井《い》紫《し》郎《ろう》

発行所　財団法人　東京大学出版会
代 表 者　渡 辺　浩
113-8654 東京都文京区本郷 7-3-1 東大構内
電話 03-3811-8814　Fax 03-3812-6958
振替 00160-6-59964

印刷所　株式会社三陽社
製本所　牧製本印刷株式会社

ISBN 978-4-13-031181-6　Printed in Japan